Die Zugabe im UWG und GWB nach dem Wegfall der Zugabeverordnung

von

Peter Schichl

Tectum Verlag
Marburg 2005

Schichl, Peter:
Die Zugabe im UWG und GWB
nach dem Wegfall der Zugabeverordnung
/ von Peter Schichl
- Marburg : Tectum Verlag, 2005
Zugl.: Regensburg, Univ. Diss. 2004
ISBN 3-8288-8851-8

Tectum Verlag
Marburg 2005

Meinen Eltern

Vorwort

Die Arbeit lag der Juristischen Fakultät der Universität Regensburg im Sommersemester 2004 als Dissertation vor. Tag der mündlichen Prüfung war der 21.7.2004. Die Arbeit basiert auf dem UWG vor der Neufassung 2004, die aktuelle Entwicklung wird gleichwohl im Anhang berücksichtigt.

Herrn Prof. Dr. Jörg Fritzsche danke ich für die Betreuung der Dissertation und die Erstellung des Erstgutachtens. Weiterhin bin ich Herrn Prof. Dr. Andreas Spickhof für die zügige Erstellung des Zweitgutachtens zu Dank verpflichtet.

An dieser Stelle möchte ich mich bei meinem Vater für die Korrektur des Manuskripts, sowie bei Frau Dr. Andrea Rinsdorf und Herrn Dr. Thomas Ihrig für zahlreiche Diskussionen bedanken.

Für ihre stete Ermutigung und Unterstützung während der Erstellung der Arbeit danke ich meinen Eltern und meiner Frau Melanie.

Nürnberg, im April 2005

Peter Schichl

Inhaltsverzeichnis

Abkürzungsverzeichnis

A.	Auflage
a.E.	am Ende
a.F.	alte Fassung
Abl.	Amtsblatt
Abs.	Absatz
AfP	Zeitschrift für Medien- und Kommunikationsrecht
Allg.	Allgemeiner Teil, allgemein
Amtl.	Amtlich
Art.	Artikel
BAG	Bundesarbeitsgericht
BAGE	Amtl. Entscheidungssammlung des Bundesarbeitsgerichts
BB	Betriebsberater
BGB	Bürgerliches Gesetzbuch
BGBl.	Bundesgesetzblatt
BGH	Bundesgerichtshof
BGHSt	Amtliche Entscheidungssammlung des BGH in Strafsachen
BGHZ	Amtliche Entscheidungssammlung des BGH in Zivilsachen
BKartA	Bundeskartellamt
BR-Drs.	Bundesratsdrucksache
BT-Drs.	Bundestagsdrucksache
BVerfG	Bundesverfassungsgericht
BVerfGE	Entscheidungen des Bundesverfassungsgerichts
BVerwG	Bundesverwaltungsgericht
bzgl.	bezüglich
d.h.	das heißt
De	Deutschland
ders.	derselbe
EG	Europäische Gemeinschaft
EGV	Vertrag zur Gründung der Europäischen Gemeinschaft vom 25.3.1957
Einf.	Einführung
Einl.	Einleitung

EP	Europäisches Parlament
etc.	et cetera
EU	Europäische Union
EuGH	Europäischer Gerichtshof
f.	Folgende
ff.	Fortfolgende
FK	Frankfurter Kommentar
Fn.	Fußnote
FS	Festschrift
gem.	gemäß
GG	Grundgesetz
Gr. Senat	Großer Senat in Zivilsachen
GRUR	Gewerblicher Rechtsschutz und Urheberrecht, Zeitschrift der Deutschen Vereinigung für gewerblichen Rechtsschutz und Urheberrecht
GRUR Int.	Gewerblicher Rechtsschutz und Urheberrecht, Zeitschrift der Deutschen Vereinigung für gewerblichen Rechtsschutz und Urheberrecht – Auslands- und Internationaler Teil
GWB	Gesetz gegen Wettbewerbsbeschränkungen
Hdb.	Handbuch
HOAI	Honorarordnung für Architekten und Ingenieure
Hrsg.	Herausgeber
HTTP	Hypertext Transfer Protocol
i.d.F.	in der Fassung
i.d.R.	in der Regel
Insb.	Insbesondere
iVm	in Verbindung mit
KartellR	Kartellrecht
KfH	Kammer für Handelssachen
KG	Kammergericht
KOM	Kommission der Europäischen Gemeinschaften
LG	Landgericht
MDR	Monatsschrift für Deutsches Recht
MMR	MultiMedia und Recht

mwN.	mit weiteren Nachweisen
n.F.	Neue Fassung
NJW	Neue Juristische Wochenschrift
NJWE-WettbR	NJW-Entscheidungsdienst Wettbewerbsrecht
NJW-RR	NJW Rechtsprechungs-Report Zivilrecht
OLG	Oberlandesgericht
PAngVO	Preisangabenverordnung
RabattG	Rabattgesetz
RabelsZ	Zeitschrift für ausländisches und internationales Privatrecht, begründet von Rabel
RAnz.	Reichsanzeiger
RGBl.	Reichsgesetzblatt
RGZ	Entscheidungen des Reichsgerichts in Zivilsachen
RL	Richtlinie
Rn.	Randnummer
Rspr.	Rechtsprechung
S.	Seite
s.o.	siehe oben
Slg.	Sammlung der Rspr. des Gerichtshofs der EG
UWG	Gesetz gegen den unlauteren Wettbewerb
v.a.	vor allem
VersR	Versicherungsrecht
vgl.	Vergleiche
VO	Verordnung
Vor.	Vorbemerkung
WRP	Wettbewerb in Recht und Praxis
WuW	Wirtschaft und Wettbewerb
WuW/E	WuW-Entscheidungssammlung zum Kartellrecht
WWW	World Wide Web
z.B.	zum Beispiel
ZHR	Zeitschrift für das gesamte Handelsrecht und Wirtschaftsrecht
ZIP	Zeitschrift für Wirtschaftsrecht und Insolvenzpraxis
ZRP	Zeitschrift für Rechtspolitik
ZugabeVO	Zugabeverordnung

Literaturverzeichnis

Abel, Nico: Die Wettbewerbsrechtliche Beurteilung von Zugaben – Ein Beitrag zur verfassungsrechtlichen Problematik der Zugabeverordnung, Peter Lang, Frankfurt a. M. 1999

Ahrens, Sönke: Der Irreführungsbegriff im deutschen Wettbewerbsrecht, WRP 99, 389 ff.

Baudenbacher, Carl: Zur funktionalen Anwendung von § 1 des deutschen und Art. 1 der schweizerischen UWG, ZHR 144 (1980), 145ff.

Baumbach, Adolf/ Hefermehl, Wolfgang: Wettbewerbsrecht, Gesetz gegen den unlauteren Wettbewerb, Zugabeverordnung, Rabattgesetz und Nebengesetze, C.H. Beck, Kommentar, 22. Auflage, München 2001, zitiert: Baumbach/Hefermehl

Baumbach, Adolf/ Hefermehl, Wolfgang/ Köhler, Helmut / Bornkamm, Joachim: Wettbewerbsrecht, Gesetz gegen den unlauteren Wettbewerb, Preisangabenverordnung, C.H. Beck, Kommentar, 23. Auflage, München 2004, zitiert: *Bearbeiter* in: Baumbach/Hefermehl 23.A.

Baumbach, Adolf: Kommentar zum Wettbewerbsrecht, 1. Auflage, Berlin 1929

Beater, Axel: Verbraucherschutz und Schutzzweckgedanken im Wettbewerbsrecht, 1. Auflage, Mohr Siebeck, Tübingen 2000, zitiert: Beater Verbraucherschutz

Beater, Axel: Unlauterer Wettbewerb, C.H. Beck, München 2002, zitiert: Beater Unlauterer Wettbewerb

Bechtold, Rainer: Kartellgesetz – Gesetz gegen Wettbewerbsbeschränkungen, Kommentar, 2. Auflage, C.H. Beck, München 1999

Berlit, Wolfgang: Auswirkungen der Aufhebung des Rabattgesetzes und der Zugabeverordnung auf die Auslegung von § 1 UWG und § 3 UWG, WRP 2001, 349 ff.

Bernecke, Wilhelm: Zum Lauterkeitsrecht nach einer Aufhebung von Zugabeverordnung und Rabattgesetz, WRP 2001, 615 ff.

Böhm, Franz: Wettbewerb und Monopolkampf – Eine Untersuchung zur Frage des wirtschaftlichen Kampfrechts und zur Frage der rechtlichen Struktur der geltenden Wirtschaftsordnung, Heymann, Berlin 1933, Reprint von 1964

Borck, Hans-Günther: Eine Lanze für die Zugabeverordnung, WRP 1996, 965 ff.

Borck, Hans-Günther: Vermutungen über vergleichende Werbung, über Wertreklame und deren weitere Entwicklung, WRP 2001, 1124 ff.

Borck, Hans-Günther: Zur Bedeutung und Begrenzung des Begriffs „Zugabe“, WRP 1970, 296 ff, 338 ff.

Borck, Hans-Günther: Zugaberecht – Ein Wegweiser durch die Zugabeverordnung, Deutscher Fachverlag GmbH, Frankfurt am Main, 1974

Bornkamm, Joachim: Wettbewerbs- und Kartellrechtsprechung zwischen nationalem und europäischen Recht, in: 50 Jahre Bundesgerichtshof, Festschrift aus Anlaß des fünfzigjährigen Bestehens von Bundesgerichtshof, Bundesanwaltschaft und Rechtsanwaltschaft beim Bundesgerichtshof, Hrsg. von Karlmann Geiß, Kay Nehm, Hands Erich Brandner, Horst Hagen, Carl Heymanns, Köln 2000, S. 343 – 374, zitiert: Festschrift BGH

Bottenschein, Florian: Restriktionen der Wertreklame – Eine Schutzzweckbezogene Analyse auf dem Gebiet des Wettbewerbsrechts, Peter Lang, Frankfurt a.M. 2001

Braun, Susanne: Die Aufhebung von Rabattgesetz und Zugabeverordnung in der Bundesrepublik Deutschland: eine Auswirkung des Internethandels, Arbeitsbericht Nr. 244 Universität Lüneburg, 1.Auflage, Juli 2001

Bunte, Hermann-Josef: Zur Bedeutung der Lückenlosigkeit der Vertriebsbindung, GRUR 1987, 90 ff.

Burkert, Thomas O.J.: Die Zulässigkeit von Koppelungsgeschäften aus wettbewerbsrechtlicher Sicht, Nomos, Baden-Baden 1992

Burmann, Hans Franz: Das Recht der Wertreklame, Erich Schmidt, Berlin 1965

Callies, Christian / Ruffert, Matthias: Kommentar des Vertrages über die Europäische Union und des Vertrages zur Gründung der Europäischen Gemeinschaft – EUV/EGV-, Luchterhand, 2. Auflage, Neuwied 2002, zitiert: Callies/Ruffert

Cordes, Christoph: Die Gewährung von Zugaben und Rabatten und deren wettbewerbsrechtliche Grenzen nach Aufhebung von Zugabeverordnung und Rabattgesetz, WRP 2001, 867 ff.

Dierck, Ralf: Kundenbindungssysteme und Bonusmeilen, WRP 1999, 616 ff.

Dietz, Karlheinz: Werbung , 3. Auflage, WRS, Verl. Wirtschaft, Recht und Steuern, Planegg, 1997

Dittmer, Stefan: Rabatte und Zugaben nach dem Wegfall von Rabattgesetz und Zugabeverordnung: Mehr Gestaltungsspielraum für Unternehmer, BB 2001, 1961 ff.

Doepner, Ulf: Die Stellung des Naturalrabatts in § 1 Zugabeverordnung, WRP 1976, 217 ff.

Drexl, Josef: Die wirtschaftliche Selbstbestimmung des Verbrauchers - eine Studie zum Privat- und Wirtschaftsrecht unter Berücksichtigung gemeinschaftsrechtlicher Bezüge, Mohr Siebeck , Tübingen 1998

Drexl, Josef: Die Einwirkung der Grundrechte auf die Auslegung der Generalklauseln des UWG, in: Schricker, Gerhard/Henning-Bodewig, Frauke (Hrsg.), Neuordnung des Wettbewerbsrechts, Nomos, Baden-Baden 1999, S. 163-198; zitiert: Drexl in: Neuordnung

Ekey, Friedrich L. / Klippel, Diethelm / Kotthoff, Jost/ Meckel, Astrid / Plaß, Gunda: Heidelberger Kommentar zum Wettbewerbsrecht, C.F. Müller, Heidelberg 2000; zitiert: HK/Bearbeiter

Emmerich, Volker: Das Recht des unlauteren Wettbewerbs, 5. Auflage, C.H. Beck, München 1998, zitiert: Emmerich 5.A. S.

Emmerich, Volker: Das Recht des unlauteren Wettbewerbs, 6. Auflage, C.H. Beck, München 2002, zitiert: Emmerich 6.A. S.

Emmerich, Volker: Unlauterer Wettbewerb, in: 50 Jahre Bundesgerichtshof, Festgabe aus der Wissenschaft, Band II: Handels- und Wirtschaftsrecht, Europäisches und Internationales Recht, Hrsg. von Anderas Hedlrich und Klaus J. Hopt, S. 627- 645, C.H. Beck, München 2000, zitiert: Emmerich in: Festgabe BGH II

Emmerich, Volker: Übertriebens Anlocken – Was ist das eigentlich? In: Festschrift für Henning Piper, Hrsg. von Willi Erdmann, Wolfgang Gloy, Rolf Herber, S. 171 – 182, C.H. Beck, München 1996, zitiert: Emmerich in: Festschrift Piper

Emmerich, Volker: Kartellrecht, 9. Auflage, C.H. Beck, München 2001

Engel, Siegfried: Verkaufsförderung durch „Incentive-Veranstaltungen" Wettbewerbsrechtliche und zugaberechtliche Fragen, WRP 1986, 639 ff.

Fezer, Karl Heinz: Das wettbewerbsrechtliche Irreführungsverbot als ein normatives Modell des verständigen Verbrauchers im Europäischen Unionsrecht, WRP 95, 671 ff.

Fezer, Karl-Heinz: Modernisierung des deutschen Rechts gegen den unlauteren Wettbewerb auf der Grundlage einer Europäisierung des Wettbewerbsrechts, WRP 2001, 989 ff.

Fezer, Karl-Heinz: Wettbewerbsrecht als Verbraucherschutz – das Informationsmodell im Kommissionsentwurf über Verkaufsförderung, WUW 2002, 217

Fischer, Hans Georg: Europarecht, 3. Auflage, C.H. Back, München 2001

Fischer, Thomas: Tröndle/Fischer, Strafgesetzbuch und Nebengesetze, Kommentar, 50. Auflage, C.H. Beck, München 2001

Frankfurter Kommentar: Frankfurter Kommentar zum Kartellrecht. Mit Kommentierung des GWB, des EG-Kartellrechts und einer Darstellung ausländischer Kartellrechtsordnungen, hrsg. von Helmut Glassen, Helmuth von Hahn, Hans-Christian Kersten, Harald Rieger, Otto Schmidt, Köln, Stand FK Lfg 49 (November 2001), zitiert: Bearbeiter in FK Band Nr.

Franzen, Hans: Die Preisbindung des Buchhandels, 3. Auflage, C.H. Beck, München 1987

Fritzsche, Jörg: Die Auslegung des § 1 GWB und die Behandlung von Einkaufsgemeinschaften im Kartellrecht, Carl Heymanns, Köln 1993

Fritzsche, Jörg: Miles & More – Wettbewerbsrechtliche Probleme der Bonussysteme, BB 199, 273 ff.

Gamm, Otto Friedrich, Freiherr von: Kartellrecht- Kommentar zum Gesetz gegen Wettbewerbsbeschränkungen und zu Art. 85, 86 EWGV, 2. Auflage, Carl Heymanns, Köln 1990, zitiert: v.Gamm Kartellrecht.

Gamm, Otto-Friedrich Freiherr von: Gesetz gegen den unlauteren Wettbewerb, 3. Auflage, Heymanns, Köln 1993

Gamm, Otto-Friedrich Freiherr von: Das Verbot einer unbilligen Behinderung und einer sachlich nicht gerechtfertigten Diskriminierung – Ein Beitrag zum Spannungsverhältnis von GWB und UWG, NJW 80, 2489 ff.

Gärtner, Stefan: Aus für Rabattgesetz und Zugabeverordnung, Auflage 2001, Stand Juli 2001, Schriften und Arbeitspapiere Band 123/01, Industrie- und Handleskammer Nürnberg für Mittelfranken, 2001

Gloy, Wolfgang: Handbuch des Wettbewerbsrechts, 2. Auflage, C.H. Beck, München, 1999, zitiert: Gloy/Bearbeiter

Gloy, Wolfgang: Zur Beurteilung gezielter Kampfpreise nach Kartell- und Wettbewerbsrecht, in Festschrift für Alfred-Carl Gaedertz zum 70. Geburtstag, Hrsg. Von Gisela Wild, Ine-Marie Schulte-Franzheim, Monika Lorenz-Wolf, S. 209 – 226; C.H. Beck, München 1992, zitiert: Gloy in FS Gaedertz

Göhre, Stefan: Frischer Wind aus Brüssel? Der Vorschlag der europäischen Kommission für eine Verordnung über Verkaufsförderung im Binnenmarkt und das Grünbuch der Europäischen Kommission zum Verbraucherschutz in der Europäischen Union, WRP 2002, 36 ff.

Götting, Horst-Peter: Die neuere Entwicklung des Zugaberechts in Deutschland, Belgien, Frankreich und Schweden, Carl Heymans Verlag, Köln 1986

Grabitz, Eberhard / Hilf, Meinhard: Das Recht der Europäischen Union, Band I: EUV/EGV, Stand:18. Ergänzungslieferung, C.H. Beck, München 2001

Grabitz, Eberhard / Hilf, Meinhard: Das Recht der Europäischen Union, Band II: EUV/EGV, Stand:18. Ergänzungslieferung, C.H. Beck, München 2001

Groeschke, Peer/Kiethe, Kurt: Die Ubiquität des europäischen Verbraucherleitbildes – Der europäische Paß des informierten und verständigen Verbrauchers, WRP 01, 230 ff.

Haberstumpf, Helmut: Wettbewerbs- und Kartellrecht, Gewerblicher Rechtsschutz, C.H. Beck, München, 2. Auflage 2003

Hayek, Friedrich August von: Der Wettbewerb als Entdeckungsverfahren, in: Erich Schneider (Hrsg.), Kieler Vorträge, Neue Folge 56, Institut für Weltwirtschaft, Kiel 1968, zitiert: Der Wettbewerb als Entdeckungsverfahren

Hayek, Friedrich August von: Die Verfassung der Freiheit, 3. Auflage, Mohr, Tübingen 1991.

Heermann, Peter W. Garantien, Rückgabe- und Umtauschrechte, Koppelungsgeschäfte – Die ZugabeVo als „Hemmschuh wahrer Leistungssteigerungen"?, WRP 99, 130 ff.

Heermann, Peter W. / Ruess, Peter: Verbraucherschutz nach RabattG und ZugabeVO – Schutzlücke oder Freiheitsgewinn?, WRP 2001, 883 ff.

Heermann, Peter W.: Rabattgesetz und Zugabeverordnung ade!, WRP 2001, 855 ff.

Heermann, Peter W.: Handelsüblichkeit von Zugaben, Centaurus-Verlagsgesellschaft, Pfaffenweiler, 1989, zitiert: Handelsüblichkeit

Hefermehl, Wolfgang: Die Entwicklung des Wettbewerbsrechts und seiner Nebengebiete, in Gewerblicher Rechtsschutz und Urheberrecht in Deutschland: Festschrift zum Hundertjährigen Bestehen der Deutschen Vereinigung für Gewerblichen Rechtschutz und Urheberrecht und ihrer Zeitschrift, Band 2, Hrsg. von der Vereinigung durch Friedrich-Karl Beier, Alfons Kraft, Gerhard Schricker, Elmar Wadle, VCH, Weinheim 1991, S. 897 ff., zitiert: Festschrift GRUR

Hefermehl, Wolfgang: Entwicklungen im Recht gegen unlauteren Wettbewerb, in: Festschrift für Robert Fischer, Hrsg. von Marcus Lutter, Walter Stimpel, Herbert Wiedemann, Walter de Gruyter, Berlin 1979, S. 197ff., zitiert: Festschrift Robert Fischer

Hefermehl, Wolfgang: Grenzen des Lauterkeitsschutzes, GRUR Int. 1983, 507 ff.

Heil, Ulf / Dübbers, Robert: Abschaffung von Rabattgesetz und Zugabeverordnung, ZRP 2001, 207 ff.

Heil, Ulf:	Gewinnspiele – eine unendliche Geschichte?, WRP 98, 839 f.
Henning-Bodewig, Frauke:	Abschaffung von Rabattgesetz und Zugabeverordnung?, WRP 2000, 886 ff.
Hirtz, Bernd:	Die Werbung mit dem Angebot branchenfremder Artikel, BB 1979, 450 ff.
Hombrecher, Lars:	Der Begriff der Sittenwidrigkeit in § 1 UWG – Eine Einführung in das Wettbewerbsrecht -, JURA 2003, 153 ff.
Hoppmann, Erich:	Marktmacht und Wettbewerb, Mohr, Tübingen 1977.
Hoß, Dirk:	Rabattgesetz und Zugabeverordnung – Die Rechtslage nach der Aufhebung, MDR 2001, 1095 ff.
Hoth, Jürgen / Gloy, Wolfgang:	Zugabe und Rabatt, Kommentar, Walter de Gruyter, Berlin 1973
Huth, Friedrich:	Gutschein-System und Zugabe-Unwesen, 11.A., Friedrich-Huth's Verlag, Berlin-Charlottenburg, 1929
Immenga, Ulrich/Mestmäcker, Ernst-Joachim:	GWB – Gesetz gegen Wettbewerbsbeschränkungen, Kommentar, 3. Auflage, C.H. Beck, München 2001, zitiert: Immenga/Mestmäcker-Bearbeiter
Immenga, Ulrich/Mestmäcker, Ernst-Joachim:	GWB – Gesetz gegen Wettbewerbsbeschränkungen, Kommentar, 2. Auflage, C.H. Beck, München 1992, zitiert: Immenga/Mestmäcker-Bearbeiter 2. A.
Jarass, Hans D. / Pieroth, Bodo:	Grundgesetz für die Bundesrepublik Deutschland, Kommentar, 6. Auflage, C.H. Beck, München 2002
Jungermann, Sebastian:	Neues zur Buchpreisbindung, NJW 2000, 2172 f.
Karenfort, Jörg / Weißgerber, Arnd:	Lauterkeit des Wirtschaftsverkehrs in Gefahr? – Die Konsequenzen der E-Commerce-Richtlinie für RabattG und ZugabeVO, MMR-Beilage zu Heft 7/2000 S. 38 ff.
Knops, Kai-Oliver:	Rückgabe- und Umtauschrechte als Zusatzleistungen, GRUR 95, 649 ff.
Koenig, Christian / Haratsch, Andreas:	Europarecht, 3. Auflage, Mohr Siebeck, Tübingen 2000
Köhler, Helmut/ Piper, Henning:	UWG- Gesetz gegen den unlauteren Wettbewerb, Kommentar, 2. Auflage, C.H. Beck, München 2001 zitiert: Köhler/Pieper 2.A
Köhler, Helmut/ Piper, Henning:	UWG- Gesetz gegen den unlauteren Wettbewerb, Kommentar, 3. Auflage, C.H. Beck, München 2002 zitiert: Köhler/Pieper 3.A

Köhler, Helmut Das neue UWG, NJW 2994, 2121 ff.

Köhler, Helmut: Zum Anwendungsbereich der §§ 1 und 3 UWG nach Aufhebung von RabattG und ZugabeVO, GRUR 2001, 1067 ff.

Köhler, Helmut: Zugaben: Die Rechte des Verbrauchers und die Risiken des Handels, BB 2001, 1589 ff.

Köhler, Helmut: Rabattgesetz und Zugabeverordnung: Ersatzlose Streichung oder Gewährleistung eines Mindestschutzes für Verbraucher und Wettbewerber?, BB 2001, 265 ff.

Köhler, Helmut: Nebenleistungswettbewerb und Zugabeverbot, in: Marktwirtschaft und Rechtsordnung, Festgabe zum 70. Geburtstag von Prof. Dr. Erich Hoppmann, Hrsg. von Wernhard Möschel, Manfred E. Streit, Ulrich Witt, Nomos, Baden-Baden 1994, S. 283-297, zitiert: Festschrift Hoppmann

Köhler, Helmut: Verkauf unter Einstandspreis im neuen GWB, BB 99, 697 ff.

Köhler, Helmut: Kartellrechtliche Aspekte von Kundenbindungssystemen – oder: Vom Wettbewerb der Produkte zum Wettbewerb der Vergünstigungen?, BB 01, 1157 ff.

Köhler, Helmut: Wettbewerbsrecht im Wandel: Die neue Rechtsprechung zum Tatbestand des Rechtsbruchs, NJW 2002, 2761 ff.

Kohler, Josef: Der unlautere Wettbewerb, Rothschild, Berlin 1914

Kraft, Alfons: Gemeinschädliche Wirtschaftsstörungen als unlauterer Wettbewerb, GRUR 1980, 966 ff.

Kretschmer, Friedrich: Änderungen in Marken-, Kosten- und Wettbewerbsrecht, GUR 2001, 116 ff.

Kretschmer, Friedrich: Aktuelle Berichte, Januar 2002, GRUR 2002, 42 f

Kühl, Kristian: Strafgesetzbuch mit Erläuterungen, 24. Auflage, C.H. Beck, München 2001

Kunz-Hallstein/Loschelder: Zum Vorschlag für eine Verordnung über „Verkaufsförderung im Binnenmarkt, GRUR 02, 410ff, zitiert: Stellungnahme Verordnungsvorschlag

Lange, Knut Werner / Spätgens, Klaus: Rabatte und Zugaben im Wettbewerb, C.H. Beck, München 2001

Lange, Knut Werner: Steht das Powershopping in Deutschland vor dem Aus?, WRP 2001, 888 ff.

Lange, Knut Werner: Die kartellrechtliche Kontrolle der Gewährung von Rabatten, WuW 02, 220 ff.

Langen, Eugen / Bunte, Hermann-Josef: Kommentar zum deutschen und europäischen Kartellrecht, Band 1, 9. Auflage, Luchterhand, Neuwied 2001, zitiert: Langen/Bunte-Bearbeiter

Lecheler, Helmut: Einführung in das Europarecht, C.H.Beck, München 2000

Lehmann, Michael: Die Werbung mit Geschenken, Carl Heymanns Verlag, Köln 1974

Lehmann, Michael: Schutz des Leistungswettbewerbs und Verkauf unter Einstandspreis, GRUR 1979, 368 ff.

Lehmler, Lutz: Das Recht des unlauteren Wettbewerbs, Luchterhand, Neuwied 2002.

Leineweber, Anke: Handbuch des Bauvertragsrechts, Nomos, Baden-Baden 2000

Lenz, Carl Otto: EG-Handbuch Recht im Binnenmarkt, 2. Auflage, Verlag Neue Wirtschafts-Briefe, Herne 1994, zitiert: Lenz/Bearbeiter

Lettl, Tobias: Der Schutz der Verbraucher nach der UWG-Reform, GRUR 04, 449 ff.

Lindacher, Walter F.: Lockvogel- und Sonderangebote – Rechtliche Grenzen selektiver Niedrigpreisstellung, Carl Heymanns, Köln 1979

Lobe, Adolf: Die Bekämpfung des unlauteren Wettbewerbs, Band I: Der unlautere Wettbewerb als Rechtsverletzung nach dem Bürgerlichen Gesetzbuch und den Nebengesetzen, Dieterichsche Verl.-Buchhandlung, Leipzig 1907

Lobe, Adolf: Die Generalklausel des neuen Wettbewerbsgesetzes, GRUR 1910, 5 ff.

Lochler, Horst / Koeble, Wolfgang / Frik, Werner: Kommentar zur HOAI, 6. Auflage, Wener-Verlag, Düsseldorf 1991, zitiert: Lochler/Koeble/Frik

Mann, Roger: Einbindung von Preisgebundenen Produkten in Kopplungsangebote, WRP 1997, 1139

Merz, Andreas: Die Vorfeldthese – Die Anwendung von § 1 UWG im Vorfeldbereich der horizontalen Marktbehinderungstatbestände des GWB, Nomos, Baden-Baden 1988, zitiert: Die Vorfeldthese

Merz, Hans: Kartellrecht – Instrument der Wirtschaftspolitik oder Schutz der persönlichen Freiheit?, in: Wirtschaftsordnung und Rechtsordnung,

Festschrift zum 70. Geburtstag von Franz Böhm, Hrsg. von Helmut Coing, Heinrich Kronstein, Ernst-Joachim Mestmäcker, C.F. Müller, Karlsruhe 1965, zitiert: Merz in FS Böhm 1965

Mestmäcker, Ernst-Joachim: Der verwaltete Wettbewerb – Eine vergleichende Untersuchung über den Schutz von Freiheit und Lauterkeit im Wettbewerbsrecht, Mohr, Tübingen 1984

Meyer, Justus: Rabatt- und Zugabe-Regulierung auf dem Prüfstand, GRUR 2001, 98 ff.

Möschel, Wernhard: Recht der Wettbewerbsbeschränkungen, Carl Heymanns, Köln 1983

Nipperdey, Hans-Carl: Wettbewerb und Existenzvernichtung – Eine Grundfrage des Wettbewerbsrechts, Heymann, Berlin 1930

Noelle-Neumann, Elisabeth/Schramm, Karl: Umfrageforschung in der Rechtspraxis, Verlag Chemie, Weinheim 1961

Nordemann, Jan Bernd: Wegfall von Zugabeverordnung und Rabattgesetz, NJW 2001, 2505 ff.

Nordemann, Wilhelm /Nordemann Axel / Nordemann Bernd: Wettbewerbs- und Markenrecht, 9.Auflage, Nomos, Baden Baden 2003, zitiert: Nordemann.

Nordemann, Wilhelm: Wie sich die Zeiten ändern – Der Wandel der Rechtsprechung zum Verbraucherleitbild in § 3 UWG, WRP 2000, 977 ff.

Palandt, Otto: Gesetz zur Modernisierung des Schuldrechts, Ergänzungsband zu Palandt Bürgerliches Gesetzbuch, 61. Auflage, C.H. Beck, München 2002, zitiert: Palandt Ergänzungsband/Bearbeiter

Palandt, Otto: Bürgerliches Gesetzbuch mit Einführungsgesetz, 61. Auflage, C.H.Beck, München 2002, zitiert: Palandt/Bearbeiter

Peltzer, Karl: Enzyklopädisches Handbuch der Werbung und Publikation, Band I: Werbung, Ott Verlag, Thun 1961

Piper, Henning: Neuere Rechtsprechung zum Wettbewerbs- und Kennzeichnungsrecht, GRUR 1992, 803 ff.

Piper, Henning: Zum Entwurf eines Gesetzes zur Aufhebung des Rabattgesetzes und der Verordnung zur Durchführung des Rabattgesetzes (Rabattgesetzaufhebungsgesetz – RabattGAufhG), BT-Drucksache 12/6722, WRP 94, 433

Pluskat, Sorika: Das kombinierte Warenangebot als zulässiges verdecktes Kopplungsgeschäft, WRP 2001, 1262 ff.

Pluskat, Sorika: Das kombinierte Warenangebot – dieses Mal als unzulässiges verdecktes Koppelungsgeschäft, WRP 02, 789 ff.

Pluskat, Sorika: Zur Zulässigkeit von Kopplungsgeschäften – Zugleich Besprechung des Urteils BGH WRP 2002, 1256 – Kopplungsangebot I, WRP 02. 1381 ff.

Pötzsch, Olga/Korth, Birgit/Schnorr-Bäcker, Susanne: Informationstechnologie in Haushalten – Ergebnisse einer Pilotstudie für das Jahr 2002, Statistisches Bundesamt – Pressestelle, Wiesbaden 2003, zitiert: Pötzsch Informationstechnologie

Pralle, Peter: Die Wertwerbung, C. E. Poeschel, Stuttgart 1974

Remmert, Martin: Herstellergarantie und Zugaberecht, WRP 90, 584 ff.

Römermann, Volker/van der Moolen, Mark: Rabatte und Zugaben in der anwaltlichen Beratung, Deutscher Anwaltverlag, Bonn 2002

Sack, Rolf: Wettbewerbsverzerrungen durch „Anzapfen“, WRP 1975, 261 ff.

Sack, Rolf: Der Verkauf unter Selbstkosten im Einzelhzandel, WRP 1983, 63 ff.

Sack, Rolf: Das Verbraucherleitbild und das Unternehmerleitbild im europäischen und deutschen Wettbewerbsrecht, WRP 1998, 264 ff.

Sack, Rolf: Vergleichende Werbung nach der UWG-Novelle, WRP 01, 327 ff.

Sack, Rolf: Die Präzisierung des Verbraucherleitbildes durch den EuGH, WRP 99, 399 ff.

Sack, Rolf: Die relevante Irreführung im Wettbewerbsrecht, WRP 04, 521 ff.

Sambuc, Thomas: Monopolisierung als UWG-Tatbestand, GRUR 1981, 796 ff.

Scherer, Inge: Wechselwirkungen zwischen Kartellrecht und UWG, WRP 1996, 174 ff.

Scherer, Inge: Divergenz und Kongruenz der Rechtsprechung des EuGH und des BGH zur Verbraucherwerbung, WRP 99, 991 ff.

Schmidt, Karsten: Kartellverfahrensrecht-Kartellverwaltungsrecht-Bürgerliches Recht, Kartellrechtspflege nach deutschem Recht gegen Wettbewerbsbeschränkungen, Cal Heymanns, Köln 1977

Schönke, Adolf / Schröder, Horst: Strafgesetzbuch, Kommentar, 26. Auflage, C.H. Back, München 2001, zitiert: Schönke/Schröder – Bearbeiter

Schricker, Gerhard: Deregulierung im Recht des unlauteren Wettbewerbs, GRUR Int. 1994, 586 ff.

Schricker, Gerhard: Möglichkeiten zur Verbesserung des Schutzes der Verbraucher und des funktionierenden Wettbewerbs im Recht des unlauteren Wettbewerbs, ZHR 139 (1975), 208 ff.

Schricker, Gerhard: Hundert Jahre Gesetz gegen den unlauteren Wettbewerb – Licht und Schatten, GRUR Int. 1996, 473 ff.

Schricker, Gerhard: Unlauterer Wettbewerb und Verbraucherschutz, GRUR Int. 1970, 32 ff.

Schricker, Gerhard: Deregulierung im Recht des unlauteren Wettbewerbs, GRUR Int. 94, 586 ff.

Schricker, Gerhard: Gratisverteilung von Tageszeitungen und das Gesetz gegen unlauteren Wettbewerb, AfP 2001, 101 ff.

Schricker, Gerhard: Wettbewerbsrecht und Verbraucherschutz – Eine Darstellung des deutschen Rechts mit vergleichenden Anmerkungen, RabelsZ 1972, 315 ff.

Schünemann, Wolfgang: Wettbewerbsrecht - UWG, RabattG, ZugabeVO u. PreisangabenVO - unter Berücksichtigung d. GWB, Hanser, München 1989.

Schweizer, Robert: Die „normative Verkehrsauffassung“ – ein doppeltes Mißverständnis – Konsequenzen für das Leitbild des „durchschnittlich informierten, verständigen und aufmerksamen Durchschnittsverbrauchers“, WRP 00, 923 ff

Seibt, Katrin: Das europäische Verbraucherleitbild – ein Abschied von der Verwechslungsgefahr als Rechtsfrage?, GRUR 02, 465 ff.

Seydel, Helmut: Zugabeverordnung und Rabattgesetz, Kommentar, 4. Auflage, Franz Vahlen, München, 1993

Sosnitza, Olaf: Wettbewerbsbeschränkungen durch die Rechtsprechung : Erscheinungsformen und Ursachen auf dem Gebiet des Lauterkeitsrechts, Nomos, Baden-Baden 1995

Spätgens, Klaus: Irreführende Werbung – Verbraucherleitbild – Marktforschung, WRP 02, 1023 ff.

Steinbeck, Anja: Lauterkeitsrechtliche Grenzen für Zugaben und Rabatte nach der Aufhebung von Zugabeverordnung und Rabattgesetz, ZIP 2001, 1741 ff.

Steindorff, Ernst: EG-Vertrag und Privatrecht, Nomos, Baden-Baden 1996

Stolpmann, Markus: Kundenbindung im E-Business, Galileo Press, Bonn 2000

Streinz, Rudolf: Europarecht, 5. Auflage, C.F. Müller, Heidelberg 2001

Tetzner, Heinrich: Probleme des Zugaberechts, JZ 1954, 533 ff.

Thomas, Heinz / Putzo, Hans / Reichold, Klaus / Hüßtege, Rainer: Zivilprozeßordnung, Kommentar, 24. Auflage, C.H. Beck, München 2002, zitiert: Thomas/Putzo – Bearbeiter

Tilmann, Winfried: Über das Verhältnis von GWB und UWG, GRUR 79, 825 ff.

Trube, Claus Moritz: Preisangaben nach Wegfall des RabattG, WRP 2001, 878 ff.

Ullmann, Eike: Das Koordinatensystem des Rechts des unlauteren Wettbewerbs im Spannungsfeld von Europa und Deutschland, GRUR 03, 817 ff.

Ulmer, Eugen: Sinnzusammenhänge im modernen Wettbewerbsrecht : ein Beitrag zum Aufbau des Wettbewerbsrechts, Springer, Berlin 1932

Ulmer, Peter: Rabattgesetz und Wettbewerbsordnung, in: Neue Entwicklungen im Wettbewerbs- und Warenzeichenrecht, Festschrift für Wolfgang Hefermehl zum 65. Geburtstag, Verlagsgesellschaft Recht und Wirtschaft mbH, Heidelberg 1971, S. 201 – 221, zitiert: Festschrift Hefermehl

Ulmer, Peter: Der Begriff „Leistungswettbewerb" und seine Bedeutung für die Anwendung von GWB und UWG-Tatbeständen, GRUR 1977, 565 ff.

Ulmer, Peter: Wettbewerbs- und kartellrechtliche Grenzen der Preisunterbietung im Pressewesen, AfP 1975, 870 ff.

Ulmer, Peter: Schranken zulässigen Wettbewerbs marktbeherrschender Unternehmen – Eine kartell- und wettbewerbsrechtliche Fallstudie zum Anzeigenwettbewerb auf dem Pressemarkt des Ruhrgebiets, Nomos, Baden-Baden 1977, zitiert: Schranken zulässigen Wettbewerbs

Ulmer, Peter: Kartellrechtswidrige Konkurrentenbehinderung durch leistungsfremdes Verhalten marktbeherrschender Unternehmen, in: Recht und Wirtschaft heute – Festgabe zum 65. Geburtstag von Max Kummer, Hrsg. Von Hans Merz, Walter R. Schluep, Stämpfli & Cie, Bern 1980, S. 565 – 596, zitiert: Festgabe Kummer

v. Mangoldt, Hermann / Klein, Friedrich / Starck, Christian: Das Bonner Grundgesetz, Band 1: Präambel, Artikel 1 – 19, 4. Auflage, Franz Vahlen GmbH, München 1999, zitiert: Bearbeiter in: v. Mangoldt/Klein/Starck

Vogt, Stefan: Die Entwicklung des Wettbewerbsrechts in den Jahren 1999 bis 2001, NJW 2001, 3592 ff.

Völker, Stefan: Preisangabenrecht – Recht der Preisangaben und Preiswerbung, 2. Auflage, C.H.Beck, München 2002.

Waldenberger, Arthur: Preisbindung bei Zeitungen und Zeitschriften: Der neue § 15 GWB, NJW 2002, 2914 ff.

Wiebe, Andreas: Die „guten Sitten" im Wettbewerb – eine europäische Regelungsaufgabe?, WRP 2002, 283 ff.

Wiedemann, Gerhard: Handbuch des Kartellrechts, C.H. Beck, München 1999, zitiert: Wiedemann/Bearbeiter Hdb. KartellR.

Einleitung

I. Problemstellung

Am 25. Juli 2001 wurde die Zugabeverordnung[1] durch das Gesetz zur Aufhebung der Zugabeverordnung und zur Anpassung anderer Rechtsvorschriften[2] ersatzlos aufgehoben. Grund für diese Maßnahme waren Bestrebungen der Bundesregierung, das Wettbewerbsrecht in Deutschland zu modernisieren und an die Bedürfnisse von Verbrauchern und Wirtschaft anzupassen. Denn im Gegensatz zur Rechtslage bei Inkrafttreten der Zugabeverordnung 1932 geht der Gesetzgeber heute davon aus, daß der durchschnittlich informierte und verständige Verbraucher mit dem Marktgeschehen vertraut ist und weiß, daß Kaufleute nichts zu verschenken haben, wogegen die Wirtschaft die Zugabeverordnung zunehmend als Gängelei oder Innovationshemmnis empfand.[3] Vor allem aber sollten damit Wettbewerbsnachteile für deutsche Unternehmen im europäischen Wettbewerb aufgrund der EU-Richtlinie über den elektronischen Geschäftsverkehr[4] vermieden werden, deren Artikel 3 das Herkunftslandprinzip regelt.[5] Danach sollen ausländische Anbieter, die aus dem Ausland in Deutschland Waren und Dienstleistungen über das Internet anbieten, grundsätzlich nur den rechtlichen Anforderungen unterliegen, die für sie nach dem Recht ihres Herkunftslandes maßgeblich sind. Ohne eine Abschaffung der Zugabeverordnung hätte dies dazu geführt, daß ausländische Anbieter Zugaben gewähren könnten, soweit dies in ihrem Herkunftsland zulässig wäre, während deutsche Anbieter durch die Zugabeverordnung gebunden blieben. Diese Inländerdiskriminierung wollte der Gesetzgeber vermeiden.[6]

Für die Behandlung von Wettbewerbsverstößen im Bereich der Zugabe bleibt damit fast nur das allgemeine Wettbewerbsrecht[7], von dem der Gesetzgeber annimmt, daß es die Aufgaben des Verbraucherschutzes und des Mitbewerberschutzes im Bereich der Zugabe anstelle der

---

[1] Zugabeverordnung in Deutschland (ZugabeVO) v. 9.3. 1932, RGBl. I, 121, zuletzt geändert am 25.7.1994, BGBl. I, 1172.

[2] Gesetz zur Aufhebung der Zugabeverordnung und zur Anpassung weiterer Rechtsvorschriften vom 23. Juli 2001 (BGBl. I S. 1661).

[3] BT-Drs. 14/5594 – Entwurf eines Gestzes zur Aufhebung der Zugabeverordnung und zur Anpassung weiterer Rechtsvorschriften, S. 7.

[4] Richtlinie 2000/3/EG vom 8. Juni 2000, Abl. L 178 vom 17. Juli 2000.

[5] BT-Drs. 14/5594 S. 6.

[6] BT-Drs. 14/5594 S. 7.

[7] Von speziellen Gesetzen für Einzelfälle wie des Gesetzes über die Werbung auf dem Gebiet des Heilwesens (BGBl. I S. 3068) abgesehen.

Zugabeverordnung erfüllen kann.[8] Dafür erscheint aber eine Neubewertung zumindest der Generalklauseln des UWG im Hinblick auf Zugaben nötig, da mit der Zugabeverordnung auch ein wichtiger Auslegungsmaßstab für die Behandlung von Zugaben im allgemeinen Wettbewerbsrecht entfallen ist.[9]

Fraglich ist dabei schon, auf welchen Wertungsmaßstab abzustellen ist. Soll man auf die Rechtslage vor Inkrafttreten der mittlerweile außer Kraft getretenen Zugabeverordnung abstellen, also auf die des Jahres 1932, ist es vorzugswürdig, die Zugabeverordnung quasi durch die Hintertür des § 1 UWG wieder einzuführen, oder ist eine völlige Neubewertung der Zugabe nötig? Kann dabei das allgemeine Wettbewerbsrecht, und hier vor allem das UWG, ohne Neuregelungen die Aufgabe erfüllen, die ihm der Gesetzgeber auf diesem Gebiet zugedacht hat? Gefragt sind hier vor allem Literatur und Rechtsprechung, die die Behandlung der Zugabe im Rahmen von § 1 UWG neu erarbeiten müssen. Bisher stand dabei die Rechtsprechung der Zugabe tendenziell eher einschränkend gegenüber,[10] auch wenn sich hier in jüngster Zeit ein Wandel abzeichnet.[11] Von großem Einfluß auf die künftige Beurteilung von Zugaben wird dabei auch das Inkrafttreten des derzeit diskutierten Entwurfs einer europäischen Verordnung über Verkaufsförderung im Binnenmarkt sein, der daher in die vorliegende Untersuchung miteinbezogen wurde.[12] Da zum Zeitpunkt der Erstellung der vorliegenden Untersuchung eine Umsetzung des Verordnungsvorschlags nicht sicher war, wird im Folgenden so vorgegangen, daß zunächst die Situation ohne den Verordnungsvorschlag untersucht wird, anschließend die Auswirkungen, die eine eventuelle Umsetzung haben könnte.

---

[8] BT-Drs.14/5594 S. 8, hier geht die Gesetzesbegründung davon aus, daß der Schutz der berechtigten Interessen von Verbrauchern und Wettbewerbern durch das UWG und die PreisangabenVO ausreichend sichergestellt wird.

[9] So soll auch bei einer Beurteilung im Rahmen von § 1 UWG auf die Wertung der Zugabeverordnung abgestellt werden. Siehe etwa OLG München WRP 91, 511, 512; BGH GRUR 94, 441,442 – Kosmetikstudio; BGH WRP 94, 732, 733 – Zielfernrohr; Baumbach/Hefermehl ZugabeVO Allg vor § 1 Rn. 15 ff; Köhler/Piper 2.A. § 2 ZugabeVO Rn. 6.

[10] OLG Hamburg WRP 59,148 – Kaffeebecher für 20 Pf als Zugabe zu 1 Pfund Kaffee; BGH GRUR 94, 656 – Stoff-Tragetasche; BGH GRUR 91, 329 – Ikea-Family-Card.

[11] Dieser Wandel manifestierte sich zunächst in der großzügigeren Beurteilung von Kopplungsangeboten und in der Annäherung an den Verbraucherbegriff des EuGH, doch dazu mehr im Rahmen der folgenden Untersuchung. Zu Kopplungsangeboten: BGH GRUR 96, 363 (364) - saustarke Angebote; OLG Karlsruhe, WRP 01, 1238 (1240) – Jetzt schlägts Punto; zum Verbraucherbegriff: BGH WRP 00, 517 (519f) – Orient-Teppichmuster; auch BGH WRP 99, 90 (92) – Handy für 0,00. Zur allerneusten Rechtsprechung zu Kopplungsangeboten und zum Verbraucherbegriff: BGH WRP 02, 1256 – Kopplungsangebot I; BGH WRP 02, 1259 – Kopplungsangebot II; BGH WRP 03, 743 – Gesamtpreisangebot.

[12] Mitteilung der Kommission der Europäischen Gemeinschaften über Verkaufsförderung im Binnenmarkt: Vorschlag für eine Verordnung des Europäischen Parlaments und des Rates über Verkaufsförderung im Binnenmarkt, KOM (2002) 585 endgültig, abzurufen etwa unter http://europa.eu.int/eur-lex/de/com/pdf/2002/com2002_0585de01.pdf, im folgenden: Verordnungsvorschlag; für die Diskussion ist zusätzlich auch die Vorfassung nebst Begründung von Bedeutung: KOM (2001) 546 endgültig/2, abzurufen etwa unter http://europa.eu.int/eur-lex/de/com/pdf/2001/de_501PC0546.pdf.

II. Ziel und Gang der Untersuchung

Ziel dieser Arbeit ist es, die Behandlung der Zugabe in Deutschland im Rahmen des allgemeinen Lauterkeitsrechts, und hier vor allem des UWG, nach der ersatzlosen Streichung der Zugabeverordnung einer eingehenden Untersuchung zu unterziehen. Dabei wird sich die Arbeit hauptsächlich auf die Werbung mit Zugaben gegenüber Letztverbrauchern konzentrieren, die Auswirkung der Abschaffung der Zugabeverordnung auf Mitbewerber wird zusätzlich in einem eigenen Kapitel abgehandelt. Zwar galt die Zugabeverordnung gegenüber allen Marktteilnehmern, jedoch sind die Marktteilnehmer auf höheren Marktstufen gegenüber einer Werbung mit Zugaben weniger schutzbedürftig. Bei einem Kaufmann kann man aufgrund seiner Tätigkeit im Wirtschaftsverkehr davon ausgehen, daß er sich nicht durch Zugaben ohne weitere Prüfung des Angebots zu einem Abschluß verleiten läßt. Kaufleute werden durch Zugabewerbung zwar unter Umständen als Mitbewerber beeinträchtigt, hierbei ergeben sich allerdings weit weniger Besonderheiten zum bisherigen System des gewerblichen Rechtsschutzes als beim Verbraucherschutz. Daher ist die Darstellung der Rechtslage bei Mitbewerbern etwas knapper gehalten.

Am Anfang der Untersuchung steht die Erarbeitung des Zugabebegriffs, wie er sich nach dem Wegfall der Zugabeverordnung darstellt. In diesem Zusammenhang wird auch der Zugabebegriff unter Berücksichtigung eines eventuellen Inkrafttretens der geplanten Verordnung der EU zur Verkaufsförderung im Binnenmarkt erörtert. Kurz wird dabei auch auf das System der Wertreklame als Oberbegriff einzugehen sein, deren Teil die Zugabe ist.

Es folgt eine Darstellung der Zielsetzung der entfallenen Zugabeverordnung und der rechtlichen Behandlung der Zugabe nach der Streichung. Auch die Gründe für die Streichung der Zugabeverordnung werden erörtert, ebenso ist auf das Verhältnis der alten Zugabeverordnung zum UWG einzugehen, da beide für die folgende Untersuchung grundlegend sind.

Anschließend erfolgt die Untersuchung der Rechtslage nach dem Wegfall der Zugabeverordnung. Dabei ist darauf einzugehen, welche Schutzziele der entfallenen Zugabeverordnung auch von den Bestimmungen des UWG geschützt werden und daher bei

der Bewertung der Zugabe im allgemeinen Lauterkeitsrecht Beachtung finden. Daran anknüpfend ist zu fragen, wie ein Inkrafttreten der geplanten Verordnung zur Verkaufsförderung im Binnenmarkt die Anwendung des allgemeinen Lauterkeitsrechts auf die Gewährung von Zugaben beeinflußt.
Nach Klärung dieser Vorfragen ist auf die einzelnen Sittenwidrigkeitsfallgruppen des § 1 UWG einzugehen, wobei zunächst das anzuwendende Verbraucherleitbild erarbeitet wird. Anschließend wird dargestellt, inwieweit die bisherige Rechtsprechung zu Kopplungsangeboten als Grundlage für die Behandlung der Zugabe im Rahmen von § 1 UWG dienen kann.
Hierauf aufbauend wird die Zugabe in die einzelnen Fallgruppen des § 1 UWG eingeordnet, wobei stets als erstes die Behandlung rein nach dem UWG dargestellt wird; in einem zweiten Schritt folgt die Behandlung der Zugabe nach einem möglichen Inkrafttreten der Verordnung zur Verkaufsförderung im Binnenmarkt.[13] Im Rahmen der Untersuchung soll dabei hauptsächlich ein System, das auf Verbraucherschutz durch Transparenz aufbaut, gezeigt werden. Zur leichteren Orientierung wird dabei die Einteilung des § 1 UWG nach Fallgruppen nach *Hefermehl* zugrunde gelegt.[14]

Es folgt die Behandlung der Zugabe anhand von §§ 3, 7, 6b UWG, wobei wiederum eine Zweiteilung des Untersuchung in die Rechtslage vor und nach einem eventuellen Inkrafttreten der Verordnung zur Verkaufsförderung im Binnenmarkt erfolgt.

Im Anschluß an die einzelnen Tatbestände wird jeweils untersucht, ob die dargestellte Behandlung der Zugabe im UWG dem Verbraucher einen ausreichenden Schutz vor wettbewerbswidrigen Zugaben bietet, soweit er aufgrund der fortbestehenden Schutzziele der Zugabeverordnung schutzbedürftig ist.

Abschließend ist ein Kapitel dem Mitbewerberschutz durch GWB und UWG gewidmet. Dabei ist zunächst festzustellen, inwieweit ein solcher Mitbewerberschutz vor Zugaben überhaupt nötig ist, um danach die Geeignetheit der Regelung von GWB und UWG zum Mitbewerberschutz zu untersuchen.

---

[13] Dabei wird von der endgültigen Fassung des Verordnungsvorschlags vom 15.01.2002 (KOM (2001) 546 endgültig/2) ausgegangen.
[14] Dazu Baumbach/Hefermehl Einl. UWG Rn. 158ff, insbes. Rn. 160; Köhler/Piper 3.A. Einf. UWG Rn. 165.

1. Kapitel: Begriffsklärung

I. Die Zugabe

1. Historische Entwicklung

Zugaben waren zunächst generell erlaubt. Aufgrund des zunehmend härteren Zugabewettbewerbs wurde vor allem vom Einzelhandel schon bei den Beratungen zum UWG im Jahre 1907 eine Regelung des Zugabewesens gefordert.[15] Damals konnte man sich aber nicht über die tatbestandliche Abgrenzung der zulässigen von den unzulässigen Zugaben einigen und hoffte darüber hinaus, Auswüchsen auf dem Gebiet der Zugabe mit der Generalklausel des § 1 UWG wirksam begegnen zu können.[16] Während des folgenden 1. Weltkriegs und der Inflationszeit kamen Zugaben praktisch nicht vor, erst nach der Stabilisierung der Währung nahm das Zugabewesen aufgrund des schärfer werdenden Wettbewerbs Ende der 20er Jahre einen nie gekannten Umfang an. Zugaben wurden vor allem vom Einzelhandel in allen Wirtschaftsstufen gegeben.[17]

Die Rechtsprechung stand dieser Entwicklung hilflos gegenüber, vor allem weil sie sich nicht darauf einigen konnte, ob und wann die Gewährung von Zugaben sittenwidrig im Rahmen von § 1 UWG sein sollte.[18] Während einige die Zugabe stets als sittenwidrig ansahen,[19] stellten andere auf den Einzelfall ab.[20] Das Reichsgericht hielt § 1 UWG und die §§ 823, 826 BGB nicht schlechthin für anwendbar, sondern stellte darauf ab „ob der Verkäufer seine Ware mit Zugabe zu einem Preise verkaufte, der sich innerhalb der Grenzen hielt, in denen Waren gleicher Art und Güte von Geschäften ähnlichen Ranges am gleichen Platz zur selben Zeit verkauft zu werden pflegten“, denn dann läge ein besonders günstiges Angebot vor.[21] Aber wenn ein solches vorläge, ließe sich die Grenze zur sittenwidrigen Zugabe nicht oder nur sehr schwer ziehen. Infolge dieser Rechtsprechung mehrten sich die Mißstände im Zugabewesen.[22]

Am 9.3.1932 wurde die Zugabeverordnung vom Reichspräsidenten als Notverordnung erlassen, im wesentlichen aufgrund eines Gutachtens des Reichswirtschaftsrates vom

[15] Baumbach/Hefermehl ZugabeVO Rn. 2; Lange/Spätgens Rn. 234.
[16] Baumbach/Hefermehl ZugabeVO Rn. 2; RT-Drs. Nr. 1109, Session 1907-09.
[17] Baumbach/Hefermehl ZugabeVO Rn. 2.
[18] Baumbach/Hefermehl ZugabeVO Rn. 3.
[19] München MuW 29, 140; LG Halle GRUR 29, 1317.
[20] Dresden MuW 29, 194; Stettin MuW 29, 533.
[21] RGSt 61, 61; Baumbach/Hefermehl ZugabeVO Rn 3.
[22] Baumbach/Hefermehl ZugabeVO Rn. 3; Lange/Spätgens Rn. 223.

12.4.1930, das nach der Anhörung von Sachverständigen und Verbänden erstattet worden war.[23] In der Notverordnung wurde die Zugabe für den geschäftlichen Verkehr grundsätzlich verboten. Ausnahmen wurden nur für geringwertige Reklamegegenstände und Kleinigkeiten, handelsübliches Zubehör und handelsübliche Nebenleistungen sowie Auskünfte und Ratschläge zugelassen.[24]

Durch Gesetz vom 12.5.1933[25] wurde das Zugabewesen noch weiter eingeengt. Da die Zugabeverordnung vor den abstrakten Gefahren der Zugaben schützen sollte, knüpfte sie die Sittenwidrigkeit von Zugaben an Formaltatbeständen an, bei deren Vorliegen eine Zugabe in jedem Fall sittenwidrig war.[26] Ausgehend von dieser Regelung war die Rechtsprechung bis vor Kurzem kaum bereit, Ausnahmen von den Tatbeständen zuzulassen, der Begriff der Zugabe wurde wegen des Formalcharakters weit gesehen.[27]

Erst seit kurzer Zeit läßt sich eine Kehrtwende in der höchstrichterlichen Rechtsprechung des BGH im Sinne einer restriktiveren Anwendung des Zugabebegriffes beobachten.[28] Bei der Abgrenzung der (gekoppelten) Hauptwaren und -leistungen von nach der Zugabeverordnung verbotenen Zugaben akzeptierte der BGH unter Hinweis auf geänderte Handelsformen und ein verändertes Verbraucherverständnis bei der Bewertung von zwei oder mehr zusammen angebotenen Produkten die Argumentationsfigur der „Funktionseinheit“, also der Erscheinungsform eines Gesamtangebots zweier (oder mehrerer) Waren oder Leistungen, womit vielen zusätzlich angebotenen oder gewährten Zuwendungen von vornherein richterrechtlich der Charakter einer Zugabe abgesprochen wird.[29]

In der Literatur mehrte sich mit der Zeit die Kritik an der Zugabeverordnung, sie wurde als überflüssig angesehen, sie wäre nur zur Zeit der Wirtschaftskrise benötigt worden, die restriktiven Bestimmungen der Zugabeverordnung würden nicht mehr den heutigen Bedürfnissen von Wirtschaft und Verbrauchern entsprechen, und der Entwicklung neuer

---

[23] Lange/Spätgens Rn. 223; Seydel ZugabeVO Rn. 1; Borck WRP 96, 965 (966); Erläuterungen zur Verordnung des Reichspräsidenten zum Schutz der Wirtschaft v. 9.März 1932, RGBl. I 1932, 121; Gutachten des vorläufigen Reichswirtschaftsrates vom 12.4.1930 – Druckausgabe des vorläufigen Reichswirtschaftsrates Nr. 367.
[24] Baumbach/Hefermehl ZugabeVO Rn. 3.
[25] RGBl. I 33, 264 – Gesetz über das Zugabewesen vom 12. Mai 1933; Baumbach/Hefermehl ZugabeVO Rn. 3.
[26] Lange/Spätgens Rn. 223; Baumbach/Hefermehl ZugabeVO Rn. 12.
[27] Siehe etwa BGH GRUR 94, 610 – Zinsgünstige Finanzierung durch Herstellerbank; BGHZ 125, 54 – Stofftragetasche; BGH GRUR 94, 230 - Euroscheck-Differenzzahlung; Lange/Spätgens Rn. 223.
[28] Lange/Spätgens Rn. 223.
[29] BGH GRUR 2000, 918 – Null-Tarif; BGHZ 139, 368 – Handy für 0,00 DM; WRP 99, 505 – Nur 1 Pfennig; WRP 99, 509 – Handy für 1 DM; WRP 96, 286 – saustarke Angebote; Baumbach/Hefermehl § 1 ZugabeVO Rn. 19b; Lange/Spätgens Rn. 223.

Vertriebsformen entgegenstehen, die Zugabeverordnung wirke als Hemmschuh für Leistungssteigerungen etc.[30] Dies führte dann zum Versuch, die Zugabeverordnung schon 1994 zu streichen, was damals aber vor allem am Widerstand des mittelständischen Handels und der Gewerkschaften scheiterte.[31]

Am 25. Juli 2001 erfolgte schließlich die ersatzlose Streichung der Zugabeverordnung.[32] Grund war vor allem die Einführung der EU-Richtlinie über den elektronischen Geschäftsverkehr,[33] deren Artikel 3 das Herkunftslandprinzip regelt. Danach gelten für Anbieter im grenzüberschreitenden Internethandel grundsätzlich nur die rechtlichen Voraussetzungen, die für den Anbieter auch in dem Land gelten, in dem er seinen Geschäftssitz hat. Aufgrund des im Vergleich zu anderen EU-Mitgliedsstaaten höheren Schutzniveaus bei Werbung mit Zugaben hätte dies dazu geführt, daß inländische Anbieter schlechter gestellt gewesen wären als ihre ausländischen Konkurrenten.[34] Zwar wäre diese Inländerdiskriminierung nur im Bereich des E-Commerce aufgetreten, doch wollte man offenbar eine Benachteiligung inländischer „konventioneller“ Händler vermeiden.[35]

2. Begriff

a) Der Zugabebegriff bis zur Aufhebung der Zugabeverordnung

Eine gesetzliche Definition der Zugabe existiert nicht. Bis zur Abschaffung der Zugabeverordnung galt nach ständiger Rechtsprechung folgende Definition:

Eine Zugabe liegt vor, wenn eine Ware der Leistung neben einer entgeltlich angebotenen Hauptware (–leistung) ohne besonderes Entgelt angeboten, angekündigt oder gewährt wird, um den Absatz der Hauptware oder –leistung zu fördern. Dabei muß der Erwerb der Nebenware oder Nebenleistung vom Abschluß des Geschäftes über die Hauptleistung abhängig sein und es muß ein innerer Zusammenhang dahin bestehen, daß die Nebenware oder Nebenleistung mit Rücksicht auf den Erwerb der Hauptsache angeboten wird und wegen

[30] Zur Kritik von damals siehe Begründung des Gesetzentwurfes zur Aufhebung des Rabattgesetzes von 1994, BT-Drs. 12/6722, S.3; Steinbeck ZIP 2001, 1741; Ulmer FS Hefermehl 71, S. 201 ff.
[31] Heil/Dübbers ZRP 2001, 207; zur Kritik: Piper WRP 1994, 433.
[32] Siehe Fn. 1, 2.
[33] Sog. E-commerce Richtline: Richtlinie 2000/31/EG vom 8. Juni 2000, Abl. L 178 vom 17. Juli 2000. Auch siehe Beilage zu NJW 2000 Heft 36. Dazu und zum folgenden siehe auch schon die Einleitung – I. Problemstellung. Genauer zu den Gründen siehe Kapitel 2 IV.
[34] BT-Drs. 14/5594 S. 7; Steinbeck ZIP 01, 1742 (1743).
[35] BT-Drs. 14/5594 S. 6 f.

dieser Abhängigkeit („Akzessorietät") objektiv geeignet ist, den Kunden in seiner Entschließung zum Erwerb der Hauptware bzw. Hauptleistung zu beeinflussen.[36]

Vereinzelt wurde in der Literatur vertreten, das Kriterium einer objektiven Eignung zur Kundenbeeinflussung würde den Begriff der Zugabe zu sehr einengen, da § 1 Abs. 1 S. 1 ZugabeVO die Zugabe schlechthin verbiete; damit habe der Gesetzgeber eine Grundsatzentscheidung getroffen, die von der Rechtsprechung zu beachten sei.[37] Wegen des Formalcharakters der Tatbestände der Zugabeverordnung sei eine einschränkende Interpretation bei Vorliegen des Zugabetatbestandes nicht möglich.[38]

Indem der Gesetzgeber den Begriff der Zugabe in der Zugabeverordnung selbst nicht gesetzlich definiert hat, hat er den Zugabebegriff als gesetzlich bekannt vorausgesetzt, damit aber auch der Interpretation nach der jeweiligen Verkehrsauffassung geöffnet.[39] Zwar handelte es sich bei den Tatbeständen der Zugabeverordnung um Formaltatbestände, bei deren Vorliegen eine Zugabe außerhalb der gesetzlichen Ausnahmen verboten war, aber dafür mußte zunächst eine Zugabe vorliegen. Der Begriff der Zugabe war aber nicht im Gesetz definiert. Eine einschränkende Interpretation des Begriffs der Zugabe, also der Voraussetzung bei der ein Tatbestand überhaupt erst eröffnet sein konnte, konnte daher nicht in den Gesetzeswortlaut eingreifen.

Weiterhin wurde vertreten, daß eine Ware, die nach einem Kauf und unabhängig von der konkreten Ware als Werbung von dem Händler zugegeben wird, um für diesen zu werben, und die ohne Vorankündigung den unterschiedlichsten Artikeln nach dem Kauf beigegeben wird, immer noch eine Zugabe ist, auch wenn sie nur in der Erwartung gegeben wird, der Kunde würde weitere Geschäfte tätigen.[40] Richtig ist zwar, daß es nicht auf den Zeitpunkt der Gewährung der Zugabe, ob vor oder nach dem Vertragsschluß, ankommen kann, denn sonst wäre einer Umgehung der Zugabeverordnung Tür und Tor geöffnet.[41]Aber die Vertreter

---

[36] Köhler/Piper 3. A. § 1 UWG Rn. 238; Lange/Spätgens Rn. 220; Baumbach/Hefermehl § 1 ZugabeVO Rn. 1; Hoth/Gloy § 1 ZugabeVO Rn. 10; Steinbeck ZIP 2001, 1743; BGHZ 11, 274 (278) – Orbis-Reisemarken; BGHZ 34, 264 (267) – Einpfennig-Süßwaren; BGH GRUR 98, 500 (501) – Skibindungsmontage; BGH GRUR 99, 270 (271) – Umtauschrecht II; BGH WRP 2000, 1138 (1139) – Null-Tarif.

[37] Seydel § 1 ZugabeVO Rn. 87 f; Borck WRP 70, 338 (339).

[38] Engel WRP 86, 639 (643); Baumbach/Hefermehl ZugabeVO Rn. 12 bzgl. des Vorliegens von Formaltatbeständen und der Unzulässigkeit, danach verbotene Zugaben für zulässig zu interpretieren, dabei stellt er aber nicht das Kriterium der obj. Eignung in Frage, die er in § 1 Rn 5 selbst verlangt.

[39] Baumbach/Hefermehl § 1 ZugabeVO Rn. 1; HK/Lies-Benachib § 1 ZugabeVO Rn. 1.

[40] Borck WRP 70, 338 (339); Doeppner WRP 76, 217 (221).

[41] Baumbach/Hefermehl § 1 ZugabeVO Rn. 6.

dieser Ansicht stellen das Akzessorietätskriterium nicht in Frage.[42] Eine unberechnete Zuwendung ist jedoch, wenn sie nicht akzessorisch ist und nur in der Erwartung eines künftigen Geschäftsabschlusses gegeben wird, ein Werbegeschenk und keine Zugabe.[43] Denn die Zugabe muß rechtlich oder tatsächlich an den Abschluß des Geschäfts über die Hauptware gebunden sein.[44]

b) Der Zugabebegriff nach der Aufhebung der Zugabeverordnung

Fraglich ist, ob diese von der Rechtsprechung entwickelte Definition der Zugabe nach der ersatzlosen Streichung der Zugabeverordnung noch Bestand haben kann.

Nach *Spätgens* wurde der Zugabebegriff nicht aus der Norm selbst oder einer Norminterpretation gewonnen, sondern von der Rechtsprechung aus der Lebenswirklichkeit heraus entwickelt, daher gilt er auch nach der ersatzlosen Aufhebung der Zugabeverordnung fort; wie bisher muß die Zugabe nach dieser Definition als nach Art, Inhalt und Umfang bekannt vorausgesetzt werden.[45] Dem ist nur insoweit zuzustimmen, als der Gesetzgeber, wie bereits festgestellt, den Zugabebegriff nicht definiert hat. Damit hat er ihn aber auch zur Interpretation durch die Rechtsprechung freigegeben, wodurch der Weg für eine neue Zugabedefinition frei ist.[46]

Nach der Gegenansicht[47] soll der Begriff der Zugabe nur insoweit Bestand haben, als für das Vorliegen einer Zugabe im wettbewerbsrechtlichen Sinne nach wie vor maßgeblich sein soll, daß es sich um eine Ware oder Dienstleistung handelt, die ganz oder teilweise ohne besondere Berechnung neben einer anderen entgeltlich angebotenen Ware oder Dienstleistung (Hauptleistung) angeboten wird und deren Erwerb rechtlich oder tatsächlich vom Abschluß des Geschäfts über die Hauptleistung abhängig ist.

Hinfällig soll der Zugabebegriff der Rechtsprechung dagegen insofern sein, als die Gerichte nicht mehr unter dem von der Zugabeverordnung auferlegten Zwang einer exakten Begriffsbestimmung und einer Abgrenzung eines „Angebots mit Zugabe“ von einem

---

[42] Borck WRP 70, 338 (339); Doeppner WRP 76, 217 (220).
[43] Sack WRP 75, 261 (267); Köhler/Piper 3.A. § 1 UWG Rn. 250.
[44] Baumbach/Hefermehl § 1 ZugabeVO Rn. 6; BGH GRUR 59, 944 – Modenschau; 68, 649 (650) – Rocroni-Ascher; 86, 820 – Probe-Jahrbuch.
[45] Lange/Spätgens Rn. 221.
[46] Siehe Kapitel 1 I 2 a): Der Zugabebegriff bis zur Aufhebung der Zugabeverordnung.
[47] Köhler GRUR 01, 1067.

„Gesamtangebot“ stehen. [48] Früher sei für diese Abgrenzung zwischen Zugabe und Gesamtangebot die durch die konkrete Werbung mitbeeinflußte Verkehrsanschauung und das Bestehen eines gewissen Funktionszusammenhanges maßgebend gewesen.[49] Jedoch sei diese Abgrenzung letztlich nur aus dem Bestreben erfolgt, den Anwendungsbereich der Zugabeverordnung einzuschränken. Der bisherige Denkfehler bei der rechtlichen Würdigung der Zugabe sei es gewesen, die Zugabe als außerhalb der eigentlichen Leistung liegende Zutat zu sehen, während es sich in Wahrheit um eine zusätzliche Leistung handle.[50] Verbraucher und Unternehmer würden beide von einem Gesamtangebot ausgehen. Ein Unternehmer, der eine Hauptleistung mit einer Zugabe kombiniere, mache im Grunde nur von einer Vertrags- und Wettbewerbsfreiheit Gebrauch. Die Freiheit des Wettbewerbs schließe die Freiheit im Einsatz und in der Kombination von Wettbewerbsparametern mit ein.[51] Auf einen wie auch immer gearteten Funktionszusammenhang dürfe es daher nicht ankommen.[52]

Dem ist zuzustimmen, da eine genaue Abgrenzung zwischen Tatbeständen, die früher unter die Zugabeverordnung fielen und solchen, die nur unter das allgemeine Wettbewerbsrecht fielen, unnötig ist. Nach der jetzigen Rechtslage gibt nur das allgemeine Wettbewerbsrecht, und hier vor allem das UWG, einen Maßstab vor, an dem die Zugabe auf ihre Rechtmäßigkeit hin zu messen ist. Alle Fälle, in denen der Kunde zwei Produkte für einen Preis erhält, unterliegen den gleichen rechtlichen Bestimmungen, unabhängig davon. ob ein einheitlicher Gesamtpreis für beide Produkte verlangt wird, oder ein zweites Produkt unentgeltlich als Nebenleistung gegeben wird. Eine Abgrenzung zwischen einem Gesamtangebot mit Gesamtpreis und einer Hauptleistung mit unentgeltlicher Nebenleistung ist daher entbehrlich.[53] Man kann daher statt von Haupt – und Nebenleistung bzw. Gesamtangebot auch einheitlich von Erst- und Zweitleistung sprechen.[54] Der einzige, wenn auch entscheidende Unterschied, auf den später noch einzugehen sein wird, ist die Anpreisung der Zugabe als kostenlos.

---

[48] Köhler GRUR 01,1067; ders. BB 01, 1589; Steinbeck ZIP 01, 1741 (1743).
[49] BGH GRUR 96, 363 (364) - Saustarke Angebote; Baumbach/Hefermehl § 1 UWG Rn. 131 f; Köhler GRUR 01, 1067 (1068).
[50] Köhler GRUR 01, 1067 (1068).
[51] Köhler GRUR 01, 1067 (1068); ders. Festschrift Hoppmann S. 283; vgl. auch Fezer WRP 01, 989 (1011); vgl. auch OLG Karlsruhe, WRP 01, 1238 (1240) – Jetzt schlägts Punto; BGH GRUR 96, 363 (364) - saustarke Angebote.
[52] Köhler GRUR 01, 1067 (1068).
[53] Steinbeck ZIP 01, 1741 (1743); Köhler BB 01, 1589.
[54] So auch der Vorschlag von Steinbeck ZIP 01, 1741 (1743). Anders, da noch auf die ZugabeVO abstellend, Burkert S.35 f, der statt Haupt- und Nebenleistung von gekoppelten und koppelnden Leistungen ausgeht, da bei den danach alleine zulässigen Koppelungsgeschäften die „Hauptleistung“ vom Standpunkt des Kunden und seiner Wertung abhängig ist.

Mittlerweile hat sich dem auch die Rechtsprechung angeschlossen und die scharfe dogmatische Trennung zwischen Angebot mit Zugabe und Gesamtangebot aufgegeben. Der BGH geht nunmehr von einer einheitlichen Fallgruppe von Kopplungsangeboten aus, der auch die Zugaben umfaßt. [55]

Nicht unter diesen „neuen“ Zugabebegriff fallen sollen laut *Köhler* Waren oder Dienstleistungen, deren zusätzliche Gewährung sich der Kunde im Zuge der Vertragsverhandlungen ausbedingt, und die aus Sicht des Kunden vom Entgelt mitabgedeckt sind oder die ein Gewerbetreibender nach dem Vertragsschluß als eine Art „Belohnung“ gewährt.[56] Dies ist aber nur eine weitere Klarstellung, die so nichts am Zugabebegriff ändert. Schon bisher wurden frei ausgehandelte Paketpreise nicht als Zugabe gesehen, nur wenn der Kunde etwas aus seiner Sicht ohne besondere Berechnung erhielt, sollte eine Zugabe vorliegen.[57] Eine zumindest teilweise Unentgeltlichkeit ist gerade das Wesen der Zugabe. Bereits die Zugabeverordnung verbot nicht die sachliche Verbesserung einer Ware oder Steigerung einer Leistung, die im Rahmen eines einheitlichen Hauptgeschäftes geschuldet wurde.[58] Bei der Hingabe einer Zuwendung nach Vertragsschluß dagegen, die vorher nicht angekündigt wurde, fehlt es an der Akzessorietät zum Vorgeschäft, so daß schon nach dem Wortlaut der Definition keine Zugabe vorliegen kann.[59] Die nachträglich ohne vorherige Ankündigung gewährte Vergünstigung kann keinen Einfluß mehr auf einen bereits abgeschlossenen Vertrag haben, so daß im Grunde ein reines Werbegeschenk vorliegt.[60]

Weiter sollen nach *Köhler* nun nur noch Waren und Dienstleistungen unter den Zugabebegriff fallen, da diese Gegenstand eines selbständigen entgeltlichen Vertrags sein könnten. Weitreichende Qualitäts-, Rückgabe- oder Umtauschgarantien seien unselbständiger Bestandteil der Hauptleistung und nicht (mehr) als Zugabe anzusehen. Daß sie früher als

---

[55] In diesem Sinne nun OLG Frankfurt/Main WRP 02, 109 (110); BGH WRP 02, 1256 (1258) – Kopplungsangebot I; BGH WRP 02, 1259 (1262) – Kopplungsangebot II.

[56] Köhler GRUR 2001, 1067.

[57] Baumbach/Hefermehl ZugabeVO Rn. 2; ders. § 1 ZugabeVO Rn 1; HK/Lies-Benachib § 1 ZugabeVO Rn. 4; Köhler/Piper 2.A. § 1 ZugabeVO Rn. 3; BGH GRUR 91, 862 (863) – Rückfahrkarte; 93, 137 (141) Zinssubvention.

[58] BGH GRUR 58, 455 – Federkernmatratzen; 76, 314 – Büro-Service-Vertrag; 91, 862 – Rückfahrkarte; 93, 137 – Zinssubvention; Baumbach-Hefermehl § 1 ZugabeVO Rn. 1; Köhler/Piper 2.A. § 1 ZugabeVO Rn. 3; HK/Lies-Benachib § 1 ZugabeVO Rn. 3.

[59] S.o. Kap. 1 I 2 a.

[60] Siehe auch Kapitel 1 I 2 a) aE; BGH GRUR 96, 363 (364) - Saustarke Angebote; Baumbach/Hefermehl § 1 UWG Rn. 131 f; Köhler GRUR 01, 1067 (1068).

Zugabe gewertet wurden, sei nur aus dem Bestreben zu erklären, den Anwendungsbereich der Zugabeverordnung auszudehnen.[61]

Dem ist insoweit zuzustimmen, als unselbständige Garantiezusagen, die Nebenpflichten des Hauptvertrages sind und die Vertragsgemäßheit der Leistung sichern, nicht als Zugaben anzusehen sind.[62]

Es sind allerdings auch Garantien denkbar, die Gegenstand eines selbständigen entgeltlichen Vertrags sein können. So ist es mittlerweile üblich, Garantiepakete die etwa einen Umtausch des defekten Geräts innerhalb von zwei Jahren nach dem Kauf gegen ein Neugerät garantieren, oder die andere ähnlich weitgehende Leistungen umfassen, separat zu verkaufen. In einem solchen Fall zahlt der Käufer nicht nur einen Aufpreis auf den Kaufpreis, sondern kann die Zusatzgarantie auch nachträglich erwerben, teilweise sogar von einem anderen Anbieter als dem Hersteller der Originalware.[63] Solcherart selbständige Garantiezusagen, die über die Sicherung der Vertragsgemäßheit der Leistung hinausgehen, und weitergehende sachfremde Risiken der Leistung ausschalten wollen, können Zugabecharakter besitzen.[64] Eine Abgrenzung zwischen unselbständiger Garantie und Zugabe kann dabei nicht allein nach der rechtlichen Vertragsgestaltung erfolgen, da der Verkehr sich darüber im Regelfall keine konkreten Gedanken macht. Statt dessen ist auf die Auffassung der umworbenen Verkehrskreise abzustellen.[65] Diese wird naturgemäß von der Werbung, mit der die Garantie angepriesen wird, beeinflußt.

Auch die Verkehrsauffassung wird die beschriebenen selbständigen Verträge wegen der Möglichkeit der vertraglichen Trennung nicht als integralen Bestandteil der Hauptleistung ansehen, wenn sie explizit als Zusatzleistung beworben werden, etwa „zusätzlich eine Garantieverlängerung auf drei Jahre im Wert von 199 €".
Außerdem dürfte die Verkehrsauffassung mangelunabhängige Umtauschrechte zumindest ab einer gewissen Länge aufgrund ihrer Unüblichkeit nicht als Teil der Hauptleistung ansehen.[66] Überdies wäre die Vereinbarung eines solchen Umtauschrechtes in einem eigenen Vertrag möglich. Denkbar wäre auch eine Vertragsgestaltung, bei der der Kunde gegen zusätzliches

---

[61] Köhler GRUR 2001, 1067.
[62] So schon für die alte Rechtslage Baumbach/Hefermehl § 1 ZugabeVO Rn. 85.
[63] Etwa das Sony Vaio Plus Garantieprogramm, das IBM-Garantieprogramm oder der Hilti Garantieschutzbrief, um einige Beispiele exemplarisch aufzulisten.
[64] BGH GRUR 58, 455 (456) – Federkernmatratzen; Baumbach/Hefermehl § 1 ZugabeVO Rn. 85.
[65] Baumbach/Hefermehl § 1 ZugabeVO Rn. 85.
[66] Dittmer BB 2001, 1961(1964).

Entgelt das Recht eingeräumt bekommt, die Ware eine Zeitlang zu prüfen und bei Nichtgefallen eine andere Ware auszuprobieren. Würde dieses Recht dem Kunden dann unentgeltlich gewährt, würde sich dies für ihn als Zugabe darstellen.[67]

Schon das Vorhandenseins selbständiger Garantieverträge und die Neigung der betroffenen Verkehrskreise, auch unselbständige Garantien teilweise als Zugaben anzusehen, läßt es vorzugswürdiger erschienen, Garantien zumindest dann als Zugaben zu behandeln, wenn sie als solche beworben werden oder wenn ein selbständiger Garantievertrag vorliegt.

c) ZWISCHENERGEBNIS

Im Grunde stimmen die dargestellten Ansichten über das grundsätzliche Weiterbestehen eines Großteils der Definition der Zugabe überein, Unterschiede ergeben sich nur im Detail. Der Begriff bleibt insoweit ein taugliches Abgrenzungskriterium.

Nach der Aufhebung der Zugabeverordnung ist eine Zugabe im wettbewerbsrechtlichen Sinne das Angebot einer Ware oder Dienstleistung (Zweitleistung), die ganz oder teilweise ohne besondere Berechnung neben (zusätzlich zu) einer anderen entgeltlich angebotenen Ware oder Dienstleistung (Erstleistung) angeboten wird, um den Absatz der Erstleistung zu fördern, wobei deren Erwerb rechtlich oder tatsächlich vom Abschluß des Geschäfts über die Erstleistung abhängig ist.

Dabei besteht nun kein Grund mehr, eine strikte Trennung zwischen einem Gesamtangebot und einem Angebot mit Zugabe aufrechtzuerhalten. Bei beiden wird eine Leistung zu einem Preis angeboten, der einzige Unterschied liegt in der Bewerbung der Zugabe als kostenlos.

Es bietet sich daher an, im Rahmen der weiteren Untersuchung die Anwendbarkeit der bisherigen Rechtsprechung zu Gesamtangeboten auf Zugaben zu prüfen.

---

[67] Ähnliche Verträge werden teilweise beim Verkauf von Musikinstrumenten geschlossen, dem Kunden wird das Recht eingeräumt, das Instrument für ein gewisses (geringes) Entgelt zunächst zu testen, um es bei Nichtgefallen zurückzugegeben oder gegen ein anderes Instrument auszutauschen. Unabhängig von einer eventuellen Vertragsgestaltung als Mietvertrag stellt sich dies für den Kunden als erweitertes Umtausch- oder Rückgaberecht dar, das er gegen Entgeltzahlung erwirbt.

3. Begriffsanpassung durch die Verordnung über Verkaufsförderung im Binnenmarkt

a) Entwicklung und Ziele der Verordnung

Am 2.10.2001 wurde von der Europäischen Kommission nach dreijähriger Vorarbeit der abschließende Entwurf des Vorschlags für eine Verordnung des Europäischen Parlaments und des Rates über Verkaufsförderung im Binnenmarkt zur Diskussion gestellt.[68] Nach Korrekturen an Artikel 3 wurde die endgültige Fassung von der Kommission am 15.1.2002 vorgelegt.[69] Im Anschluß an die 1. Lesung im Europäischen Parlament[70] legte die Kommission am 25.10.2002 ihren geänderten Vorschlag für eine Verordnung des Europäischen Parlaments und des Rates über Verkaufsförderung im Binnenmarkt vor.[71] Dieser Verordnungsvorschlag regelt die Zulässigkeit der Werbung mit Verkaufsfördermaßnahmen, und die Durchführung von solchen Maßnahmen. Hierunter fallen nach dem Verständnis der Europäischen Kommission Rabatte, Zugaben, unentgeltliche Zuwendungen (Werbegeschenke), Gewinnspiele und Preisausschreiben, also Bereiche, die der Wertreklame zuzuordnen sind.[72] Die Europäische Kommission hat festgestellt, daß im betreffenden Bereich die Rechtsvorschriften der Mitgliedsstaaten teilweise erheblich voneinander abweichen. Dies beeinträchtigt nach Auffassung der Kommission ein breites Spektrum von Wirtschaftstätigkeiten, die direkt oder indirekt mit der Verkaufsförderung verknüpft sind.[73] Mit dem Verordnungsvorschlag sollen daher, um ein reibungsloses Funktionieren des Binnenmarktes zu sichern, Hindernisse für den freien Wirtschaftsverkehr zwischen den Mitgliedsstaaten beseitigt, die Niederlassungsfreiheit gewährleistet und spürbare Verzerrungen zwischen den Mitgliedsstaaten beseitigt werden.[74] Dabei beruht das Konzept der Kommission auf drei Überlegungen:

---

[68] KOM (2001) 546 endgültig vom 2.10.2001.
[69] KOM (2001) 546 endgültig/2 vom 15.1.2002.
[70] Sitzungsdokument A5-0253/2002 vom 10.7.02: Bericht über den Vorschlag für eine Verordnung des Europäischen Parlaments und des Rates über Verkaufsförderung im Binnenmarkt (KOM (2001) 546-C5-0475/2001 – 2001/0227(COD)), Berichterstatter Ward Beysen, veröffentlicht unter: http://www2.europarl.eu.int/omk/sipade2?PUBREF=-//EP//NONSGML+REPORT+A5-2002-0253+0+DOC+PDF+V0//DE&L=DE&LEVEL=2&NAV=S&LSTDOC=Y. Im folgenden Sitzungsbericht EP A5-0253/2002.
[71] KOM (2002) 585 endgültig vom 25.10.2002, http://europa.eu.int/eur-lex/de/com/pdf/2002/com2002_0585de01.pdf.
[72] Göhre WRP 02, 36 (37); Baumbach/Hefermehl § 1 UWG Rn. 85 ff; siehe auch Kapitel 1 II.
[73] Begründung des Verordnungsvorschlags 2. Absatz, KOM (2001) 546 endgültig/2 S. 24; dabei geht die Kommission von einem Marktvolumen von 40 Mrd. € und etwa 1 Mio. betroffener Arbeitsplätze aus, KOM (2001) 546 endgültig/2 S. 3.
[74] Artikel 1 des Verordnungsvorschlags.

- Vollständige Harmonisierung von Vorschriften über die Nutzung und Bekanntmachung von verkaufsfördernden Maßnahmen, soweit die Einschränkung von verkaufsfördernden Maßnahmen durch sie mit Blick auf das Allgemeininteresse verhältnismäßig ist.

- Aufhebung von nationalen Verboten, soweit sie als unverhältnismäßig anzusehen sind, da sie den grenzüberschreitenden Waren- und Dienstleistungsverkehr behindern.

- Grundsatz der gegenseitigen Anerkennung für die verbleibenden nationalen Vorschriften, diese dürfen allerdings nicht zu einer Beschränkung des freien Waren- und Dienstleistungsverkehrs führen.[75]

B) DEFINITION DER ZUGABE

Im Zuge der angestrebten Harmonisierung soll auch die Zugabe europaweit einheitlich definiert werden. Nach dem momentanen Stand des Verordnungsvorschlags für eine Verordnung über Verkaufsförderung im Binnenmarkt[76] wird in Artikel 2 (g) die Zugabe folgendermaßen definiert:

„'Zugabe' ist das zeitlich befristete Angebot einer Ware oder Dienstleistung, die nicht mit der zum Kauf angebotenen Ware oder Dienstleistung identisch ist", wobei diese Definition für sich alleine nicht vollständig ist, dies wird sie erst, ergänzt durch weitere Definitionen des Artikel 2 Verordnungsvorschlag.

Dabei muß die Zugabe akzessorisch zur Hauptleistung sein, der Erwerb der Nebenware oder Nebenleistung muß vom Abschluß des Geschäftes über die Hauptleistung abhängig sein. Aus der Formulierung „nicht mit der zum Kauf angebotenen Ware identisch ist" ergibt sich schon, daß eine andere Ware gekauft werden muß, um in den Genuß der Zugabe zu gelangen. Zusätzlich folgt dies auch aus einer Zusammenschau mit der Definition der unentgeltlichen Zuwendung in Artikel 2 (f) des Verordnungsvorschlages: „ 'Unentgeltliche Zuwendung' ist das zeitlich befristete, kostenlose Angebot einer Ware oder Dienstleistung, unabhängig von jeglicher Kaufverpflichtung." In diesem Zusammenhang wird die Unabhängigkeit der Gewährung der Zuwendung von einem Kauf betont, da dies im Rahmen der Definitionen des

[75] Mitteilung über Verkaufsförderung im Binnenmarkt, KOM (2001) 546 endgültig/2 S. 9, 18 ff., Begründung S. 27, Erwägungsgrund 12, bzw. Erwägungsgrund 17 in KOM (2002) 585 endgültig; Göhre WRP 02, 36 (37).
[76] KOM (2002) 585 endgültig.

Artikel 2 Verordnungsvorschlag die Ausnahme ist. Davon geht ausdrücklich auch die Kommission in ihren Erläuterungen zum Vorschlag der Verordnung aus, in denen sie die Zugabe als abhängig vom Kauf bezeichnet.[77] Die Kommission unterscheidet dabei nicht zwischen rechtlicher oder tatsächlicher Akzessorietät, sondern geht nur von Abhängigkeit aus, womit mangels Abgrenzung jede Art von Abhängigkeit gemeint ist, sowohl rechtliche als auch tatsächliche.

Weiterhin muß auch die Zugabe nach der Definition des Verordnungsvorschlages der Förderung des Absatzes der Erstware dienen, dies ergibt sich unmittelbar aus Artikel 2 (b) Verordnungsvorschlag: „'Verkaufsförderaktionen': das Anbieten von Rabatten, unentgeltlichen Zuwendungen, Zugaben oder der Möglichkeit zur Teilnahme an einem Preisausschreiben oder Gewinnspiel". Per Definition dient eine Verkaufsförderaktion der Unterstützung des Verkaufs der Ware, deren Absatz gefördert werden soll.

Schließlich geht die Definition des Artikel 2 (g) Verordnungsvorschlag von einer zeitlichen Befristung der Zugabe aus, dies weil die Kommission nach ihrer Begründung zum Verordnungsvorschlag eine Verkaufsförderungsaktion als zeitlich befristetes Angebot sieht und daher in der Verordnung den Auftraggeber verpflichten will, schon beim Angebot der Zugabe in der kommerziellen Kommunikation[78] die Laufzeit der Werbeaktion anzugeben. Fraglich ist, wie danach eine Verkaufsförderaktion zu beurteilen wäre, bei den kein Enddatum angegeben ist, weil sie als unbefristete Aktion geplant ist. In diesem Fall, und wenn der Auftraggeber dies so bewirbt, müßte auch eine unbefristete Zugabeaktion möglich sein. Denn die Bezeichnung der Zugabe als befristete Verkaufsförderaktion muß in Zusammenhang mit den Informationspflichten aus Art. 4 Verordnungsvorschlag in Verbindung mit den im Anhang zur Verordnung aufgelisteten Pflichtangaben gesehen werden. Dort wird unter 1.1 „Obligatorische Angaben in der kommerziellen Kommunikation" die Angabe eines Anfangs- und eines Enddatums verlangt. Dadurch wird eine Informationspflicht begründet, bei deren Einhaltung eine insoweit rechtmäßige Zugabewerbung vorliegen soll, aber auch ohne Angabe der Befristung bleibt der Zugabecharakter erhalten, es handelt sich dann nur um eine insoweit rechtswidrige Bewerbung der Zugabe. Damit ist die Angabe der zeitlichen Befristung nicht Voraussetzung für das Vorliegen einer Zugabe.

---

[77] KOM (2001) 546 endgültig/2 S. 16.

[78] Siehe die Definition in Artikel 2 (a) der Verordnung, also im Grunde Werbung.

Gleichwohl sprechen einige Argumente dafür, daß auch unbefristete Verkaufsförderaktionen nach der geplanten Verordnung rechtmäßig sein sollen und in diesem Fall zumindest die Pflicht zur Angabe eines Enddatums entfällt. Zunächst deutet darauf die Tatsache hin, daß auch der rechtliche Rahmen für Kundenbindungssysteme als Verkaufsförderaktion durch die Verordnung harmonisiert werden soll.[79] Nach dem gegenwärtigen Wortlaut („zeitlich befristet“) des Verordnungsvorschlags würden diese jedoch nicht als Ganzes erfaßt, da Kundenbindungssysteme schon ihrem Wesen nach auf Dauer ausgerichtet sind. Die geplante Verordnung würde sich nur auf sie auswirken, wenn in ihrem Rahmen zeitlich befristete Verkaufsförderaktionen stattfinden würden.[80] Zusätzlich ergeben sich im Bereich der anzugebenden Aktionsdauer Abgrenzungsprobleme, da die Aktionsdauer von dem Anbieter so weit gestreckt werden kann, daß sich für die Verbraucher keine Unterschiede zu einer unbefristeten Aktion ergeben, z.B. auch 10 Jahre. Auch würde dadurch das Problem aufgeworfen, ob weiterhin angebotsbegrenzte Verkaufsförderaktionen („Nur solange Vorrat reicht“) ausgeführt werden dürfen.[81] Zwar findet sich in 1.1, 3. Spiegelstrich des Anhangs zum Verordnungsvorschlag der Hinweis, daß statt eines letzten Tages auch die verfügbare Bestandsmenge an Zugabewaren angegeben werden kann,[82] jedoch widerspricht dies der ausdrücklichen Definition in Artikel 2 (g), wo nur von zeitlichen Befristungen die Rede ist.

Im Gegensatz zur deutschen Definition der Zugabe ist in der Zugabedefiniton des Verordnungsvorschlags nicht explizit erwähnt, inwieweit eine Zugabe unentgeltlich sein muß. Man könnte zwar annehmen, daß sich die Unentgeltlichkeit der Zugabe aus einer Zusammenschau der Definitionen von unentgeltlicher Zuwendung (Art. 2 lit. f) und Zugabe (Art 2 lit. g) ergeben könnte. Dies wäre der Fall, wenn an dieser Stelle die unentgeltliche Zuwendung der Oberbegriff wäre, der auch die Zugabe mit umfassen soll. Nach dem Willen der Kommission sollen jedoch beide Definitionen nebeneinander stehen und sich auf unterschiedliche Verkaufsförderakionen beziehen. Mit der unentgeltlichen Zuwendung lit. f ist nicht ein Oberbegriff der Zugabe gemeint, sondern das Werbegeschenk. Ansonsten würde es keinen Sinn machen, im Anhang zu Art 4 Nr. 3 der Verordnung unentgeltliche Zuwendungen und Zugaben nebeneinander aufzuführen.

---

[79] KOM (2001) 546 endgültig/2 S. 7; Kunz/Loschelder Stellungnahme Verordnungsvorschlag GRUR 02, 410 (411).

[80] Kunz-Hallstein/Loschelder Stellungnahme Verordnungsvorschlag GRUR 02, 410 (411).

[81] Kunz-Hallstein/Loschelder Stellungnahme Verordnungsvorschlag GRUR 02, 410 (411).

[82] Erst in der Fassung KOM (2002) 585 endgültig, diese Korrektur wurde aufgrund des Änderungsantrags 46 des EP in den Verordnungsvorschlag aufgenommen, welches allerdings zur Begründung größere Klarheit für den Verbraucher anführt. Siehe Sitzungsbericht EP A5-0253/2002 S. 30.

Bei den Vorüberlegungen zu ihrem Verordnungsvorschlag geht die Kommission aber zumindest von der teilweisen Unentgeltlichkeit der Zugaben aus, denn sonst müßte sie sich nicht ausdrücklich mit dem Problem auseinandersetzen, daß als Zugaben gegebene Waren den Markt des Zugabeartikels destabilisieren könnten, da die als Zugaben gegebenen Vergünstigungen im Folgenden vom Verbraucher als wertlos angesehen werden könnten, wenn er sie bereits einmal als kostenlos erhalten hat.[83] Auch die Diskussion einer Wertbegrenzung für Zugaben im Rahmen der Vorüberlegungen und ihre Ablehnung mit dem Argument, daß der Wert einer Zugabe niedriger sein muß als der Wert der beworbenen Ware, weil sonst die Verkaufsförderaktion nicht rentabel wäre,[84] macht nur dann Sinn, wenn die Kommission bei ihrer Zugabedefinition zumindest von teilweiser Unentgeltlichkeit der Zugabe ausgeht.

4. Fazit

Zusammenfassend ist eine Zugabe, gemäß der geplanten Verordnung zur Verkaufsförderung im Binnenmarkt, das ganz oder teilweise unentgeltliche Angebot einer Ware oder Dienstleistung (Nebenleistung) um den Absatz der zum Kauf angebotenen Ware (Hauptleistung) zu fördern, die nicht mit dem Kauf der angebotenen Ware oder Dienstleistung identisch ist, und deren Erwerb rechtlich oder tatsächlich vom Abschluß des Geschäfts über die Erstleistung abhängig ist.

Demgegenüber ist eine Zugabe im wettbewerbsrechtlichen Sinne nach der Definition der bisherigen Rechtsprechung unter Berücksichtigung der Veränderungen durch den Wegfall der Zugabeverordnung das Angebot einer Ware oder Dienstleistung (Zweitleistung), die ganz oder teilweise ohne besondere Berechnung neben (zusätzlich zu) einer anderen entgeltlich angebotenen Ware oder Dienstleistung (Erstleistung) angeboten wird, um den Absatz der Erstleistung zu fördern und deren Erwerb rechtlich oder tatsächlich vom Abschluß des Geschäfts über die Erstleistung abhängig ist.

Damit besteht der einzige Unterschied zwischen dem Zugabebegriff des Verordnungsvorschlags und dem „neuen" deutschen Zugabegriff darin, daß in der auf der deutschen Rechtsprechung und Literatur aufbauenden Fassung die Hauptleistung als Erstleistung, bzw. die Nebenleistung als Zweitleistung bezeichnet werden kann. Mit dieser zunächst reinen Begrifflichkeit erfolgt allerdings nur eine Abkehr von der bisherigen

---

[83] KOM (2001) 546 endgültig/2 S. 13.
[84] KOM (2001) 546 endgültig/2 S. 16.

deutschen Definition unter der Zugabeverordnung um auf die neuen liberaleren Verhältnisse Rücksicht zu nehmen (s.o.). Im Grunde stimmen die deutsche Definition und die Definition des Verordnungsvorschlags überein. Daß im deutschen Wettbewerbsrecht im Grunde eine Trennung zwischen Haupt- und Nebenleistung auf der einen Seite und einer Gesamtleistung auf der anderen Seite entbehrlich wird, wirkt sich nur auf die Behandlung der Zugabe im Wettbewerbsrecht aus, nicht aber auf ihre Definition.

II. Die Zugabe als Teil der Wertreklame

1. Begriff

Der Begriff der Zugabe läßt sich unter den gesetzlich nicht definierten Oberbegriff der Wertreklame einordnen. Dieser entwickelte sich ursprünglich im Rahmen der Diskussion um die Notwendigkeit einer gesetzlichen Regelung der Zugabe und wurde daher damals mit ihr gleichgesetzt.[85] Teilweise wird behauptet, der Begriff der Wertreklame wäre bereits 1913 von den Verteidigern der Zugabe erfunden worden, um die „Auswüchse des Zugabeunwesens“ zu verdecken.[86] Auch die Gerichte setzten die Begriffe Zugabe und Wertreklame zunächst synonym und behandelten daher die gesamte Wertreklame nach den Vorschriften der Zugabeverordnung. Es wurde zwar formal zwischen Zugaben und sonstigen Formen der Wertreklame unterschieden; jedoch wurde teilweise die Sittenwidrigkeit der Wertreklame mit denselben Erwägungen begründet, mit denen zuvor ein Verstoß gegen die Zugabeverordnung festgestellt wurde.[87] Im Lauf der Zeit setzte sich die schon damals bekannte Ansicht durch, daß Zugabe nur ein Unterfall der Wertreklame ist und die Begriffe keineswegs synonym zu verstehen sind.[88] Dennoch hat sich die Rechtsprechung zumindest bis zum Wegfall der Zugabeverordnung noch nicht ganz von der Anschauung gelöst, Zugabe und Wertreklame wären synonym. Die verschiedenen Erscheinungsformen der Wertreklame werden allein wegen ihres zugabeähnlichen Charakters in die Nähe des Sittenwidrigkeitsbereiches gerückt.[89]

Heute versteht man unter Wertreklame einen Sammelbegriff, der die verschiedenen Formen der Wertwerbung umfaßt, also alle Erscheinungsformen von geldwerten Vergünstigungen zu Werbezwecken.[90] Wertreklame im weitesten Sinn ist also jede Form der Werbung, die dem Kunden besondere Vergünstigungen in Aussicht stellt, um ihn zum Abschluß von Geschäften mit dem Werbenden zu bewegen.[91] Dazu gehören neben der Zugabe z.B. Werbegeschenke, Werbeprämien, Werbehilfen, Mitgehartikel, Verpackungsmittel mit Zweitnutzen, Gratisverlosungen und Preisausschreiben.[92]

---

[85] Lehmann S. 3; Bottenschein S. 27.
[86] Huth S. 16, 17; Lehmann S. 3; Bottenschein S. 27.
[87] Lehmann S. 3; RG GRUR 1936, 190 (193) – Dentistentagebuch; Bottenschein S. 27; RG GRUR 1936, 190 (192): „Es gibt keinen Unterschied zwischen Werbegabe und Zugabe“.
[88] Lehmann S. 4; Peltzer S. 902.
[89] BGH GRUR 76, 248 (249) – Vorspannangebot; Lehmann S. 4; Bottenschein S. 27.
[90] Lehmann S. 4; Peltzer S. 902; Baumbach/Hefermehl § 1 UWG Rn. 85; BGH WRP 99, 828, 829 – Altkleider-Wertgutscheine (Rabatt als Wertreklame); Emmerich 5.A. S. 168.
[91] Emmerich 5.A. S. 168; Baumbach/Hefermehl § 1 UWG Rn. 85.
[92] Baumbach/Hefermehl § 1 UWG Rn. 85; HK/Plaß § 1 UWG Rn. 121.

Dabei ist man sich trotz der großen Bedeutung der Wertreklame weitgehend einig, daß es sich bei der Wertreklame um keine eigenständige Fallgruppe im Rahmen von § 1 UWG handelt.[93] Mit der Zugehörigkeit einer Werbeform zur Wertreklame ist daher noch keine Aussage über deren wettbewerbsrechtliche Zulässigkeit verbunden.[94] Angesichts dieser Tatsache sollte die Wertreklame als eine Sammlung unterschiedlicher Unterfallgruppen des § 1 UWG verstanden werden.[95] Demzufolge läßt sich auch die Zugabe in die verschiedenen Unterfallgruppen des § 1 UWG einordnen.

2. Wesen

Jede Werbung versucht, das Interesse des Publikums für den Betrieb des Werbenden, seine Waren und Leistungen zu erwecken. Der Kunde soll erst informiert, dann überzeugt und zum Geschäftsabschluß gebracht werden.[96] Man unterscheidet dabei zwischen der Wort- und Anschauungsreklame als klassische Werbeform und der Wertreklame.

Die Wort- und Anschauungsreklame umfaßt die Faktoren Wort, Sprache, Musik und Bild, der Adressat erhält über den üblichen Informations- und Erbauungsnutzen hinaus keinen individuellen, in Geld ausdrückbaren Wert in Form einer Ware oder einer Leistung.[97]

Auch die Wertreklame bedient sich aller Mittel der klassischen Wort- und Anschauungsreklame, schon um ihr Angebot an Vergünstigungen bekanntzumachen, ohne sich aber darauf zu beschränken. Der Unternehmer versucht, den Kunden nicht nur durch Argumente von den Vorzügen der eigenen Ware zu überzeugen und zum Kauf zu veranlassen, sondern zugleich, oder vor allem, durch das schenkungsweise Gewähren von geldwerten Vergünstigungen. Dabei kann es sich etwa um Werbegeschenke, Warenproben oder um an die eigentlich zu verkaufende Ware gekoppelte unentgeltliche oder günstige Zusatzleistungen handeln.[98] Diese im Vordergrund stehenden geldwerten Vergünstigungen

---

[93] Bottenschein S. 28; vgl. Hirtz BB 79, 450 (452); Merz S. 97; a.A. Köhler/Piper 3.A. § 1 Rn. 192 ff, der die Wertreklame als eigenständige Fallgruppe sieht, die aber nicht generell gegen § 1 UWG verstößt; es ist noch das Hinzutreten weiterer Umstände erforderlich, die im wesentlichen den bekannten Fallgruppen der Sittenwidrigkeit entsprechen, siehe die Beispiele bei § 1 Rn. 193. Vom Ergebnis besteht daher kaum ein Unterschied, auch nach dieser Ansicht ist die Wertreklame nicht von Haus aus sittenwidrig.

[94] BGH GRUR 99, 755 (756) – Altkleider-Wertgutscheine; Bottenschein S. 28.

[95] Bottenschein S. 28, zur Einteilung im einzelnen siehe Kapitel 4, siehe auch Baumbach/Hefermehl § 1 UWG Rn. 85.

[96] Baumbach/Hefermehl § 1 UWG Rn. 85; Köhler/Piper 3.A. § 1 UWG Rn. 192.

[97] Lehmann S. 4, 5; Baumbach/Hefermehl vor § 3 UWG Rn. 2.

[98] BGH GRUR 99, 755, 756 – Altkleider-Wertgutscheine; Baumbach/Hefermehl § 1 UWG Rn. 85; Bottenschein S. 48; Köhler/Piper 3.A. § 1 UWG Rn. 192; Emmerich 5.A. S. 168; Steinbeck ZIP 01, 1741 (1742 f).

haben meist mit dem eigentlichen Warenangebot nichts zu tun, so daß nach Ansicht der bisherigen Rechtsprechung die Gefahr besteht, daß der Kunde gegen seinen eigentlichen Willen nur deshalb zum Kaufentschluß veranlaßt wird, weil die ihm in Aussicht gestellten Vergünstigungen den Kauf insgesamt vorteilhaft erscheinen lassen. Der Kunde wird zu sachfremden Überlegungen und Entschlüssen verleitet, die mit den Kriterien des Leistungswettbewerbes, Qualität und Preis nichts mehr zu tun haben.[99]

Man unterscheidet zunächst zwischen abstrakter und akzessorischer Wertreklame.[100] Bei der abstrakten Wertreklame wird die Vergünstigung nicht an einen Geschäftsabschluß gekoppelt, das Hauptbeispiel hierfür ist das Werbegeschenk.[101] Der potentielle Käufer erhält die Nebenware auch dann, wenn er die Hauptware nicht abnimmt, der Nutzen für den Werbenden besteht dabei in der erhöhten Aufmerksamkeit, die seinem Angebot entgegengebracht wird, weiterhin darin, daß der Kunde meist das Ladenlokal aufsuchen muß, um die Nebenware zu bekommen, und dort unter Umständen einen Kauf tätigt.

Bei der akzessorischen Wertreklame, zu der die Zugabe gehört, wird die Gewährung der Vergütung unmittelbar vom Abschluß des vom Werbenden erstrebten Rechtsgeschäfts abhängig gemacht.[102] Üblicherweise wird dabei zwischen Haupt- und Nebenleistung unterschieden, wobei Nebenware die Ware oder Dienstleistung ist, die nur kostenfrei gewährt wird oder nur dann erwoben werden kann, wenn die Hauptleistung erworben wird.[103] Der Kaufanreiz soll dadurch bestärkt werden, daß der Käufer die Nebenware oder –leistung nur erhält, wenn er auch die Hauptware abnimmt. Besonders nützlich für den Verkäufer ist, daß die Kosten für die akzessorische Wertreklame stets im gleichen Verhältnis zum Umsatz anfallen.[104]

Im Rahmen der akzessorischen Wertreklame unterschied man bisher vor allem zwischen zwei Fallgruppen, deren wettbewerbsrechtliche Zulässigkeit unterschiedlich beurteilt wurde. Neben

[99] BGH GRUR 92, 621 (622) Glücksball-Festival; BGH GRUR 96, 778 (780) – Stumme Verkäufer; Köhler/Piper 3.A. § 1 UWG Rn. 192; Cordes WRP 01, 867, 869; Baumbach/Hefermehl § 1 UWG Rn. 85; Steinbeck ZIP 01, 1741 (1742).
[100] Lehmann S. 8; Peltzer S. 902 f; Baumbach/Hefermehl § 1 UWG Rn. 86.
[101] Lehmann S. 16.
[102] Lehmann S. 8, Bottenschein S. 36; Pluskat WRP 02, 1381 (1383).
[103] Baumbach/Hefermehl ZugabeVO Rn. 1; ders. § 1 UWG Rn. 132; Köhler/Piper 2.A. § 1 ZugabeVO Rn. 1 ff; Lehmann S. 9 f.
[104] Bottenschein S. 37; Pralle S. 58.

der bereits besprochenen Gewährung einer Nebenleistung als kostenlose Zugabe konnten auch mehrere Leistungen zu einem Kopplungsangebot zusammengefaßt werden.[105] Ein Kopplungsangebot liegt vor, wenn der Verkäufer mehrere Waren oder Leistungen im Rahmen eines Gesamtangebotes zu einem Gesamtpreis anbietet. Die Rechtsprechung unterscheidet zwischen „offenen" und „verdeckten" Koppelungen. Bei offenen Koppelungen sind dem Käufer die Einzelpreise der Waren bekannt, bei verdeckten Koppelungen nicht.[106] Eine weitere Art von Kopplungsangeboten sind die Vorspannangebote, bei denen eine der gekoppelten Waren zur Förderung des Absatzes der anderen Vorspanndienste leistet. Hierbei der Verkauf einer besonders günstigen Nebenware an den Verkauf einer zu einem marktüblichen Preis angebotenen Ware gekoppelt. Die Nebenware wird nicht ohne die Hauptware abgegeben, sie ist zu deren Verkauf akzessorisch.

3. ZUSAMMENFASSUNG

Die Zugabe ist ein Mittel der akzessorischen Wertreklame, bei der die Gewährung der Vergünstigung im Gegensatz zur abstrakten Wertreklame von einem Kauf abhängig gemacht wird. Von der anderen großen Gruppe der akzessorischen Wertreklame, den Kopplungsangeboten, unterscheidet sich die Zugabe dadurch, daß sie als kostenlos beworben wird.

III. Der Leistungswettbewerb

1. ENTWICKLUNG

Um eine sinnvolle Beurteilung der Einordnung der Zugabe im Wettbewerbsrecht vornehmen zu können ist es nötig, sich zunächst mit dem Begriff des lauteren Wettbewerbs zu beschäftigen.

Der wirtschaftliche Wettbewerb baut auf dem Leistungsprinzip auf. Naheliegend ist es daher, das Leistungsprinzip auch für die Abgrenzung zwischen lauteren und unlauteren Wettbewerb zu nutzen.[107] Die Grunddefinition in diesem Zusammenhang stammt von *Nipperdey*[108], der zwischen Leistungswettbewerb und Behinderungswettbewerb unterscheidet. Als positiver

---

105 Steinbeck ZIP 01, 1741 (1743); Baumbach/Hefermehl § 1 UWG Rn. 117, 127 ff.

106 Köhler/Piper 3.A. § 1 UWG Rn. 228; Baumbach/Hefermehl § 1 UWG Rn. 127 ff; Steinbeck ZIP 01, 1741 (1743).

107 Baumbach/Hefermehl Einl. UWG Rn. 96.

108 Nipperdey S. 16. Davor verglich allerdings schon Lobe den Wettbewerb mit einem sportlichen Wettkampf, in dem nur der Einsatz bestimmter Kräfte oder Tätigkeiten erlaubt ist so daß ein Einsatz anderer Mittel gegen die „Kampfregeln" verstößt und damit unlauter ist; Lobe S. 47 ff; Lobe GRUR 10, 5 f; Emmerich 6.A. S. 49.

Wettbewerb dient der Leistungswettbewerb der Förderung der Absatztätigkeit des eigenen Unternehmens durch eigene Leistung, während der Behinderungswettbewerb als negativer Wettbewerb nur in einer Behinderung des Mitbewerbers besteht, um den Absatz des eigenen Unternehmens zu fördern.[109]

Zwar stellen beide Arten ein Mittel im Wettbewerb um den Kunden dar, sie sind in ihren Auswirkungen aber grundverschieden. Während der Leistungswettbewerb die Angebote der Wettbewerber untereinander ungehindert zur Geltung bringt und den Markt öffnet, unterdrückt der Behinderungswettbewerb die Angebote der Mitbewerber und schließt den Markt. Deswegen soll Leistungswettbewerb (Qualitätssteigerung, Preisunterbietung) als normale Form des Wettbewerbs stets erlaubt sein, auch wenn die Schädigung oder Existenzvernichtung des Mitbewerbers bezweckt ist.
Im Gegensatz dazu soll der Behinderungswettbewerbs strenger beurteilt werden. Er ist zwar nicht grundsätzlich als wettbewerbswidrig zu sehen, es soll jedoch eine gewisse Mäßigungspflicht bestehen, deren Verletzung die Wettbewerbshandlung sittenwidrig macht.[110] Auch das Reichsgericht machte sich diese Unterscheidung zu eigen, behandelte aber im Benrather Tankstellen-Urteil die gezielte Preisunterbietung, weil sie zur Vernichtung des Konkurrenten diente, als Behinderungswettbewerb.[111]

In der Schwierigkeit der Einordnung des Preiskampfes werden die Probleme mit dem Gegensatzpaar Leistungswettbewerb – Behinderungswettbewerb deutlich, denn es ist offensichtlich, daß auch Mittel, die eigentlich dem Leistungswettbewerb zuzurechnen sind, behindernd wirken können. Daher reichen diese Antipoden zur Beurteilung der Sittenwidrigkeit von Wettbewerbshandlungen nicht aus. Versucht etwa ein Mitbewerber, den Kunden durch irreführende oder unsachliche Werbung zu beeinflussen, so liegt zwar keine unmittelbare Behinderung der Mitbewerber vor, wohl aber unlauterer Kundenfang, der kein Bestandteil des Leistungswettbewerbs ist. Um auch solche Fälle zu erfassen muß der Gegenbegriff zum Leistungswettbewerb daher der Nichtleistungswettbewerb sein.[112]

---

[109] Nipperdey S. 16, Baumbach/Hefermehl Einl. UWG Rn. 96; Gloy/Gloy § 9 Rn. 22 ff.; Bottenschein S.62 f.
[110] Nipperdey S. 16; Baumbach/Hefermehl Einl. UWG Rn. 96; Gloy/Gloy § 9 Rn. 22; Bottenschein S. 62 f.
[111] RGZ 134, 342 (352).
[112] Baumbach/Hefermehl Einl. UWG Rn. 96; zum ersten mal wird dieses Begriffspaar von Böhm (Wettbewerb und Monopolkampf S. 212ff.) gebraucht, der aber noch den Begriff des „Nichtleistungskampfes" verwendet; Gloy/Gloy § 9 Rn. 23; Bottenschein S. 63.

2. Der Ansatz der Literatur

Hefermehl präzisiert diesen Ansatz: Leistungswettbewerb soll in der Freiheit des einzelnen Anbieters bestehen, seine Leistung auf dem Markt frei anbieten zu können, und aus der Freiheit des Kunden, die gewünschte Leistung frei wählen zu können. Zum Nichtleistungswettbewerb gehörten dagegen alle Mittel, die geeignet seinen, einen echten Vergleich der Leistungen der Wettbewerber durch die Marktgegenseite auszuschließen.[113] Das entscheidende Unterscheidungskriterium zwischen Leistungs- und Nichtleistungswettbewerb soll dabei die Verfälschung oder Verhinderung eines echten Leistungswettbewerbs im Wettbewerbsrecht sein.

Schwierigkeiten bereitet dabei in Konkretisierung des Leistungsbegriffs.[114] Diese ist nicht abstrakt, sondern nur im Hinblick auf die wirtschaftliche Funktion des Wettbewerbs möglich. Auszugehen ist von der auf dem Markt angebotenen Leistung eines Wettbewerbers, die unter anderem im Bezug auf Preis, Qualität, Service, Konditionen, und Vertrieb mit den Leistungen der Mitbewerber zum Vergleich steht.[115] Den Ausschlag soll dabei die „günstigste Leistung" geben. Was die günstigste Leistung ist, entscheidet der Kunde zwischen den Angeboten auf dem Markt danach, welches für ihn nach Preis, Qualität, Service, Konditionen und Vertrieb das günstigste Angebot ist.[116] Hierbei unterstellt man dem Kunden, d.h. dem Verbraucher, die erforderliche Urteilsfähigkeit und Sachkunde zu besitzen. Jedoch entscheiden sich die Kunden nicht nur aufgrund rationaler Gründe und besitzen oft auch nicht die erforderliche Unabhängigkeit, um zum Schiedsrichter qualifiziert zu sein. *Hefermehl* zufolge ist daher eine Aufklärung des Kunden über die objektive Marktlage unerläßlich, um ihn in die Lage zu versetzen, daß für ihn günstigste Angebot zu wählen. Diese Aufgabe erfüllt die Werbung.

Zusammenfassend kann deswegen Leistungswettbewerb nur ein Wettbewerb sein, bei dem die Abnehmer aus den zum Vergleich stehenden Leistungen der Wettbewerber, die frei zur Entfaltung kommen, frei wählen können. Der Leistungswettbewerb wird dabei durch alles gefördert, was die Vergleichbarkeit der Leistungen verbessert und dem Abnehmer seine Schiedsrichterfunktion erleichtert. Dazu gehört auch Werbung, und zwar nicht nur informatorische, sondern auch suggestive, solange sie den Kunden nicht in seiner Entscheidungsfreiheit beeinträchtigt.[117]

---

113 Baumbach/Hefermehl Einl. UWG Rn 96; ders. in Festschrift GRUR, S. 897 (906); ders. in Festschrift Robert Fischer, S. 197 (200); Bottenschein S. 64; auch: Gloy/Gloy § 9 Rn. 22.

114 Baumbach/Hefermehl Einl. UWG Rn. 96; Bottenschein S. 64.

115 Baumbach/Hefermehl Einl. UWG Rn. 97; Köhler/Piper 3.A. Einf. UWG Rn. 170; Bottenschein S. 64.

116 Baumbach/Hefermehl Einl. UWG Rn. 98.

117 Baumbach/Hefermehl Einl. UWG Rn. 98; Bottenschein S. 64 f.

3. Die Rechtsprechung

Die Rechtsprechung unternimmt keinen Versuch, den Leistungswettbewerb abstrakt zu definieren, geht aber davon aus, daß die Faktoren Preis, Service, Qualität und Kundendienst dazu zu zählen sind.[118] Für diese Annahme wird keine Begründung gegeben. Einigkeit scheint aber dahingehend zu bestehen, die Wertreklame und damit die Zugabe[119] als nicht dem Leistungswettbewerb zugehörig zu definieren. Allen Formen der Wertreklame sei gemein, daß sie den Kunden nicht durch Güte und Preiswürdigkeit der Ware sondern durch das Gewähren einer besonderen Vergünstigung zu gewinnen suchten. Aus diesem Grund sei die Wertreklame nur hinzunehmen, wenn sie sich im Bereich der reinen Aufmerksamkeitswerbung halte.[120]

Dennoch wird betont, daß diese Art der Werbung nicht schlechthin gegen die guten Sitten verstoße, sondern nur einer besonders strengen Prüfung zu unterziehen sei.[121] Letztendlich soll sich die Sittenwidrigkeit dabei aufgrund besonderer Umstände ergeben, womit die Fallgruppen des § 1 UWG angesprochen sind.[122]

---

[118] BGH GRUR 77, 110 – Kochbuch; BGH GRUR 77, 608 – Feld und Wald; BGH GRUR 81, 746 – Ein-Groschen-Werbeaktion; BGH GRUR 83, 781 – Buchklub-Vorspannangebot; BGH GRUR 91, 616 (617) – Motorboot-Fachzeitschrift; Heermann WRP 99, 130 (135); Sosnitza S. 80; Bottenschein S. 65 mwN, der aber von einer Beschränkung des BGH auf Preis und Qualität ausgeht.

[119] Siehe oben Kapitel 1 II.

[120] BGH GRUR 76, 248 (249) – Vorspannangebot; BGH GRUR 79, 779 (780) – Wert-Coupons; BGH GRUR 81, 286 (287) – Goldene Karte I; BGH WRP 90, 28 (30) – Wirtschaftsmagazin; BGH GRUR 94, 639 (640) – Pinguin-Apotheke; Bottenschein S. 65.

[121] BGH GRUR 59, 285 – Bienenhonig; BGH GRUR 73, 591 – Schatzjagd; BGH GRUR 74, 156 – Geldgewinnspiel; BGH GRUR 74, 345 – Geballtes Bunt; BGH GRUR 74, 395 – Verschlußkapsel-Prämie; BGH WRP 76, 100 – Mars; BGH GRUR 76, 248 – Vorspanngebot; BGH GRUR 84, 463 – Mitmacher-Tour; BGH GRUR 89, 757 –McBacon; Überblick bei Bottenschein S. 66; vgl. Baumbach/Hefermehl Einl. UWG Rn. 105.

[122] BGH GRUR 65, 489 – Kleenex; BGH GRUR 96, 287 – Stuttgarter Wochenblatt; GRUR 74, 345 – Geballtes Bunt; BGH WRP 81, 576 (577 ff.) – Ein-Groschen-Werbeaktion; BGH GRUR 82, 53 – Bäckerfachzeitschrift; BGH GRUR 91, 616 – Motorboot-Fachzeitschrift; BGH GRUR 93, 483 (484) – Unentgeltliche Partnervermittlung; BGH GRUR 93, 774 (776) – Hotelgutschein, Bottenschein S. 66; vgl. auch die Übersicht bei Baumbach/Hefermehl Einl. UWG Rn. 105.

4. Zusammenfassung

Die Definition der von Hefermehl vertretenen Literatur, die unter Leistungswettbewerb versteht, daß der einzelne Anbieter seine Leistung auf dem Markt frei anbieten kann, während der Kunde die gewünschte Leistung frei wählen kann, und die Einzelfallentscheidungen der Rechtsprechung lassen sich auf einen gemeinsamen Mindestmaßstab bringen: Leistungswettbewerb besteht immer dann, wenn eine Vergleichbarkeit der Angebote der Mitbewerber auf dem Markt nach objektiven Kriterien gegeben ist, aus denen der Kunde die gewünschte Leistung frei wählen kann. Diese beinhalten zumindest Preis, Qualität, Kundendienst und Service.[123]

---

[123] Heermann WRP 99, 130 (135); Baumbach/Hefermehl Einl. UWG Rn. 96 f; Köhler/Piper 3.A. Einf. UWG Rn. 170 f.

2. Kapitel: Die alte Rechtslage

I. Zielsetzung der Zugabeverordnung

1. Überblick

Wie bereits erwähnt wurde die Zugabeverordnung 1932 durch eine Notverordnung des Reichspräsidenten erlassen. Sie sollte den erheblichen Ausartungen des Wettbewerbs mit ihren bedrohlichen Auswirkungen namentlich für den gewerblichen Mittelstand entgegentreten.[124] Dies geschah im Rahmen einer ganzen Reihe von Maßnahmegesetzen zur Stabilisierung der Wirtschaft, als die Wirtschaftskrise gerade ihren Höhepunkt erreicht hatte, die Arbeitslosenzahl auf über fünfeinhalb Millionen angestiegen war und das allgemeine Klima auch noch in einem anderen Sinne aufgeheizt war.[125]
Ausweislich der Gesetzesbegründung beruhte die Zugabeverordnung folgenden Erwägungen: das Zugabewesen schädige nicht nur den Fachhandel, belaste den regulären Warenumsatz und bringe ihn durcheinander, sondern bringe auch die Gefahr der Verfälschung des echten, auf der Preiswürdigkeit und Güte einer Ware aufgebauten Leistungswettbewerbs mit sich. Der Käufer werde unsachlich beeinflußt und durch die Verschleierung des Preises irregeführt.[126]
Mit dem Ende der nationalsozialistischen Gewaltherrschaft übernahm die BRD die Zugabeverordnung, wobei strittig ist, welche Schutzaspekte der Zugabeverordnung fortwirken sollten. Dies soll im folgenden dargestellt werden.

2. Die Ziele der Zugabeverordnung

Um für die künftige Behandlung der Zugabe im allgemeinen Wettbewerbsrecht einen Ausgangspunkt für die weitere Diskussion zu haben, ist es zunächst nötig, sich kurz mit den „alten“ Zielen der Zugabeverordnung zu beschäftigen. Bis zu ihrem Fortfall sollte die Zugabeverordnung vor den folgenden Gefahren schützen:

a) Unsachliche Beeinflussung - Verbraucherschutz

Nach Ansicht ihrer Kritiker zieht die Zugabe als Wertreklame die Aufmerksamkeit des Käufers fort von der zu kaufenden Hauptware und lenkt sie auf die für den Kaufvorgang

---

[124] Meyer GRUR 2001, 99 (104); RAnz. Nr. 61 v. 12.3.1932.

[125] So ist die Zugabeverordnung Teil der Notverordnung zum Schutze der Wirtschaft v. 1932, RGBl. I, 1932, 121; Meyer GRUR 2001, 99 (103).

[126] Baumbach/Hefermehl ZugabeVO Rn. 5; Amtl. Begründung RAnz. Nr. 61 v 12. 3. 193, abgedruckt bei Seydel S. 191 ff.

unwesentliche Nebenware. Der Käufer läßt sich von unsachlichen Momenten außerhalb des Systems des Leistungswettbewerbs beeinflussen, was zu unwirtschaftlicher Haushaltsführung führt, da er nur kauft, um die Zugabe zu erhalten. Außerdem kann danach die Zugabe wie eine Bestechung für Hausangestellte wirken, doch eine bestimmte Ware zu kaufen.[127] Vor dieser unsachlichen Beeinflussung sollte der Verbraucher geschützt werden. Die Notwendigkeit eines solchen Schutzes war vor dem Hintergrund der Verbraucherdefinition vom flüchtigen und unaufmerksamen Verbraucher auch im Grunde unumstritten.[128] Der Verbraucher sollte vor sich selbst geschützt werden, da er als unfähig angesehen wurde, eigenverantwortlich eine Selektionsentscheidung zu treffen.

B) PREISVERSCHLEIERUNG

Indem die Zugabe als kostenlose Beigabe angepriesen wird, wird es dem Käufer schwer gemacht, den wahren Wert der Ware einzuschätzen. Er glaubt, etwas umsonst zu bekommen, während er in Wirklichkeit die Zugabe durch einen überhöhten Preis der Hauptleistung zahlt. Hierdurch ist es dem Käufer unmöglich, den tatsächlichen Preis der Hauptleistung zu erkennen, ein Preisvergleich mit den Angeboten der Wettbewerber scheitert, anstelle des Preiswettbewerbes tritt der Zugabewettbewerb. Gefördert wird dies, indem Waren als Zugaben verwendet werden, bei denen es viele, nur schwer erkennbare Qualitätsunterschiede gibt, die leicht verschleiert werden können, ohne daß der Käufer dies merkt.[129] Auch in der Rechtsprechung des BGH wird das Schutzziel der Preisverschleierung anerkannt.[130]

Die Kritiker an diesem Schutzzweck geben zu bedenken, daß dem Verbraucher bewußt sein müsse, daß ein Kaufmann nichts zu verschenken habe, und daß die mit der Zugabe verbundenen Kosten preiserhöhend in die Hauptsache eingeflossen seien.[131] Jedoch bestreiten auch diese Kritiker nicht, daß die Konkurrenzfunktion der Preise beseitigt werde, wenn es dem Kunden nicht möglich ist, den Gesamtpreis zutreffend zu zerlegen und zu bewerten.[132]

---

[127] Amtl. Begründung, Seydel S. 192; Baumbach/Hefermehl ZugabeVO Rn. 6.

[128] Heermann Handelsüblichkeit S. 93; Lange/Spätgens Rn. 375; Köhler/Piper 2.A. Vor ZugabeVO Rn. 2 BGH WRP 99, 424, 428 – Bonusmeilen zum Schutzzweck der ZugabeVO. Dabei wurde aber früher von der Rechtsprechung auf den Verbraucherbegriff des flüchtigen und unaufmerksamen Durchschnittsverbraucher abgestellt, der leicht getäuscht werden konnte. Dazu im einzelnen Kapitel 2 IV und Kapitel 3 II 2 a).

[129] Amtl. Begründung, Seydel S. 192; Baumbach/Hefermehl ZugabeVO Rn. 7.

[130] BGHZ 34, 264 – Einpfennig-Süßwaren.

[131] Baumbach/Hefermehl Vor ZugabeVO Rn. 10; Bottenschein S. 78; Heermann WRP 01, 883 (886).

[132] Lange/Spätgens Rn. 377; BGHZ 11, 260 – Kunststoff-Figuren I; Gloy/Klosterfelde/Jäger-Lenz § 52 Rn. 5; Baumbach/Hefermehl Vor ZugabeVO Rn. 7.

c) BRANCHENEINBRUCH

Als Zugaben werden oft Waren zugegeben, die der Käufer ohnehin benötigt, die aber nicht zum Geschäftszweig des Verkäufers gehören und die sonst in den betreffenden Spezialgeschäften gekauft werden müßten. Bei Inkrafttreten der Zugabeverordnung ging man daher davon aus, daß diese Fachgeschäfte durch das Zugabewesen geschädigt würden, da der Markt bereits gesättigt wäre und kein Bedarf mehr nach ihren Waren bestünde. Hierbei ging es rein wirtschaftspolitisch um den Schutz des mittelständischen Fachhandels.[133]

Das Fortbestehen dieses Schutzes vor Brancheneinbrüchen als Zweck der Zugabeverordnung war sehr umstritten. Ein Teil der Literatur und die Rechtsprechung sahen den Schutz des Einzelhandels als legitimes Ziel der Zugabeverordnung an, das nicht einer freiheitlichen Wirtschaftsverfassung widerspreche. An der Erhaltung eines leistungsfähigen Fachhandels, der Kunden sachgemäß beraten kann, bestünde ein berechtigtes Interesse der Allgemeinheit.[134] Der Gegenansicht zufolge bedarf die Gefahr eines Brancheneinbruchs einer Neubewertung. Im Gegensatz zur Denkweise bei Erlaß der Zugabeverordnung, die eine dirigistische Wirtschaftspolitik zum Schutz einzelner Interessengruppen gutheißen konnte,[135] scheint danach eine solche Ansicht gerade im Zeitalter sich rapide verändernder und neu entstehender Branchen und Märkte unzeitgemäß.[136] Die als Teil der damaligen Wirtschaftspolitik entstandene Zugabeverordnung schränke die Wettbewerbsfreiheit viel zu stark zu Gunsten der obrigkeitlichen Kontrolle und einzelner Interessengruppen ein. Das daraus resultierende Übermaß an Regulierung lasse sich mit der heutigen Vorstellung von Marktwirtschaft und dem europäischen Wettbewerbsverständnis nur schwer vereinbaren.[137] Ebensowenig sei es mit dem Grundsatz der Gleichheit aller Konkurrenten vereinbar, wenn die Unzulässigkeit branchenfremder Vorspannwerbung auf den Schutz fremder Branchen gestützt werde.[138]

Vor dem Hintergrund des bestehenden europäischen Binnenmarktes und der zunehmenden Globalisierung der Märkte muß dem zugestimmt werden; es erscheint offensichtlich, daß eine

---

[133] Amtl. Begründung, Seydel S. 192 f; Baumbach/Hefermehl ZugabeVO Rn. 8.
[134] Tetzner JZ 54, 533; Baumbach/Hefermehl Vor ZugabeVO Rn. 8; einschränkend: HK/Lies-Benachib Einl § 1 ZugabeVO Rn. 2; BGHZ 11, 260 – Kunststoff-Figuren I; BGHZ 11, 274 – Orbis; Gloy/Klosterfelde/Jäger-Lenz § 52 Rn. 5.
[135] So Meyer GRUR 2001, 98, 104; Heermann WP 01, 855 (863).
[136] Heermann WRP 01, 855 (863); ders. WRP 99, 130 (137); Köhler/Piper 2.A. Vor ZugabeVO Rn. 2.
[137] Meyer GRUR 01, 98 (104); Heermann WRP 01, 855 (863); Emmerich 5.A S. 157 f; sinngemäß auch Götting S. 83-90.
[138] Götting S. 90.

solche Form von Protektionismus wettbewerbshindernd ist, auch der Fachhandel kann sich im Leistungswettbewerb „verteidigen"; ein Eingriff von oben widerspricht dem heutigen Bild vom freien Wettbewerb, und tat dies schon während der Geltungszeit der Zugabeverordnung.

D) ÜBERSTEIGERUNG

Die Befürworter einer Zugaberegulierung argumentierten folgendermaßen: da die Zugabegewährung eine Reklameform darstelle, die mehr Aufmerksamkeit errege als die Anschauungsreklame und gerade auf die Masse der Verbraucher stärker wirke, müßte bei ihrer unbeschränkten Zulassung damit gerechnet werden, daß sich die Wettbewerber in der Gewährung wertvoller Zugaben gegenseitig zu überbieten suchen. Dies hätten die Mißstände vor Erlaß der Zugabeverordnung gezeigt. Unter dem Druck der Konkurrenz würden die Wettbewerber immer stärker in den Sog der Zugabewerbung hineingezogen, zwangsläufig müßten Waren und Dienstleistungen im Preis steigen oder im Wert sinken. Gewerbetreibende würden, statt auf Güte und Preiswürdigkeit ihrer Waren zu achten versuchen, die Konkurrenz durch den Wert ihrer Zugaben zu übertrumpfen. Infolge dessen würde der Wettbewerb, der sich vornehmlich auf Güte und Preiswürdigkeit der Leistung beziehen soll, verfälscht, die Werbung verlöre ihren wirtschaftlichen Sinn.[139]

Zwar wurde dieser Schutzzweck als Intention der Zugabeverordnung anerkannt,[140] hat aber als Unlauterkeitskriterium im Rahmen der Wertreklame heftige Kritik erfahren.[141] Es dürfe nicht allein abstrakt auf die drohende Gefahr aus der Nachahmung abgestellt werden, also ein rein zukünftiger Sachverhalt zur Beurteilung herangezogen werden. Eine Wettbewerbshandlung, die für sich zulässig ist, könne nicht durch nachträgliche Handlungen anderer unzulässig werden.[142]

E) MITTELSTANDSFÖRDERUNG DURCH PROTEKTIONISMUS

Es bestand bei Erlaß der Zugabeverordnung die Befürchtung, daß das sehr viel kapitalkräftigere Ausland sich Teile des deutschen Marktes mit dem Mittel der Zugabereklame erobern würde, so daß der deutsche Fachhandel gefährdet sei.[143] Auch insoweit handelt es sich bei der Zugabeverordnung um eine rein gewerbepolizeiliche

---

[139] Amtl. Begründung, Seydel S. 192 f; Baumbach/Hefermehl ZugabeVO Rn. 9.
[140] Baumbach/Hefermehl Vor ZugabeVO Rn. 10; Gloy/Kloserfelde/Jäger-Lenz § 52 Rn. 5; Köhler/Piper 2.A. Vor ZugabeVO Rn 2.
[141] Heermann WRP 99, 130 (137 f); Lange/Spätgens Rn. 382.
[142] Götting S. 110.
[143] Amtl. Begründung, Seydel S. 192 f.

Vorschrift. Schon vor dem Hintergrund der Ziele der Europäischen Gemeinschaft[144] konnte dieses Schutzziel der Abschottung des deutschen Marktes keinen Bestand haben, und wurde so auch nicht mehr vertreten. Denn Ziele der EG sind der freie Warenverkehr gem. Art. 28 EGV und der freie Dienstleistungsverkehr gem. Art. 49 EGV, so daß ein Festhalten an diesem Ziel und ein Einsatz der Zugabeverordnung zu diesem Zweck einen Vertragsverstoß dargestellt hätte.

3. Zusammenfassung

Schon als der Gesetzgeber der BRD die Zugabeverordnung nach dem Ende der nationalsozialistischen Gewaltherrschaft zunächst unverändert weitergelten lies, waren die Schutzziele der Zugabeverordnung stark umstritten, im Laufe der Zeit nahm diese Kritik stetig zu. Einige meinten, sie diene eigentlich nur dem Schutz des mittelständischen Fachhandels vor Konkurrenz[145] und sei daher möglichst schnell abzuschaffen, da sie für die Verbraucher geradezu schädlich sei.[146] Dennoch hielten der Gesetzgeber und die Rechtsprechung lange Zeit an den meisten Schutzzielen der Zugabeverordnung fest. Sie sollte den Schutz der Verbraucher, der Konkurrenten und der Allgemeinheit vor Irreführung, unsachlicher Beeinflussung und Preisverschleierung gewährleisten, Brancheneinbrüche und eine schädliche Übersteigerung des Zugabewesens verhindern.[147] Vor diesem Hintergrund muß die folgende Darstellung der Behandlung der Zugabe in der Rechtsprechung gesehen werden.

II. Die Zugabe nach alter Rechtslage

Im Folgenden soll ein kurzer Überblick über die Behandlung von Zugaben nach den Regelungen der entfallenen Zugabeverordnung unter Berücksichtigung der Rechtsprechung gegeben werden, um in der Untersuchung der Rechtslage nach dem Wegfall der Zugabeverordnung die auftretenden Probleme besser veranschaulichen zu können.

1. Grundsätzliches Verbot der Zugabe, §1 Abs. 1 S. 1 ZugabeVO

Gemäß § 1 Abs. 1 S.1 ZugabeVO war es grundsätzlich verboten, im geschäftlichen Verkehr auf allen Handelsstufen eine Zugabe anzubieten, anzukündigen oder zu gewähren, wenn die

---

[144] Eigentlich war dies schon ab Inkrafttreten der römischen Verträge am 1.1.1958 (EWG) der Fall.
[145] Emmerich 5.A. S. 156 f; dieses Schutzziel nicht mehr anerkennend: Köhler/Piper 2.A. § 1 ZugabeVO Rn. 2.
[146] Emmerich 5.A. S. 156 ff.
[147] Siehe die eben dargestellten Motive des Reichsgesetzgebers; BGH WRP 1999, 424 (428) – Bonusmeilen; BGH NJW-RR 1995, 428 – Kosmetikset; BGHZ 11, 274 (279) – Orbis Reisemarken; Emmerich 5.A. S. 157; Heil/Dübbers ZRP 2001 S. 207 (208).

Tatbestandsmerkmale des § 1 ZugabeVO erfüllt waren. Im Gegensatz zu § 1 UWG handelte es sich im Zugaberecht um Formaltatbestände.[148] Das Verbot erstreckte sich gleichermaßen auf das Angebot wie auf die Ankündigung und die Gewährung von Zugaben. Dabei waren die Begriffe des § 1 Zugabeverordnung weit auszulegen.[149]

A) ZUGABEBEGRIFF

Der Zugabebegriff selbst war gesetzlich nicht definiert. Nach ständiger Rechtsprechung lag eine Zugabe vor, wenn eine Ware der Leistung neben einer entgeltlich angebotenen Hauptware (–leistung) ohne besonderes Entgelt angeboten, angekündigt oder gewährt wurde, um den Absatz dieser Hauptware oder –leistung zu fördern. Der Erwerb der Nebenware oder Nebenleistung mußte vom Abschluß des Geschäftes über die Hauptleistung abhängig sein und es mußte ein innerer Zusammenhang dahin bestehen, daß die Nebenware oder Nebenleistung mit Rücksicht auf den Erwerb der Hauptsache angeboten wurde und wegen dieser Abhängigkeit („Akzessorietät") objektiv geeignet war, den Kunden in seiner Entschließung zum Erwerb der Hauptware bzw. Hauptleistung zu beeinflussen.[150]

B) UMGEHUNGSTATBESTÄNDE, § 1 ABS. 1 S. 2,3 ZUGABEVO

aa) Scheinentgelt, § 1 Abs. 1 S. 2 ZugabeVO

§ 1 Abs. 1 S. 2 ZugabeVO verhinderte eine Umgehung des Zugabeverbotes durch ein geringfügiges Scheinentgelt, wenn der sonstige Zugabetatbestand vorlag. Geringfügig war das Entgelt, wenn es erheblich unter dem Marktwert der Zuwendung lag.[151] Offenbar zum Schein verlangt wurde es, wenn der Verkäufer nur die Verschleierung der Unentgeltlichkeit anstrebte. Dabei kam es auf die reale Kalkulation des Anbieters und seine Zielsetzung an. Je krasser das Mißverhältnis zum Marktpreis war, um so eher wurde dies als Indiz gesehen.[152]

---

[148] Es brauchten nicht in jedem Fall die Gefahren vorliegen, vor denen die Zugabeverordnung schützen sollte, auch ohne Gefährdungswirkung griff bei Erfüllung des Tatbestandes das Verbot. Emmerich 5.A. S. 164; Baumbach/Hefermehl ZugabeVO Rn. 12.

[149] Emmerich 5.A S. 164; Köhler/Piper 2.A. § 1 ZugabeVO Rn. 2.

[150] Köhler/Piper 2.A. § 1 ZugabeVO Rn. 1; Lange/Spätgens Rn. 220; Baumbach/Hefermehl § 1 ZugabeVO Rn. 1; Hoth/Gloy § 1 ZugabeVO Rn. 10; Nordemann Rn. 505; Steinbeck ZIP 01, 1743; BGHZ 11, 274 (278) – Orbis-Reisemarken; BGHZ 34, 264 (267) – Einpfennig-Süßwaren; BGH GRUR 98, 500 (501) – Skibindungsmontage; BGH GRUR 99, 270 (271) – Umtauschrecht II BGH WRP 00, 1138 (1139) – Null-Tarif. Genauer siehe Kapitel 1 I 2 a).

[151] BGH GRUR 66, 214 (216) – Einführungsangebot; BGH GRUR 78, 547, 550 - Automatentruhe; Köhler/Piper 2.A. § 1 ZugabeVO Rn. 8 f.

[152] BGH GRUR 66, 214 (216) – Einführungsangebot; BGH GRUR 82, 688 (689); Köhler/Piper 2.A. § 1 ZugabeVO Rn. 10; Baumbach/Hefermehl § 1 ZugabeVO Rn. 47.

bb) Verschleierung durch Gesamtpreis, § 1 Abs. 1 S. 3 ZugabeVO

Eine Zugabe lag auch dann vor, wenn Waren oder Dienstleistungen gekoppelt zu einem Gesamtpreis angeboten, angekündigt oder gewährt wurden, um den Zugabecharakter zu verschleiern. Dafür mußten die gekoppelten Waren aus Sicht der angesprochenen Verkehrskreise zueinander im Verhältnis von Haupt- und Nebenleistung stehen (im Gegensatz zu Sachgesamtheiten). Ein Indiz dafür war es, wenn eine Leistung eindeutig im Vordergrund stand und die andere untergeordnet war.[153]

Weiterhin mußte ein Scheingesamtpreis zur Verschleierung der Zugabe angegeben werden, ob dies der Fall war, wurde nach objektiven Kriterien bestimmt.[154] Keine Verschleierung lag bei zusätzlicher Angabe der Einzelpreise vor, selbst wenn die Waren nur gemeinsam abgegeben wurden.[155]

2. Aufbau des Zugabeverbots

a) Anwendungsbereich: Handeln im geschäftlichen Verkehr

Die Zugabeverordnung galt für alle Wirtschaftsstufen; zwar war zu berücksichtigen, daß Gewerbetreibende weniger der Gefahr der unsachlichen Beeinflussung ausgesetzt sind als Letztverbraucher,[156] doch sollte auch der Leistungswettbewerb an sich geschützt werden.[157] Erfaßt wurde aber nur der geschäftliche Bereich, nicht das Handeln im rein privaten Bereich.

b) Anbieten, Ankündigen und Gewähren

Die drei Handlungsformen standen selbständig nebeneinander.[158] Das Anbieten war wirtschaftlich aufzufassen, ein Vertragsantrag war nicht erforderlich. Ausreichend war jede Willensäußerung gegenüber Dritten, die für einen unvoreingenommen Dritten den Schluß rechtfertigte, daß Zugaben gewährt wurden.[159]

---

[153] BGH GRUR 71, 582 (583) – Koppelung im Kaffeehandel; Baumbach/Hefermehl § 1 ZugabeVO Rn. 54; Köhler/Piper 2.A. § 1 ZugabeVO Rn. 12.

[154] BGH GRUR 71, 582 (583) – Koppelung im Kaffeehandel; Köhler/Piper 2.A. § 1 ZugabeVO Rn. 13.

[155] Auf die subjektive Ansicht der beteiligten Verkehrskreise und vor allem des Kunden kam es nur an, wenn der Werbende durch einen besonderen Hinweis den Eindruck erweckte, dem Kunden würde trotz des Gesamtpreises eine nicht besonders berechnete Zugabe gewährt (Baumbach/Hefermehl § 1 ZugabeVO Rn. 55).

[156] OLG Hamburg WRP 87, 482 (483); Nordemann Rn. 505.

[157] BGH GRUR 72, 611 (613) – Cognac-Portionierer; Köhler/Piper 2.A. § 1 ZugabeVO Rn. 22; Köhler/Piper 2.A. Einf. ZugabeVO Rn. 2; Baumbach/Hefermehl Vor. ZugabeVO Rn. 5 ff.

[158] BGH WRP 91, 719 (720) – Topfguckerscheck; BGH GRUR 60, 558 (562) – Eintritt in Kundenbestellung; Köhler/Piper 2.A. § 1 ZugabeVO Rn. 23; Baumbach/Hefermehl § 1 ZugabeVO Rn. 38.

[159] Baumbach/Hefermehl § 1 ZugabeVO Rn. 29; Köhler/Piper 2.A. § 1 ZugabeVO Rn. 24.

Ankündigen erforderte eine öffentliche Bekanntmachung oder eine für einen größeren Personenkreis bestimmte Mitteilung. Da es sich um eine wettbewerbliche Maßnahme handelte, kam es vor allem darauf an, welchen Sinn die angesprochenen Verkehrskreise einer Ankündigung beimaßen.[160]

Gewähren war das Überlassen der Zugabe; es war auch verboten, wenn eine Zugabe zuvor weder angeboten noch angekündigt wurde.[161] In solchen Fällen war aber eine Abgrenzung zum, im Gegensatz zur Zugabe nicht akzessorischen, Werbegeschenk schwierig.

c) BETEILIGTE PERSONEN

Keine Rolle spielte, von wem die Initiative zur Zugabegewährung ausging.[162] Der Zugabegewährer und der Anbieter der Hauptleistung mußten nicht identisch sein, sofern nur ein gemeinsames Interesse an der Förderung des Absatzes der Hauptsache bestand.[163] Zugabeempfänger und Hauptleistungserwerber brauchten ebenfalls nicht identisch zu sein. Auch war es unerheblich, wenn die Vertragspartei sich mit der Zugabe begnügte und die Hauptleistung einem anderen zuwendete.[164] Erforderlich war nur eine objektive Eignung der Zuwendung, den Kunden zum Vertragsabschluß zu bewegen.[165] Etwas anderes galt nur, wenn die „Zugabe“ eine echte Bezahlung an den Mittelsmann für geleistete Verkaufstätigkeiten darstellte und der Mittelsmann kein Strohmann des Käufers war. So etwa, wenn ein Unternehmer seinem Handelsvertreter nach Erreichen einer bestimmten Umsatzmenge eine in Aussicht gestellte besondere Zuwendung machte.[166]

---

[160] Baumbach/Hefermehl § 1 ZugabeVO Rn. 30; Köhler/Piper 2.A. § 1 ZugabeVO Rn. 25; BGH GRUR 1977, 38 (40f.) – Grüne Salatschale.

[161] BGH GRUR 60, 558 (563); Baumbach/Hefermehl § 1 ZugabeVO Rn. 31; Köhler/Piper 2.A. § 1 ZugabeVO Rn. 26.

[162] BGH GRUR 60, 558 (562) – Eintritt in Kundenbestellung; BGH GRUR 94, 441 (443) - Kosmetikstudio; Köhler/Piper 2.A. § 1 ZugabeVO Rn. 27.

[163] BGH GRUR 63, 322 (324) – Mal – und Zeichenschule; BGH GRUR 63, 137 – Zinssubvention; BGH WRP 99, 90 (91) – Handy für 0,00 DM; BGH WRP 99, 505 (506) - Nur 1 Pfennig; BGH GRUR 88, 321 (322) – Zeitwertgarantie; Nordemann Rn. 508; Köhler/Piper 2.A. § 1 ZugabeVO Rn. 27; Baumbach/Hefermehl § 1 ZugabeVO Rn. 34.

[164] BGH GRUR 91, 933 (934) – One for Two; BGH GRUR 93, 137 - Zinssubvention; Köhler/Piper 2.A. § 1 ZugabeVO Rn. 27; Baumbach/Hefermehl § 1 ZugabeVO Rn. 34.

[165] BGH GRUR 91, 933 (934) – One for Two; BGH GRUR 93, 137 - Zinssubvention; Köhler/Piper 2.A. § 1 ZugabeVO Rn. 27.

[166] Baumbach/Hefermehl § 1 ZugabeVO Rn. 33.

3. AUSNAHMEN

Von diesem grundsätzlichen Verbot der Zugabe war nur bei Vorliegen einer der in § 1 Abs. 2 ZugabeVO erschöpfend aufgezählten Ausnahmen abzuweichen, die von der Rechtsprechung tendenziell eher restriktiv interpretiert wurden:[167]

- Reklamegegenstände § 1 Abs.2 a 1. Alt ZugabeVO
- Geringwertige Kleinigkeiten § 1 Abs.2 a 2. Alt ZugabeVO
- Geld- und Warenzugaben, § 1 Abs. 2 b, c ZugabeVO
- Handelsübliches Zubehör und handelsübliche Nebenleistungen, § 1 Abs.2 d ZugabeVO
- Fahrtkostenerstattung, § 1 Abs 2 d aE ZugabeVO
- Kundenzeitschriften, § 1 Abs. 2 e ZugabeVO
- Erteilung von Auskünften und Ratschlägen, § 1 Abs. 2 f ZugabeVO
- Bezieherversicherungen, § 1 Abs. 2 h ZugabeVO

4. SCHRANKEN FÜR ERLAUBTE ZUGABEN, § 1 ABS. 3 ZUGABEVO

A) VERBOT DER UNENTGELTLICHKEITSWERBUNG, § 1 ABS. 3 S. 1 ZUGABEVO

Auch bei nach § 1 Abs. 2 ZugabeVO erlaubten Zugaben war es verboten, die Zuwendung als unentgeltlich zu bezeichnen oder sonstwie den Eindruck der Unentgeltlichkeit zu erwecken. Denn es war davon auszugehen, daß die Kosten der akzessorischen Zugabe schon in den Preis der Hauptleistung einberechnet wurden. Bei einer Bezeichnung als unentgeltlich hätte daher eine Irreführung nach § 3 UWG vorgelegen. Bei tatsächlich unentgeltlicher Gewährung wäre die Unentgeltlichkeit der Zugabe, die schon ihrem Wesen nach offenbar unentgeltlich ist, herausgestellt worden, es hätte eine Werbung mit einer Selbstverständlichkeit vorgelegen, die den Werbeeffekt noch gesteigert hätte.[168] Diesen Werbeeffekt wollte die Zugabeverordnung gerade verhindern oder bei § 1 Abs. 2 ZugabeVO doch begrenzen.

B) VERBOT DER ZUFALLSZUGABE, § 1 ABS. 2 S. 2 ZUGABEVO

Die Gewährung einer nach § 1 Abs. 2 ZugabeVO erlaubten Zugabe durfte weder von einer Verlosung noch von einem anderen Zufall abhängig gemacht werden. Mit diesem Formaltatbestand sollte die Ausnutzung des Spieltriebs bekämpft werden. Ein Abhängigmachen vom Zufall war danach stets ohne nähere Überprüfung auf eine tatsächliche

[167] Emmerich 5. A S. 164. So wurden etwa im Rahmen der Fallgruppe „Geringwertige Kleinigkeiten" folgende Dinge als unzulässige Zugaben angesehen, wobei es nach der Rechtsprechung immer auf die objektive Eignung zur Kundenbeeinflussung ankommen soll: ein Stück Seife (OLG Hamburg GRUR 84, 223 (224)), ein Plastikbecher im Wert von 0,20 DM als Verpackung für Kaffee (OLG Hamburg WRP 62, 414), oder auch eine Stofftragetasche für 0,10 DM (OLG Düsseldorf NJW-RR 94, 735).

[168] Baumbach/Hefermehl § 1 ZugabeVO Rn. 96; Köhler/Piper 2.A. § 1 ZugabeVO Rn. 47.

Ausnutzung der Spiellust verboten.[169] Als Verlosung wurde eine Veranstaltung definiert, bei der die Zugabeempfänger zufällig bestimmt wurden. Als Zugabe wurde die Gewinnchance angesehen; wurde diese jedermann eingeräumt, lag keine Zufallszugabe vor.[170] Zufall in diesem Zusammenhang war ein Ereignis, dessen Eintritt weder bestimmt noch beeinflußt werden konnte und das auch nicht vorhersehbar war.[171]

5. Zusammenfassung

Bei § 1 ZugabeVO handelte es sich um einen Formaltatbestand, d.h. sobald das Vorliegen einer Zugabe festgestellt wurde, war diese ohne weitere Prüfung verboten, wenn keine Ausnahme eingriff. Dabei herrschte ein Regel – Ausnahme-Verhältnis. Grundsätzlich waren Zugaben nach § 1 Abs. 1 ZugabeVO verboten, wobei gem. § 1 Abs. 1 S. 2, 3 ZugabeVO auch Umgehungen dieses Zugabeverbotes erfaßt wurden. Nur wenn eine der Ausnahmen des § 1 Abs. 2 ZugabeVO griff, war die Zugabe ausnahmsweise erlaubt, wobei diese Erlaubnis nach § 1 Abs. 3 ZugabeVO durch die Verbote der Bezeichnung als kostenlos und der Abhängigmachung der Zugabe vom Zufall eingeschränkt wurde.

III. Bisheriges Verhältnis Zugabeverordnung – UWG

Das Ankündigen, Anbieten oder Gewähren einer Zugabe geschieht zu Zwecken des Wettbewerbs, weshalb grundsätzlich auch der Anwendungsbereich des UWG eröffnet ist. Zusätzlich erklärte § 2 Abs. 3 ZugabeVO das UWG für neben der Zugabeverordnung anwendbar. Dennoch deckten sich die Verbotstatbestände der Generalklausel des § 1 UWG und des § 1 ZugabeVO nicht. § 1 UWG setzt eine Wettbewerbshandlung voraus[172], die gegen die guten Sitten verstößt, d.h. es ist eine Einzelfallentscheidung zu treffen, während es sich bei dem Verbot des § 1 ZugabeVO um einen Formaltatbestand handelte.[173] Damit konnte es aber zu keiner vollständigen Übereinstimmung kommen, denn nach der Zugabeverordnung unerlaubter Wettbewerb war nicht zugleich unlauterer Wettbewerb, da die Zugabeverordnung aus gewerbepolizeilichen Gründen[174] auch lautere Verhaltensweisen verbot.[175]

[169] Baumbach/Hefermehl § 1 ZugabeVO Rn. 98; Köhler/Piper 2.A. § 1 ZugabeVO Rn. 50.
[170] OLG Frankfurt WRP 90, 343 (345); Köhler/Piper 2.A. § 1 ZugabeVO Rn. 50.
[171] Im einzelnen ist der Zufallsbegriff streitig, der hier widergegebene Zufallsbegriff entspricht der objektiven Theorie, nach der entgegenstehenden subjektiven Theorie kommt es auf die Erkennbarkeit des Ursachenverlaufs an. Zum objektiven Zufallsbegriff: BGHSt 2, 139 (140); Köhler/Piper 2.A. § 1 ZugabeVO Rn. 50; Baumbach/Hefermehl § 1 ZugabeVO Rn. 99; Schönke/Schröder – Eser/Heine § 284 StGB Rn. 5. Zum subjektiven Zugabebegriff RGSt 27, 94; RGSt 34, 140.
[172] Baumbach/Hefermehl § 1 UWG Rn. 2; Köhler/Piper 2.A. § 1 UWG Rn. 5; Emmerich 6.A S. 41 ff.
[173] Baumbach/Hefermehl ZugabeVO Rn. 12; Emmerich 5.A. S. 164.
[174] Dazu siehe oben Kapitel 2 I 2 e).

Nicht jedes Anbieten, Ankündigen oder Gewähren einer nach der Zugabeverordnung verbotenen Zugabe verstieß auch gegen das UWG, während umgekehrt ein Verstoß gegen das UWG auch dann vorliegen konnte, wenn die Zugabe nach § 1 Abs. 2 ZugabeVO erlaubt war.[176] Zu beachten ist dabei, daß was nach § 1 Abs. 2 ZugabeVO erlaubt war, nicht wettbewerbswidrig im Sinne des UWG sein konnte.[177] Um dennoch wettbewerbswidrig zu sein, mußten bei der Zugabe besondere Umstände hinzukommen, die in der zugaberechtlichen Wertung nicht berücksichtigt wurden.[178] Das Vorliegen eines UWG-Verstoßes war daher selbständig nach lauterkeitsrechtlichen Gesichtspunkten zu prüfen. So konnte etwa die Ausnahme des § 1 Abs. 2 b ZugabeVO für Geldgeschenke nur soweit gelten, als die Geldgeschenke die Geringwertigkeitsgrenze von § 1 Abs. 2 a ZugabeVO nicht überstiegen und sich soweit einschlägig im Rahmen eines zulässigen Rabattes hielten.[179] Für Geschenke jenseits dieser Grenzen war der Anwendungsbereich des UWG eröffnet.

IV. Gründe für die Aufhebung der Zugabeverordnung

Das eben dargestellte grundsätzliche und sehr weitreichende Verbot der Zugaben durch die Zugabeverordnung stieß auf wachsende Kritik. Ein solches nahezu totales Verbot würde nicht mehr den heutigen Bedürfnissen von Wirtschaft und Verbrauchern entsprechen und der Entwicklung neuer Vertriebs- und Marketingstrategien entgegenstehen.[180] Die Zugabeverordnung wirke als Hemmschuh für Leistungssteigerungen, dies zeige sich, wenn etwa lebenslange Rückgabe- und Umtauschrechte bei Bekleidungsartikeln als mit § 1 Zugabeverordnung unvereinbar angesehen werden.[181] Der durch die Zugabeverordnung bezweckte Schutz des Verbrauchers vor unsachlicher Beeinflussung durch die in Aussicht gesellte Zugabe sei nicht länger notwendig, da heute der durchschnittlich aufgeklärte und informierte Verbraucher mit dem Marktgeschehen vertraut sei. Er wisse, daß ein Kaufmann

---

175 Seydel Vorb Rn. 9; Hoth/Gloy Einf ZugabeVO Rn.8; Köhler/Piper 2.A. § 2 ZugabeVO Rn. 6.

176 BGH GRUR 74, 345 (347) – Geballtes Bunt; BGH GRUR 81, 202 (203) Rama-Mädchen; Baumbach/Hefermehl ZugabeVO Rn. 15; Köhler/Piper 2.A. § 2 ZugabeVO Rn. 6; Emmerich 5.A. S. 164; Burmann 315, 5; HK/Lies-Benachib Vor. ZugabeVO Rn. 5; Hoth/Gloy Einf ZugabeVO Rn. 8; Seydel Vor. Rn. 11.

177 Baumbach/Hefermehl Vor. ZugabeVO Rn. 16; Köhler/Piper 2.A. § 2 ZugabeVO Rn. 6; HK/Lies-Benachib Vor. ZugabeVO Rn. 5; Emmerich 5. A S. 164.

178 BGHZ 11, 261 - Kunststoff-Figuren I; BGHZ 34, 264 (269) – Einpfennig-Süßwaren; BGH GRUR 95, 163 (164) - Fahrtkostenerstattung I; BGH GRUR 99, 272 (274) – Die Luxusklasse zum Nulltarif; Baumbach/Hefermehl Vor. ZugabeVO Rn. 16; Köhler/Piper 2.A. § 2 ZugabeVO Rn. 6.

179 BGH GRUR 74, 345 (347) – Geballtes Bunt; Baumbach/Hefermehl Vor ZugabeVO Rn 16.

180 BT-Drs, 14/5594 S. 6; BT-Drs. 12/6722 S. 3; Steinbeck ZIP 01, 1741; Emmerich 5. A, 63, 156; Ulmer FS Hefermehl, 1971, S. 201ff; Köhler BB 01, 265; Dittmer BB 01, 1961.

181 OLG Saarbrücken WRP 1999, 224 – Land's End. Dabei muß aber bedacht werden, daß lebenslange Garantien auch wegen einer Überschreitung der allgemeinen Verjährungsgrenze von 30 Jahren problematisch sein können, dazu siehe Kapitel 5 I 4.

nichts zu verschenken habe und daß die Kosten für wertvolle Nebenleistungen durch den Kaufpreis der Hauptsache abgedeckt seien.[182] Des weiteren werde die Zugabeverordnung mittlerweile von weiten Kreisen des Handels und der Verbraucher ohnehin unterlaufen, insbesondere bei hochwertigen und langlebigen Verbrauchsgütern. Benachteiligt seien diejenigen, die sich an das Gesetz hielten.[183]

Die Bundesregierung stellt in ihrer Begründung für die Abschaffung der Zugabeverordnung[184] vier Argumente in den Vordergrund:

Erstens sollten Wettbewerbsnachteile für deutsche Unternehmen verhindert werden, die auf dem Gebiet des Online-Handels infolge der EU-Richtlinie über den elektronischen Geschäftsverkehr[185] drohten. Nach deren Art. 3 gilt das Herkunftslandprinzip, danach sollen ausländische Anbieter, die im Internet agieren, grundsätzlich nur den rechtlichen Anforderungen unterliegen, die für sie in ihrem Heimatland gelten. Dies schließt auch den Bereich der Zugabeverordnung mit ein.[186] Bei Fortbestehen der Zugabeverordnung hätte dies zu einer Inländerdiskriminierung geführt. Während aus dem Ausland agierende Unternehmen im deutschen Internethandel Zugaben gewähren könnten, wäre dies den deutschen Mitbewerbern verwehrt gewesen. Dem sollte vorgebeugt werden, wobei der Regierung klar war, daß nur ein verhältnismäßig kleiner Teil des Handels betroffen gewesen wäre.[187]

Zweitens wollte die Bundesregierung zugleich eine „Modernisierung des deutschen Wettbewerbsrechts“ erreichen und es an die „heutigen gesellschaftlichen und wirtschaftlichen Rahmenbedingungen“ anpassen. Seit Inkrafttreten der Zugabeverordnung hatten sich die Markt- und Wettbewerbsverhältnisse wesentlich verändert. Das Interesse der Verbraucher an Produktinformationen und die Bereitschaft zur Auseinandersetzung mit dem Warenangebot hatten erheblich zugenommen. Deshalb legte die Bundesregierung ihrer Gesetzesbegründung ausdrücklich den durchschnittlich informierten und verständigen Verbraucher zugrunde, der mit den Marktgegebenheiten vertraut ist.[188] Das spricht dafür, daß zumindest der Gesetzgeber das Leitbild des „durchschnittlich informierten und verständigen Verbrauchers“, der „weiß daß Kaufleute nichts zu verschenken haben und die Kosten für wertvolle Nebenleistungen

---

[182] Steinbeck ZIP 01, 1741; Köhler BB 01, 265 (268); BGH NJW 99, 214 (215) – Handy für 0,00 DM.
[183] Steinbeck ZIP 1999, 1741.
[184] BT-Drs. 14/5594 S. 6 ff.
[185] sog. E-Commerce-Richtlinie, RL 2000/31/EG v. 8.6.2000, AblEG Nr. L 178 v. 17.7.2000.
[186] BT-Drs. 14/5594 S. 6; Nordemann NJW 01, 2505 (2506); Steinbeck ZIP 01, 1741 (1742).
[187] BT-Drs. 14/5594 S. 7; Nordemann NJW 01, 2505 (2506).
[188] BT-Drs. 14/5594 S. 7.

durch den Preis der Hauptleistung abdecken“ künftig dem Wettbewerbsrecht generell zu Grunde legen will.[189] Offenbar lehnte sich der Gesetzgeber dabei an die Rechtsprechung des EuGH an, der ebenfalls auf einen „durchschnittlich informierten, aufmerksamen und verständigen Durchschnittsverbraucher“ abstellt.[190] Unter Umständen bezog sich die Bundesregierung hier aber auch nur auf die Definition des BGH. Diese zieht den aufgeklärten Durchschnittsverbraucher nur bei höherwertigen Produkten heran, doch dies hätte vor dem Hintergrund, daß nach der Aufhebung der Zugabeverordnung Zugaben auch bei geringwertigen Produkten erlaubt sind, als Argument für eine Aufhebung der Zugabeverordnung keinen Sinn gemacht.[191]

Drittens stellte die Regierung auf die Akzeptanz der Zugabeverordnung und die Rechtswirklichkeit ab. In der täglichen Praxis wurde die Zugabeverordnung von weiten Teilen des Handels und der Verbraucher unterlaufen. Nach Ansicht der Regierung beruhte dies zum einen darauf, daß die Regelung zu einzelfallbezogen und kompliziert gewesen sei, und daher für Nichtjuristen kaum mehr nachvollziehbar war[192], zum anderen hätte sie nicht mehr der Interessenlage der Anbieter und Konsumenten entsprochen. Diese hätten mittlerweile zumindest beim Kauf höherwertiger und langlebiger Gebrauchsgüter mehrheitlich angemessene Preisnachlässe und Zugaben erwartet; die Gesetze wurden nur noch als Überregulierung und Bevormundung verstanden.[193]

Viertens wurde die Zugabeverordnung als Innovationshemmnis gesehen. Das Internet hätte neue Möglichkeiten der Geschäftsanbahnung und Abwicklung geschaffen und den Marktzutritt neuer, insbesondere mittelständischer Unternehmen erleichtert, es habe die Auswahl- und Bezugsmöglichkeiten der Verbraucher verbessert und insgesamt wettbewerbsintensivierend gewirkt. Um die Ausschöpfung des daraus möglichen gesamtwirtschaftlichen Nutzens zu erreichen mußten die rechtlichen Rahmenbedingungen überprüft und an die neue Entwicklung angepaßt werden.[194]

---

[189] Nordemann NJW 01, 2505 (2506); BT-Drs 14/5594 S. 7; in Anlehnung an den Verbraucherbegriff aus BGH NJW 99, 214 (215) den der Gesetzgeber hier zitiert.
[190] EuGH NJW 98,3183; Gut Springenheide; GRUR Int 99, 734 –Lloyd; Nordemann NJW 01, 2505 (2506).
[191] So auch Nordemann NJW 01, 2505 (2506), genauer zu dieser Diskussion Kapitel 4 I.
[192] BT-Drs. 14/5594 S. 7; Nordemann NJW 01, 2505 (2506).
[193] BT-Drs. 14/5594 S. 7; danach hat auch eine Studie des Instituts für angewandte Verbraucherforschung e.V., Köln bestätigt, daß eine erhebliche Zahl von Verbrauchern auch schon vor der Abschaffung Zugaben oder Preisnachlässe erhalten haben, die über das gesetzliche Maß hinausgingen; Köhler/Piper 3.A § 1 UWG Rn. 242.
[194] BT-Drs. 14/5594 S. 7; Nordemann NJW 01, 2505 (2506).

Zusammenfassend begründete die Regierung die Abschaffung der Zugabeverordnung damit, daß sie benachteiligend für deutsche Unternehmen sei, das deutsche Wettbewerbsrecht modernisiert werden und an einen neuen Verbraucherbegriff angepaßt werden müsse, die Zugabeverordnung in der Rechtswirklichkeit nicht mehr akzeptiert werde und sie ein Innovationshemmnis beim neuen Bereich des Internethandels darstelle.

3. Kapitel: Die Rechtslage nach dem Wegfall der Zugabeverordnung

I. Die neue Rechtslage

1. Grundsätzliche Überprüfbarkeit von Zugaben am allgemeinen Wettbewerbsrecht

a) UWG

Nach dem ersatzlosen Wegfall der Zugabeverordnung ist festzustellen, welche Regelungen an deren Stelle treten. Denn ohne gesetzliche Regelung wären Zugaben, aufbauend auf der Begründung des Gesetzgebers für die Aufhebung der Zugabeverordnung,[195] fortan generell und uneingeschränkt zulässig.
Wie bereits festgestellt, war schon bisher das UWG neben der Zugabeverordnung auf das gesamte Zugabewesen anwendbar. Ausnahmen galten nur dort, wo die Zugabeverordnung eine Zugabe ausdrücklich für zulässig erklärte. Hier war eine Prüfung nur noch dahingehend zulässig, ob weitere von der Zugabeverordnung nicht berücksichtigte Wertungsumstände hinzukamen.[196]
An dieser Anwendbarkeit des UWG ändert sich nach dem Wegfall der Zugabeverordnung nichts, das UWG bleibt als allgemeines Gesetz schon aufgrund der systematischen Stellung der aufgehobenen Zugabeverordnung als Spezialgesetz auf alle zugaberechtlichen Sachverhalte anwendbar. Es wird nun aufgrund seiner Stellung als allgemeines Gesetz für alle wettbewerblichen Sachverhalte auch wieder dort anwendbar, wo es zuvor durch die Zugabeverordnung „verdrängt"[197] wurde, namentlich im Bereich des aufgehobenen § 1 Abs. 2 ZugabeVO.[198] Auch die grammatikalische Auslegung des UWG kann kein anderes Ergebnis zur Folge haben, § 1 und § 3 UWG sind als Generalklausel für das gesamte Wettbewerbsrecht ausgestaltet, zu dem, wie bereits festgestellt, auch das Zugabewesen gehört.[199] Dies wird auch durch den Willen des Gesetzgebers bestätigt, der durch die Stellung des § 1 UWG an der Spitze des UWG zum Ausdruck bringen wollte, daß die Generalklausel das gesamte Gesetz

---

[195] Kapitel 2 IV.
[196] Genauer dazu s.o. 2. Kapitel III.
[197] Es lag keine echte Verdrängung vor, aber, wie oben (2. Kapitel III.) ausgeführt, konnte nicht wettbewerbswidrig sein was nach § 1 Abs. II ZugabeVO erlaubt war, solange keine weiteren Umstände hinzukamen die von der Wertung der ZugabeVO nicht umfaßt waren.
[198] Berneke WRP 01, 615; Baumbach/Hefermehl Vor ZugabeVO Rn. 14 ff; Köhler/Piper 2.A. § 2 ZugabeVO Rn. 5 f; Heermann WRP 01, 855 (859); BT-Drs 14/5594 S. 8 f.
[199] Baumbach/Hefermehl § 1 UWG Rn. 1; ders. § 3 UWG Rn. 3.

beherrscht.[200] Der Gesetzgeber wollte § 1 UWG auch dort anwendbar wissen, wo für einen bestimmten Tatbestand auch noch eine andere Vorschrift Anwendung findet. Die Sondervorschriften anderer Gesetze schließen danach die Anwendbarkeit des § 1 UWG nicht aus.[201] Um so mehr muß dies nach dem Fortfall der spezialgesetzlichen Regelung gelten.
Weiterhin folgt diese Anwendbarkeit der allgemeinen wettbewerbsrechtlichen Vorschriften auch aus dem Willen des Gesetzgebers, der in der Gesetzesbegründung des Gesetzes zur Aufhebung der Zugabenverordnung gerade nicht von einer geplanten Regelungslücke mit uneingeschränkter Zulässigkeit der Zugaben, sondern von einer Regelerlaubnis der Zugabe mit einer Kontrolle durch Rückgriff auf die allgemeinen wettbewerblichen Vorschriften von UWG, GWB und Preisangabenverordnung ausgeht.[202]
Auch historisch gesehen wurden vor dem Erlaß der Zugabeverordnung Zugaben nach allgemeinen Bestimmungen des Lauterkeitsrechts beurteilt.[203] In der Begründung zu dem geltenden Entwurf des Gesetzes gegen den unlauteren Wettbewerb von 1909 ist es zunächst abgelehnt worden, gegen Mißbräuche auf dem Gebiet des Zugabewesens und der Rabattgewährung mit besonderen gesetzlichen Vorschriften einzuschreiten. Die Gewährung von Rabatt oder sonstigen Vergünstigungen ist als „uralte Geschäftsgewohnheit" und als grundsätzlich unbedenklich bezeichnet worden. Die Verfolgung unredlicher Geschäftsformen auf diesen Gebieten müsse dem gemeinen Recht vorbehalten bleiben.[204]

B) GWB

Nichts anderes gilt für die Anwendbarkeit des GWB auf Zugaben. Bisher war aufgrund des allgemeinen Zugabeverbotes im geschäftlichen Verkehr nach § 1 Abs. 1 ZugabeVO kaum ein Fall der Anwendung des GWB auf Zugaben denkbar. Zugaben, die nach § 1 Abs. 2 ZugabeVO erlaubt waren, wurden als in keiner unmittelbaren Beziehung zum geforderten Preis stehend gesehen, so daß sie z.B. keinen Preisbestandteil bei Verlagserzeugnissen im Sinne von § 15 GWB a.F. bildeten.[205] Die Anwendbarkeit des GWB auf Zugaben läßt sich daraus jedoch nicht schließen. Im Gegenteil, mit dem Wegfall der Zugabeverordnung ist die

---

[200] RGZ 79, 327; Baumbach/Hefermehl § 1 UWG Rn. 1; ders. Vor UWG Rn. 16; RGBl. 1909, 499.
[201] BGHZ 11, 269 – Orbis (für eine Anwendbarkeit neben dem Zugaberecht); Baumbach/Hefermehl § 1 UWG Rn. 1.
[202] BT-Drs. 14/5594 S. 8, so auch: Berlit WRP 01, 349 (350); so jetzt auch: BGH WRP 02, 1256 (1257) – Kopplungsangebot I; BGH WRP 02, 1259 (1261) – Kopplungsangebot II.
[203] RGSt 61, 58 (62f.); RGSt GRUR 32, 626 (627); RGZ 78, 194 (197ff); RGZ 79, 321 (324); OLG Dresden MuW 1929, 194; OLG Stettin MuW 29, 553; Berneke WRP 01, 615; Meyer GRUR 01, 98 (103).
[204] RT-Drs. Nr. 1109, Band 252, S. 8 f; Berneke WRP 01, 615 (616).
[205] Baumbach/Hefermehl § 1 ZugabeVO Rn. 20; Immenga/Mestmäcker-Emmerich § 15 GWB Rn. 90; BKartA WuW/E BKartA 172 (175). Die aktuelle Fassung des § 15 GWB geht von Zeitungen und Zweitschriften bzw. deren Substituten aus, die Preisbindung bei Büchern und deren Substituten ist im BuchPrBG geregelt, dazu Kapitel 4 VI 3 a) bb).

Zugabe grundsätzlich zulässig, damit besteht erst die Notwendigkeit einer weiteren Überprüfung von Zugaben anhand des GWB. Schon Gesetzeswortlaut und Systematik des GWB, wonach das GWB grundsätzlich auf alle Sachverhalte Anwendung finden soll, die den Wettbewerb als solches betreffen, sprechen dafür. Denn das Kartellrecht dient der Ordnung des Wettbewerbs und der Verhinderung von Wettbewerbsbeschränkungen.[206] Da die Gewährung von Zugaben gerade im Wettbewerb stattfindet, muß das GWB daher auf sie anwendbar sein. Auch der Gesetzgeber geht nach der Abschaffung der Zugabeverordnung von einem Rückgriff auf das GWB aus, um Zulässigkeit bestimmter Zugabesachverhalte zu beurteilen.[207]

c) Bestehenbleibende Zugabeverbote

In einigen Spezialgesetzen sind Zugabeverbote geregelt, die auch nach Aufhebung der Zugabeverordnung ihre Gültigkeit behalten und dementsprechend bei der Auslegung berücksichtigt werden müssen, nämlich das Heilmittelwerbegesetz (HWG)[208] und das Tabaksteuergesetz (TabakStG)[209]. Da beide nicht in den Kernbereich dieser Untersuchung fallen, soll im folgenden nur kurz darauf eingegangen werden. Ein weiteres wichtiges Zugabeverbot enthält § 7 Abs. 4 BuchPrBG, dieses wird im weiteren Verlauf der Untersuchung noch detailliert behandelt.[210]

Das Tabaksteuergesetz enthält zwei Zugabeverbote. Nach § 14 Abs. 2 TabakStG dürfen den gem. § 14 Abs. 1 TabakStG zur Abgabe an Endverbraucher vorgeschriebenen Kleinverkaufsverpackungen keine anderen Gegenstände als Tabakwaren sowohl innen als auch außen beigepackt werden. Das Beipacken von Wechselgeld ist zulässig. Eine Ausnahme gilt, wenn die Gegenstände für Wiederverkäufer bestimmt sind, § 14 Abs. 2 S 2. TabakStG. Nach § 24 Abs. 1 S. 4 TabakStG ist es auch dem Händler verwehrt, Zugaben zu gewähren; eine Ausnahme stellen Zigarrenspitzen von geringen Wert dar. Diese Bestimmungen bleiben unangetastet, bestehen also ohne Einschränkung fort.[211]

Das HWG enthält in § 7 Abs. 1 Zugabeverbote, danach sind Zugaben im Bereich der Öffentlichkeitswerbung auf dem Gebiet des Heilwesens verboten, mit Ausnahme von namentlich besonders gekennzeichnete Gegenstände von geringem Wert, geringwertigen Kleinigkeiten und Werbegaben, die als Zugaben zulässig wären. Diese Regelung hat

[206] Bechtold Einf. GWB Rn. 41 ff; Immenga/Mestmäcker Einl. Rn. 7.
[207] BT-Drs. 14/5594 S. 8, so auch: Berlit WRP 01, 349 (350).
[208] BGBl. I S. 3068 – Fassung v. 19.10.1994.
[209] BGBl. I S. 2150 – Fassung v. 19.12.1992, zuletzt geändert durch Gesetz v. 10.12.2001.
[210] Siehe Kapitel 4 VI 3 a) bb).
[211] Lange/Spätgens Rn. 233.

weiterhin Bestand, da die dritte Ausnahme aber auf die Zugabeverordnung verwies, wurde sie in einen Ausnahmenkatalog umformuliert, um zu verhindern, daß im HWG das Zugabewesen noch weiter eingeschränkt würde.[212]

D) ZUSAMMENFASSUNG

Zugaben sind nun also nicht unbeschränkt zulässig, ihre Zulässigkeit bestimmt sich vielmehr nach dem allgemeinen Lauterkeitsrecht und bestehenbleibenden spezialgesetzlichen Zugabeverboten.[213] Nach dem Wegfall des Verbotes von Zugaben sind diese mangels spezialgesetzlicher Regelung grundsätzlich erlaubt, wobei sie allerdings an den Bestimmungen des allgemeinen Lauterkeitsrechts, und hier vor allem des UWG, zu messen sind.

Damit liegt nach dem Willen des Gesetzgebers grundsätzlich eine Umkehrung der jetzigen Rechtslage vor, aus dem Regelverbot wird eine Regelerlaubnis mit einem Verbot im Fall des Verstoßes gegen die guten Sitten.[214] Aus den gleichen Gründen ist auch ein Rückgriff auf die Vorschriften des GWB möglich.

2. DER ANZUWENDENDE WERTUNGSMAßSTAB – RÜCKGRIFF AUF DIE ALTE RECHTSLAGE?

Nach dem Fortfall der Zugabeverordnung liegt es nahe, auf die Rechtslage vor Erlaß der Zugabeverordnung, also auf die reichsgerichtliche Rechtsprechung abzustellen. Mit dem Wegfall der besonderen rabatt- und zugaberechtlichen Verbote ist eigentlich der Weg frei, wieder an den Rechtszustand vor Erlaß der Gesetze und an die damalige Überprüfung von Zugaben am allgemeinen Lauterkeitsrecht anzuknüpfen.[215]

Jedoch erscheint es bedenklich die damalige Rechtsprechung vorbehaltlos auf heutige Sachverhalte anzuwenden.[216] Zwischen Inkrafttreten und Aufhebung der Zugabeverordnung liegen 69 Jahre, in diesem Zeitraum hat sich das deutsche Unlauterkeitsrecht teilweise sehr weit fortentwickelt.[217] Beispielsweise ist hier an die Entwicklung der heutigen Definition des

---

[212] Dies auf Initiative des Bundesrates, siehe Stellungnahme des Bundesrates BT-Drs. 14/5594 S. 11; Lange/Spätgens Rn. 339.

[213] So im Ergebnis auch Borck WRP 01, 1124 (1130; Emmerich 6.A. S. 168; Meyer GRUR 01, 98 (101 f); Berlit WRP 01, 349; Heil/Dübbers ZRP 01, 209; Pluskat WRP 01, 1262 (1266); Heermann WRP 01, 883 (887); ders. WRP 01, 855 (856); Cordes WRP 01, 867 (869); Berneke WRP 01, 615f.

[214] Berneke WRP 01, 615 (616); BT-Drs. 14/5594 S. 9; Dittmer BB 01, 1961 (1961); Lehmler S. 258; so jetzt auch BGH WRP 02, 1256 (1257) – Kopplungsangebot I; WRP 02, 1259 (1261) – Kopplungsangebot II.

[215] Berneke WRP 2001, 615 (616); Darstellung der Meinung auch bei Heermann WRP 01, 855 (859); für Wiederherstellung der alten Rechtslage teilweise auch Dittmer BB 01, 1961 (1962).

[216] In diesem Sinne aus rechtshistorischer Sicht auch Meyer GRUR Int. 01, 98 (102 –104); Heermann WRP 01, 855 (859); Borck WRP 01, 1124 (1130).

[217] Borck WRP 01, 1124 (1130); Heermann WRP 01, 855 (859).

Leistungswettbewerbs zu denken.[218] Auch hat sich die Funktion des Wettbewerbsrechts an sich geändert. Während das Recht gegen den unlauteren Wettbewerb ursprünglich nur dem Individualschutz der Mitbewerber diente, kam bald der Schutz der Allgemeinheit als Schutzziel hinzu.[219] Die Trennung des Verbraucherschutzes vom Schutz der Allgemeinheit und die Verselbständigung zu einem eigenen Schutzziel erfolgte erst nach Inkrafttreten der Zugabeverordnung 1932,[220] so daß ein Abstellen auf die Rechtslage davor schon aus diesem Grund ausscheidet. Überdies widerspräche ein Abstellen auf die alte Rechtslage dem Willen des Gesetzgebers, der die Zugabeverordnung im Vertrauen auf die Tauglichkeit der neuen Rechtsprechung des BGH im Rahmen von § 1 UWG, den Verbraucherschutz und die Sitten im Wettbewerb sicher zu stellen, aufgehoben hat.[221] Diese Entscheidung des Gesetzgebers basiert zum Teil auch auf dem im Auftrag des Bundesministeriums der Justiz erstellten Gutachten von *Fezer*, der als Folge der Aufhebung der Zugabeverordnung eine Gleichbehandlung von Zugaben mit Kopplungsangeboten als Folge ansieht, und für die Beurteilung der Auswirkungen explizit auf die neueste Rechtsprechung des BGH eingeht.[222]

II. Fortbestehende Auswirkungen der Zugabeverordnung

1. Fortwirken der Wertung der Zugabeverordnung

Vor einer Prüfung des gesamten Zugabewesens an den Wertungen des UWG ist zu fragen, ob nicht doch einige Wertungen der Zugabeverordnung in der Auslegung des UWG erhalten bleiben. Ausgehend von der Überlegung, daß der Gesetzgeber die Zugabeverordnung ersatzlos gestrichen hat, um Zugaben in Zukunft grundsätzlich zu erlauben, ist von einer „Sperrwirkung" des § 1 Abs. 2 Zugabeverordnung dahingehend auszugehen, daß das, was bisher ausdrücklich erlaubt war, auch weiterhin erlaubt ist.[223] Denn ausweislich der Begründung zum Aufhebungsgesetz wollte der Gesetzgeber die Zugabe unter keinen Umständen weiter einschränken, als sie bisher durch die Zugabeverordnung eingeschränkt wurde. Im Gegenteil, der Gesetzgeber wollte seine Überlegungen einer Umkehr des Regel-

---

[218] Dazu Kapitel 1 III.
[219] E. Ulmer S. 9 ff; Fezer WRP 01, 989 (991).
[220] Baumbach/Hefermehl Einl. UWG Rn. 42 f; Fezer WRP 01, 989 (991 f); Schricker GRUR Int. 1970, 32 (33, 38 f); ders. RabelsZ 72, 315 (316); der BGH hat die soziale Funktion des UWG in steigendem Maße betont: BGHZ 19, 392 – Anzeigenblatt; BGHZ 23, 371 – Suwa; BGHZ 43, 278 – Kleenex; BGHZ 54, 188 (190) – Telefonwerbung; BGHZ 56, 18 (21) – Grabsteinaufträge II; BGHZ 65, 68 (72) – Vorspannangebote; Baumbach/Hefermehl Einl. UWG Rn. 42 mwN.
[221] BT-Drs. 14/5594 S. 8.
[222] Fezer WRP 01, 989 (1008 ff).
[223] Borck WRP 01, 1124 (1130), jetzt auch: BGH WRP 02, 1269 (1273) - Zugabenbündel.

Ausnahme-Verhältnisses als grundsätzliche Wertung verstanden wissen, die ausdrücklich auch die Auslegung des UWG in Bezug auf die Zugaben beeinflussen soll.[224] Allerdings kann sich aus § 1 Abs. 2 ZugabeVO immer nur die unterste Grenze dessen ergeben, was zulässig sein soll, es werden darüber hinaus „zugabefreundlichere" Maßstäbe als bisher anzulegen sein.[225] Daneben ist zu untersuchen, inwieweit die Schutzziele der Zugabeverordnung fortwirken sollen.

2. Fortgelten der Schutzziele der Zugabeverordnung

a) Verbraucherschutz

In der Begründung des Regierungsentwurfs zur Abschaffung der Zugabeverordnung geht der Gesetzgeber davon aus, daß die Abschaffung der Zugabeverordnung „nicht nachträglich [...] zu einer Beeinträchtigung von Verbraucherinteressen führen wird".[226] Wie sich aus dem folgenden Text der Begründung ergibt, erkennt der Gesetzgeber den Verbraucher zwar generell als schutzwürdig an, glaubt aber, daß „ein generelles Zugabe- und Rabattverbot wegen des gestiegenen Bildungs- und Informationsniveaus und der erhöhten Sensibilität der Verbraucher nicht mehr erforderlich (ist)." Ein ausreichender Schutz der Verbraucherinteressen wird danach durch die allgemeinen Vorschriften des UWG und der Preisangabenverordnung sichergestellt.[227] Damit hat der Gesetzgeber klargemacht, daß der Verbraucherschutz als Ziel weiterbestehen soll, er hält aber die Bestimmungen des UWG für dafür ausreichend. Bei Zugabesachverhalten, die bisher der Zugabeverordnung unterfallen sind, ist daher, ebenso wie bisher bei den nur dem allgemeinen Lauterkeitsrecht unterfallenden Sachverhalten,[228] der Gesichtspunkt des Verbraucherschutzes als wesentliches Prinzip heranzuziehen.[229] Der Schutz des Verbrauchers vor Irreführung, Preisverschleierung und unsachlicher Beeinflussung muß daher im Rahmen der Auslegung des allgemeinen Lauterkeitsrechts Beachtung finden.

---

[224] BT-Drs. 14/5594 S. 8; Lange/Spätgens Rn. 242.
[225] Borck WRP 01, 1124 (1130).
[226] BT Drs. 14/5594 S.8.
[227] BT Drs. 14/5594 S.8.
[228] Etwa die auch schon bisher außerhalb der ZugabeVO angesiedelten Koppelungsgeschäfte.
[229] Lange/Spätgens Rn. 384; BT-Drs. 14/5594 S. 8.

B) MITBEWERBERSCHUTZ

Die Zugabeverordnung wollte auch die Mitbewerber vor den Auswirkungen eines übersteigerten Wettbewerbs schützen und verhindern, daß unter Konkurrenzdruck Hersteller und Händler immer stärker in den Zugabewettbewerb hineingezogen würden. Denn im Endeffekt würde dies zu einem reinen Zugabewettbewerb unter Abschaffung des Leistungswettbewerbs führen.[230] Auch der Gesetzgeber behielt dieses Schutzziel bei der Abschaffung der Zugabeverordnung im Auge, ging allerdings davon aus, daß ein Schutz der Wettbewerber durch die allgemeinen Vorschriften des UWG und des GWB gewährleistet ist.[231] Auf die Frage der Ausgestaltung eines solchen Wettbewerberschutzes im Einzelnen, vor allem unter Beachtung der durch die Streichung der Zugabeverordnung getroffenen Wertung, wird später einzugehen sein.[232]

C) BRANCHEN- UND MITTELSTANDSSCHUTZ

Diese Ziele der Zugabeverordnung waren rein wirtschaftspolitisch.[233] Mit dem ersatzlosen Wegfall der Zugabeverordnung ist der Mittelstand dieses Schutzes offenbar ersatzlos beraubt, der Gesetzgeber gibt in seiner Begründung keinen Hinweis darauf, daß er einen Schutz vor Brancheneinbrüchen durch das allgemeine Lauterkeitsrecht gewährleistet sieht. Im Gegenteil, in Punkt IV.3. seiner Begründung weist der Gesetzgeber darauf hin, daß die Aufhebung und die daraus folgenden erweiterten Möglichkeiten der Zugabe gerade dem Mittelstand zugute kommen werden.[234] Mit anderen Worten gibt der Gesetzgeber damit zu erkennen, daß er glaubt, daß der Mittelstand in diesem Bereich keines expliziten Schutzes mehr bedürfe.[235] Statt dessen würden sich für den Mittelstand neue Chancen eröffnen, sich gegen große Anbieter durch mehr Service durchzusetzen. Überdies stellt der Gesetzgeber die Aufhebung der Zugabeverordnung als das kleinere Übel für den Mittelstand dar, könnten doch ausländische Konkurrenten aufgrund der E-Commerce Richtlinie[236] im Inland Zugaben gewähren, während diese Möglichkeit bei einem Fortbestehen der alten Gesetzeslage dem

---

[230] S.o., auch: Amtl. Begründung, Seydel S. 192f; Baumbach/Hefermehl ZugabeVO Rn. 9.
[231] BT-Drs. 14/5594 S. 8.
[232] Siehe Kapitel 7.
[233] Amtl. Begründung, Seydel S. 192 f; Baumbach/Hefermehl ZugabeVO Rn. 8; siehe Kapitel 2 I 2 c).
[234] BT-Drs. 14/5594 S. 8.
[235] Ausweislich der Gesetzesbegründung BT-Drs. 14/5594 S. 8 schienen auch die meisten Wirtschaftsvertreter dieser Ansicht zu sein, jedoch haben gerade die Vertreter der mittelständischen Betriebe Bedenken geäußert, so Stefan Schneider, Hauptgeschäftsführer des Hauptverbandes des deutschen Einzelhandels (HDE), der befürchtete, daß der Preiswettbewerb von einem Rabatt – (und Zugaben) Wettbewerb abgelöst werde und die Preisgestaltung im einzelnen um so undurchsichtiger werde, je weiter die Zugabe vom Hauptprodukt entfernt sei. Siehe Handelsblatt v. 13.12.2000, S. 21, auch Lange/Spätgens Rn. 248.
[236] Richtlinie 2000/31/EG vom 8. Juni 2000, Abl. L 178 vom 17. Juli 2000.

Mittelstand verschlossen bliebe.[237] Zwar gilt die E-Commerce-Richtlinie nur für den beschränkten Adressatenkreis der Internethändler, doch treten diese mit ihren Angeboten auch in Konkurrenz zu den inländischen Anbietern und Einzelhändlern, soweit es sich nicht um Waren des täglichen Bedarfs handelt.

Fraglich ist nun, inwieweit die Idee des Mittelstandsschutzes als solche bei der Anwendung des § 1 UWG dennoch Beachtung finden muß. *Spätgens* glaubt, eine Korrektur müsse auf der Ebene des Unlauterkeitsrechts stattfinden, und hier im Bereich der Wertreklame, wo weiterhin auf Brancheneinbrüche zu achten sei.[238] Zwar rechtfertige das allgemeine Wettbewerbsrecht kein Werbeverbot allein, oder doch auch, um den Fachhandel zu schützen, hier handele es sich um eine allgemeine wirtschaftspolitische Zielsetzung, die dem UWG fremd sei.[239] Dennoch dürften, so *Spätgens*, die Gefahren, die durch eine Verlagerung des reinen Leistungswettbewerbs zu einem für den Fachhandel nachteiligen Wettbewerb auf dem Gebiet der Nebenleistungen den Fachhändlern drohten, die ja auch Mitbewerber seinen und daher dem Schutz des Wettbewerbsrechts unterfielen, nicht unbeachtet bleiben. Gerade das Zugabewesen, das durch die unentgeltliche Abgabe für Verbraucher besonders attraktiv sei, gehöre nicht zum Leistungswettbewerb. Wenn aber leistungsfähige Wettbewerber, die Fachhändler, durch Mittel, die dem „Prinzip des Leistungswettbewerbs diametral entgegenstehen, (es) geradezu aushebeln“ aus dem Wettbewerb gedrängt, in ihrem Bestand bedroht oder sonst geschädigt würden, widerspreche dies dem Leitbild des Leistungswettbewerbes und würde auch durch das UWG nicht toleriert.[240]

Die Gegenansicht lehnt, ebenso wie *Spätgens*, einen reinen Mittelstandsschutz um des Mittelstandes willen durch das UWG ab, da Schutzziel des UWG der Wettbewerb als solches, nicht einzelne Wettbewerber seien. Daher müssen Wettbewerbsmaßnahmen, auch wenn sie sich stärker gegen einzelne Teile des Wettbewerbs richten, dann zulässig sein, wenn sie sich im Rahmen des Leistungswettbewerbes halten und nicht per se anderen Unternehmen die Chance nehmen, ihr Angebot auf dem Markt zu präsentieren.[241]

---

237 BT-Drs. 14/5594 S. 8.

238 Lange/Spätgens Rn. 395.

239 BGHZ 43, 278 – „Kleenex“; OLG Köln MD 00, 739 (740); Schricker AfP 01, 101; Baumbach/Hefermehl Allg. Rn. 25 für Leistungswettbewerb.

240 Lange/Spätgens Rn. 386.

241 Heermann WRP 99, 130 (137); Sambuc GRUR 81, 796 (797f.); Ulmer GRUR 77, 565 (577-580); Götting S. 83-90; Baudenbacher ZHR 144 (1980); 145 (158-161); Burkert S. 223ff; Emmerich 5.A. S. 157 f; Sack WRP 83, 63 (67f).

Es kommt entscheidend darauf an, ob die Zugabe Teil des Leistungswettbewerbs ist. Dies ist zu bejahen. Schon vor dem Wegfall der Zugabeverordnung waren solche „Zugaben" erlaubt, die nur der Steigerung der Hauptleistung dienten, da sie nichts an der Vergleichbarkeit der Hauptleistungen im Preiswettbewerb änderten.[242] Sie wurden als Teil des Leistungswettbewerbs gesehen, auch wenn dabei der Verbraucher im Einzelfall etwas zur Hauptleistung hinzu bekam.[243] Mit der neuen Wertung des Gesetzgebers, die durch die Aufhebung der Zugabeverordnung zum Ausdruck kommt, sind Zugaben fortan als grundsätzlich zulässiges Instrument im Wettbewerb zu sehen.[244] Damit sind sie ein Teil des Wettbewerbs und nicht generell ein Fremdkörper, der dem „Prinzip des Leistungswettbewerbs diametral entgegenstehe [...]"[245].

Man wird also Zugaben nicht als dem Leistungswettbewerb widersprechend und damit wettbewerbswidrig ansehen dürfen. Deshalb verbietet es sich, jegliche Verdrängung oder Beeinträchtigung von Wettbewerbern, die aufgrund von Zugaben erfolgt, als wettbewerbswidrig ansehen, um so eine Art Mittelstandschutz durch die Hintertür einzuführen.
Statt dessen wird man eine Einzelfallprüfung vornehmen müssen, inwieweit die einzelne Zugabe den Leistungswettbewerb als solches schädigt. Der Mittelstandschutz gehört aber nicht zu den in diese Einzelfallprüfung einzubeziehenden Zielen.

III. Die Auswirkungen der geplanten Verordnung über Verkaufsförderung im Binnenmarkt

Durch die geplante Verordnung über Verkaufsförderung im Binnenmarkt wird die Zulässigkeit von Zugabewerbungen europaweit einheitlich geregelt. Gemäß § 249 Abs. 2 EGV hat eine Verordnung allgemeine Geltung, sie ist in allen Teilen verbindlich und gilt unmittelbar in allen Mitgliedsstaaten. Hierdurch werden auch die nationalen Gerichte unmittelbar gebunden, die entgegenstehendes nationales Recht außer Anwendung zu lassen haben.[246] Fraglich in diesem Zusammenhang ist, inwieweit sich dies auf die Anwendbarkeit des UWG auf Zugaben auswirkt. Immerhin kann, wie auch im folgenden dargestellt wird, die

---

242 BGH WRP 58, 151 – Federkernmatratzen; BGH GRUR 93, 137 – Zinssubvention; BGH WRP 98, 388 (390) – Skibindungsmontage; Baumbach/Hefermehl Vor ZugabeVO Rn. 2; Heermann WRP 99, 130; Knops GRUR 1995, 649 (657f); Remmert WRP 90, 584 (587).
243 BGH GRUR 79, 409 - Lippische Rundschau, wo der Verbraucher den Lokalteil einer weiteren Tageszeitung kostenlos dazubekam.
244 Berneke WRP 01, 615 (616); BT-Drs. 14/5594 S. 9; Dittmer BB 01, 1961 (1961).
245 So Lange/Spätgens Rn. 386.
246 Vgl. BVerfGE 31, 145 (170), Streinz Europarecht Rn. 380; Koenig/Haratsch Europarecht Rn. 255, Callies/Ruffert – Ruffert: Art. 249 EGV Rn. 43; Fischer Europarecht § 5 Rn. 30.

Anwendung des UWG zu einer Untersagung von Zugaben führen. In Artikel 3 des Verordnungsentwurfs heißt es:

1. Die Mitgliedstaaten oder nichtöffentlichen Regulierungsstellen erlassen kein(e):

- generelles Verbot bezüglich der Nutzung und kommerziellen Kommunikation verkaufsfördernder Aktionen, außer das Gemeinschaftsrecht schreibt ein solches Verbot vor;
- Beschränkung des Wertes verkaufsfördernder Maßnahmen außer bei Rabatten auf Erzeugnisse mit Preisbindung und Verkäufe unter Selbstkosten[247]
- [...]

Aus den Erwägungsgründen und den allgemeinen Vorbemerkungen des Verordnungsvorschlags läßt sich entnehmen, daß diese Regelung in erster Linie konkrete gesetzliche Regelungen, wie sie etwa in der Zugabeverordnung bestanden haben, beseitigen soll.[248] Bestätigt wird dies auch durch die in Artikel 2 (l) des Verordnungsvorschlags widergegebene Definition:

(l) „generelles Verbot bezüglich der Nutzung und kommerziellen Kommunikation verkaufsfördernder Aktionen“: ein Verbot das nicht speziell auf eine bestimmte Art von geförderten Waren oder Dienstleistungen gerichtet ist.

Dieses Problem stellt sich aber auch im Hinblick auf die Fallgruppen des § 1 UWG, deren Anwendung zu einer unmittelbaren Beschränkung der Wertreklame führen könnten, wie die des „übertriebenen Anlockens“ oder des „psychologischen Kaufzwangs“. Die Gewährung einer besonders wertvollen Zugabe könnte etwa den Tatbestand der Fallgruppe des übertriebenen Anlockens, § 1 UWG erfüllen.[249] Vor Anwendung dieser Generalklauseln auf Zugaben muß die Frage beantwortet werden, ob ein solches Vorgehen als „Beschränkung hinsichtlich des Werts verkaufsfördernder Maßnahmen“ im Sinne von Artikel 3 Abs. 1, 2. Spiegelstrich des Verordnungsvorschlags anzusehen ist.

Eine abschließende Antwort ist nicht möglich, für eine Anwendung des Verbotes auch auf eine Zugabekontrolle im Rahmen von § 1 UWG spricht, daß in den Vorüberlegungen die Fallgruppe des „übertriebenen Anlockens“ als besonders komplexe Vorschrift bezeichnet

[247] KOM (2002) 585 endgültig; in der vorherigen Fassung KOM (2001) 546 endgültig/2 ist noch von „Büchern“ anstelle der „Erzeugnisse mit Preisbindung und Verkäufe unter Selbstkosten“ die Rede.
[248] Göhre WRP 02, 36 (41); Vorbemerkungen BR-Drs. 853/01 S. 8; Erwägungsgrund 12, BR-Drs. 853/01 S. 34.
[249] Baumbach/Hefermehl § 1 UWG Rn. 132 für gekoppelte Vorspannangebote, die als Umgehungstatbestände der Zugabe wettbewerbswidrig sein konnten. Dazu auch Kapitel 4 II 2, 4 III 1.

wird.[250] Einer der Hauptgründe für die Verordnung ist aber die Beseitigung von Hemmnissen, zu denen nach Ansicht der Kommission auch die Komplexität einiger nationaler Vorschriften zählt.[251]

Jedoch überwiegen die Argumente gegen eine solche Verbotsanwendung. Es spricht einiges dafür, daß es nur um die Verhinderung von generellen Verboten im Zuge einer Harmonisierung des EU-Rechts geht.[252] Zum einen wäre da der Wortlaut des Artikel 3, der ein „generelles Verbot" untersagt, was sich auch aus der Begründung zu Artikel 3 Abs. 1 der geplanten Verordnung ergibt, ebenso wie aus Abschnitt 4.2 der Vorüberlegungen. Dort ist von generellen Verboten die Rede, die ein generelles Verbot oder eine generelle Beschränkung von Zugaben etwa in Form einer Wertbeschränkung[253] zur Folge haben. Inländische Gerichte wären dadurch daran gehindert, Zugaben anhand von § 1 UWG für generell unzulässig zu erklären. Da aber bereits der Bundesgesetzgeber zum Ausdruck gebracht hat, daß Zugaben generell zulässig sein sollen, sind die Gerichte schon dadurch gebunden.[254]

Zum anderen läßt die Untersagung von nur generellen Verboten nach dem Verordnungsvorschlag schon nach dem Wortlaut Raum für eine Untersagung von Zugaben dort, wo sie im Einzelfall gegen geltendes Recht nicht aufgrund ihrer Zugabeeigenschaft, sondern durch das Hinzutreten weiterer Umstände verstoßen. Das Verbot einzelner Arten von Zugaben, die auf eine bestimmte Art von Waren oder Dienstleistungen gerichtet ist, ist dabei ohnehin erlaubt. Erweiternd könnte man dies dahingehend auslegen, daß auch solche Verbote erlaubt sein sollen, die sich nicht an der Zugabeneigenschaft orientieren. Eine zu restriktive Anwendung des allgemeinen Wettbewerbsrechts könnte sich dabei allerdings als Umgehung der geplanten Verordnung darstellen. Jedoch ist, wie bereits durch den Bundesgesetzgeber zum Ausdruck gebracht, von einer Regelerlaubnis auszugehen.

Entscheidend ist aber, daß sich unter Punkt 4.3 der Vorüberlegungen[255] der Hinweis findet, daß „Beschränkungen aufgrund der Anwendung einer Generalklausel über faires Geschäftsgebaren" unter den Grundsatz der gegenseitigen Anerkennung fallen sollen. Dadurch soll den Stellungnahmen zum geplanten Grünbuch Verbraucherschutz in der

---

[250] Vorüberlegungen zum Verordnungsvorschlag KOM (2001) 546 endgültig/2 S. 8.

[251] Vorüberlegungen zum Verordnungsvorschlag KOM (2001) 546 endgültig/2 S. 7 f.

[252] Siehe dazu Vorbemerkungen KOM (2001) 546 endgültig/2 S. 9; Erwägungsgrund 12, KOM (2001) 546 endgültig/2 S. 35.

[253] Vorüberlegungen zum Verordnungsvorschlag KOM (2001) 546 endgültig/2 S. 13, 16.

[254] Zum Willen des Bundesgesetzgebers siehe Kapitel 3 II 1.

[255] Punkt 4.3 der Vorüberlegungen zu einer Verordnung zur Verkaufsförderung im Binnenmarkt, KOM (2001) 546 endgültig/2 S. 18: „Beschränkungen, die die Anwendung des Grundsatzes der Gegenseitigen Anerkennung erfordern".

europäischen Union nicht vorgegriffen werden. Überdies findet sich in Art. 3 Nr. 2 Verordnungsvorschlag[256] ein Verbot einer Beschränkung des freien Waren und Dienstleistungsverkehrs, der durch Verkaufsförderaktionen gefördert wurde, mit einer ausdrücklichen Ausnahme für das gemeinschaftliche und einzelstaatliche Kartellrecht, sowie in der neusten Fassung auch für das Wettbewerbsrecht.[257] Mit diesem, als Klarstellung aufgenommenen, Hinweis wird im Verordnungstext ausdrücklich klargestellt, daß Wettbewerbsverstöße durch Zugaben weiterhin durch den einzelstaatlichen Gesetzgeber verhindert werden können.
Weiterhin ist in den Vorüberlegungen nur die Rede davon, nationale Vorschriften, deren einschränkende Wirkungen auf grenzüberschreitende Vorschriften als unverhältnismäßig und dem anvisierten Allgemeineninteresse zuwiderlaufend eingestuft wurden, zu ersetzen.[258]

Solange daher die Anwendung des allgemeinen Lauterkeitsrechts nicht zu einem generellen Verbot von Zugaben führt, sondern sich darauf beschränkt, im Einzelfall unter Berücksichtigung der Wertung der geplanten Verordnung Wettbewerbsverstöße zu ahnden, wird dies auch nach dem möglichen Inkrafttreten der Verordnung zur Verkaufsförderung im Binnenmarkt nicht zu einer Unzulässigkeit der Anwendung des allgemeinen Lauterkeitsrechts auf zugaberechtliche Sachverhalte führen. Dabei können Einzelprobleme auftreten, auf die jedoch an entsprechender Stelle eingegangen wird. Bei etwaigen Kollisionen mit deutschem Recht würde dabei selbstverständlich die Verordnung vorgehen.[259]

---

[256] Allerdings erst ab KOM (2002) 585 endgültig.
[257] Siehe auch Sitzungsprotokoll des EP vom 10.7.02 S. 23 f. Änderungsantrag 31. Hier spricht die deutsche Fassung von Kartellrecht, in der englischen Fassung heißt es jedoch allgemeiner „competition law". Die allerneuste Fassung 12261/04 ADD1 REV 1 macht aber klar, daß Kartellrecht gemeint ist, sonst wäre die im folgenden aufgenommene Ausnahmebestimmung Artikel 3 a überflüssig, die zum Schutz des Verbrauchers, soweit er durch europäisches Recht nicht ausreichend geschützt ist, und zum Schutz von Wettbewerbern vor unlauteren Wettbewerb durch sklavische Nachahmung oder Verleumdung weitergehende Ausnahmen zuläßt.
[258] Vorüberlegungen zum Verordnungsvorschlag KOM (2001) 546 endgültig/2 S. 9.
[259] Lenz/Erhard S. 65, siehe auch Lecheler S. 129.

IV. Zwischenergebnis

Heute ist die Lauterkeit von Zugaben nach dem allgemeinen Wettbewerbsrecht zu beurteilen. Dabei ist von einer Regelerlaubnis mit einem Verbot für den Fall des Verstoßes gegen die guten Sitten auszugehen. Ein generelles Verbot von Zugaben würde sich dabei zusätzlich aufgrund der geplanten Verordnung über Verkaufsförderung im Binnenmarkt verbieten.

Ein Rückgriff auf die alte Rechtslage vor Inkrafttreten der Zugabeverordnung scheidet aus, da sich die Rechtsprechung in den vergangenen 69 Jahren entscheidend geändert hat, und weil dies der gesetzgeberischen Wertung widersprechen würde. Bei der Beurteilung der Lauterkeit von Zugaben im Rahmen des allgemeinen Wettbewerbsrechts ist die entfallene Zugabeverordnung als unterste Grenze anzusehen. Was danach erlaubt war, kann aufgrund des nunmehr bestehenden Regel-Ausnahme–Verhältnisses erst recht nicht verboten sein. Doch auch die Schutzziele des Verbraucherschutzes und des Mitbewerberschutzes der Zugabeverordnung wirken fort und sind in die künftige Beurteilung mit einzubeziehen, während das Schutzziel des Branchen- und Mittelstandsschutzes nicht weiter zu verfolgen ist, da es vom Willen des Gesetzgebers nicht umfaßt ist. Bei der Beurteilung der einzelnen zugaberechtlichen Sachverhalte ist dabei ab Inkrafttreten der geplanten Verordnung über Verkaufsförderung im Binnenmarkt auch auf deren Wertungen Rücksicht zu nehmen. Zur Vermeidung der Schwierigkeiten einer nachträglichen Rechtsprechungsänderung empfiehlt sich dies allerdings schon zum jetzigen Zeitpunkt.

4. Kapitel: Die Zugabe in § 1 UWG

I. Der Verbraucherbegriff

1. Allgemein

Nach dem Wegfall der Zugabeverordnung ist, wie oben dargestellt, der Rückgriff auf das allgemeine Wettbewerbsrecht, und dort auf die Generalklausel des § 1 UWG eröffnet.[260] Vor einer Untersuchung der Behandlung der Zugabe im Rahmen des UWG ist es jedoch wegen des Schutzziels des Verbraucherschutzes nötig, den anzuwendenden Verbraucherbegriff zu definieren.[261] Denn die Reichweite des Verbraucherschutzes im Rahmen des UWG hängt stark von dem zugrundegelegten Verbraucherleitbild ab. Sie ist um so größer, je stärker die Schutzbedürftigkeit selbst kleinster Minderheiten vor geringsten Gefahren betont wird, und um so schwächer, je mehr auf einen durchschnittlichen oder einen aufgeklärten Verbraucher abgestellt wird. [262]

2. Bisheriges Verbraucherleitbild im Rahmen des UWG

Der Verbraucherbegriff hat im Lauf der Zeit zahlreiche Veränderungen durchgemacht. Über lange Zeit war der Verbraucherbegriff im Rahmen des UWG gefestigt. Schon *Baumbach* stellte in der 1. Auflage des Kommentars zum Wettbewerbsrecht auf die „ganz feste Lehre und Praxis" ab. Danach waren zwei wesentliche Punkte entscheidend für das Vorliegen einer irreführenden Angabe im Rahmen von § 3 UWG. Erstens war für die Unrichtigkeit einer Aussage, d.h. für ihre Eignung zur Irreführung, ausschließlich die Bedeutung entscheidend, „die der Äußerung von einem nicht ganz unbeträchtlichen Teil der Verkehrskreise, für die sie bestimmt ist, in ungezwungener Auslegung beigelegt" werde; „ihre objektive Wahrheit oder Unwahrheit" war also „belanglos".[263] Zweitens war an das Verständnis des Empfängers der Angabe ein „Durchschnittsmaßstab" anzulegen.[264] Abzustellen war dabei nicht auf besonders aufmerksame oder unaufmerksame Empfänger, sondern auf jemanden, der mit der bei Äußerungen solcher Art üblichen Aufmerksamkeit wahrnimmt, dabei war regelmäßig mit flüchtigem Lesen und Beurteilen des Inhalts zu rechnen.[265] Mit dieser Definition stellte die

---

[260] Siehe Kapitel 3 I 1 a).
[261] Zum Schutzziel Verbraucherschutz siehe Kapitel 3 II 2 a).
[262] Emmerich 6.A S. 181; Lehmler S. 7; Beater Verbraucherschutz S. 74.
[263] Baumbach S. 209; Nordemann WRP 00, 977.
[264] Baumbach S. 209.
[265] Baumbach S. 209; Nordemann WRP 00, 977.

damalige Rechtsprechung zwar auf einen Durchschnittsverbraucher ab, ging aber davon aus, daß dieser flüchtig und oberflächlich sei.

Aufbauend darauf hat der BGH seine Rechtsprechung teilweise, insbesondere bei der Gesundheitswerbung, noch verschärft. Bei doppeldeutigen oder mehrdeutigen Angeboten durfte nur ein ganz unerheblicher Teil der angesprochenen Verkehrskreise irregeführt werden, ansonsten sollte eine Irreführung vorliegen.[266] Dabei gingen die Gerichte, auch wenn sie immer betonten, sich nicht zahlenmäßig festlegen zu wollen und daß es auf eine Einzelfallabwägung ankäme, im Grunde von einer 10% Quote aus.[267] Jedoch ist, da nach der Erfahrung der Demoskopen ca. 5% der Bevölkerung Hilfsschulniveau besitzen, eine 10% Quote sehr schnell erreicht.[268] Im Grunde wurde durch diese Rechtsprechung der am allerleichtesten zu täuschende Teil der Bevölkerung zum Maßstab für alle übrigen gemacht, denen auf diese Weise unter Umständen wichtige Informationen entgingen. Zwar paßte der BGH diese Quote im Lauf der Zeit an, soweit es um objektiv richtige Angaben ging, bzw. ging in der folgenden Interessenabwägung sogar so weit, daß die Interessen der Getäuschten gegenüber denen der anderen Marktteilnehmer zurückstehen mußten, im Grunde aber hielt die Rechtsprechung an diesem sehr strengen Irreführungsmaßstab fest.[269] Abzustellen war damit nur noch vordergründig auf einen Durchschnittsverbraucher, eigentlicher Maßstab war der leicht zu täuschende da oberflächliche und uninformierte Verbraucher.

Der EuGH ging von Anfang an von einem anderen Verbraucherbegriff aus.[270] In der Nissan-Entscheidung stellte der EuGH darauf ab, daß eine erhebliche Anzahl von Verbrauchern, an die sich die irreführende Werbung wendet, getäuscht werden müßten.[271] Es muß also nicht „ein nicht nur ganz unerheblicher Teil der angesprochenen Verkehrskreise", sondern eine erhebliche Anzahl getäuscht werden. In der Mars-Entscheidung, in der der EuGH auf den verständigen Verbraucher abstellt, setzte sich diese Rechtsprechung fort.[272] Schließlich stellt

[266] BGH GRUR 66, 445 (449) – Glutamal; BGH GRUR 83, 512 (513) Heilpraktikerkolleg; Piper GRUR 92, 803 (814) mwN.

[267] Etwa BGH GRUR 79, 716 (718) – Kontinent-Möbel; KG GRUR 65, 156 (157) - Kunststoffrohre; Baumbach/Hefermehl § 3 UWG Rn. 27; Schricker ZHR 139 (75), 208 (225).

[268] Schricker ZHR 139 (75), 208 (225); Baumbach/Hefermehl § 3 UWG Rn. 27, 32; Noelle-Neumann/Schramm S. 12.

[269] BGH GRUR 87, 171 (172) – Schlußverkaufswerbung I; BGH GRUR 95, 60 (61) - Napoleon IV; BGH GRUR 74, 665 (666) – Germany; Nordemann WRP 00, 977; Piper GRUR 92, 803 (814).

[270] Eine erste Kritik übte der EuGH 1984, als er das Zitat eines Prozeßbeteiligten zitierte, der meinte, die deutsche Rechtsprechung gehe „vom Leitbild eines absolut unmündigen, fast schon pathologisch dummen und fahrlässig unaufmerksamen Durchschnittsverbrauchers" aus. EuGH GRUR Int. 84, 291 (293) – Bocksbeutel; Nordemann WRP 00, 977 (978); dies für völlig überzogen haltend: Sack WRP 98, 264 (268).

[271] EuGH WRP 1993, 233 (234) - Nissan; Nordemann WRP 00, 977 (978).

[272] EuGH Slg. 1995, I-1923 ff (1944 Rn. 24) – Mars; Sack WRP 98, 264 (265).

der EuGH zum ersten mal in der deutschen Fassung der „6-Korn-Eier" - Gut Springenheide Entscheidung darauf ab, „wie ein durchschnittlich informierter, aufmerksamer und verständiger Durchschnittsverbraucher diese Angabe wahrscheinlich auffassen wird."[273] In den Entscheidungen Sektkellerei Kessler[274] und Lifting Creme[275] baute der EuGH diese Rechtsprechung dann konsequent aus.

Aufgrund dieser Entscheidungen änderte der BGH seine Rechtsprechung; in der Orient-Teppichmuster Entscheidung[276] stellte er auf den durchschnittlich informierten und verständigen Verbraucher ab. Dabei differenziert der BGH, der Grad der Aufmerksamkeit, die der durchschnittlich informierte und verständige Verbraucher aufbringe, unterscheide sich nach der jeweiligen Situation. Bei dem Erwerb von geringwertigen Gegenständen des täglichen Bedarfs werde er eher flüchtig sein. Auch das erste Durchblättern von Werbung werde flüchtig sein, erst wenn ein Angebot einer nicht völlig geringwertigen Ware das Interesse des Verbrauchers erwecke, werde er die Werbung mit größerer Aufmerksamkeit wahrnehmen. „Diese situationsadäquate Aufmerksamkeit des Durchschnittsverbrauchers ist für die Ermittlung des Verkehrsverständnisses maßgebend. Mögliche Mißverständnisse flüchtiger oder uninteressierter Leser haben dabei zurückzutreten."[277] Auch in seiner neusten Rechtsprechung geht der BGH von einem verständigen Verbraucher aus, allerdings ohne die Differenzierung nach dem Wert des zu erwerbenden Gegenstandes noch einmal explizit zu erwähnen. Allerdings besteht dafür in den angesprochenen Fällen auch kein Bedarf, da es um höherwertige Konsumgüter geht.[278]

Man könnte nun meinen, daß der BGH zumindest für den Bereich ganz geringwertiger Wirtschaftsgüter nicht mit dem EuGH übereinstimmt. Betrachtet man aber die englische Fassung der „6 Korn Eier" – Gut Springenheide Entscheidung, so ist dort von einem Durchschnittsverbraucher die Rede, der in vernünftigen Maße informiert und in vernünftigem

[273] EuGH WRP 98, 848 (851) Rn. 37 - „6-Korn-Eier" - Gut Springenheide; damit widerlegt der EuGH auch Sack WRP 98, 264 ff, v.a. S.266, wonach der EuGH auf den Verbraucher von normaler Aufmerksamkeit abstellt, der in der Regel Informationen flüchtig und oberflächlich wahrnimmt.
[274] EuGH WRP 99, 307 (310f) Rn. 36 – Sektkellerei Kessler.
[275] EuGH WRP 00, 289 (292) Rn. 27, 32 – Lifting-Creme.
[276] BGH WRP 00, 517 (519f) – Orient-Teppichmuster.
[277] BGH WRP 00, 517 (519f) – Orient-Teppichmuster; auch BGH WRP 99, 90 (92) – Handy für 0,00: der durchschnittlich informierte und verständige Verbraucher ist mit dem Marktgeschehen vertraut und weiß daß Kaufleute nichts zu verschenken haben.
[278] BGH WRP 02, 1256 (1258) – Kopplungsangebot I; BGH WRP 02, 1259 (1262) – Kopplungsangebot II.

Maße aufmerksam und verständig ist.[279] Ein solches Verbraucherleitbild läßt durchaus Raum für Differenzierungen bei einzelnen Produkten oder Situationen, ein Weg, den der EuGH den nationalen Gerichten zumindest andeutungsweise eröffnet, wenn er die Beurteilung einer konkreten Irreführungseignung in einzelnen Situationen den nationalen Gerichten überläßt.[280] Obwohl der EuGH damit der Annahme einer niedrigeren Verbraucheraufmerksamkeit bei geringwertigen Produkten nicht widerspricht, geht er selbst zumindest derzeit im Gegensatz zum BGH wohl nicht davon aus. Auch der Verbraucher, der nur 10 Eier kauft, wird als durchschnittlich informierter, aufmerksamer und verständiger Durchschnittsverbraucher gesehen, ohne daß der EuGH auf eine eventuell nötige Absenkung des Aufmerksamkeitsniveaus aufgrund des geringen Wertes der in Frage stehenden Ware eingeht.[281]

Auch die künftige Verordnung über Verkaufsförderung im Binnenmarkt stellt auf den durchschnittlich informierten, aufmerksamen und verständigen Durchschnittsverbraucher des EuGH ab.[282] Ausweislich der Begründung ist es für die Lauterkeit von Verkaufsförderaktionen einschließlich Zugaben in den meisten Fällen ausreichend, Transparenz zu schaffen, und dem Verbraucher dann aufgrund der Informationen, die er bekommt, eine eigene Entscheidung treffen zu lassen.[283] In Art. 3, 1. Spiegelstrich Verordnungsvorschlag werden dabei explizit generelle Verbote von Verkaufsfördermaßnahmen untersagt, ebenso wie in Art. 3, 2. Spiegelstrich eine wertmäßige Beschränkung außer bei Rabatten auf Bücher untersagt wird.

Statt dessen werden in Artikel 4 Verordnungsvorschlag umfangreiche Informationspflichten für Verkaufsförderaktionen verlangt, die sich aus einem Anhang ergeben. Dort sind die Mindestangaben, die gegenüber dem Verbraucher bei Verkaufsförderaktionen anzugeben sind, detailliert aufgelistet. Bei Einhaltung dieser Informationspflichten soll die Verkaufsförderaktion grundsätzlich zulässig sein. Ausnahmen bestehen etwa beim Schutz von Minderjährigen. Dieser Regelungsmechanismus, der bei ausreichender Aufklärung der

---

[279] EuGH C-210/96, „6-Korn-Eier" - Gut Springenheide, englische Fassung, Rn. 31: "...the presumed expectations of an average consumer who is reasonably well-informed and reasonably observant and circumspect.."

[280] EuGH WRP 98, 848 (851) Rn. 30ff (37) - „6-Korn-Eier" – Gut Springenheide.

[281] EuGH WRP 98, 848 - „6-Korn-Eier" – Gut Springenheide.

[282] EuGH WRP 98, 848 (851) Rn. 37 - „6-Korn-Eier" - Gut Springenheide; EuGH WRP 99, 307 (310f) Rn. 36 – Sektkellerei Keßler; EuGH WRP 00, 289 (292) Rn. 27, 32 – Lifting-Creme; Fezer WUW 02, 217.

[283] KOM (2001) 546 endgültig/2 S. 10 f.

Verbraucher Zugaben fast uneingeschränkt zuläßt, macht nur bei einem Abstellen auf einen informierten, aufmerksamen und verständigen Durchschnittsverbraucher Sinn.

3. Beeinflussung des künftigen Verbraucherleitbildes durch den Bundesgesetzgeber

Auch die Bundesregierung geht in ihrer Begründung des Gesetzes zur Aufhebung der Zugabeverordnung davon aus, daß fortan auf den durchschnittlich informierten und verständigen Verbraucher abzustellen ist, wobei sie sich auf die Rechtsprechung des BGH bezieht.[284] Danach habe das Interesse der Verbraucher an der Auseinandersetzung mit dem Warenangebot erheblich zugenommen, der durchschnittlich informierte und verständige Verbraucher stelle Vergleiche an und sei mit dem Marktgeschehen vertraut. Fraglich ist in diesem Zusammenhang aber, ob die Bundesregierung ähnlich wie der BGH für ganz geringwertige Wirtschaftsgüter des täglichen Bedarfs davon ausgeht, daß der Durchschnittsverbraucher hier flüchtig handelt. Dafür spricht, daß in der Begründung nur Urteile des BGH zitiert werden, und dabei ausdrücklich auf den Erwerb höherwertiger Produkte eingegangen wird, danach trifft der Kunde „seine Entscheidung über den Erwerb höherwertiger Produkte erst nach ausreichender Information über Konkurrenzangebote und reiflicher Abwägung der unterschiedlichen Vorzüge und Nachteile der angebotenen Waren."[285] Ganz geringwertige Produkte werden nicht erwähnt.

Jedoch spricht der Gesetzgeber in seiner Begründung von einer generellen Modernisierung des deutschen Wettbewerbsrechts. Er legt dabei seiner Begründung dem Wortlaut nach ausdrücklich den „durchschnittlich informierten und verständigen Verbraucher", der „weiß dass Kaufleute nichts zu verschenken haben und die Kosten für wertvolle Nebenleistungen durch den Preis der Hauptleistung abdecken",[286] zu Grunde.[287] Dies spricht dafür, daß der Gesetzgeber der Meinung ist, das Leitbild des durchschnittlich informierten und verständigen Verbrauchers müsse generell – und nicht nur situationsabhängig bei nicht ganz geringwertigen Wirtschaftsgütern – zugrunde gelegt werden. Offenbar erfolgt diese Entscheidung des Gesetzgebers im Anschluß an den EuGH, der ja auch auf einen durchschnittlich informierten, verständigen und aufmerksamen Durchschnittsverbraucher

[284] BT-Drs. 14/5594 S. 7, zitiert werden dabei: BGH WRP 99, 90 – Handy für 0,00 DM; BGH WRP 00, 517 – Orient-Teppichmuster; BGH WRP 98, 857 – 1000,- DM Umweltbonus.
[285] BT-Drs. 14/5594 S. 7, vgl. BGH WRP 00, 517 (520) – Orient-Teppichmuster; BGH WRP 98, 857 (859) – 1000,- DM Umweltbonus.
[286] BT-Drs 14/5594 S. 7 unter Berufung auf BGH WRP 99, 90 – Handy für 0,00 DM.
[287] Nordemann NJW 01, 2505 (2506).

abstellt.[288] Zwar wird auch, wie bereits angesprochen, der BGH mit seiner Rechtsprechung zitiert, wonach auch der durchschnittlich informierte Verbraucher nur situationsgebunden einem Kauf seine volle Aufmerksamkeit widmet.[289] Nur aufgrund dieses Zitates auf eine Unanwendbarkeit des Leitbildes des durchschnittlich informierten und verständigen Verbrauchers auf den Kauf geringwertiger Wirtschaftsgüter abzustellen, widerspräche dennoch dem Sinn des Gesetzes. Denn durch das Aufhebungsgesetz wird die gesamte Zugabeverordnung ersatzlos gestrichen, damit sind auch Zugaben beim Kauf geringwertiger Wirtschaftsgüter betroffen.[290] In der Gesetzesbegründung geht die Regierung auf diese Lücke nicht ein. Hätte sie den verständigen und informierten Durchschnittsverbraucher wirklich nur beim Kauf höherwertiger Wirtschaftsgüter zugrunde legen wollen, hätte sie sich auch mit dem Verbraucherbegriff beim Kauf geringwertiger Wirtschaftsgüter explizit auseinandersetzen müssen. Bei dem BGH-Zitat der Bundesregierung handelt es sich daher wohl um einen Hinweis auf den derzeitigen Stand der Rechtsprechung. Dies macht auch Sinn, denn ein Verbraucher der ein höherwertiges Wirtschaftsgut kauft, braucht in der Regel mehr Schutz als ein Verbraucher, der ein geringwertiges Wirtschaftsgut kauft. Würde man dennoch einen höheren Schutzmaßstab für Käufer geringwertiger Wirtschaftsgüter aufstellen, in dem man bei geringwertigeren Wirtschaftsgütern auf das alte Verbraucherleitbild zurückgriffe, würde dies das unterschiedliche Schutzbedürfnis ad absurdum führen. Denn dann wäre der Käufer geringwertiger Wirtschaftsgüter besser geschützt, als derjenige höherwertiger Güter, von dessen Kaufentscheidung eine größere und möglicherweise längerfristige Investition abhängt.

4. Zusammenfassung

Im Rahmen der Gesetzesbegründung stellt der Gesetzgeber bei der Abschaffung der Zugabeverordnung,[291] ohne bezüglich des Werts der Zugabe zu differenzieren, auf die Definition des EuGH vom durchschnittlich informierten, verständigen und aufmerksamen Durchschnittsverbraucher[292] ab. Damit ist dieses Verbraucherleitbild der Behandlung der

---

[288] EuGH Slg. 1995, I-1923 ff (1944 Rn 24) – Mars; EuGH WRP 98, 848 (851) Rn. 37 - „6-Korn-Eier“ - Gut Springenheide; EuGH WRP 99, 307 (310f) Rn. 36 – Sektkellerei Keßler; EuGH WRP 00, 289 (292) Rn. 27, 32 – Lifting-Creme; BGH WRP 00, 517 (519f) – Orient-Teppichmuster; Nordemann NJW 01, 2505 (2506); Seibt GRUR 02, 465; so auch, allerdings ohne Begründung Emmerich 6.A S. 182; Berneke WRP 01, 615 (617); Heermann WRP 01, 855 (860). Dies gilt zumindest für die neuere Rechtsprechung ab Mars, dazu siehe auch Kapitel 4 I 2. Davor war die Definition nicht so bestimmbar, siehe Sack WRP 98, 264 (265).

[289] BGH WRP 00, 517 (519f) – Orient-Teppichmuster; auch Nordemann NJW 01, 2505 (2506) wonach aber der BGH den durchschnittlich informierten und verständigen Verbraucher an sich nur situationsbedingt heranziehe, dagegen spricht aber schon der Wortlaut der zitierten Entscheidung.

[290] Nordemann NJW 01, 2505 (2506).

[291] BT-Drs. 14/5594.

[292] EuGH Slg. 1995, I-1923 ff (1944 Rn 24) – Mars; Sack WRP 98, 264 (265); EuGH WRP 98, 848 (851) Rn. 37 - „6-Korn-Eier“ - Gut Springenheide; EuGH WRP 99, 307 (310f) Rn. 36 – Sektkellerei Keßler; EuGH WRP 00,

Zugabe im Rahmen des UWG zugrunde zu legen. Auch der europäische Gesetzgeber wird in seiner Verordnung zur Verkaufsförderung im Binnenmarkt auf den informierten, aufmerksamen und verständigen Durchschnittsverbraucher abstellen.

Der BGH ist sich bewußt, daß der Gesetzgeber durch die Aufhebung von Zugabeverordnung und Rabattgesetz bewußt von einem „hochgesteckten" an der Rechtsprechung des EuGH orientierten Verbraucherleitbild ausgeht. Er geht daher mittlerweile grundsätzlich von einem aufgeklärten und informierten Durchschnittsverbraucher aus, der selbst Preisvergleiche anstellt und der nicht allzu leicht getäuscht werden kann.[293]
Allerdings hat er sich bisher noch nicht ausdrücklich von seiner bisherigen Differenzierung nach dem Wert des zu erwerbenden Wirtschaftsgutes getrennt. Soweit es sich um geringwertige Gegenstände des täglichen Bedarfs handle, werde die Aufmerksamkeit des Verbraucher eher flüchtig sein. Auch beim ersten Durchblättern von jeglicher Werbung werde seine Aufmerksamkeit flüchtig sein, erst wenn ein Angebot einer nicht völlig geringwertigen Ware das Interesse des Verbrauchers erwecke, werde er die Werbung mit größerer Aufmerksamkeit wahrnehmen. Dann und beim Erwerb nicht ganz geringwertiger Gegenstände ist der Verbraucher nach Auffassung des BGH mit dem durchschnittlich informierten, verständigen und aufmerksamen Durchschnittsverbraucher des EuGH gleichzusetzen. Mögliche Mißverständnisse flüchtiger oder uninteressierter Leser haben dabei zurückzutreten."[294]
Für eine Änderung dieser Rechtsprechung und damit eine weitere Annäherung an das Verbraucherleitbild des EuGH ist bisher nichts ersichtlich, alle neueren Entscheidungen des BGH betreffen höherwertige Konsumgüter, bei denen schon nach der bisherigen neueren Rechtsprechung auf den aufgeklärten und informierten Durchschnittsverbraucher abzustellen war.[295]

Zwischen den Verbraucherleitbildern von BGH und EuGH bestehen daher im Grunde nur Unterschiede beim Kauf geringwertiger Wirtschaftsgüter; eine Differenzierung nach einer

---

289 (292) Rn. 27, 32 – Lifting-Creme; BGH WRP 00, 517 (519f) – Orient-Teppichmuster; Nordemann NJW 01, 2505 (2506), so auch, allerdings ohne Begründung Emmerich 6.A S. 182.

[293] BGH WRP 02, 580 (582) – 5-teiliges Schmuck-Set; BGH WRP 02, 1256 (1258) – Kopplungsangebot I; BGH WRP 02, 1259 (1262) – Kopplungsangebot II; BGH WRP 03, 743 (745) - Gesamtpreisangebot.

[294] BGH WRP 00, 517 (519f) – Orient-Teppichmuster; auch BGH WRP 99, 90 (92) – Handy für 0,00: der durchschnittlich informierte und verständige Verbraucher ist mit dem Marktgeschehen vertraut und weiß daß Kaufleute nichts zu verschenken haben.

[295] BGH WRP 02, 1256 (1258) – Kopplungsangebot I; BGH WRP 02, 1259 (1262) – Kopplungsangebot II; BGH WRP 03, 743 (745) - Gesamtpreisangebot.

unterschiedlichen Aufmerksamkeitshöhe des Verbrauchers abhängig vom Wert der Hauptleistung soll laut EuGH nicht erfolgen.[296]

II. Die Einordnung der Zugabe in die Fallgruppen des § 1 UWG

1. Allgemein

Im Folgenden soll untersucht werden, inwieweit das allgemeine Lauterkeitsrecht, und hier zunächst § 1 UWG, in der Lage ist, die schädlichen Auswirkungen von Zugaben zu erfassen und so den fortwirkenden Schutzzielen der Zugabeverordnung zur Geltung zu verhelfen.
Dabei bedarf, im Rahmen der Generalklausel des § 1 UWG, der unbestimmte Rechtsbegriff der guten Sitten, zu seiner Konkretisierung und zur Vermeidung einer bloßen Aneinanderreihung von Einzeltatbeständen, einer systematischen Einteilung und Ordnung.[297] Hierbei wird im Rahmen der vorliegenden Untersuchung die Einteilung von *Hefermehl* nach Art und Richtung des wettbewerblichen Vorgehens und der dadurch betroffenen Interessen der Mitbewerber, der Marktpartner und der Allgemeinheit zugrundegelegt.[298] Demzufolge sind fünf Fallgruppen zu unterscheiden, Kundenfang, Behinderung, Ausbeutung fremder Leistung, Vorsprung durch Rechtsbruch und Marktstörung.

2. Anlehnung an die Rechtsprechung zu Kopplungsangeboten

Bei Zugaben selbst handelt es sich stets um Wertreklame. Wie bereits oben dargestellt, stellt die Wertreklame keine eigenständige Fallgruppe im Rahmen des § 1 UWG dar, sondern läßt sich in bestehende Fallgruppen einordnen.[299] Zugaben waren bis zum Wegfall der ZugabeVO durch den Formaltatbestand des § 1 ZugabeVO verboten,[300] deshalb hat sich die Rechtsprechung bisher niemals direkt dazu geäußert, unter welchen Voraussetzungen Zugaben unlauter sind, sondern sie nur anhand der Zugabeverordnung untersucht.[301] Zurückzugreifen ist daher auf die allgemeinen Entscheidungen zur Wertreklame, um zu sehen, wie die Zugabe im System des allgemeinen Unlauterkeitsrechts zu behandeln ist,

[296] Auch bei 10 Eiern ist laut EuGH vom durchschnittlich informierten, aufmerksamen und verständigen Durchschnittsverbraucher auszugehen, EugH WRP 98, 848 (850) – 6 Korn Eier. Nicht übersehen werden darf, daß das Leitbild des durchschnittlich informierten, verständigen und aufmerksamen Durchschnittsverbrauchers auch seinen Preis hat. Der am leichtesten irreführende Teil der Verbraucher geht des Schutzes des Lauterkeitsrechts verlustig. Dieses Schutzdefizit wird aber zugunsten einer höheren Flexibilität des Wettbewerbs und mehr Handlungsfreiheit für alle Marktbeteiligten hingenommen. Teilweise findet sich aber ein Korrektiv durch die neuen Vorschriften zum Verbraucherkauf. Siehe auch Köhler GRUR 01, 1067 (1069f).
[297] Kohler S. 24 ff, 104 ff, 235 ff; Köhler/Piper 3.A. Einf. UWG Rn. 164; Baumbach/Hefermehl Einl. UWG Rn. 158.
[298] Dazu Baumbach/Hefermehl Einl. UWG Rn. 158ff, insbes. Rn. 160; Köhler/Piper 3.A. Einf. UWG Rn. 165.
[299] Siehe Kapitel 1 II 1.
[300] Siehe Kapitel 2 II, insb. II 1.
[301] So auch: Abel S. 35 f.

wobei allerdings die fortwirkenden Schutzziele ebenso wie der Wille des Gesetzgebers für die Auslegung Berücksichtigung finden müssen.

In ihrer äußeren Erscheinung steht die Zugabe als Wertreklame dem Kopplungsangebot sehr nahe. Eine Zugabe ist das Angebot einer Ware oder Dienstleistung (Zweitleistung), die ganz oder teilweise ohne besondere Berechnung neben (zusätzlich zu) einer anderen entgeltlich angebotenen Ware oder Dienstleistung (Erstleistung) angeboten wird, um den Absatz der Erstleistung zu fördern, und deren Erwerb rechtlich oder tatsächlich vom Abschluß des Geschäfts über die Erstleistung abhängig ist.[302] Ein Kopplungsangebot liegt dagegen vor, wenn der Verkäufer mehrere Waren zu einem sogenannten Kopplungsangebot zusammenfaßt und diese im Rahmen eines Gesamtangebotes zu einem Gesamtpreis anbietet.[303] Der Unterschied liegt also in der Unentgeltlichen der Vergünstigung. Da aber nach dem Wegfall der Zugabeverordnung alle Fälle, in denen der Kunde zwei Produkte für einen Preis erhält, den gleichen rechtlichen Bestimmungen unterliegen, ist eine Abgrenzung zwischen einem Gesamtangebot mit Gesamtpreis und einer Hauptleistung mit unentgeltlicher Nebenleistung (Zugabe) entbehrlich.[304] Eine Anlehnung an die Rechtsprechung zu Kopplungsangeboten ist daher möglich.[305] Davon geht nun auch der BGH in seiner neusten Rechtsprechung aus, in der er Kopplungsangebote und Zugaben zu einer einheitlichen Fallgruppe zusammenfaßt und nach einheitlichen Gesichtspunkten beurteilt.[306] Im folgenden wird daher zunächst die Rechtsprechung des BGH zu Kopplungsangeboten dargestellt, um dann deren Anwendung auf Zugaben zu prüfen.

III. Kundenfang

1. Preisverschleierung, § 1 UWG

a) Allgemein

Koppelungsgeschäfte sind grundsätzlich erlaubt, egal ob es sich um branchenfremde oder brancheneigene Waren, um gering- oder höherwertige Waren handelt, denn ein Kaufmann kann frei bestimmen, ob er Waren einzeln oder zusammen abgeben will. Es verstößt nicht gegen die Grundsätze des Leistungswettbewerbes, wenn die Qualität und Preiswürdigkeit

[302] Dazu im einzelnen siehe Kapitel 1 I 2 – 4.

[303] Köhler/Piper 2.A. § 1 UWG Rn 228; Baumbach/Hefermehl § 1 UWG Rn. 127 ff; Steinbeck ZIP 01, 1741 (1743); Gloy/Klosterfelde/Jaeger-Lenz § 50 Rn. 123; Pluskat WRP 02, 1381 (1383); genauer Kapitel 1 II 2.

[304] Steinbeck ZIP 01, 1741 (1743); Köhler BB 01, 1589, siehe auch Kapitel 1 I 2 b).

[305] So im Ergebnis auch Lange/Spätgens Rn. 428.

[306] So jetzt BGH WRP 02, 1256 (1258) – Kopplungsangebot I; BGH WRP 02, 1259 (1262) – Kopplungsangebot II.

eines Angebotes durch ein attraktives Kombinationsangebot verbessert werden soll.[307] Darüber hinaus ist eine Werbemethode nicht schon deswegen wettbewerbswidrig, weil sie den Kunden mit anderen Mitteln als Güte und Preiswürdigkeit zum Kauf zu bewegen sucht.[308]

B) OFFENE KOPPLUNGSANGEBOTE

Offene Kopplungsangebote waren nach der bisherigen Rechtsprechung unter dem Gesichtspunkt der Preisverschleierung grundsätzlich nicht sittenwidrig im Sinne von § 1 UWG, wenn mehrere Waren, die zwar branchenfremd sein konnten, aber dennoch eine gewisse Gebrauchsnähe aufwiesen, unter Angabe richtig kalkulierter Einzelpreise zu einem Gesamtpreis angeboten wurden, der der Summe der Einzelpreise entsprach.[309] Hier wird im Gegensatz zur Zugabe auch nicht der Eindruck der Unentgeltlichkeit der zweiten Ware erweckt. Für eine Sittenwidrigkeit mußten im Einzelfall besondere negative Momente hinzukommen. Dies konnte der Fall sein, wenn aus verschiedenen Branchen stammende Waren, die keine oder nur schwache Gebrauchsnähe aufwiesen, gekoppelt unter Angabe der Einzelpreise angeboten wurden. Unter Umständen konnte dann ein Vorspannangebot vorliegen, so daß übertriebenes Anlocken in Betracht kam.[310] In seiner neusten Rechtsprechung stellt der BGH ausdrücklich nicht mehr auf das Vorliegen eines Funktionszusammenhangs ab, ausgehend vom aufgeklärten und informierten Durchschnittsverbraucher sollen offene Kopplungsangebote nunmehr grundsätzlich zulässig sein.[311]

C) VERDECKTE KOPPLUNGSANGEBOTE

Bei verdeckten Kopplungsangeboten werden mehrere Waren oder Dienstleistungen zu einem Gesamtpreis angeboten, ohne daß die Einzelpreise für den Kunden ersichtlich sind. Ein solches Vorgehen war früher unter dem Gesichtspunkt der Preisverschleierung bedenklich. Meist wurde ein unlauteres Handeln angenommen, wenn branchenverschiedene Waren oder Leistungen von unterschiedlicher Art oder Beschaffenheit gekoppelt zu einem Gesamtpreis angeboten wurden, und es für den Kunden ohne Kenntnis der Einzelpreise nicht möglich war,

---

[307] BGH GRUR 96, 363 - Saustarke Angebote; BGH WRP 03, 743 (733) – Gesamtpreisangebot; Baumbach/Hefermehl § 1 UWG Rn 127; Steinbeck ZIP 01, 1741 (1743); Köhler BB 01, 265 (269); Berneke WRP 01, 615 (617).

[308] BGH GRUR 96, 363 - Saustarke Angebote; BGH GRUR 62, 415 (417) Glockenpackung; Köhler/Piper 3.A. § 1 UWG Rn. 227; Baumbach/Hefermehl § 1 UWG Rn. 127 mwN.

[309] BGH GRUR 62, 415 – Glockenpackung I; Köhler/Piper 3.A. § 1 UWG Rn. 228; Baumbach/Hefermehl § 1 UWG Rn. 130; Pluskat WRP 02, 1381 (1383); Beater Wettbewerbsrecht § 16 Rn. 69.

[310] Baumbach/Hefermehl § 1 UWG Rn. 131.

[311] BGH WRP 02, 1256 (1258) – Kopplungsangebot I; BGH WRP 02, 1259 (1261 f) – Kopplungsangebot II.

den Wert des Gesamtangebotes auch nur annähernd zu schätzen.[312] Denn dann sei es für den Kunden nicht mehr möglich, die Preiswürdigkeit des Angebotes durch einen Vergleich des Preises mit denen der Mitbewerber zu ermitteln. Zusätzlich bestünde die Gefahr, daß der Kunde, da er nur einen Preis bezahlt, zu der Annahme verleitet werde, das Gesamtangebot sei besonders preisgünstig.[313]

In jedem Fall ist die Annahme der Wettbewerbswidrigkeit der verdeckten Kopplung nur nach einer Einzelfallprüfung unter Beachtung der besonderen Umstände des konkreten Falles möglich.[314] Die Annahme einer sachfremden Ware oder Dienstleistung wird dabei nach der neueren BGH-Rechtsprechung großzügig gesehen, auch bei einer Kühltruhe und einer Schweinehälfte soll noch ein Sachzusammenhang bestehen.[315] Je größer der Sachzusammenhang[316] ist, desto geringer sind die Anforderungen an die Preistransparenz.[317] In seinen neusten Entscheidungen geht der BGH hierbei noch einen Schritt weiter und verabschiedet sich auch bei verdeckten Kopplungsangeboten ausdrücklich vom Kriterium des Funktionszusammenhangs. Der Kaufmann soll frei und ohne Rücksicht darauf, ob ein Funktionszusammenhang zwischen den Waren und Dienstleistungen besteht, entscheiden, ob er Waren oder Dienstleistungen zusammen zu einem einheitlichen Preis anbietet.[318]

Desweiteren hat der BGH festgestellt, daß es ausreichend ist, wenn die angesprochenen Verkehrskreise zumindest nach längerem Suchen in der Lage sind, den Preis der einzelnen Waren zu ermitteln. Der Anbieter soll dann keine Pflicht zur Preisangabe haben, wenn der Preis für den Kunden unschwer zu ermitteln ist.[319] Es ist Sache des Verbrauchers selbst, Preisvergleiche anzustellen und sich Gedanken über die Preiswürdigkeit des Angebots zu machen. Zumindest anhand des angegebenen Gesamtpreises sollen solche Vergleiche daher

---

312 BGH GRUR 71, 582 (584) – Kopplung im Kaffeehandel; Baumbach/Hefermehl § 1 UWG Rn. 128; Steinbeck ZIP 01, 1741 (1742); Köhler/Piper 3.A. § 1 UWG Rn. 228; Pluskat WRP 02, 1381 (1383); Berlit WRP 01, 349 (351).

313 Baumbach/Hefermehl § 1 UWG Rn. 128; Steinbeck ZIP 01, 1741 (1742); Köhler/Piper 3.A. § 1 UWG Rn. 229.

314 Steinbeck ZIP 01, 1741 (1743); Baumbach/Hefermehl § 1 UWG Rn. 128; Berlit WRP 01, 349 (351).

315 BGH WRP 96, 286 – Saustarke Angebote; Berlit WRP 01, 349 (351); Baumbach/Hefermehl § 1 UWG Rn. 128.

316 auch: Gebrauchszusammenhang.

317 OLG Hamm GRUR 88, 553 – Video-Kopplungsangebot für einen Gesamtpreis aus Videorekorder und Fernseher, Bottenschein S. 49; Baumbach/Hefermehl § 1 UWG Rn. 128; Beater Wettbewerbsrecht § 16 Rn 70f.

318 BGH WRP 03, 743 (744) – Gesamtpreisangebot, siehe auch BGH WRP 02, 1256 (1258) – Kopplungsangebot I; BGH WRP 02, 1259 (1261 f) – Kopplungsangebot II.

319 BGH WRP 96, 286 – Saustarke Angebote; Berlit WRP 01, 349 (351); Baumbach/Hefermehl § 1 UWG Rn. 128.

immer möglich sein.[320] Entsprechend dem Grundsatz der gewerblichen Handlungsfreiheit (Artt. 2 Abs 1, 12 Abs. 1 GG) ist es dem Kaufmann nicht verwehrt, seine Produkte einzeln oder zusammen im Gebinde, mit oder ohne Einzelpreisangabe anzubieten.[321] Einschränkungen sind nur zu machen, soweit sie zum Schutz des Verbrauchers vor unlauterer Beeinflussung oder Preisverschleierung im Einzelfall nötig sind.[322]

D) PREISVERSCHLEIERUNG DURCH ZUGABEN

Auch bei der Gewährung von Zugaben muß nach dem Wegfall des Formaltatbestandes die Gefahr der Preisverschleierung im Einzelfall konkret festgestellt werden.[323] Wie bei den offenen Kopplungsangeboten ist in Anlehnung an die Rechtsprechung zunächst eine Sittenwidrigkeit zu verneinen, wenn der Kunde den Wert des Angebots aus Zugabe und Hauptleistung realistisch einschätzen kann, weil er den Wert der Einzelleistungen kennt.[324] Denn ein Kunde, der über alle Preise informiert ist, kann nicht über den Wert der Zugabe getäuscht werden. Solange also der Anbieter den Wert der Zugabe offen angibt, kann der Kunde durch eine einfache Subtraktion feststellen, wieviel er tatsächlich für die Erstleistung zahlt.

Auch wenn der Preis nicht angegeben ist, könnte man unter Zugrundelegung des Leitbildes des durchschnittlich informierten, verständigen und aufmerksamen Durchschnittsverbrauchers davon ausgehen, daß der Kunde meist in der Lage ist, den Preis der Zugabe leicht zu ermitteln.[325] Nach der bisherigen Rechtsprechung des BGH zu verdeckten Kopplungsangeboten wäre dies ausreichend.[326]

Unter Beachtung der Wertung des Gesetzgebers, die er durch die ersatzlose Streichung der Zugabeverordnung getroffen hat, muß man sogar davon ausgehen, daß sogar eine ausdrückliche Bezeichnung einer Zugabe als unentgeltlich zulässig ist. Denn, so der Gesetzgeber, der durchschnittlich informierte und verständigen Verbraucher „weiß dass

---

[320] BGH WRP 03, 743 (745) – Gesamtpreisangebot.

[321] BGH WRP 03, 743 (744) – Gesamtpreisangebot; BGH WRP 02, 1256 (1258) – Kopplungsangebot I; BGH WRP 02, 1259 (1261 f) – Kopplungsangebot II; OLG Karlsruhe WRP 01, 1238 (1240) – „Jetzt schlägt's PUNTO!"; Pluskat WRP 01, 1262 (1263).

[322] BGH WRP 03, 743 (745) – Gesamtpreisangebot; BGH WRP 02, 1256 (1258) – Kopplungsangebot I; BGH WRP 02, 1259 (1262) – Kopplungsangebot II.

[323] Kapitel 3 I 1.

[324] Steinbeck ZIP 01, 1741 (1744).

[325] Zum Verbraucherleitbild siehe Kapitel 3 II 1, auch Berneke WRP 01, 615 (617 f).

[326] S.o. Kapitel 4 III 1 c); BGH GRUR 67, 530 (532) – Fahrschule; BGH GRUR 91, 468 (469) – Preisgarantie II; BGH GRUR 94, 57 (58) – Geld zurück Garantie; BGH GRUR 96, 363 (363 f) – Saustarke Angebote; Steinbeck ZIP 01,1741 (1744); Baumbach/Hefermehl § 1 UWG Rn. 128; Köhler/Piper 2.A. § 1 UWG Rn. 229.

Kaufleute nichts zu verschenken haben und die Kosten für wertvolle Nebenleistungen durch den Preis der Hauptleistung abdecken".[327]

An das Verhalten des Unternehmers stellte der BGH bei Kopplungsangeboten dabei keine weiteren Anforderungen, aus dem Gesamtzusammenhang ergibt sich dabei jedoch, daß dieser sein Angebot transparent gestalten sollte.[328] Um so mehr ist davon nach der neusten Rechtsprechung des BGH auszugehen, in der er Kopplungsangebote, Vorspannangebote und Zugaben zu einer gemeinsamen Fallgruppe zusammenfaßt und von all diesen Angeboten verlangt, daß sie transparent zu sein haben. Obwohl Kopplungsangebote Ausdruck eines gesunden Wettbewerbs sind, wird durch sie eine Heterogenität des Angebots gefördert, die nicht nur den Preisvergleich des Verbrauchers erschwert, sondern darüber hinaus ein gewisses Irreführungs- und Preisverschleierungspotential birgt.[329] Daher muß der Unternehmer zumindest die wertqualifizierenden Merkmale der Zweitleistung in einer für den Kunden sichtbaren Weise nennen, um einen Vergleich zu erleichtern.[330] Dies können z.B. Typ- und Herstellerangabe sein, sowie der Hinweis darauf, daß es sich um ein Auslaufmodell handelt. Je höherwertiger die Zweitleistung ist, desto genauer wird die Angabe sein müssen, als Beispiel sei die Auslobung von Schmuck als Zweitleistung genannt. Um hier mit Konkurrenzangeboten vergleichen zu können, wird den Verbraucher etwa interessieren, ob es sich um echten oder um Modeschmuck handelt, ob der Schmuck vergoldet oder aus Gold ist etc.

E) Gewährleistung eines ausreichenden Schutzes des Verbrauchers vor Preisverschleierung

aa) Angabe wertqualifizierender Merkmale

Bei Anwendung der Rechtsprechung des BGH zu verdeckten Kopplungsangeboten auf Zugaben ist also zumindest die Angabe wertqualifizierender Merkmale der Zugabe zur Vermeidung einer Preisverschleierung notwendig. Fraglich ist, wie dazu diese Angabe der wertqualifizierenden Merkmale der Zugabe ausgestaltet sein muß. Wenn der Unternehmer ohnehin mit einer konkret bezeichneten und abgebildeten Zugabe wirbt ist dies ausreichend, da sich mit diesen Angaben der Wert der Zugabe leicht ermitteln läßt. Für den Fall, daß dies nicht geschieht, sind hier die Mindestanforderungen darzustellen.

---

[327] BT-Drs 14/5594 S. 7 unter Berufung auf BGH WRP 99, 90 – Handy für 0,00 DM.

[328] Steinbeck ZIP 01, 1741 (1744).

[329] BGH WRP 02, 1256 (1258) – Kopplungsangebot I; BGH WRP 02, 1259 (1262) – Kopplungsangebot II.

[330] BGH WRP 02, 1256 (1258f) – Kopplungsangebot I; BGH WRP 02, 1259 (1262) – Kopplungsangebot II; beide Male unter Hinweis auf Köhler GRUR 01, 1067 (1071 ff), im Gegensatz zu diesem eine allgemeine Wertangabepflicht jedoch ablehnend; Steinbeck ZIP 01, 1741 (1744).

Dabei wird man von den Gründen ausgehen müssen, aus denen der Verbraucher die Information über die Zugabe benötigt. Nach *Köhler* sollen dies Folgende sein: Erstens um einen Vergleich mit den Konkurrenzangeboten vornehmen zu können; zweitens um prüfen zu können, ob bei dem Verbraucher überhaupt ein Bedarf nach der Ware oder Leistung besteht; und drittens, um Klarheit zu haben welche bürgerlichrechtlichen Ansprüche (Ersatzlieferung, Rücktritt vom ganzen Vertrag) ihm zustehen, wenn das Zugabeversprechen nicht oder nur mangelhaft erfüllt wurde.[331] Man wird wohl annehmen müssen, daß für einen Vergleich zumindest eine Bezeichnung des Gegenstandes nötig ist, die so genau ist, daß der Kunde ohne Probleme einen Vergleich mit den Angeboten der Konkurrenz anstellen, oder feststellen kann, wieviel ihm eine der Zugabe vergleichbare Leistung etwa wert ist. Eine bloße Wertangabe ohne nähere Spezifizierung des Gegenstandes (z.B. ein Haushaltsgegenstand im Wert von 20 DM beim Kauf einer Kaffeemaschine) ist dabei auf jeden Fall unzureichend.[332]
Diese Informationspflicht kann nicht uneingeschränkt bestehen, sie ist durch den Grundsatz der Verhältnismäßigkeit einzuschränken. Nach *Köhler* soll sie dann nicht bestehen, wenn die Zugabe angesichts ihrer Geringfügigkeit für die Nachfrageentscheidung nicht wesentlich ist oder die Eigenschaften für den Verbraucher evident sind. Ansonsten sei auf die Umstände des Einzelfalles abzustellen.[333] Auch der BGH will jede Angabenpflicht aus §§ 1 und 3 UWG auf die Fälle beschränken, in denen andernfalls die Gefahr einer unlauteren Beeinflussung der Verbraucher über den tatsächlichen Wert des Angebots, insbesondere über den Wert einer angegebenen Zusatzleistung gegeben ist.[334]

Dem ist zuzustimmen. Eine pauschale Abgrenzung erscheint hier nicht möglich. Ausgehend vom Sinn der Angabe der wertqualifizierenden Merkmale ist eine Angabe soweit und so genau zu verlangen, daß der Verbraucher eine ausreichende „Datenbasis" für seinen anzustellenden Vergleich hat. Geringwertige Zugaben, die vor Aufhebung der Zugabeverordnung unter die Ausnahme des § 1 Abs. 2 a) ZugabeVO fielen, sind dabei als unterste Schwelle der Geringfügigkeit anzusehen, d.h. geringwertige Zugaben, die schon nach der Zugabeverordnung zulässig waren, sind nun ohne weitere Angaben zulässig.
Im übrigen muß die Informationspflicht des Unternehmers um so weiter gehen, je wertvoller und anziehender ein Gegenstand ist, d.h. je eher er geeignet ist, den Verkaufsentschluß eines Durchschnittsverbrauchers zu beeinflussen. Dies kann bis zur genauen Typbezeichnung

---

[331] Köhler GRUR 01, 1067 (1072); zu den einzelnen Rechten des Verbrauchers Köhler BB 01, 1589.
[332] Köhler GRUR 01, 1067 (1072).
[333] Köhler GRUR 01, 1067 (1072 f).
[334] BGH WRP 03, 743 (745) – Gesamtpreisangebot; vgl. BGH WRP 02, 1256 (1259) – Kopplungsangebot I, dort aber nur auf den Wert bezogen.

gehen, was man auf jeden Fall bei sehr wertvollen Zugaben annehmen muß. Als Beispiel sei hier etwa die Zugabe eines Kleinwagens zu einem Luxuswagen genannt.[335] Hier ist der genaue Typ des Wagens anzugeben, inklusive eventueller besonderer Ausstattungsmerkmale. Es gibt aber auch Fälle in denen es keinen Markt im herkömmlichen Sinne für die Zweitleistung gibt, wenn die Zugabe z.B. in einem Umtausch- oder Rückgaberecht besteht. Alleine die Probleme die sich hier bei der Wertermittlung ergeben, können die Zugabe nicht unzulässig machen. Es müssen alle Voraussetzungen für die Inanspruchnahme der Leistung und der Leistungsumfang konkret beschrieben werden, so daß der Kunde wenigstens für sich entscheiden kann, wieviel ihm die angebotene Leistung wert ist.[336]

bb) Wertangabe

Fraglich ist, ob diese Pflicht zur Angabe wertqualifizierender Merkmale zur Gewährleistung eines ausreichenden Schutzes vor Preisverschleierung bei Zugaben ausreicht, oder ob zusätzlich eine Wertangabe zu verlangen ist.

Der BGH lehnt bei Kopplungsangeboten eine pauschale Preisangabepflicht ab und will dem Verbraucher im Einzelfall die Preisermittlungspflicht auferlegen. Eine solche Angabepflicht könne weder der Generalklausel des § 1 UWG noch dem Irreführungsverbot entnommen werden, sie zu begründen wäre dem Gesetzgeber vorbehalten.[337] Eine Pflicht des Anbieters zur Preisangabe soll da nicht bestehen, wo der Verbraucher den Preis unschwer ermitteln kann. Unschwer muß in diesem Zusammenhang mit geringem Zeitaufwand und unter geringen Ressourceneinsatz heißen.[338] Wenn sich die Preisermittlung im Grunde mit einem Anruf erledigen läßt, wird man dabei von einer zumutbaren Belastung der Verbraucher

[335] Beispiel von Heermann WRP 01, 855 (663).

[336] Steinbeck ZIP 01, 1741 (1744); weitergehend Heermann WRP 99, 130 (137), der meint, Preisverschleierungen seien hinzunehmen, soweit die Angabe von Einzelpreisen unüblich sei, denn seit jeher sei den Verbrauchern zugemutet worden, komplexe einheitliche Gesamtangebote, wie etwa Kraftfahrzeuge (Sondermodelle mit umfangreicher Zusatzausstattung), Einbauküchen mit Einbaugeräten oder Fertighäuser auch ohne Aufschlüsselung der Kalkulationsposten mit Angeboten anderer Wettbewerber zu vergleichen. Bei den von Heermann zitierten Beispielen handelt es sich aber sämtlich um Dinge, die der Verkehr als einheitliche Sache sieht. Bei diesen ist sicher eine genaue Aufschlüsselung entbehrlich, dagegen geht es in BGH GRUR 96, 363 – Saustarke Angebote aber um zwei unterschiedliche Waren, die der Verkehr auch als getrennte Sachen Ansieht (Schweinehälfte und Kühltruhe).

[337] BGH WRP 02, 580 (582) – 5-teiliges Schmuck-Set; BGH WRP 03, 743 (745) – Gesamtpreisangebot; BGH WRP 02, 1256 (1258 f.) – Kopplungsangebot I; BGH WRP 02, 1259 (1262) – Kopplungsangebot II.

[338] BGH GRUR 96, 363 (365) – Saustarke Angebote stellt darauf ab, daß auch die Schweinehälfte ein standardisierter Artikel ist, deren Wert unschwer durch Nachfragen bei der in der Werbung angegebenen Fleischerabteilung oder sonst bei Schlachtern in B. zu ermitteln sei. Dies führt in diesem Fall nicht zu einer unzumutbaren Belastung der Dritten, da die meisten Verbraucher wohl bei der Fleischtheke des in der Werbung angegebenen Großmarkts anrufen werden, dieser aber einen Vertrag mit dem M.-Markt hat und daher nicht unzumutbar belastet wird.

sprechen können. Allerdings geht der BGH immer dort von einer Preisangabepflicht aus dem Transparenzgebot der §§ 1 und 3 UWG aus, wo die Gefahr besteht, daß der Verbraucher über den Wert des tatsächlichen Angebots oder über den Wert der angebotenen Zusatzleistung getäuscht oder sonst unzureichend informiert wird.[339] Darüber hinaus habe das UWG aber nicht den Zweck, unabhängig vom Schutz der Verbraucher vor unlauterer Beeinflussung und über die für Preisangaben geltenden Vorschriften hinaus die Gewerbetreibenden anzuhalten, in der Werbung die Elemente ihrer Preisbemessung nachvollziehbar darzustellen, um Preisvergleiche zu erleichtern.[340] Auf Zugaben übertragen würde diese Rechtsprechung bedeuten, daß immer dort eine Wertangabepflicht bestünde, wo bei vergleichbaren Kopplungsangeboten der Preis anzugeben ist. Denn die Angabe eines Preises widerspricht dem Wesen der Zugabe, die kostenlos ist und damit gerade keinen Preis hat.

Köhler dagegen will weitergehend zur Verhinderung einer Preisverschleierung eine Wertangabe verlangen,[341] die uneingeschränkte Anwendung der Rechtsprechung des BGH zu Kopplungsangeboten[342] sei abzulehnen. Denn die Rechtsprechung des BGH erschwere durch die Pflicht des Verbrauchers zur Wertermittlung der Zugabe den Vergleich mit Konkurrenzangeboten. Außerdem begünstige sie Schwindelangebote, da ein Teil der Verbraucher keine Erkundigungen einziehen werde. Zusätzlich würden dem Verbraucher hier Informationsbeschaffungskosten auferlegt, die entsprechende Kosten der Wertangabe in der Werbung der Anbieters übersteigen würden.[343] Überdies würde bei einer Wertangabepflicht der Streit umgangen, inwieweit eine Wertermittlung für den Verbraucher hier unzumutbar sei.[344]

Statt dessen sei eine Pflicht zur Angabe des Wertes der Zugabe nötig, da auch der verständige Durchschnittsverbraucher oft den Wert einer Zugabe nicht kenne und er oft weit kostbarer dargestellt werde als er in Wirklichkeit sei.[345] Auch gebe es bei den einzelnen Waren große

[339] BGH WRP 03, 743 (745) – Gesamtpreisangebot; BGH WRP 02, 1256 (1258 f.) – Kopplungsangebot I; BGH WRP 02, 1259 (1262) – Kopplungsangebot II.
[340] BGH WRP 03, 743 (745) – Gesamtpreisangebot.
[341] Köhler GRUR 01,1067 (1071).
[342] Köhler bezog diese Aussage auf die Entscheidung BGH GRUR 96, 363 – Saustarke Angebote, in Anbetracht der neueren Rechtsprechung des BGH behält sie aber ihre Gültigkeit (vgl. BGH WRP 03, 743 (745) – Gesamtpreisangebot; BGH WRP 02, 1256 (1258 f.) – Kopplungsangebot I; BGH WRP 02, 1259 (1262) – Kopplungsangebot II) .
[343] Zusätzlich könnte dies dazu führen daß, bezogen auf BGH GRUR 96, 363 (365) – Saustarke Angebote, Hunderte von Kunden bei den „Schlachtern in Bielefeld" nach dem Wert einer Schweinehälfte fragen würden, so daß diese Dritten belästigt würden. Köhler GRUR 01, 1067 (1072).
[344] Köhler GUR 01, 1067 (1072).
[345] Köhler GRUR 01, 1067 (1071); auf die Unkenntnis des Verbrauchers hinweisend, aber ohne eine Wertangabe zu verlangen: Berneke WRP 01, 615 (621); Henning-Bodewig WRP 00, 886 (888).

Qualitäts- und entsprechend Wertunterschiede.[346] Solche Irreführungs- und Preisverschleierungspotentiale würden durch die Angabe des Wertes gegenüber dem Verbraucher ausgeschaltet. Vom Werbenden sei daher grundsätzlich zu verlangen, daß er den Wert der Zugabe in seiner Werbung in einem Geldbetrag angibt. Unter dem Wert versteht *Köhler* dabei den Marktwert oder objektiven Wert der Sache im Sinne des Handelsüblichen Endverbraucherpreises.[347] Diese Wertangabepflicht soll aber durch den Grundsatz der Verhältnismäßigkeit beschränkt werden. Eine Wertangabe soll dort entbehrlich sein, wo nach der alten Zugabeverordnung zulässige Zugaben vorlagen, der Wert der Zugabe für den Verbraucher evident ist wie etwa bei Grundnahrungsmitteln, oder wenn der Wert der Zugabe in einem mehr an Hauptleistung besteht.[348]

Zu beachten ist dabei, daß es einen fundamentalen Unterschied zwischen den Auffassungen des BGH und der *Köhlers* gibt. Der BGH geht bei geringwertigen Verbrauchsgütern davon aus, daß auch der informierte Durchschnittsverbraucher flüchtig und unkritisch ist.[349] Bei der Frage, welche Informationspflichten im einzelnen zu erfüllen sind, betrachtet der BGH daher im Grunde zwei verschiedene Verbraucher. Deshalb kann er es sich leisten, nach dem Vorliegen einer Täuschungsgefahr zu differenzieren und bei höherwertigen Gütern nur die Angabe wertqualifizierender Merkmale zu verlangen, [350] da er hier wirklich nur die Interessen von aufmerksamen und vergleichenden Verbrauchern berücksichtigen muß. Bei geringwertigen Verbrauchsgütern wird danach ein höheres Schutzniveau anzusetzen sein, da ein flüchtig und unkritisch handelnder Verbraucher leichter zu täuschen sein wird. Zwar hat dies der BGH in neuerer Zeit nicht entschieden, doch würde er bei geringwertigen Verbrauchsgütern wahrscheinlich eine Wertangabe verlangen.

Köhler dagegen lehnt die Beschränkung auf die Angabe wertqualifizierender Merkmale auch deshalb ab, weil er von dem einheitlichen Verbraucherbegriff des EuGH ausgeht, ohne zwischen verschiedenen Aufmerksamkeitsstadien des Durchschnittsverbrauchers zu differenzieren.[351] Er muß daher, im Gegensatz zum BGH die unterschiedliche Aufmerksamkeitshöhe des Durchschnittsverbrauchers anderweitig berücksichtigen. Um auch

---

[346] Köhler GRUR 01, 1067 (1071); Kisseler (Anm zu BGH, LM PAngV Nr. 28 –Handy für 0 DM) für das Beispiel Mobiltelefone.

[347] Köhler GRUR 01, 1067 (1071).

[348] Köhler GRUR 01, 1067 (1071), zur Begründung auch siehe Kapitel 4 III 1 e) aa).

[349] BGH WRP 00, 518 (520) – Orient-Teppichmuster.

[350] BGH GRUR 96, 363 (364 f) – Saustarke Angebote; BGH WRP 02, 1256 (1258 f.) – Kopplungsangebot I; BGH WRP 02, 1259 (1262) – Kopplungsangebot II; so auch Steinbeck WRP 00, 1741 (1744).

[351] Köhler GRUR 01, 1067 (1069) und dort Fn. 29 spricht vom „durchschnittlich informierten, verständigen und aufmerksamen Durchschnittsverbraucher“ und legt dabei den Verbraucherbegriff des EuGH zugrunde, der ebenfalls nicht differenziert. Zum Verbraucherbegriff des EuGH auch Kapitel 4 I 2 .

die flüchtigen Phasen des ansonsten aufmerksamen Durchschnittsverbrauchers zu erfassen[352], ist eine Wertangabe nötig. Denn auch der durchschnittlich aufgeklärte und informierte Verbraucher, von dem nach dem Willen des Gesetzgebers hier auszugehen ist,[353] stellt in unaufmerksamen Phasen keine Vergleiche an. Soweit er aber Preise vergleicht und Angebote nicht nur flüchtig prüft, ist bei weitem weniger anfällig für Täuschungen als der flüchtige Verbraucher. Das erforderliche Schutzniveau ist daran auszurichten, wieviel Schutz dieser „neue“ Verbraucher benötigt. Erkennt man eine mögliche schwankende Aufmerksamkeit des Verbrauchers an, berücksichtigt diese aber nicht in der Verbraucherdefinition, so ist die Aufmerksamkeitshöhe folgerichtig bei dem erforderlichen Schutzniveau, um eine Täuschung zu vermeiden, zu berücksichtigen.

Weil auch *Köhler* die Preisangabepflicht durch den Grundsatz der Verhältnismäßigkeit beschränken will[354], unterscheidet sich seine Ansicht nur insoweit von der Rechtsprechung des BGH, als der Verbraucher den Wert der Zugabe nicht kennt, ihn aber unschwer ermitteln kann. Soweit der Verbraucher den Wert der Zugabe nicht, oder nur unter Schwierigkeiten ermitteln kann, verlangt auch der BGH aus dem Transparenzgebot eine Wertangabe, da dann eine Täuschungs- bzw. Preisverschleierungsgefahr besteht.[355]
Köhler geht dagegen dann von einem möglichen Verzicht auf eine Preisangabepflicht aus, wenn dadurch der Verbraucher nicht unzumutbar beeinträchtigt wird. Dies ist der Fall bei den schon bisher erlaubten geringwertigen Zugaben, zum einen, um eine Verschärfung der Rechtslage zu vermeiden, zum anderen, da durch solche geringwertige Zugaben keine nennenswerte Beeinflussung des verständigen Durchschnittsverbrauchers zu erwarten ist. Weiterhin soll eine Wertangabe bei Evidenz des Wertes der Zugabe entbehrlich sein, wenn die Kenntnis der Wertes durch den Verbraucher vom Werbenden als bekannt vorausgesetzt werden kann. Bei Artikeln des täglichen Bedarfs wie etwa Grundnahrungsmitteln könne von einer solchen Preiskenntnis ausgegangen werden. Schließlich soll eine Preisangabe dann entbehrlich sein, wenn die Zugabe in einem mehr an Hauptleistung besteht, so daß der

[352] Eine mögliche Differenzierung nach situationsbedingter Aufmerksamkeit erkennt auch der EuGH an, wenn er sie auch selbst nicht vornimmt, siehe Kapitel 4 I 2.
[353] BT-Drs. 14/5594 S. 7; auch siehe oben Kapitel 4 I 3.
[354] Siehe oben, auch Köhler GRUR 01, 1067 (1071 f).
[355] BGH GRUR 96, 393 (395) – Saustarke Angebote, wonach der BGH nur keine Preisangabe verlangt weil es sich bei der Schweinehälfte um einen marktgängigen und standardisierten Artikel handelt; BGH GRUR 67, 530 (532) – Fahrschule; auch Baumbach/Hefermehl § 1 UWG Rn. 128; BGH WRP 02, 1256 (1258 f.) – Kopplungsangebot I; BGH WRP 02, 1259 (1262) – Kopplungsangebot II.

Verbraucher durch eine einfache Rechenleistung den Wert der Zugabe feststellen kann („vier zum Preis von drei").[356]

Im Grunde ist darin eine weitere Einschränkung gegenüber der Rechtsprechung des BGH zu sehen. Der Unterschied zwischen beiden Ansichten betrifft gängige Artikel, die keine Waren des täglichen Bedarfs sind, aber regelmäßig im Handel erworben werden können. Auch bei ihnen ist *Köhler* zufolge eine Preisangabe notwendig.

Die Ansicht *Köhlers* verdient den Vorzug, da sich zwar Zugaben im Grunde nicht von Gesamtangeboten unterscheiden, bei ersteren aber explizit mit der Kostenfreiheit der Zugabe geworben wird, so daß sich unter Umständen eine erhöhte Anlockwirkung ergibt. Zusammen mit dem beiden Ansichten zugrundeliegenden unterschiedlichen Verbraucherbegriff, rechtfertigt dieser Unterschied eine Verschärfung der Anforderungen an die Anbieter. Auch wenn der Verbraucher weiß, daß es sich bei der Zugabe mitnichten um ein Geschenk des Anbieters handelt, wird er dennoch eher geneigt sein, auf tiefergehende Nachforschungen zu verzichten. Da eine Wertangabe dem Händler auch leicht möglich ist und kaum Mehrkosten verursachen wird, dem Verbraucher dadurch der Vergleich allerdings sehr erleichtert wird, bzw. der Verbraucher dadurch oft überhaupt erst einen Vergleich anstellen wird, ist aufgrund einer Interessenabwägung auf einer Wertangabe zu bestehen.

Vor allem ist in diesem Zusammenhang aber zu beachten, daß der Bundesgesetzgeber vom europäischen Verbraucherleitbild ausgeht.[357] Wie gerade dargestellt, führt ein nicht differenzierender Verbraucherbegriff, der auch die Käufer geringwertiger Verbrauchsgüter schützen soll, zwangsläufig zu einem höheren Schutzniveau auch bei Käufern höherwertiger Güter. Würde man den Verbraucherbegriff des EuGH auch auf die bisherige Rechtsprechung des BGH zu Gesamtangeboten anwenden, so müßte man auch hier stets eine Wertangabe verlangen, es sei denn, es handelt sich um Fälle, in denen der Wert bekannt oder offensichtlich ist.

Damit ergeben sich unter Zugrundelegung des Verbraucherleitbildes des EuGH keine Unterschiede mehr zwischen der Rechtsprechung des BGH und der Ansicht *Köhlers*, da diese konsequent die Änderung des Verbraucherbegriffs vorwegnimmt, und wie der BGH nur dort eine Preisangabe verlangt, wo sie zur Vermeidung einer Täuschung des Verbrauchers nötig ist. Daher geht die Kritik des BGH, der meint, die Ansicht *Köhlers* sei abzulehnen, da eine

---

[356] Köhler GRUR 01, 1067 (1071).

[357] Kapitel 4 I 3.

generelle Pflicht zur Preisangabe sich nicht aus den §§ 1 und 3 UWG ableiten lasse,[358] ins Leere.

Gegen diese Pflicht zur Wertangabe ließe sich einwenden, daß der Wert sich nicht immer exakt angeben läßt. Dem ist schon aus praktischen Erwägungen zu widersprechen. Zwar ist die Angabe eines neutralen Preises mit Schwierigkeiten verbunden, weil unklar ist, wie ein solcher zu bestimmen sein soll. Jedoch ist auch unter Beachtung der Schwierigkeiten der Preisbestimmung festzustellen, daß der Verbraucher irgendeine Basis braucht, um darauf seinen Vergleich aufzubauen. Ausgehend davon, daß Leistungswettbewerb vor allem auch Preiswettbewerb bedeutet,[359] ist daher auch eine nicht absolut neutrale Wertangabe besser als keine. Wie genau die Wertangabe erfolgen soll, wird in der folgenden Diskussion zu klären sein.

cc) Art der Wertangabe

Die Frage, wie die Wertangabe konkret zu erfolgen hat, ob dabei etwa bei Zugrundelegung des europäischen Verbraucherleitbilds die Angabe einer unverbindlichen Preisempfehlung ausreichend ist, ist für verdeckte Koppelungsgeschäfte in der Instanzgerichtsbarkeit zwischen dem OLG Köln[360] und dem OLG Karlsruhe[361] umstritten. Aufgrund der Ähnlichkeit der Zugabegewährung mit verdeckten Kopplungsangeboten ist von der Behandlung dieser Problematik in der Rechtsprechung auch eine Antwort auf die Frage, wie genau die Preise bei Zugaben anzugeben sind, zu erwarten.

Das OLG Köln stellt maßgeblich darauf ab, daß Kopplungsangebote dann wettbewerbswidrig sind, wenn die Einzelpreise nicht bekannt sind und der Käufer sie trotz längeren Suchens nicht in Erfahrung bringen kann, weil er keinerlei Anhaltspunkte für deren Berechnung hat und deshalb die Preisgestaltung bzw. Preiswürdigkeit des Angebots nicht mit Konkurrenzangeboten vergleichen kann.[362] Unter Umständen kann es sogar unzureichend sein, die unverbindliche Preisempfehlung für einen Artikel anzugeben. So geht das OLG Köln davon aus, daß zumindest bei Autos und ähnlichen Waren, bei denen üblicherweise über den Preis verhandelt wird, die unverbindliche Preisempfehlung nie wirklich verlangt wird. Selbst die Angabe der unverbindlichen Preisempfehlung sei daher nicht ausreichend, da dies für den

---

[358] BGH WRP 02, 1256 (1258) – Kopplungsangebot I; BGH WRP 02, 1259 (1263) – Kopplungsangebot II.
[359] Kapitel 1 III 4.
[360] OLG Köln WRP 02, 472 – Punto.
[361] OLG Karlsruhe WRP 01, 1238 – „Jetzt schlägt's PUNTO!".
[362] Pluskat WRP 02, 789 (791) unter Bezugnahme auf OLG Köln WRP 02, 472 (474) – Punto.

Kunden bedeute, daß er, um eine annähernde Vergleichsmöglichkeit der Preise zu haben, in konkrete Verhandlungen mit mehreren lokalen Händlern treten müsse, da diese telefonisch keine Auskunft über den von ihnen verlangten Preis geben würden. Solche weitergehenden Recherchen sind dem Verbraucher jedoch nach Ansicht des Gerichts nicht zumutbar.[363] Um so mehr wird dies dann gelten, wenn nur wertqualifizierende Merkmale angegeben sind, da hier zuvor die unverbindliche Preisempfehlung des Herstellers ermittelt werden muß, um darauf aufbauend Preisrecherchen anzustellen.

Das OLG Karlsruhe geht demgegenüber bei verdeckten Kopplungsangeboten davon aus, daß eine detaillierte Beschreibung der Waren ausreicht, da daraus der Kunde anhand der Artikelbeschreibung der Einzelgegenstände Preiserkundigungen einziehen könne.[364] Im Fall war dabei zusätzlich für den teuersten Artikel des Gesamtangebots, einem Fiat Punto, eine unverbindliche Preisempfehlung angegeben. Nach Ansicht des Gerichts ist dies, soweit eine Preisangabe nötig ist, ausreichend. Es behindere nicht die Vornahme eines Preisvergleichs, daß bei anderen Anbietern für die einzelnen Bestandteile des Gesamtangebots keine einheitlichen und auch nicht unbedingt mit der jeweiligen unverbindlichen Preisempfehlung des Herstellers übereinstimmende Preise verlangt würden. Es gehe schließlich nur um die Gewinnung eines allgemeinen Marktüberblicks im Form einer Preisspanne, nach den Gegebenheiten der Marktlage und unter Berücksichtigung des persönlichen Verhandlungsgeschicks, die dann Grundlage für die Kaufentscheidung sein soll. Die Möglichkeit eines Preisvergleichs für den Kaufinteressenten setze nämlich nicht voraus, daß es unschwer möglich sei, den günstigsten Endpreis zu ermitteln. Insoweit stellt die unverbindliche Preisempfehlung eine ausreichende Obergrenze für Preisvergleiche dar. Daß der Käufer zusätzlich tatsächlich KFZ-Händler aufsuchen muß, um einen tatsächlichen Preisüberblick zu gewinnen, ist unschädlich. [365] Dem Kunden sind danach auch umfangreiche Recherchen zuzumuten, die ihm nach Ansicht des OLG Karlsruhe nicht nur durch das Telefon, sondern auch durch das Internet erleichtert werden.[366] Allerdings ist zu beachten, daß es bei dem vom OLG Karlsruhe untersuchten Fall um ein Angebot handelte, daß auch über das Internet verfügbar war.[367] Bei einem solchen Angebot, daß nur oder auch über das Internet verfügbar ist, wird man zumindest von den Verbrauchern, die das Angebot über das Internet wahrnehmen, einen solchen Preisvergleich mit Hilfe des Internet verlangen können.

[363] OLG Köln WRP 02, 472 (474 f).
[364] OLG Karlsruhe WRP 01, 1238 (1240) – „Jetzt schlägt's PUNTO!".
[365] OLG Karlsruhe WRP 01, 1238 (1240) - „Jetzt schlägt's PUNTO!"; Pluskat WRP 01, 1262 (1264).
[366] OLG Karlsruhe WRP 01, 1238 (1241) – „Jetzt schlägt's PUNTO!"; Pluskat WRP 01, 1262 (1265).
[367] OLG Karlsruhe WRP 01, 1238 (1239) – „Jetzt schlägt's PUNTO!"

Jedoch hatten 2002 nur ca. 43% aller deutschen Privathaushalte Internetzugang.[368] Zwar könnte sich der Rest der Verbraucher theoretisch über öffentliche Terminals und Internet-Cafes Zugang verschaffen, doch wird dies oft an persönlichen Kenntnissen und der nicht flächendeckenden Verbreitung solcher Zugänge scheitern. Bei einer Ausstattung von lediglich 43 % der Bevölkerung mit Internetzugängen kann man daher nicht davon ausgehen, daß der Durchschnittsverbraucher Zugriff auf das Internet hat. Aus diesem Grund gehören Preisvergleiche über das Internet bei Angeboten, die nicht über das Internet veröffentlicht werden, nicht zu den allgemein verfügbaren Recherchemöglichkeiten. Ein Preisvergleich, der nur über das Internet möglich ist, ist dem Verbraucher in einem solchen Fall nicht zumutbar, die Möglichkeit einer Preisrecherche über das Internet muß bei Angeboten, die nicht im Internet beworben werden, außer acht bleiben.

Im Grunde entspricht diese Ansicht der *Köhlers*, der es in diesem Fall ausreichen lassen will, wenn der Durchschnittspreis der Ware angegeben wird, oder ersatzweise, wenn für die Angabe des Durchschnittspreises aufwendige Marktuntersuchungen erforderlich wären, der vom Hersteller unverbindlich empfohlene Endverbraucherpreis angegeben wird. Bei Dienstleistungen und Waren wie Modeartikeln, die einem Wertschwund ausgesetzt sind, oder die extra als Zugabeware hergestellt worden sind, soll der Werbende den Wert schätzen. Dabei sei dem Werbenden ein Beurteilungsspielraum zuzugestehen, erst bei dessen Überschreitung ließe sich von einer falschen und damit irreführenden Preisangabe sprechen.[369]

Der Unterschied der Rechtsprechung des OLG Köln zu der des OLG Karlsruhe ergibt sich zum einen aus den Anstrengungen, die nach Ansicht des Gerichts dem Verbraucher zur Preisrecherche zumutbar sind, und zum anderen aus der Genauigkeit an Information, die der Verbraucher für seine Entscheidung braucht.
Zunächst ist dabei auf die Genauigkeit und Tiefe der Preisinformation bzw. Produktinformation einzugehen, die der Verbraucher zur Anstellung eines Preisvergleiches benötigt.
Nach der Rechtsprechung des OLG Karlsruhe[370], das damit auf der Linie des BGH[371] liegt, reicht es aus, wenn ein Gegenstand so genau bezeichnet wird, daß ein kaufinteressierter

[368] Pötzsch Informationstechnologie S. 10; nach der Grafik auf der selben Seite beträgt die Internetquote 44%.
[369] Köhler GRUR 01, 1067 (1071).
[370] OLG Karlsruhe WRP 01, 1238 (1240) - „Jetzt schlägt's PUNTO!".
[371] BGH WRP 03, 743 (745) – Gesamtpreisangebot; BGH WRP 96, 286 – saustarke Angebote.

Verbraucher die Möglichkeit hat, einen Preisvergleich anzustellen, d.h. daß die Ware so genau bezeichnet ist, daß sich zumindest eine Preisobergrenze in Form der unverbindlichen Preisempfehlung ermitteln läßt. Unschädlich in diesem Zusammenhang ist die Tatsache, daß es etwa bei Angeboten von Kraftfahrzeugen sogenannte Hauspreise gibt, die von der unverbindlichen Preisempfehlung nach unten abweichen. Denn die Möglichkeit, einen Preisvergleich anzustellen, erfordert nicht die Möglichkeit, unschwer den günstigsten Endpreis zu ermitteln.[372]

Dem ist zuzustimmen, weil es, wie auch das OLG Karlsruhe ausgeführt hat, im freien Wettbewerb nicht nur einen Festpreis für einen bestimmten Artikel, sondern eine bestimmte Preisspanne gibt. Dessen ist sich auch der durchschnittlich informierte und verständige Durchschnittsverbraucher bewußt. Vor einer Kaufentscheidung wird er sich daher regelmäßig informieren[373], so daß ihm zwangsläufig bewußt sein wird, daß sich fast niemand an unverbindliche Preisempfehlungen hält. Folglich wird er wissen, daß er eine angegebene oder selbst ermittelte unverbindliche Preisempfehlung nur als Richtschnur für einen Preisvergleich sehen kann.

Das OLG Köln hält statt dessen tiefergehende Preisrecherchen für nötig, die dem Kunden nicht zumutbar seien.[374] Abgesehen davon, daß normale Preisrecherchen bzw. eine angegebene unverbindliche Preisempfehlung ausreichend sind, um eine Vergleichsbasis zu haben,[375] und auch der BGH davon ausgeht, daß dem Verbraucher auch ein längeres Suchen nach Vergleichsobjekten zumutbar ist,[376] geht dieses Urteil des OLG Köln an den tatsächlichen Gegebenheiten vorbei. Auszugehen ist zum einen vom durchschnittlich informierten und verständigen Verbraucher, zum anderen von der Tatsache, daß es sich bei Gegenständen, bei denen es zu Kopplungsangeboten kommt, meist nicht um ganz geringwertige Verbrauchsgüter des täglichen Bedarfs handelt. Im Gegenteil, meist wird es um hochwertige Konsumgüter gehen. Bei diesen ist davon auszugehen, daß der Verbraucher ohnehin nicht blind einen Listenpreis übernimmt oder auch ein erstes Angebot akzeptiert, sondern eigene Preisvergleiche anstellen wird. Insbesondere der Kauf eines Autos, wie im vom OLG Köln behandelten Fall,[377] ist typischerweise mit einer sorgfältigen Vorbereitung der Kaufentscheidung verbunden. Angesichts des der Kaufentscheidung innewohnenden

---

[372] OLG Karlsruhe WRP 01, 1238 (1240) - „Jetzt schlägt's PUNTO!“.
[373] BT-Drs. 14/5594 S. 7 mwN.
[374] OLG Köln WRP 02, 472 (474f) – Punto.
[375] BGH GRUR 96, 363 (364) – saustarke Angebote.
[376] BGH GRUR 96, 363 (364) – saustarke Angebote; BGH GRUR 91, 468 (469) – Preisgarantie II; BGH GRUR 94, 57 (58) – Geld-zurück-Garantie. Siehe jetzt auch BGH WRP 03, 743 (745) – Gesamtpreisangebot – wonach der Preisvergleich im Grunde Sache des Verbrauchers ist.
[377] Aber auch der eines Motorrollers, Laptops oder Handys, die weiteren Bestandteile des Gesamtangebotes in OLG Köln WRP 02, 472 – Punto.

Risikos der Fehlbeurteilung und der im Normalfall nicht beliebigen Wiederholbarkeit der Kaufentscheidung hat dies entsprechende Anstrengungen des Konsumenten zur Informationserlangung zur Folge.[378] Nicht nachvollziehbar ist daher die Argumentation des OLG Köln, daß ein Ausnutzen aller Informationsmittel und ein persönliches Aufsuchen lokaler Händler zur Erlangung entsprechender Informationen nicht zumutbar sei, um auf Vergleichspreise zu kommen.

Zusammenfassend läßt sich sagen, daß die Ansicht des OLG Karlsruhe den Vorzug verdient, ausreichend ist bei verdeckten Kopplungsangeboten die Angabe der unverbindlichen Preisempfehlung, um dem Verbraucher eine ausreichende Vergleichsbasis zu geben, oder zumindest eine Angabe aller wertqualifizierenden Merkmale, die so genau ist, daß der Verbraucher die unverbindliche Preisempfehlung selbst leicht ermitteln kann.

Dasselbe muß auch für Zugaben gelten. Hierbei muß allerdings beachtet werden, daß auch das OLG Karlsruhe vom differenzierenden Verbraucherleitbild des BGH[379] ausgeht und deshalb unter Umständen die Angabe der wertqualifizierenden Merkmale ausreichen läßt. Da nunmehr auf das europäische Verbraucherleitbild abzustellen ist, das nicht nach Wert und Verwendungszweck der anzuschaffenden Güter differenziert, ist stets zumindest die Angabe der unverbindlichen Preisempfehlung zu verlangen; diese ist aber auch ausreichend. Auch bei einem Angebot mit Zugabe wird der Verbraucher vergleichen, welchen Mehrwert das „Gesamtangebot“ gegenüber der einzeln verkauften Ware der Konkurrenz hat; dabei wird er nicht nur den Wert der Hauptware ermitteln und vergleichen, sondern auch die Preise der Konkurrenz ermitteln. Die unverbindliche Preisempfehlung ist dabei ausreichend, um das Zugabeangebot bezüglich seines Wertes einordnen zu können. Eine Ausnahme muß allerdings dann gelten, wenn die unverbindliche Preisempfehlung keinen Orientierungspunkt mehr bieten kann, etwa bei Auslauf- oder Vorjahresmodellen. Allerdings kann dort durch einen entsprechenden Hinweis wieder ausreichende Preisklarheit geschaffen werden. Sollte ein entsprechender Hinweis unterbleiben, so käme neben einem Verstoß gegen § 1 UWG auch ein solcher gegen das Irreführungsverbot des § 3 UWG in Betracht. Hilfsweise wird man darüber hinaus die Angabe aller wertqualifizierenden Merkmale entsprechend der Rechtsprechung des OLG Karlsruhe zu Kopplungsangeboten[380] dann als ausreichend ansehen müssen, wenn es überhaupt keine unverbindliche Preisempfehlung gibt, denn dann wird man

[378] Pluskat WRP 02, 789.
[379] Siehe Kapitel 4 I 2.
[380] OLG Karlsruhe WRP 01, 1238 (1240) - „Jetzt schlägt's PUNTO!“.

dem Verbraucher wenigstens die Möglichkeit einräumen müssen, sein eigenes Werturteil ohne größeren Aufwand zu bilden.

F) Zwischenergebnis

Um einen Wettbewerbsverstoß unter dem Gesichtspunkt der Preisverschleierung zu vermeiden, ist unter Zugrundelegung des differenzierenden Verbraucherleitbilds des BGH mindestens eine so genaue Bezeichnung der Zugabe nötig, daß es für den Verbraucher ohne Schwierigkeiten möglich ist, den Wert der Zugabe zu ermitteln und einen Vergleich mit Konkurrenzangeboten anzustellen. Sollte dies nicht möglich sein, etwa weil der Preis nur schwer zu ermitteln ist, ist zusätzlich der Wert der Zugabe in der Werbung anzugeben. Unter Zugrundelegung des einheitlichen, nicht nach Art der Hauptleitung differenzierenden EU-Verbraucherleitbildes ist der Preis auch dann anzugeben, wenn der Verbraucher ihn ohne Schwierigkeiten ermitteln könnte. Einschränkungen sind nur nach dem Grundsatz der Verhältnismäßigkeit zu machen. Als Preisangabe ist in beiden Fällen im Regelfall die Angabe der unverbindlichen Preisempfehlung des Herstellers ausreichend, soweit eine solche existiert, hilfsweise ist die Angabe der wertqualifizierenden Merkmale erforderlich.[381] Im Ergebnis läßt sich die Gefahr einer Preisverschleierung von den Fällen, in denen der Anbieter vorsätzlich den Verbraucher täuscht, abgesehen, durch eine Preisangabe nahezu ausschließen.

G) Informationspflichten durch die geplante Verordnung über Verkaufsförderung im Binnenmarkt[382]

Noch weiter geht die Europäische Kommission mit ihrem Vorschlag für eine Verordnung des Europäischen Parlaments und des Rates über Verkaufsförderung im Binnenmarkt. Gemäß Artikel 4 des Verordnungsvorschlags ist durch ausreichende Informationen des Auftraggebers sicher zu stellen, „dass die kommerzielle Kommunikation verkaufsfördernder Aktionen mit dem in Anhang [...] dargelegten Anforderungen übereinstimmt.“ Diese Informationen sind „klar und unmißverständlich“ zu formulieren. Im Anhang wird dann unter anderem[383] unter „3. Unentgeltliche Zuwendungen und Zugaben“ verlangt, daß der Auftraggeber den tatsächlichen Wert der Zugabe und alle Kosten, die an den Erhalt der Zugabe geknüpft sind, offenlegt. Zusätzlich sind auf Verlangen des Kunden und unabhängig von einem Kauf der beworbenen Ware oder Dienstleistung „alle Bedingungen und Einschränkungen, die für die

[381] Ein für den Verbraucher einfacherer Maßstab wäre evtl. die Angabe des Einkaufspreises, doch unterscheidet sich dieser von Händler zu Händler, außerdem würde es den Händler zwingen, seine Kalkulation zumindest teilweise öffentlich zu machen.
[382] Siehe Kapitel 3 III; KOM (2002) 585 endgültig.
[383] Eine komplette Darstellung findet sich unter Kapitel 3 III.

[...] Zugabe gelten" anzugeben. Es ist also immer der tatsächliche Wert der Zugabe anzugeben, auch wenn er für den Verbraucher leicht ermittelbar ist. Denn nur durch die Schaffung von Transparenz ist in den Augen des europäischen Gesetzgebers eine unbeeinflußte Wahlmöglichkeit des Verbrauchers auch bei grenzüberschreitender Werbung zu erreichen.[384] Dabei ist eine europaweit einheitliche Transparenzregelung notwendig, um durchgängig Preistransparenz und erhöhte Rechtssicherheit zu gewährleisten.[385]

Zur Angabe des tatsächlichen Wertes ist allerdings anzumerken, daß dies nicht ganz unproblematisch ist, insbesondere findet sich im Verordnungsvorschlag kein Hinweis darauf, wie dieser tatsächlich zu berechnen ist; hier besteht weiterer Konkretisierungsbedarf. Am leichtesten handhabbar scheint dabei die Angabe der unverbindlichen Preisempfehlung des Herstellers[386] zu sein, da diese festzustellen keine großen Schwierigkeiten macht, sie einen „objektiven" Vergleichswert darstellt und für den Verbraucher eine ausreichende Informationsbasis im Sinne eines Höchstpreises darstellt. Denn es ist kaum davon auszugehen, daß ein Verbraucher unter normalen Umständen bereit sein wird, mehr als die unverbindliche Preisempfehlung für einen Artikel auszugeben. Sollte eine solche Preisempfehlung nicht existieren, scheint die Angabe aller wertqualifizierenden Merkmale, um dem Verbraucher ein eigenes Urteil zu ermöglichen, der bestmögliche Weg um eine ausreichende Verbraucherinformation sicherzustellen.[387] Denn hier erfolgt zwar keine genaue Wertangabe, wie sie etwa bei Angabe eines Durchschnittspreises durch den Zugabegewährer vorliegen würde, jedoch scheint eine solche Preisangabe ohne gesetzliche Festlegung ihrer Ermittlung zu wenig neutral zu sein, um für den Verbraucher eine ernstzunehmende Vergleichsbasis darzustellen.

Ginge man von einem immer durchschnittlich informierten und aufgeklärten Durchschnittsverbraucher aus, der niemals in seiner Aufmerksamkeit schwankt,[388] so wäre es unter dem Gesichtspunkt des Verbraucherschutzes nicht unbedingt notwendig, auch den Wert der Zugabe anzugeben, solange nur ausreichende wertqualifizierende Merkmale angegeben

---

[384] KOM (2001) 546 engültig/2 S. 9 f.
[385] KOM (2001) 546 engültig/2 S. 24; Kretschmer GRUR 02, 42 (43).
[386] Siehe Kapitel 4 III 1 e) cc) a.E.
[387] Der Wortlaut von 3. des Anhangs in KOM (2002) 585 endgültig läßt zwar nur die Angabe des tatsächlichen Wertes zu, doch besteht hier eine Lücke für den Fall, daß der Wert nicht ermittelbar ist. Hier wird man davon ausgehen müssen, daß der Gesetzgeber den Verbraucher möglichst gut informieren will, die Angabe der wertqualifizierenden Merkmale stellt hier die beste Möglichkeit der Verbraucherinformation dar, wenn man die Angabe der Einkaufspreise als zu weitgehend ansieht (dazu s.o.). In der bisher neusten Fassung 12261/04 ADD1 REV 1 verlangt die Kommission für den Fall der Unmöglichkeit der Angabe des tatsächlichen Werts eine möglichst genaue Beschreibung der Zugabe.
[388] Kapitel 4 III 1 e) bb).

werden, um den Verbraucher die Wertermittlung zu ermöglichen, wenn diese Wertermittlung leicht möglich ist. Die Verordnung würde demnach mehr als notwendig verlangen.

Dafür spricht die bisherige Linie des EuGH, die in letzter Zeit konsequent vom mündigen und aufgeklärten Verbraucher ausgeht, und dabei nicht nach dem Wert der Ware oder ihrem Einsatzzweck differenziert.[389] Auch bei geringwertigen Waren des täglichen Bedarfs müßte man danach davon ausgehen, daß der Verbraucher bei Vorliegen aller relevanten Informationen selbst eine Entscheidung treffen kann.[390]

Geht man jedoch von einer situationsabhängigen Aufmerksamkeit des Durchschnittsverbrauchers aus,[391] ist diese weitergehende Wertangabepflicht nötig, um den Durchschnittsverbraucher in den Situationen einen Minimalschutz zu gewähren, in denen er aus Flüchtigkeit den Wert einer Zugabe nicht recherchieren würde.

Daher scheint dieses Vorgehen nach Ansicht der Kommission nötig zu sein, um eine Harmonisierung des Wettbewerbsrechts im Bereich der Zugaben europaweit zu erreichen. Da die Mitgliedsstaaten aufgrund der Unterschiedlichkeit ihrer nationalen Transparenzvorschriften nicht gewillt waren, eine gegenseitige Anerkennung der Transparenzvorschriften zu akzeptieren, war eine Harmonisierung nötig.[392] Diese mußte aber auf einem Schutzniveau erfolgen, das für alle Mitgliedsstaaten akzeptabel ist. Außerdem soll ausweislich Punkt 12 der Begründung des Verordnungsvorschlags das höhere Schutzniveau, das durch die Angabepflichten geschaffen wird, das Aufheben innerstaatlicher Verbote ermöglichen. Dadurch sollen Hindernisse beseitigt werden, die der Niederlassungs- und Dienstleistungsfreiheit im Weg stehen.[393]

H) Zusammenfassung

Es wird also, um einen vollständigen Verbraucherschutz zu erreichen, zur Ermöglichung einer Harmonisierung, und um Hindernisse im Handel zwischen den Mitgliedsstaaten zu beseitigen, ein höheres Schutzniveau angestrebt, als es nach dem EU-Verbraucherbegriff nur zur Verhinderung einer Preisverschleierung eigentlich erforderlich ist. Danach wird allerdings auch das Schutzniveau überschritten, das zur Verhinderung einer Preisverschleierung nach dem UWG unter Zugrundelegung der Rechtsprechung des BGH zum Verbraucherleitbild

[389] EuGH Slg. 1995, I-1923 ff (1944 Rn 24) – Mars; EuGH WRP 98, 848 (851) Rn. 37 - „6-Korn-Eier" - Gut Springenheide; EuGH WRP 99, 307 (310f) Rn. 36 – Sektkellerei Keßler; EuGH WRP 00, 289 (292) Rn. 27, 32 – Lifting-Creme.

[390] Siehe oben Kapitel 4 III 1 e) bb).

[391] Kapitel 4 I 2.

[392] KOM (2001) 546 endgültig/ 2 S. 10.

[393] KOM (2001) 546 endgültig/ 2 S. 35.

erforderlich wäre.[394] Eine Preisverschleierung nach dem UWG ist daher bei Beachtung der Vorschriften des Verordnungsvorschlags künftig im Normalfall ausgeschlossen.[395]

2. Wertreklame: Übertriebenes Anlocken (Fallgruppe Kundenfang)

a) Übertriebenes Anlocken

Da die Zugabe ein Teil der Wertreklame ist[396] und die Wertreklame wegen ihrer im Vergleich zur Anschauungsreklame höheren Lockwirkung im Rahmen der Fallgruppe des „übertriebenen Anlockens" auf ihre Sittenwidrigkeit hin geprüft wurde,[397] ist auch die Zugabe daran zu messen.[398]

Einem Kaufmann ist es grundsätzlich erlaubt, durch Werbung Kunden anzulocken und sie für einen Geschäftsabschluß zu gewinnen.[399] Zulässig ist es dabei, die Aufmerksamkeit der angesprochenen Verbraucher dadurch auf das eigene Angebot zu lenken, daß man mit Mitteln, die sich nicht auf die Preiswürdigkeit und Qualität der angebotenen Waren und Dienstleistungen beziehen, Anreizeffekte schafft, die den Kunden dazu veranlassen, in unmittelbaren Kontakt zum Werbenden zu treten.[400] Übertrieben wird dieses Anlocken dann, wenn ein Übermaß von Vorteilen gewährt oder in Aussicht gestellt wird, die nach Wert und Art in der Lage sind, die Entschließungsfreiheit der Verbraucher in einem derartigen Maße unsachlich zu beeinflussen, daß er seine Entscheidung nicht mehr nach dem Leitbild des Leistungswettbewerbes in Hinblick auf die Preiswürdigkeit und Qualität der Ware, sondern nur noch im Hinblick auf den ihm gewährten oder in Aussicht gestellten Vorteile trifft. [401] Das Unlautere ist dabei nicht schon im Wert der Zuwendung zu sehen, sondern in ihrem Auswirkungen, die das grundsätzlich erlaubte Anlocken unter Abwägung der Interessen der Mitbewerber und Kunden sowie der Allgemeinheit als unverhältnismäßig erscheinen lassen. Ob ein Anlocken übertrieben ist, hängt daher von einer Gesamtwürdigung des Einzelfalles

[394] Kapitel 4 III 1 e) bb).

[395] Zu den Ausnahmefällen siehe Kapitel 4 III 1 g).

[396] Siehe Kapitel 1 II.

[397] BGH GRUR 98, 1037 (1038) – Schmuck-Set; BGH GRUR 84, 463 (464) - Mitmacher-Tour; BGH GRUR 86, 820 (821)- Probejahrbuch; BGH GRUR 89, 366 (367) – Wirtschaftsmagazin; Baumbach/Hefermehl § 1 UWG Rn. 90 a ff; Köhler/Piper 2.A. § 1 UWG Rn. 196; v. Gamm § 1 UWG Rn. 165.

[398] So im Ergebnis auch Köhler GRUR 01, 1067 (1068); Dittmer BB 01, 1961 (1963); Steinbeck ZIP 01, 1741 (1745); Nordemann NJW 01, 2505 (2510); Berlit WRP 01, 349 (351). Siehe auch Kapitel 3 I 1 a).

[399] Baumbach/Hefermehl § 1 UWG Rn. 90a.

[400] BGH GRUR 59, 544 (546) – Modenschau; BGH GRUR 67, 254 (255) – Waschkugel; BGH GRUR 74, 156 (157) – Geld-Gewinnspiel; Baumbach/Hefermehl § 1 UWG Rn. 90b.

[401] BGH GRUR 84, 386 – Mitmacher-Tour; BGH 89, 366 (367) – Wirtschaftsmagazin; BGH GRUR 98, 1037 – Schmuck-Set; BGH GRUR 99, 577 (578) – „Am Telefon nicht süß sein?"; BGH WRP 02, 1256 (1258); Kopplungsangebot I, BGH WRP 02, 1259 (1262) – Kopplungsangebot II; Baumbach/Hefermehl § 1 UWG Rn. 90b.

ab.[402] Mangels einer eigenen Rechtsprechung zu Zugaben ist auch hier wieder auf die Rechtsprechung des BGH zu Kopplungsangeboten zurückzugreifen.[403]
Von der Rechtsprechung wurde diese Fallgruppe der Sittenwidrigkeit ist bis vor wenigen Jahren trotz starker Kritik in der Literatur[404] teilweise sehr weit ausgelegt.[405] So wurde es bereits als unlauter beurteilt, wenn ein Juwelier kostenlos Schmuck reinigt,[406] eine schwedische Möbelhauskette ihre Kunden zu einem „unmöglichen Frühstück" einlädt,[407] oder eine Drogerie unentgeltlich kleine Nagellackfläschchen durch das Topmodell Cindy Crawford verteilen läßt.[408]
Nach der neueren Rechtsprechung ist davon auszugehen, daß die Anlockwirkung, die von einem attraktiven Angebot ausgeht, grundsätzlich nicht wettbewerbswidrig, sondern gewollte Folge des Leistungswettbewerbes ist.[409] Die Unzulässigkeit eines zusammengesetzten Angebots kann sich daraus ergeben, daß die Entschließungsfreiheit des Kunden durch die in Aussicht gestellte Zweitleistung unsachlich, d.h. in einer im Widerspruch zum Leistungswettbewerb stehenden Weise beeinflußt wird. Unsachlich sind dabei Mittel, die nicht die Preiswürdigkeit oder Qualität der Erstleistung steigern, sondern Kunden von einer preis- und qualitätsbewußten Prüfung verschiedener Angebote durch werbendes Herausstellen leistungsfremder Vergütungen abhalten, wenn der gewährte Vorteil also außerhalb des eigentlichen (Gesamt-) Angebots liegt.[410]

Nach dem Wandel des Verbraucherleitbildes des BGH[411] und der Zugrundelegung eines neuen Verbraucherleitbildes durch den Gesetzgeber[412] scheint die weitere unumschränkte Anwendbarkeit dieser Rechtsprechung fraglich. Wie gerade dargestellt, ist die Anlockwirkung, die von einem attraktiven Angebot ausgeht, gewollte Folge des

---

[402] Baumbach/Hefermehl § 1 UWG Rn. 90b.
[403] Dazu siehe Kapitel 4 II 2; auch in seinen neusten Entscheidungen zu Kopplungsangeboten geht der BGH von einer Gleichbehandlung von Kopplungsangeboten und Zugaben aus BGH WRP 02, 1256 (1258); Kopplungsangebot I, BGH WRP 02, 1259 (1262) – Kopplungsangebot II.
[404] Emmerich in Festschrift Piper S. 171; ders. in Festgabe BGH II S. 627 (639f); Schricker GRUR Int 94, 586 (588); ders. GRUR Int 96, 473 (475f).
[405] Steinbeck ZIP 01, 1741 (1745).
[406] OLG München NJW-RR 87, 625.
[407] OLG Hamburg WRP 77, 805; OLG Hamburg WRP 83, 163.
[408] OLG München WRP 94, 133.
[409] BGH GRUR 00, 918 (919) – Null-Tarif; BGH GRUR 01, 446 (447) – 1-Pfennig-Farbbild; BGH WRP 99, 90 – Handy für 0,00 DM; GRUR 98, 500 (502) - Skibindungsmontage.
[410] BGH GRUR 00, 918 (919) – Null-Tarif; BGH GRUR 01, 446 (447) – 1-Pfennig-Farbbild; WRP 98, 388 – Skibindungsmontage; Baumbach/Hefermehl § 1 UWG Rn. 90b; Steinbeck ZIP 01, 1471 (145); Köhler GRUR 01, 1067 (1068); Köhler/Piper 3.A. § 1 UWG Rn. 196; Hoß MDR 01, 1094 (1095).
[411] Dazu siehe Kapitel 4 I 2.
[412] Siehe Kapitel 4 I 3.

Leistungswettbewerbs.[413] Folglich kann alleine in einem zusammengesetzten Angebot, und als solches ist die Zugabe zu behandeln,[414] kein wettbewerbswidriges Anlocken gesehen werden.[415] Zur Bejahung der Sittenwidrigkeit müssen weitere Umstände hinzukommen, die geeignet sind, den Kunden wettbewerbswidrig zu beeinflussen. Der BGH hat dazu in seiner „Eröffnungswerbung"-Entscheidung ausgeführt, daß eine Werbung unter dem Gesichtspunkt des übertriebenen Anlockens zu untersagen sein kann, „wenn dem Umworbenen ein Geschenk oder eine sonstige Vergünstigung in Aussicht gestellt wird und dadurch eine so starke Anziehungskraft auf ihn ausgeübt wird, daß die Rationalität der Nachfrageentscheidung verdrängt wird.[416] Bei der Bewertung dieser zusätzlichen Umstände ist wieder das Verständnis eines informierten, verständigen und aufmerksamen Durchschnittsverbrauchers zugrunde zu legen.[417]

B) Unterscheidung zwischen Gesamtangebot und Angebot mit Zugabe

In der Fallgruppe des „übertriebenen Anlockens" betont die Rechtsprechung, daß sich das übertriebene Anlocken selbst stets auf einen außerhalb des eigentlichen Angebots liegenden Vorteil beziehen müsse. Es komme nicht in Betracht, wenn ein einheitliches Angebot oder Gesamtangebot vorliege. Die Anlockwirkung aufgrund eines attraktiven Angebotes sei niemals wettbewerbswidrig sondern gewollte Folge des Leistungswettbewerbes.[418] Die Beurteilung einer Werbung sowohl unter dem Gesichtspunkt des übertriebenen Anlockens als auch unter dem Gesichtspunkt der Zugabe wurde somit davon abhängig gemacht, ob ein Gesamtangebot vorlag.[419] Bei Annahme eines Gesamtangebotes war regelmäßig das Vorliegen einer Zugabe aber auch eines übertriebenen Anlockens zu verneinen.[420]

---

[413] BGH GRUR 00, 918 (919) – Null-Tarif; BGH GRUR 01, 446 (447) – 1-Pfennig-Farbbild; BGH WRP 99, 90 – Handy für 0,00 DM; GRUR 98, 500 (502) – Skibindungsmontage; Steinbeck ZIP 01, 1741 (1745).

[414] Siehe oben Kapitel 1 II 2 b).

[415] Steinbeck ZIP 01, 1741 (1745); Köhler GRUR 01, 1067 (1068); jetzt auch: BGH WRP 02, 1256 (1257 f) – Kopplungsangebot I; BGH WRP 02, 1259 (1261) – Kopplungsangebot II.

[416] BGH GRUR 01, 752 (754) - Eröffnungswerbung; auch im Ergebnis: BGH WRP 98, 857 (859) – 1000 DM Umwelt-Bonus; BGH WRP 98, 727 (728) – Schmuck-Set: wenn der Kunde „gleichsam magnetisch angezogen" werde; Köhler GRUR 01, 1067 (1068); BGH WRP 02, 1256 (1258) – Kopplungsangebot I; BGH WRP 02, 1259 (1262) – Kopplungsangebot II.

[417] S.o. Kapitel 3 II 1 b); auch: BT-Drs. 14/5594 S. 7; BGH WRP 00, 517 (519f) – Orient-Teppichmuster; WRP 00, 724 – Space Fidelity Peep Show; BGH WRP 02, 580 (581) – 5-teiliges Schmuck-Set; Steinbeck ZIP 01, 1741 (1745); Köhler GRUR 01, 1067 (1068).

[418] Köhler GRUR 01, 1067 (1068); BGH GRUR 00, 918 (919) – Null-Tarif; BGH GRUR 01, 446 (447) – 1-Pfennig-Farbbild; BGH WRP 99, 90 – Handy für 0,00 DM; GRUR 98, 500 (502) – Skibindungsmontage; Steinbeck ZIP 01, 1741 (1745).

[419] Vgl. OLG Köln WRP 01, 721 (724); Baumbach/Hefermehl § 1 UWG Rn. 90a; Köhler GRUR 01, 1067 (1068).

[420] Köhler GRUR 01, 1087 (1068); Baumbach/Hefermehl § 1 UWG Rn. 90a.

Für die Abgrenzung zwischen Zugabe und Gesamtangebot war die durch die konkrete Werbung mitbeeinflußte Verkehrsanschauung und das Bestehen eines gewissen Funktionszusammenhanges maßgebend.[421] Bei konsequenter Anwendung dieser Kriterien auf Zugaben würde es auch bei sehr weiter Auslegung des Funktionszusammenhanges Fälle geben, in denen im Sinne der bisherigen Rechtsprechung kein Gesamtangebot, sondern eine von der Hauptleistung verschiedene Zugabe anzunehmen wäre.[422]

Doch nach dem Wegfall der Zugabeverordnung ist keine Unterscheidung zwischen Gesamtleistung und Zugabe mehr zu treffen, beide sind im Grunde gleich zu behandeln.[423] Vom eigentlichen Kopplungsangebot mit mehreren Leistungen unterscheidet sich die Zugabe nur darin, daß die Zweitleistung „Zugabe" ohne Berechung abgegeben wird.[424] Bei seiner Kaufentscheidung betrachtet der Verbraucher das Gesamtangebot und bezieht dabei auch die Zugabe mit ein.[425] Wird das Verbraucherleitbild des informierten, verständigen und aufgeklärten Durchschnittsverbrauchers zugrundegelegt, so wird der Verbraucher eine überteuerte Hauptleistung nicht kaufen, nur um eine Zugabe zu erhalten.[426] Wenn aber die Zugabe alleine das Angebot so attraktiv macht, daß sich der Kauf nur ihretwegen lohnt, steht dahinter aus Sicht des Kunden eine rationale Kaufentscheidung.[427]

c) Neubewertung der Fallgruppe des „übertriebenen Anlockens"

Da sich der Kunde dabei im Rahmen eines Gesamtangebotes aufgrund der Attraktivität eines Teils des Angebotes entscheidet, bedarf die Fallgruppe des übertriebenen Anlockens einer Neubewertung, will man diesen Widerspruch zwischen dem gerade gefundenen Ergebnis und der alten Rechtslage auflösen. Denn eine Zugabe ist danach als Teil eines Gesamtangebotes zu sehen, die dadurch erhöhte Anlockwirkung grundsätzlich als gewollte Folge und damit Teil des Leistungswettbewerbs. Nach der alten Rechtslage dagegen waren Zugaben grundsätzlich verboten, es reichte die abstrakte Gefährdung.[428] Zu untersuchen ist daher, wann die Attraktivität des Gesamtangebots aus Hauptleistung und Zugabe, also aus Erst- und Zweitleistung, die Grenze zum übertriebenen Anlocken überschreitet.

---

[421] BGH GRUR 96, 363 (364) - Saustarke Angebote; Baumbach/Hefermehl § 1 UWG Rn. 131 f.; Köhler GRUR 01, 1067 (1068).
[422] Köhler GRUR 01, 1067 (1068).
[423] Siehe Kapitel 1 I 2 b).
[424] Steinbeck ZIP 01, 1741 (1743); Köhler GRUR 01, 1067 (1069).
[425] Köhler GRUR 01, 1067 (1069); Steinbeck ZIP 01, 1741 (1745).
[426] Steinbeck ZIP 01, 1741 (1745); Berlit WRP 01, 349 (352); Heermann WRP 01, 855 (857); einschränkend Cordes WRP 01, 867 (870) bzgl. Kindern und Jugendlichen, dazu im folgenden.
[427] Köhler GRUR 01, 1067 (1069), der als Beispiel die Zugabe eines Mountainbikes zu einem Zeitschriftenabonnement anführt; ähnl. zu Kopplungsangeboten Beater Verbraucherschutz S. 202.
[428] Siehe oben Kapitel 2 II.

aa) Lösungsansatz: konkrete Gefährdung

(1) Die konkrete Gefährdung eines Schutzzwecks des UWG

Von einer grundsätzlichen Zulässigkeit von Zugaben ausgehend ist nach einem Teil der Literatur auf eine konkrete Gefährdung des Wettbewerbs durch die Zugabe abzustellen.[429] Anzuknüpfen ist danach an die Schutzzwecke der Zugabeverordnung, soweit sie fortwirken, d.h. soweit sie auch Schutzzwecke des UWG sind, also im Grunde Verbraucherschutz (Schutz vor Irreführung, Preisverschleierung und unsachlicher Beeinflussung) und Mitbewerberschutz.[430]

Eine Verletzung der Lauterkeit des Wettbewerbs ist anzunehmen, wenn es zu einer konkreten Verwirklichung einer der Gefahren kommt, vor denen die Zugabeverordnung schützen sollte, und die auch durch das UWG abgedeckt werden. Sittenwidrig soll die Zugabe danach sein, wenn auf den Umworbenen durch die Zugabe eine so starke Anziehungskraft ausgeübt wird, daß er schon vor Geschäftsabschluß von einer sachgerechten Prüfung der Angebote nach Preis und Qualität abgelenkt wird, wodurch die Mitbewerber um die Chance gebracht würden, ihrerseits das Publikum wirksam anzusprechen und ihrer Leistung Geltung zu verschaffen. In Anlehnung an die bisherige Rechtsprechung für das übertriebene Anlocken soll dies bedeuten, daß ein Zugabeangebot den Zuschauer gleichsam magnetisch zum Anbieter oder gar in dessen Geschäftslokal zieht und dabei eine Situation entsteht, in der sich die Aussichten auf den Geschäftsabschluß erhöhen.[431]

(2) Der fehlende Funktionszusammenhang als Sittenwidrigkeitskriterium

Spätgens will diese Unterscheidung im Einzelfall nach Gesamtabwägung aller Umstände nach einem Kriterienkatalog treffen. Geldzugaben sollen ab einer bestimmten Höhe aufgrund ihrer Attraktivität eine übertriebene Anlockwirkung beinhalten, ebenso unentgeltliche Sachzugaben zu Gütern des täglichen Bedarfs, sobald das Wertverhältnis der Zugabe zur Hauptleistung eine Wertgrenze von 20% – 25 % übersteigt. Dies soll aber keine starre Wertgrenze sein, statt dessen soll es auf eine Betrachtung im Einzelfall ankommen. Weitere Kriterien sollen etwa die Nähe oder Ferne der Zugabe zur Hauptleistung, ebenso wie die Funktionalität und Attraktivität der Zugabe sein.[432] Dabei will *Spätgens*, unter Eingehen auf die BGH-

[429] Lange/Spätgens Rn. 439; Heermann WRP 01, 855 (857, 862f.).
[430] Lange/Spätgens Rn. 439; Heermann WRP 01, 855 (862f); zum Fortwirken der Schutzziele s.o. Kapitel 3 II 2.
[431] Lange/Spätgens Rn. 439; BGH GRUR 98, 727 – Schmuck-Set; bei Gewinnspielen: BGH WRP 00, 727 (725) – Space Fidelity Peep Show; Baumbach/Hefermehl § 1 UWG Rn. 90b.
[432] Lange/Spätgens Rn. 439.

Rechtsprechung zu Gesamtangeboten, zwischen einem erlaubten und einem wettbewerbswidrigen übertriebenen Anlocken unterscheiden.
Bei Vorliegen eines Gesamtangebotes soll nie ein übertriebenes Anlocken vorliegen.[433] Für die Annahme eines solchen Angebotes kann aber nach *Spätgens* eine schlichte Koppelung zwischen zwei oder mehr Waren oder Leistungen nicht ausreichen, erforderlich sei ein Funktionszusammenhang, der eine Teil müsse objektiv zumindest eine sinnvolle, wenn nicht gar notwendige Ergänzung für den anderen Teil darstellen, für dessen Nutzung er dient. Denn sonst wären alle Kopplungsangebote zunächst zulässig.[434] Bei Fehlen eines Funktionszusammenhangs in einem Gesamtangebot soll daher ein übertriebenes Anlocken indiziert sein.

(3) Die Ungeeignetheit des fehlenden Funktionszusammenhangs als Abgrenzungskriterium

Die Anwendung des Funktionszusammenhangs als Unterscheidungskriterium in diesem Zusammenhang ist jedoch problematisch. Im Grunde diente der Funktionszusammenhang früher nur dazu, durch eine jetzt unnötige Abgrenzung den Anwendungsbereich der Zugabeverordnung einzuschränken; daher ist er als nunmehr überflüssiges Unterscheidungskriterium aufzugeben.[435] Verbraucher und Wettbewerber würden eine solche Einschränkung als unnötig ansehen. Es kann für einen verständigen Verbraucher keinen Unterschied machen, ob ein Angebot aus einem Computer und einem kostenlosen Bügeleisen[436] oder aus einem Computer und einem Softwarepaket besteht; in beiden Fällen wird er prüfen, ob das Gesamtangebot für ihn besser als das der Konkurrenz ist. Selbst wenn ein Käufer dann dieses Angebot kauft, um die Zugabe zu erhalten, liegt darin zumindest aus Sicht des Verbrauchers eine rationale Nachfrageentscheidung, hat er sich doch unter Abwägung aller Kriterien dafür entschieden, daß die Zugabe für ihn so wertvoll ist, daß er auch die Erstleistung kauft.[437]

Geht man aber von einer Aufhebung der Trennung zwischen Hauptleistung und Zugabe oder Nebenleistung zugunsten einer einheitlichen Einteilung als Erst- und Zweitleistung aus, so kann es keinen Unterschied machen, ob der Kunde ein Gesamtangebot vor allem wegen der Erst- oder der Zweitleistung kauft.[438] Wegen der gerade beschriebenen Abwägungshandlung

---

[433] Lange/Spätgens Rn. 440.
[434] Lange/Spätgens Rn. 441.
[435] Siehe Kapitel 1 I 2 b.
[436] So eine Werbeaktion für einen Apple I-Mac, als Zugabe wurde ein Bügeleisen im I-Mac-Design gewährt, nachzulesen unter http://www.macwelt.de/_news/200201/imachistory.html.
[437] Köhler GRUR 01, 1067 (1069); zur Argumentation auch im folgenden Kapitel 4 III 2 c) bb).
[438] Zur Unterteilung in Erst- und Zweitleistung siehe Kapitel 1 I 2 b).

kann es dabei auch nicht auf einen Funktionszusammenhang zwischen den Leistungen ankommen, unter dem Gesichtspunkt des übertriebenen Anlockens sind Gesamtangebote stets als wettbewerbsrechtlich zulässig zu betrachten.[439]

(4) Konkrete Schutzverletzung im Einzelfall

Auszugehen ist daher von einer grundsätzlichen Zulässigkeit von Zugaben unter dem Gesichtspunkt des übertriebenen Anlockens; sie sind als zulässige Teilleistungen im Rahmen eines Gesamtangebotes zu sehen. Vor diesem Hintergrund können Kriterien wie die Hochwertigkeit der Zugabe[440] oder ein fehlender Funktionszusammenhang[441] alleine kein übertriebenes Anlocken begründen. Unter dem Gesichtspunkt des Verbraucherschutzes macht dies auch Sinn, da ein durchschnittlich aufgeklärter und informierter Verbraucher selbst dann, wenn er angesichts einer wertvollen Zweitleistung eine unreflektierte Kaufentscheidung trifft, nicht schutzwürdig ist, sofern er den Wert der erworbenen Produkte erkennen konnte.[442]

Es muß dem Anbieter überlassen bleiben, inwieweit etwa die Zugabe einer Flugreise beim Kauf einer Uhr für 3000.- DM[443] für ihn wirtschaftlich sinnvoll ist. Unter dem Gesichtspunkt des Verbraucherschutzes sind keine Bedenken ersichtlich, die für ein Verbot einer solchen Zweitleistung sprechen würden. Aufgrund der Kostenintensität werden solche Zugaben aber ohnehin die Ausnahme bleiben.[444] Mangels Gefährdung der Verbraucher ist die Fallgruppe des „übertriebenen Anlockens" daher restriktiv zu handhaben.[445] Zum Gesamtangebot müssen noch weitere Faktoren kommen, die eine Sittenwidrigkeit begründen. Diese festzulegen wird Aufgabe der Literatur und Rechtsprechung sein.

(5) Ausnutzung geschäftsunerfahrener Verbraucher

In Betracht kommt die Ausnutzung geschäftsunerfahrener Verbraucher, die aufgrund ihrer Zugehörigkeit zu einer bestimmten Verbrauchergruppe schutzwürdiger sind als der

---

[439] Mittlerweile hat sich auch der BGH vom Funktionszusammenhang verabschiedet, statt dessen soll eine allgemeine Mißbrauchskontrolle nach dem UWG erfolgen, dazu im Folgenden mehr; BGH WRP 01, 1256 (1258) – Kopplungsangebot I; BGH WRP 01, 1259 (1262) – Kopplungsangebot II.

[440] Steinbeck ZIP 01, 1741 (1745); Heermann WRP 01, 883 (886).

[441] Siehe oben Kapitel 4 III 2 c) aa) (2).

[442] Steinbeck ZIP 01, 1741 (1945); dazu unter dem Gesichtspunkt der Preisverschleierung s.o. Kapitel 4 III 1 e) bb); unter dem Gesichtspunkt des übertriebenen Anlockens s.o. Kapitel 4 III 2 a). Anders Cordes WRP 01, 867 (870), für den der Wert der Zugabe ein entscheidender Parameter bleibt, doch geht Cordes dabei von einer Trennung von Zugabe und Kopplungsangebot aus und sieht nicht beide als einheitliches Gesamtangebot.

[443] So Steinbeck ZIP 01, 1741 (1745).

[444] Nach Steinbeck ZIP 01, 1741 (1745) besteht dabei allenfalls die Gefahr von Wettbewerbsnachteilen für kleinere und mittlere Unternehmen, die sich ein solches Angebot nicht leisten können. Doch ist Mittelstandsschutz keine Aufgabe des UWG und auch kein weitergeltendes Schutzziel der ZugabeVO. Dazu auch Kapitel 3 II c). Allerdings läßt sich ein begrenzter Schutz kleiner und mittlerer Unternehmen durch das GWB erreichen, siehe Kapitel 7.

[445] Steinbeck ZIP 01, 1741 (1745); so im Ergebnis auch Köhler GRUR 01, 1067 (1069).

Durchschnittsverbraucher, zum Beispiel Kinder und Jugendliche.[446] Bei ihnen ist aufgrund ihrer Unerfahrenheit damit zu rechnen, daß sie leichter beeinflußbar sind.[447] Denn Kinder und Jugendliche sind zu einer kritischen Beurteilung noch nicht in der Lage. Sie stellen weniger Vergleiche der Gesamtleistung mit den Angeboten der Mitbewerber an, sondern lassen sich, indem sie dem Gratiselement der Zugabe ungeprüft eine übersteigerte Bedeutung beimessen, durch unsachliche Momente leichter beeinflussen. Ihr Konsumverhalten wird dabei weniger durch den Verstand als durch das momentane Begehren gesteuert. Eine kritische Reflektion, wie sie vom kritischen und aufgeklärten Durchschnittsverbraucher erwartet wird, findet nicht statt. Kinder und Jugendliche benötigen deshalb einen erhöhten Schutz durch das Lauterkeitsrecht, da eine solche Ausnutzung der Unerfahrenheit und mangelnden Beurteilungsfähigkeit mit den guten Sitten nicht vereinbar ist.[448] Eine Gesamtangebotwerbung, die auf Kinder und Jugendliche abzielt, wird man daher strenger beurteilen müssen. Eine Werbung, die gezielt durch Gesamtangebote die Unerfahrenheit und mangelnde Beurteilungsfähigkeit von Kindern ausnutzt, um diese zum Geschäftsabschluß zu verleiten, verstößt gegen die Fallgruppe des übertriebenen Anlockens. Da Kinder leichter zu täuschen sind, wird man auch davon ausgehen müssen, daß ein übertriebenes Anlocken sogar früher als dann vorliegt, wenn ein flüchtiger und unkritischer Verbraucher angelockt würde.[449]

(6) Ausnutzung der Sammelleidenschaft

Als weitere sittenwidrige Handlung im Rahmen der Fallgruppe des übertriebenen Anlockens kommt die Ausnutzung menschlicher Schwächen in Betracht. Dies kann geschehen, indem der Unternehmer mit dem Zweitangebot die Sammelleidenschaft des Kunden anspricht. Stellt zum Beispiel die Zweitleistung einen unvollständigen Teil einer Sammlung dar, mit dem Ziel, die Sammelleidenschaft des Kunden zu wecken, um ihn zu einer Ergänzung und Vervollständigung der Sammlung zu bewegen, dann wird, wenn von der Sammlung ein entsprechend starker Reiz ausgeht, die Erstleistung nicht mehr um ihrer Qualität willen, sondern zur Vervollständigung der Sammlung gekauft. Im Einzelfall kann dieser Einfluß mit

---

[446] So auch schon OLG Düsseldorf GRUR 75, 267 (268) - Milky Way; OLG Frankfurt GRUR 94, 522 (522f.) – Lego-Hotline; Cordes WRP 01, 867 (870); Steinbeck ZIP 01, 1741 (1745).
[447] OLG Frankfurt GRUR 94, 522 (523) – Lego-Hotline.
[448] So sinngemäß ohne Eingehen auf Gesamtangebote OLG Düsseldorf GRUR 75, 267 (269).
[449] So wohl jetzt auch der BGH WRP 02, 1256 (1259) – Kopplungsangebot I, wonach bei einer Werbung die sich an besonders schutzbedürftige Verbraucherkreise wendet, nicht vom verständigen Verbraucher ausgegangen werden kann.

den Grundsätzen des Leistungswettbewerbs unvereinbar sein.[450] Wie diese Zugabe aussehen soll ist aber schwer vorstellbar, da auch wenn der Kunde eine Ware nur wegen der Attraktivität der Zugabe kauft, aus seiner Sicht doch eine rationale Kaufentscheidung vorliegen kann.[451]

bb) Gewährleistung einer rationalen Nachfrageentscheidung durch ausreichende Verbraucherinformation

(1) Grundsätzlich

Einen ganzheitlichen Lösungsansatz zur Festlegung, wann die Grenze zum übertriebenen Anlocken überschritten ist, zeigt in diesem Zusammenhang *Köhler* auf. Im Gegensatz zur Möglichkeit, an eine konkrete Gefährdung eines Schutzzwecks der Zugabeverordnung anzuknüpfen, um die Sittenwidrigkeit einer Zugabe zu beurteilen, knüpft er an die Eröffungswerbung-Entscheidung des BGH an. Darin hat der BGH ausgeführt, daß eine Werbung unter dem Gesichtspunkt des übertriebenen Anlockens zu untersagen sein kann, „wenn dem Umworbenen ein Geschenk oder eine sonstige Vergünstigung in Aussicht gestellt wird und dadurch eine so starke Anziehungskraft auf ihn ausgeübt wird, daß die Rationalität der Nachfrageentscheidung verdrängt wird.[452]

Auf diese Entscheidung aufbauend geht *Köhler* davon aus, daß die Rationalität der Nachfrageentscheidung sichergestellt werden muß, um eine Zweitleistung zulässig zu machen.[453] Schutzziel sei also die Gewährleistung einer rationalen Nachfrageentscheidung.[454] Am besten sei dies durch ausreichende Information des Verbrauchers zu erreichen, wobei vom gemeinschaftsrechtlichen „Informationsmodell"[455] und Verbraucherleitbild auszugehen sei. Denn das gemeinschaftsrechtliche Informationsmodell besagt vereinfacht, daß eine nationale Verbraucherschutzregelung den Handel unverhältnismäßig beeinträchtigen kann, wenn ihr Schutzzweck bereits durch eine ausreichende Verbraucherinformation erfüllt werden kann. Dem entsprechend ist es die Politik der Gemeinschaft, dem Verbraucher die Informationen zur Verfügung zu stellen, die er für eine rationale Kaufentscheidung nach Preis

---

[450] Steinbeck ZIP 01, 1741 (1745).
[451] Siehe Kapitel 4 III 2 b) a.E.
[452] BGH GRUR 01, 752 (754) – Eröffnungswerbung. Siehe auch schon Kapitel 4 III 2 a); jetzt auch BGH WRP 02, 1256 (1258) – Koppelungsangeot I; BG WRP 02, 1259 (1262) – Kopplungsangebot II.
[453] Köhler GRUR 01, 1067 (1069).
[454] Köhler GRUR 01, 1087 (1070).
[455] Baumbach/Hefermehl Einl. UWG Rn 622; Steindorff S. 195 mwN; vgl. Drexel S. 547ff.

und Qualität braucht.[456] Welches Maß an Information dazu erforderlich ist, beurteilt sich nach dem europäischen Verbraucherleitbild des „durchschnittlich informierten, verständigen und aufmerksamen Durchschnittsverbrauchers“.[457] Der Verbraucher ist dabei nur soweit schutzwürdig, als ihm die Informationen zur Verfügung gestellt werden müssen; ob er sie auch nutzt, obliegt seiner Selbstverantwortung. Diese kann ihm nicht abgenommen werden.[458] Nachdem dieses Informationsmodell und Verbraucherleitbild auch in der Fallgruppe des übertriebenen Anlockens unter dem Stichwort Transparenzgebot[459] Eingang gefunden habe, sei nun darauf aufzubauen.[460]

Ein Verbraucher benötige dabei, um besagte rationale Nachfrageentscheidung zu treffen, Informationen über die Voraussetzungen, unter denen er eine Zugabe bekommt, den Gegenstand der Zugabe und ihren Wert. Insoweit könne man ein Postulat der Zugabenwahrheit und –klarheit aufstellen.[461] Daraus folge eine entsprechende Informationspflicht des Anbieters des Rabattes. Schon durch Art. 6 lit. C der Richtlinie über den elektronischen Geschäftsverkehr[462] seien bestimmte Transparenz- oder Informationserfordernisse vorgegeben. Angebote zur Verkaufsförderung, wie etwa Preisnachlässe, Zugaben und Geschenke, müssen danach, soweit sie in ihrem Ursprungsland erlaubt sind, klar als solche erkennbar sein. Weiterhin müssen die Voraussetzungen für ihre Inanspruchnahme leicht zugänglich sein, sowie klar und unzweifelhaft angegeben werden. Köhler will diese Voraussetzungen einer zulässigen Werbung mit Zugaben nicht nur auf den elektronischen Geschäftsverkehr, sondern auch auf den Offline-Handel angewendet sehen.[463] Überdies hält es Köhler, auch wenn dies nicht mehr von der Richtlinie über den elektronischen Geschäftsverkehr abgedeckt sei, für eine rationale Nachfrageentscheidung für erforderlich, daß der Kunde Wert und Gegenstand der Zugabe kenne. Es sei daher nur konsequent, dem Anbieter eine entsprechende Informationspflicht aufzuerlegen, die allerdings unter Umständen aus Gründen der Verhältnismäßigkeit, wie bereits oben dargestellt, einzuschränken sei.[464] Abzulehnen ist diese Informationspflicht bei einer bloßen Gewährung

---

[456] Köhler GRUR 01, 1067 (1069).
[457] Zum europäischen Verbraucherbegriff s.o. Kapitel 4 I 2; vgl. in Gegenüberstellung mit dem Deutschen Verbraucherleitbild Bornkamm in Festschrift BGH S. 343 (355 ff).
[458] Vgl. Steindorff S. 196; Köhler GRUR 01, 1067 (1068); siehe auch schon Kapitel 4 III 1 e) bb).
[459] Dazu BGH GRUR 99, 264 – Handy für 0, 00 DM; Fezer, WRP 01, 989 (1011); Cordes WRP 01, 867 (870).
[460] Köhler GRUR 01, 1067 (1069).
[461] Köhler GRUR 01, 1067 (1070).
[462] Sog. E-commerce Richtline: Richtlinie 2000/31/EG vom 8. Juni 2000, Abl. L 178 vom 17. Juli 2000. Auch siehe Beilage zu NJW 2000 Heft 36. Diese Informationspflichten hat der Gesetzgeber mittlerweile auch in § 7 TDG umgesetzt, dazu mehr am Ende dieses Abschnitts.
[463] Köhler GRUR 01, 1067 (1070).
[464] Köhler GRUR 01, 1067 (1071). Zur Begründung der Notwendigkeit einer Angabe des Wertes der Zugabe auch siehe Kapitel 4 III 1 e) bb).

von Zugaben angelegentlich eines Kaufes ohne vorheriges Bewerben oder Ankündigen. In solchen Fällen kann keine Beeinflussung der Nachfrageentscheidung mangels vorheriger Kenntnis von der Zugabe vorliegen.

Ein übertriebenes Anlocken soll bei Nichteinhaltung dieser Informationspflichten vorliegen. Auch eine Unentgeltlichkeitswerbung, bei der die Unentgeltlichkeit der Zugabe herausgestellt wird, könne unter Umständen als übertriebenes Anlocken zu verstehen sein. Zwar sei der Verkehr daran gewöhnt oder werde sich daran gewöhnen, daß Unternehmen mit unentgeltlichen Zuwendungen werben. Jedoch käme ein übertriebenes Anlocken dann in Betracht, wenn die Unentgeltlichkeit der Zugabe derart in den Vordergrund gerückt werde, daß auch ein verständiger Durchschnittsverbraucher davon abgehalten werde, noch einen Vergleich mit Konkurrenzangeboten anzustellen. Dazu müsse die Zugabe einen besonders hohen Wert besitzen, so daß der Verbraucher meint, gar keinen Vergleich mit Konkurrenzangeboten anstellen zu müssen, während gleichzeitig die übersteigerte Unentgeltlichkeitswerbung dazu dient, zu verschleiern, daß der Preis der Erstleistung vergleichsweise überhöht ist.[465] Doch wird in dieser Situation auch schon gegen das Transparenzgebot bezüglich des Wertes der Hauptleistung verstoßen.
Ist allerdings die Erstleistung nicht überteuert, so liegt auch dann kein übertriebenes Anlocken vor, wenn eine verhältnismäßig teuere Zweitleistung zugegeben und gleichzeitig deren Unentgeltlichkeit betont wird.

Köhler hält im Ergebnis ein übertriebenes Anlocken dann für ausgeschlossen, wenn der aufgeklärte und informierte Durchschnittsverbraucher alle Informationen hat, um selbst eine aus seiner Warte rationale Nachfrageentscheidung zu treffen.

Zwischenzeitlich hat der Gesetzgeber die gerade beschriebenen Regelungen des Art. 6 lit. C der Richtlinie über den elektronischen Geschäftsverkehr in § 7 TDG umgesetzt.[466] Dieser verlangt von Dienstanbietern bei kommerziellen Kommunikationen, die Bestandteil eines Teledienstes sind, die Einhaltung von umfangreichen Informationspflichten. Diese entsprechen im wesentlichen den Informationspflichten, die durch die geplante Richtlinie zur Verkaufförderung im Binnenmarkt geplant sind, sind jedoch nicht so weitgehend. So müssen

---

465 Köhler GRUR 01, 1068 (1074); eine bloße Überschreitung des üblichen Preises kann dagegen die Wettbewerbswidrigkeit einer Zugabe nicht begründen, vgl. Berneke WRP 01, 615 (621).
466 Gesetz über die Nutzung von Telediensten vom 22. Juli 1997, BGBl. I 1997, 1870, zuletzt geändert durch Art. 1 und 4 Abs. 1 G v. 14.12.2001 I 3721.

Zugaben lediglich klar und deutlich als solche zu erkennen sein, die Bedingungen für ihre Inanspruchnahme müssen leicht zugänglich sein sowie klar und unzweideutig angegeben werden, § 7 I Nr. 3 TDG. Jedoch besteht keine Wertangabepflicht.

Bis zum Inkrafttreten der geplanten Richtlinie zur Verkaufsförderung im Binnenmarkt sind daher die Kunden von Teledienstleistern geringfügig besser geschützt als „normale" Verbraucher, auch wenn ein Grund für diese Differenzierung nicht ersichtlich ist. Auch wenn wie gezeigt[467] das UWG in der Lage ist, den Durchschnittsverbraucher zu schützen, da es die nötigen Angaben aus §§ 1, 3 UWG erfordert, sobald der Verbraucher sie benötigt, werden durch solche gesetzlich normierten Informationspflichten doch alle Verbraucher geschützt. Denn die Informationspflichten des § 7 Nr. 3 TDG sind als Pflichtangabe auch dann anzugeben, wenn ein aufgeklärter und informierter Durchschnittsverbraucher ihrer nicht notwendigerweise bedarf. Ein Verstoß gegen diese Informationspflichten ist zwar nicht durch das TDG sanktionsbewehrt, kann jedoch ein sittenwidriges Handeln im Rahmen der Fallgruppe Vorsprung durch Rechtsbruch, § 1 UWG darstellen.[468]

(2) Ausnahmen - Verbleibende Anwendungsbereiche der Fallgruppe übertriebenes Anlocken

(a) Allgemein

Wie gerade dargestellt, wird nach dem Wegfall der Zugabeverordnung zumindest eine Zugabe, bei der der Wert angegeben wird, im Normalfall nicht mehr gegen die Fallgruppe des übertriebenen Anlockens verstoßen und daher zulässig sein. Allerdings kann auch bei Bereitstellung aller erforderlichen Informationen an den Verbraucher im Einzelfall bei Hinzutreten besonderer Umstände ein übertriebenes Anlocken vorliegen.[469]

Zunächst ist davon auszugehen, daß der aufmerksame und verständige Durchschnittsverbraucher, auf den nach dem Wegfall der Zugabeverordnung abzustellen ist, weniger Schutz benötigt als der flüchtige Verbraucher der alten BGH-Rechtsprechung.[470]

---

[467] Für Wertangaben s.o. Kapitel 4 III 1 e). Täuschung auch s.u. Kapitel 5.
[468] Dazu im folgenden mehr s. Kapitel 4 VI. Dabei ist zu beachten, daß das TDG unmittelbar dem Verbraucherschutz dient (BT-Drs. 13/7385 S.1) und damit eine Wettbewerbsbezogene Schutzfunktion aufweißt.
[469] Cordes WRP 01, 867 (870).
[470] Dazu genauer und zur Notwendigkeit einer gesetzlichen Regelung zur Preisangabe siehe Kapitel 5 IV.

Ein Eingriff zur Korrektur zugabespezifischer wettbewerbsrechtlicher Verstöße bei Erfüllung der nötigen Informationspflichten durch den Anbieter erscheint daher nur in den Fällen nötig, in denen eine rationale Kaufentscheidung trotz aller Informationen nicht möglich ist.

(b) Übertriebene Beschränkung der Zugabe

Auch bei einer zeitlichen Befristung des Angebots der Zugabe kann es im Ausnahmefall nicht ausreichen, nur den Wert der Zugabe oder auch die Zeitspanne anzugeben, während der die Zugabe in dieser Form gewährt wird. Denn durch die Beschränkung einer Zugabegewährungsaktion auf einen extrem kurzen Zeitraum (nur 2 Tage) kann eine rationale Kaufentscheidung verhindert werden. Bei jeder zeitlichen Befristung wird der Verbraucher einem Entscheidungsdruck ausgesetzt: wartet er zu lange, bekommt er die Zugabe nicht mehr. Die Grenze zur unsachlichen Beeinflussung[471] dürfte aber jedenfalls dann nicht überschritten sein, wenn der Verbraucher noch ausreichend Zeit hat, sich über die Angebote der Konkurrenz zu informieren und danach erst seine Entscheidung zu treffen, ohne einer unmittelbaren Beeinflussung durch den Verkäufer ausgesetzt zu sein.[472] Zulässig wäre danach eine Werbung mit dem Hinweis auf eine nur einen Tag dauernde Werbungsaktion mehrere Tage im voraus, da sich die Verbraucher in diesem Fall schon im Vorfeld informieren können. Unzulässig dürfte es dagegen sein, den Verbraucher zwar über den Wert der Zugabe zu informieren, ihn aber vor die Wahl zu stellen, sofort zuzugreifen, oder die Zugabe nicht mehr zu bekommen.

Zulässig dagegen muß es sein, auf die begrenzte Menge an Zugabeartikeln zu verweisen. Dabei muß dem Verbraucher aber noch eine ausreichende Entscheidungsfrist bleiben.[473] Auch der Hinweis auf das letzte vorhandene Zugabestück dürfte dabei zulässig sein, wegen der Situation allerdings nur in neutraler Form. Zulässig müßte ein einfacher Hinweis auf das letzte vorhandene Zugabestück sein, unzulässig die besondere Herausstellung dieser Tatsache. Die Grenze zur unsachlichen Beeinflussung dürfte dann noch nicht überschritten sein, wenn der Verbraucher noch die Möglichkeit hat, sich ausreichend und ohne einer unmittelbaren Beeinflussung durch den Verkäufer ausgesetzt zu sein, zu informieren.[474]

Fälle, in denen die diese Grenze überschritten wird, indem eine Zugabe so stark beschränkt wird, daß kein Raum für eine rationale Kaufentscheidung bleibt, wären in der Fallgruppe

---

[471] Berneke WRP 01, 615 (619) zur Einschränkung der Handlungsfreiheit; Heermann WRP 01, 855 (860); vgl. auch BGH WRP 93. 749 - Geld-zurück-Garantie.

[472] Köhler GRUR 01, 1067 (1074); zu diesem Aspekt auch BGH GRUR 98, 1037 (1038) – Schmuck-Set.

[473] Köhler GRUR 01, 1067 (1074).

[474] Köhler GRUR 01, 1067 (1074); BGH GRUR 98, 1037 (1038) – Schmuck-Set.

„Kundenfang" als „übertriebenes Anlocken" zu erfassen. Neben der durch eine Wertangabe gebannten Gefahr der Preisverschleierung besteht diese Lockwirkung auch darin, daß der Verbraucher das Gesamtangebot mangels Vergleichsmöglichkeit für besonders preiswürdig hält.[475] In diesem Zusammenhang kann es keinen Unterschied machen, ob der Verbraucher mangels Preisangabe oder aus künstlich durch den Anbieter herbeigeführter Zeitknappheit keinen Vergleich durchführen kann. Mangels ausreichender Informationsbasis kann er keine rationale Kaufentscheidung treffen und der Lockwirkung des Angebotes auch als aufmerksamer und verständiger Durchschnittsverbraucher zum Opfer fallen. Aber gerade diese Art des Anlockens wird von § 1 UWG erfaßt, so daß keine Schutzlücke besteht.

(c) Ausnutzung geschäftsunerfahrener Verbraucher

Die Herabsetzung des Schutzniveaus im Wettbewerbsrecht durch die Abschaffung der Zugabeverordnung und durch das Zugrundelegen eines „neuen" Verbraucherleitbildes führt naturgemäß dazu, daß schwächere Konsumentengruppen nicht mehr so wirksam geschützt werden können. Teilweise wird man dies als von Gesetzgeber und Rechtsprechung gewollten bzw. in Kauf genommenen Nebeneffekt ansehen müssen, den rückgängig zu machen bedeuten würde, die gesamte Reform des Verbraucherschutzes im Wettbewerbsrecht, wie sie gerade durchgeführt wird, ad absurdum zu führen.

Teilweise ist eine solcherart entstehende Schutzlücke allerdings nicht akzeptabel, nämlich dann, wenn die betroffene Verbrauchergruppe klar aussonderbar ist und sie aufgrund ihrer Eigenschaften besonders schutzbedürftig erscheint.
Eine Ausnahme wäre vor allem bei Kindern und Jugendlichen notwendig.[476] Natürlich kann man auch Kinder in die Menge der Durchschnittsverbraucher einordnen, doch wird dies zumindest dann ihrer besonderen Schutzbedürftigkeit nicht gerecht werden, wenn sich die Werbung direkt an sie richtet. Denn bei Kindern ist aufgrund ihrer Unerfahrenheit damit zu rechnen, daß sie i.d.R. leichter zu beeinflussen sind.[477] Kinder und Jugendliche sind oft zu einer kritischen Beurteilung nicht in der Lage und messen daher dem Gratiselement einer Zugabe ungeprüft übersteigerte Bedeutung zu.[478] Auch bei Vorliegen sämtlicher Daten wird es daher oft nicht zu einer rationalen Kaufentscheidung kommen. Im Gegenteil können

[475] Baumbach/Hefermehl § 1 UWG Rn. 128.
[476] Kapitel 4 III 2 c) aa) (5); Köhler GRUR 01, 1068 (1074).
[477] OLG Frankfurt GRUR 94, 522 (523) – Lego Hotline.
[478] Kapitel 4 III 2 c) aa) (5); OLG Düsseldorf GRUR 75, 267 (269).

Kinder und Jugendliche die finanziellen Folgen ihres Tuns häufig nicht abschätzen.[479] Auf der anderen Seite werden Kinder von der Werbewirtschaft als zahlungskräftige Klientel gesehen und entsprechend oft gezielt beworben.

Zwar wird auch bisher schon die gezielte Verführung von Kindern und Jugendlichen durch das UWG erfaßt, insbesondere auch die gezielte Gewährung von Zugaben, die auf die Mentalität von Kindern und Jugendlichen zugeschnitten sind und die dadurch ihren Anreizeffekt noch verstärken. Sobald eine Ausnutzung der Unerfahrenheit, Ungewandtheit oder leichten Beeinflußbarkeit von Kindern durch Zugaben vorliegt, um sie zu unwirtschaftlichen Ausgaben oder zu Anschaffungen über Bedarf zu verführen, liegt Sittenwidrigkeit im Sinne von § 1 UWG vor. [480] Allerdings ist zu befürchten, daß durch eine uniforme Absenkung des Schutzniveaus Kinder und Jugendliche als Sondergruppe in Zukunft im Zusammenhang mit Zugaben aus dem Schutzbereich des UWG fallen könnten, so daß diese Rechtsprechung gar nicht mehr zur Anwendung kommen kann.

Deswegen erscheint es vorzugswürdig, Kinder und Jugendliche aus dem Verbraucherleitbild des durchschnittlich informierten und aufmerksamen Durchschnittsverbrauchers zumindest dann auszusondern, wenn die Werbung mit Zugaben sich direkt an sie richtet. Als Folge wäre einer Beurteilung der Sittenwidrigkeit von Zugaben generell das Leitbild des durchschnittlich informierten und aufmerksamen Durchschnittsverbrauchers zugrunde zu legen, bei einer sich direkt an Kinder und Jugendliche richtenden Werbung allerdings das „alte" Leitbild des uninformierten und flüchtigen Verbrauchers.

Eine solche Differenzierung ist schon durch das erhöhte Schutzbedürfnis von Kindern und jugendlichen Verbrauchern gerechtfertigt und kann auch durch das UWG gewährleistet werden. Denn im Grunde bewirkt diese Differenzierung nichts anderes, als den schon bestehenden Sonderschutz[481] auch bei Zugabetatbeständen unter Beachtung der gesetzgeberischen Wertung der grundsätzlichen Zulässigkeit von Zugaben auch auf Zugabetatbestände anzuwenden. Als Folge wären Zugaben aufgrund der gesetzgeberischen Wertung zwar auch dann generell zulässig, wenn sie sich direkt an Kinder und Jugendliche wenden; allerdings wird eine Angabe von Preis und wertqualifizierenden Merkmalen der Zugabe alleine nicht ausreichen, um ein übertriebenes Anlocken zu verneinen. Statt dessen wird man ein übertriebenes Anlocken immer dann bejahen müssen, wenn ein flüchtiger und uninformierter Verbraucher getäuscht oder verlockt würde. Außerdem wäre weiterhin darauf

---

[479] Zu Handyverträgen und -kosten: SWR SALDO vom 23.10.2000, http://www.swr.de/saldo/archiv/2000/10/23/beitrag4.html.

[480] Baumbach/Hefermehl § 1 UWG Rn. 198; OLG Düsseldorf GRUR 75, 267 (268) - Milky Way.

[481] Baumbach/Hefermehl § 1 UWG Rn. 198.

zu achten, ob die Werbung in ihrer Gestaltung darauf abzielt, die Schwächen von Kindern und Jugendlichen beim Entscheidungsprozeß auszunutzen.[482] Als Beispiel wäre etwa an ein Treffen mit einem „Star" als Zugabe zu einem Artikel zu denken, da ein solches Treffen mit ihrem Idol für viele Kinder wohl nicht mit Geld aufzuwiegen ist, stünde zu befürchten, daß sie jeden Preis zahlen würden.

(d) Ausnutzung des Sammelleidenschaft

Wie oben angerissen,[483] könnte man das Ausnutzen der Sammelleidenschaft der Verbraucher im Rahmen der Zugabegewährung als sittenwidrig ansehen. Möglicherweise könnte dies der Fall sein, wenn eine gewährte Zugabe ein unvollständiger Teil einer Sammlung ist und von der Sammlung ein so starker Reiz ausgeht, daß die Erstleitung nicht um ihrer Qualität willen, sondern zur Vervollständigung der Sammlung gekauft wird.[484] Allerdings ist nun vom Leitbild des durchschnittlich informierten, verständigen und aufmerksamen Durchschnittsverbrauchers auszugehen, der, sobald er alle Daten zur Verfügung hat, eine rationale Kaufentscheidung treffen kann.

Vor Abschaffung der Zugabeverordnung waren Sammelzugaben nur erlaubt, wenn sie unterhalb der Wertgrenze des § 1 Abs. 2 lit. a ZugabeVO lagen, wobei zwischen echten und unechten Sammlungen zu differenzieren war. Bei echten Sammlungen, bei denen die Zugabegegenstände für sich keinen Wert haben, wie etwa Spielkarten oder Schachfiguren, war allein vom Sammelergebnis auszugehen, das gegenüber den Einzelstücken ein neues wirtschaftliches Gut ist und einen höheren Wert als die Summe der Einzelstücke hat. Nur dieses Sammelergebnis war daher als Zugabe zu beurteilen.[485] Bei unechten Sammlungen, d.h. wenn Einzelstücke ausgegeben wurden, die zwar für eine Sammlung bestimmt waren, aber auch als Einzelstücke eine bestimmungsgemäße wirtschaftliche Verwendung hatten, z.B. Vogelbilder, waren die Einzelstücke als Zugaben zu bewerten.[486]

---

[482] So jetzt auch BGH WRP 02, 1256 (1259) – Kopplungsangebot I, allerdings ohne hier ein anderes Verbraucherleitbild zu verlangen.
[483] Kapitel 4 III 2 c) aa) (6).
[484] So Steinbeck ZIP 01, 1741 (1745).
[485] Baumbach/Hefermehl § 1 ZugabeVO Rn. 25; Köhler/Piper 2.A. § 1 ZugabeVO Rn. 32; BGHZ 11, 274 (278) – Orbis-Reisemarken; BGH GRUR 57, 40 - Puppenservice.
[486] Baumbach/Hefermehl § 1 ZugabeVO Rn. 26; Köhler/Piper 2.A. § 1 ZugabeVO Rn. 32; BGH GRUR 72, 428 (429) - Bilderpunkte.

Nach dem Wegfall der Zugabeverordnung müssen zumindest die bisher erlaubten geringwertigen Sammelzugaben erlaubt sein.[487] Jedoch ist es auch bei darüber hinsausgehenden, wertvolleren Zugaben schwer vorstellbar, daß das Affektionsinteresse beim Durchschnittsverbraucher jegliches wirtschaftliches Denken in den Hintergrund treten läßt.

Wie bereits dargelegt[488] ist nach dem Wegfall der Zugabeverordnung eine Hauptleistung mit Zugabe im Grunde als ein Gesamtangebot zu sehen. Der Verbraucher betrachtet bei seiner Kaufentscheidung das Gesamtangebot und bezieht dabei auch die Zugabe mit ein.[489] Er wird dabei eine überteuerte Hauptleistung i.d.R. nicht kaufen, nur um eine Zugabe zu erhalten.[490] Wenn aber die Zugabe alleine das Angebot so attraktiv macht, daß sich der Kauf nur der Zugabe wegen lohnt, steht dahinter aus Sicht des Kunden eine rationale Kaufentscheidung.[491] Bei mehreren Sammlungsgegenständen wird der Verbraucher unschwer ermitteln können, wie viel ihn die gesamte Sammlung kostet, wenn er jedesmal einen weiteren Gegenstand (die Hauptleistung) dazuerwerben muß. Sollte dennoch das Affektionsinteresse überwiegen und der Verbraucher eine „objektiv" wirtschaftlich unvernünftige Entscheidung treffen, zeigt dies lediglich, daß der Verbraucher sein Affektionsinteresse an dieser Stelle wirtschaftlich entsprechend hoch bewertet. Damit geht von sammelbaren Gegenständen im Grunde keine höhere Gefahr aus als von anderen Zugaben, da die Abwägung die der Verbraucher treffen muß, im Grunde die Selbe wie bei normalen Zugaben ist. Ein entstehendes höheres Affektionsinteresse muß der Verbraucher dabei selbst bewerten.

Etwas anderes kann dann gelten, wenn eine Sammelzugabe überhöht dargestellt wird, um bei Kindern einen irrationalen Kaufentschluß hervorzurufen. Hier ist darauf zu achten, daß bei Kindern aufgrund ihrer Unerfahrenheit und leichteren Beeinflußbarkeit vorzugsweise das Leitbild eines flüchtigen und uninformierten Verbrauchers Anwendung finden sollte. Danach wird es nicht ausreichen, wenn der Anbieter den Wert der sammelbaren Zugabe und der Hauptleistung angibt, um eine Sittenwidrigkeit der Werbung zu vermeiden. Zusätzlich ist zu verlangen, daß der Anbieter nicht gezielt die leichtere Beeinflußbarkeit der Kinder ausnutzt.[492] Hier würde sich wieder das bereits oben erwähnte Beispiel des Treffens mit

---

[487] Kapitel 3 II 1.
[488] Siehe Kapitel 1 I 2 b).
[489] Köhler GRUR 01, 1067 (1069); Steinbeck ZIP 01, 1741 (1745).
[490] Steinbeck ZIP 01, 1741 (1745); Berlit WRP 01, 349 (352); Heermann WRP 01, 855 (857); einschränkend Cordes WRP 01, 867 (870) bzgl. Kindern und Jugendlichen, dazu im folgenden.
[491] Köhler GRUR 01, 1067 (1069), der als Beispiel die Zugabe eines Mountainbikes zu einem Zeitschriftenabonnement anführt.
[492] S.o. Kapitel 4 III 2 c) dd) (3).

einem Star eignen, wenn man etwa nach dem Sammeln von 1000 Gutscheinen, die jeweils auf der Rückseite der Verkaufsverpackung abgedruckt sind, ein Treffen mit seinem Star gewährt bekommt.

cc) Zwischenergebnis

Während ein Teil der Literatur die Fallgruppe des übertriebenen Anlockens durch Zugaben dadurch restriktiv handhaben will, daß sie das Schutzniveau hoch ansetzt und nur bei einer konkreten Verletzung dieses Schutzniveaus ein übertriebenes Anlocken in Betracht zieht, da der aufgeklärte und informierte Durchschnittsverbraucher keines weitergehenden Schutzes bedarf,[493] will *Köhler* dann kein übertriebenes Anlocken sehen, wenn der Verbraucher alle Informationen hat, um eine rationale Nachfrageentscheidung zu treffen.[494]
Im Ergebnis liegt aber nach beiden Ansichten in einer Zugabegewährung an sich ohne das Hinzutreten weiterer Umstände kein übertriebenes Anlocken. Solche Umstände können z.B. mangelnde Information der Verbraucher oder die gezielte Beeinflussung von Kindern sein.

Vorzugswürdig, weil leichter handhabbar, ist dabei die Ansicht *Köhlers*, denn das rein abstrakte Abstellen auf eine konkrete Schutzverletzung erscheint in der Praxis mit Schwierigkeiten verbunden. Es wird zwar oft zum selben Ergebnis führen wie *Köhlers* Abstellen auf die Gewährleistung einer rationalen Nachfrageentscheidung durch ausreichende Verbraucherinformation, insbesondere da auch die Anhänger eines Abstellens auf eine konkrete Schutzverletzung die Erkennbarkeit des Wertes der Zugabe als ein Kriterium in die Frage miteinbeziehen wollen, ob eine konkrete Schutzverletzung vorliegt.[495] Jedoch kann eine Prüfung, ob auch alle Informationsanforderungen eingehalten wurden, im Einzelfall schneller und leichter erfolgen, als eine Gesamtprüfung, ob nun eine konkrete Schutzverletzung vorliegt. Außerdem geht der Lösungsansatz *Köhlers* tendenziell weiter und kommt damit am ehesten dem Willen des Gesetzgebers entgegen, das Wettbewerbsrecht zu liberalisieren. Für eine umfangreiche Anwendung der Fallgruppe „übertriebenes Anlocken" bleibt kein Raum.

---

[493] Lange/Spätgens Rn. 439; Heermann WRP 01, 855 (857, 862f.).
[494] Köhler GRUR 01, 1067 (1069).
[495] Steinbeck ZIP 01, 1741 (1945).

D) Auswirkungen eines Inkrafttretens der Verordnung zur Verkaufsförderung im Binnenmarkt auf den Tatbestand des übertriebenen Anlockens

Noch weiter als *Köhler* es für erforderlich hält, um dem Verbraucher eine rationale Nachfrageentscheidung zu ermöglichen, geht die Europäische Kommission mit ihrem Vorschlag für eine Verordnung des Europäischen Parlaments und des Rates über Verkaufsförderung im Binnenmarkt. Wie bereits dargestellt, verweist deren Artikel 4 auf einen Anhang, in dem für die kommerzielle Kommunikation allgemein, und speziell auch für Zugaben, umfangreiche Informationspflichten aufgestellt werden, bei deren Einhaltung die Zugabe zulässig sein soll.[496] Diese fordern unter Punkt 1.1 für alle Verkaufsförderaktionen die Angabe des Preises der beworbenen Ware mit allen Nebenkosten, die Identität des Auftraggebers, den ersten und letzten Tag für den das Angebot gilt (bzw. ersatzweise der verfügbaren Bestandsmenge), und soweit das Angebot Bedingungen enthält, Hinweise darauf, wo sie zu finden sind.[497] Für Zugaben wird daneben unter Punkt 3.1 des Anhangs gefordert, daß der tatsächliche Wert der Zugabe, und alle Kosten die an ihren Erhalt geknüpft sind, anzugeben sind. Nach Punkt 3.2 sind des weiteren auf Anforderung alle Bedingungen und Einschränkungen anzugeben, die für die Zugabe gelten. Bei Einhaltung dieser Informationserfordernisse gilt die Zugabe als zulässig. Der Verbraucher hat die Möglichkeit, aber auch die Verantwortung, sich umfassend zu informieren. Tut er es nicht, so ist er nicht schutzwürdig.

Diese Regelung stellt klar auf den informierten, aufmerksamen und verständigen Durchschnittsverbraucher ab, der aber, wenn er ausreichend informiert ist, auch nicht mehr übertrieben angelockt werden kann. Weil die geplante Verordnung auch die Ausnahmen abschließend regelt, erscheint hier für die Fallgruppe des übertriebenen Anlockens grundsätzlich kein Platz mehr. Dies gilt auch gegenüber nationalen Verbrauchern, da die Verordnung eine generelle Harmonisierung im Binnenmarkt erreichen will[498] und auch alle nationalen Unternehmen an die Vorschriften gegenüber nationalen Verbrauchern gebunden sein müssen, da sonst für diese Verbraucher keine Vergleichbarkeit der Angebote mit denen

---

[496] Siehe oben Kapitel 4 III 1 g).
[497] Anhang zum Verordnungsvorschlag, KOM (2002) 585 endgültig/2 S. 15.
[498] Verordnungsvorschlag KOM (2001) 546 endgültig/2 S. 9f; Erwägungsgründe 3, 4, 5, KOM (2002) 585 endgültig S. 5 f.

ausländischer Mitbewerber besteht. Eine Ausnahme hiervon ist aus der Verordnung nicht ersichtlich.[499]

Auch bei reinen Inlandssachverhalten ergeben sich keine Besonderheiten, eine uneingeschränkte Anwendung des Lauterkeitsrechts ist auch hier nicht möglich. Eine Inländerdiskriminierung ist nur im Rahmen von Grundfreiheiten möglich; da alle Grundfreiheiten tatbestandlich an grenzübergreifende Sachverhalte anknüpfen, können Gesetze, die einem Anbieter von Produkten aus anderen Mitgliedsstaaten nicht entgegengehalten werden können, auf reine Inlandssachverhalte weiterhin angewendet werden.[500] Bei Verordnungen ist dafür aber aufgrund der unmittelbaren Geltung kein Raum. Denn diese besagt unter anderem, daß die Verordnung Teil der innerstaatlichen Rechtsordnung wird, deutsche Gerichte haben die Verordnungen selbst anzuwenden und entgegenstehendes nationales Recht außer Anwendung zu lassen.[501]

Ausnahmen davon gelten nur zum Schutz von Kindern und Jugendlichen.[502] Zwar sind dabei Zugaben an Kinder und Jugendliche erlaubt, gemäß Artikel 5.2 der geplanten Verordnung allerdings nur, wenn diese keine Gefahr für die körperliche Unversehrtheit der Kinder darstellen. Gemäß Art 5 Abs. 1 ist Kindern die Teilnahme an Gewinnspielen und Preisausschreiben ohne Zustimmung der sorgeberechtigten Person verboten, davon sind auch Gewinnchancen als Zugaben umfaßt. Art 5 Abs. 3 verbietet schließlich das gezielte Ausnutzen der geschäftlichen Unerfahrenheit von Kindern, unter anderem werden damit auch entsprechende Zugabeaktionen verboten.

E) Mitbewerberschutz

Zum Mitbewerberschutz im Rahmen der Fallgruppen übertriebenes Anlocken und Preisverschleierung ist zu sagen, daß eine Gefährdung des Leistungswettbewerbs im Rahmen dieser Fallgruppen schwer vorstellbar ist. Die Fallgruppen Preisverschleierung[503] und übertriebenes Anlocken[504] dienen nur mittelbar dem Mitbewerberschutz: nach dem Leitbild des aufmerksamen und informierten Durchschnittsverbrauchers ist davon auszugehen, daß

[499] Vgl. Verordnungsvorschlag Erwägungsgrund 14, KOM (2002) 585 endgültig S. 8.
[500] Streinz Europarecht Rn. 683.
[501] Streinz Europarecht Rn. 380; vgl. BVerfGE 31, 145 (170).
[502] Die genaue Regelung des Art 5 wurde mehrfach geändert. An dieser Stelle wird nunmehr die neuste Fassung 12261/04 ADD1 REV 1 dargestellt, aber auch KOM 546 endgültig/2 und KOM (2002) 585 endgültig enthalten in Artikel 5 entsprechende Regelungen zum Schutz von Kindern.
[503] Dazu Kapitel 4 III 1 e) bb) und 4 III 1 h).
[504] Dazu Kapitel 4 III 2 c) bb).

sich dieser in der Regel dann nicht wettbewerbswidrig beeinflussen läßt, wenn er die nötigen Informationen hat, um eine rationale Kaufentscheidung zu treffen; in Bezug auf die Zugabe heißt dies deren Wert und wertqualifizierende Faktoren. Bei Einhaltung dieser Angaben wird im Bezug auf die Verbraucher eine im Rahmen des Leistungswettbewerbs liegende Handlung gegeben sein. Wenn der Verbraucher aber nicht übertrieben angelockt bzw. getäuscht wird, und die Verwendung von Zugaben in diesem Zusammenhang dem Anbieter daher mangels wettbewerbswidriger Beeinflussung der Verbraucher keinen außerhalb des Leistungswettbewerbs liegenden Vorteil verschafft, können auch keine Interessen der Mitbewerber verletzt sein. Umgekehrt muß gelten, daß, sobald diese Grenze überschritten ist und der Verbraucher wettbewerbswidrig angelockt wird, auch die Interessen der Mitbewerber verletzt sind, da der Kunde ansonsten im Leistungswettbewerb möglicherweise bei ihnen abgeschlossen hätte.

Denn es sind auch Fälle denkbar,[505] in denen trotz korrekter Angabe von Wert und wertqualifizierenden Merkmalen ein übertriebenes Anlocken des Verbrauchers vorliegt. Da der Verbraucher hier mit außerhalb des Leistungswettbewerbs liegenden Mitteln zum Kauf gebracht wird, liegt damit auch eine Verletzung der Interessen der Mitbewerber vor. Wie im Rahmen des Verbraucherschutzes ausgeführt, können diese Fälle allerdings von § 1 UWG erfaßt werden, so daß auch bzgl. der Mitbewerber keine Schutzlücke besteht.[506]

f) Garantien

Für eine Überprüfbarkeit im Rahmen der Fallgruppe „übertriebenes Anlocken" kommen nur Garantien in Betracht, die über die reine Sicherung des Vertragsmäßigkeit der Hauptsache die als Nebenpflichten hinausgehen.[507] Denn nur bei solchen selbständigen Garantien lag vor Wegfall der Zugabeverordnung überhaupt ein Zugabecharakter vor. Doch auch in diesem Fall kommt ein Rückgriff auf die Fallgruppe des übertriebenen Anlockens nicht in Betracht. Schon vor Wegfall der Zugabeverordnung sahen die Gerichte Garantien nur unter dem Gesichtspunkt der Zugabe als rechtswidrig an, allenfalls ein Eingreifen von § 3 UWG wurde in Betracht gezogen.[508] Sogar bei zeitlich unbeschränkten Garantien wurde nur eine Wettbewerbswidrigkeit nach § 1 Abs. 1 S. 1 ZugabeVO in Betracht gezogen.[509] Eine Liberalisierung des Wettbewerbsrechts kann daran nichts ändern. Denn ein übertriebenes

---

[505] Kapitel 4 III 2 c) dd).
[506] Kapitel 4 III 2 c) cc), dd).
[507] Lange/Spätgens Rn. 443; Baumbach/Hefermehl § 1 ZugabeVO Rn. 19a.
[508] Baumbach/Hefermehl § 1 ZugabeVO Rn 85; Lange/Spätgens Rn 443. Garantien als verbotene Zugabe: BGH WRP 01, 258: Rückgaberecht I; BGH GRUR 98, 502; - Umtauschrecht I; BGH GRUR 99, 270 – Umtauschrecht II; BGH WRP 00, 1278 – Möbel-Umtauschrecht.
[509] OLG Saarbrücken WRP 99, 224 – „Lands End".

Anlocken scheidet schon deshalb aus, weil die Garantie zunächst keinen gegenständlichen Wert darstellt. Es handelt sich stets um einen höchst abstrakten Wert, ein Vorteil aus dem Garantieversprechen läßt sich, wenn überhaupt – erst in der Zukunft bei Eintreten des Garantiefalles realisieren. Auch wenn sich die Garantie im Einzelfall separat erwerben läßt,[510] ist sie doch ohne zugrundeliegendes Hauptgeschäft, das durch sie abgesichert wird, wertlos. Es ist aber kaum vorstellbar, geschweige denn konkret feststellbar, daß allein ein solches Garantieversprechen geeignet erscheint, den Kunden derart „magisch anzuziehen", daß er sich ohne Güte- und Preiswürdigkeitsprüfung der Hauptleistung nur deshalb zum Erwerb entschließt, weil ihm hinsichtlich des Vertrages eine Rechtsgestaltungsmöglichkeit eingeräumt worden ist.[511]

Auch unter dem Aspekt, daß eine solche Garantie den Kunden erst veranlassen könnte, sich mit dem Angebot auseinanderzusetzen, kommt ein übertriebenes Anlocken nicht in Betracht. Denn die Zugabe nach alter Rechtslage ist nun als Zweitleistung zu sehen, die zusammen mit der Erstleistung ein einheitliches Angebot bildet.[512] Mit der Rechtsprechung ist davon auszugehen, daß die Anlockwirkung, die von einem attraktiven Angebot ausgeht, grundsätzlich nicht wettbewerbswidrig, sondern gewollte Folge des Leistungswettbewerbes ist.[513] Die Unzulässigkeit eines zusammengesetzten Angebots kann sich daraus ergeben, daß die Entschließungsfreiheit des Kunden durch die in Aussicht gestellte Zweitleistung unsachlich, d.h. in einer im Widerspruch zum Leistungswettbewerb stehenden Weise beeinflußt wird. Unsachlich sind dabei Mittel, die nicht die Preiswürdigkeit oder Qualität der Erstleistung steigern, sondern Kunden von einer preis- und qualitätsbewußten Prüfung verschiedener Angebote durch werbendes Herausstellen leistungsfremder Vergütungen abhalten, der gewährte Vorteil also außerhalb des eigentlichen (Gesamt-) Angebots liegt.[514] Allerdings stellt die Garantie als solche im absoluten Regelfall lediglich eine Werterhaltung der Investition, die der Käufer getätigt hat, dar, und ist daher gerade ein integraler Bestandteil der Gesamtleistung und keine Zugabe.

---

[510] Kapitel 1 I 2 b).
[511] Lange/Spätgens Rn. 443.
[512] S.o. Kapitel 34 II 2.
[513] BGH GRUR 00, 918 (919) – Null-Tarif; BGH GRUR 01, 446 (447) – 1-Pfennig-Farbbild; BGH WRP 99, 90 – Handy für 0,00 DM; GRUR 98, 500 (502) - Skibindungsmontage.
[514] BGH GRUR 00, 918 (919) – Null-Tarif; BGH GRUR 01, 446 (447) – 1-Pfennig-Farbbild; WRP 98, 388 – Skibindungsmontage; Baumbach/Hefermehl § 1 UWG Rn. 90b; Steinbeck ZIP 01, 1471 (145); Köhler GRUR 01, 1067 (1068); Köhler/Piper 2.A. § 1 UWG Rn 196; Hoß MDR 01, 1094 (1095).

g) Exkurs: Auswirkungen des Wegfalls der Zugabeverordnung auf gekoppelte Vorspannangebote

Vorspannangebote sind Lockangebote besonderer Art. Sie sollen den Absatz einer angebotenen marktüblichen Hauptware wie etwa Kaffee oder Tee dadurch fördern, daß daneben eine Nebenware angeboten wird, die sehr preisgünstig zu sein scheint, und meist branchenfremd ist (Vorspannware). Nur durch den Kauf der Hauptware wird der Käufer dabei berechtigt, die Nebenware zu erwerben, es besteht ein Akzessorietätsverhältnis.[515] Die werbliche Wirkung soll dabei in dem starken Lockeffekt durch das günstige Vorspannangebot liegen. Dieser soll geeignet sein, den Kunden ohne sachliche Prüfung zum Kauf der Hauptware zu bewegen, um das besonders günstige Vorspannangebot zu erhalten.[516] Aufgrund des rechtlichen Bedingungszusammenhangs (Akzessorietät) zwischen dem Erwerb der Hauptware (Erstware) und dem Erwerb der Nebenware (Zweitware) gewinnt das Vorspannangebot einen zugabeähnlichen Charakter. Jedoch wurde nicht gegen das als Formaltatbestand ausgestaltete Verbot der Zugabeverordnung verstoßen, da es an der Unentgeltlichkeit der Abgabe der Zweitleistung fehlt.[517]

Aber die Argumentation, mit der die Rechtssprechung die Vorspannangebote als Wettbewerbswidrig angesehen hat, ist im Grunde die selbe, die auch gegen die Zugaben vorgebracht wurde. In seiner bisherigen Rechtsprechung ging BGH davon aus, daß Vorspannangebote grundsätzlich „als unzulässig zu behandeln sind. Denn es ist, [...], geradezu das Ziel dieser Werbemethode, die Aufmerksamkeit von der Hauptware, ihrer Qualität und Preiswürdigkeit, und von sonstigen für den Kaufentschluß maßgeblichen Umständen abzulenken und den Entschluß allein oder vorwiegend mit der Lockwirkung der Vorspannware zu beeinflussen.“[518] Jedoch handelt es sich dabei um die selben Bedenken, die gegen Zugaben bei Erlaß der Zugabeverordnung und auch später vorgebracht wurden.[519] Aus Sicht des BGH erscheint dies nachvollziehbar, denn das Vorspannangebot ist danach der Zugabe sehr ähnlich, der einzige Unterschied läge darin, daß die Zugabe unentgeltlich gewährt wird, während für das Vorspannangebot ein gesonderter Preis berechnet wird.

[515] BGH GRUR 76, 637 – Rustikale Brettchen; BGH 77, 110 Kochbuch; BGH GRUR 99, 755 (756f) – Altkleider-Wertgutscheine; Baumbach/Hefermehl § 1 UWG Rn. 132; Köhler-4 II 3. A. § 1 UWG Rn. 230; Emmerich 6.A S. 175f; HK/Plaß § 1 UWG Rn. 152.

[516] Baumbach/Hefermehl § 1 UWG Rn. 132; HK/Plaß § 1 UWG Rn. 152; Gloy/Klosterfelde/Jaeger-Lenz § 50 Rn. 123; Köhler/Piper 3.A. § 1 UWG Rn. 230.

[517] Baumbach/Hefermehl § 1 UWG Rn. 132; Gloy/Klosterfelde/Jaeger-Lenz § 50 Rn. 123.

[518] BGH GRUR 76, 248 (249) – Vorspannangebot.

[519] Amtl Begründung für den Erlaß der ZugabeVO, abgedruckt bei Sydel S. 191 (192 f), auch: Baumbach/Hefermehl Vor ZugabeVO Rn. 7; Köhler/Piper 2.A. Einf. ZugabeVO Rn. 2.

Deswegen soll die Anlockwirkung des Vorspannangebotes im Grunde dieselbe wie die der Zugabe sein, wenn auch abgemildert.[520]

Die Sittenwidrigkeit der Vorspannwerbung ergab sich also aus der Ähnlichkeit mit der Zugabe. Aufgrund des Wegfalls der Zugabeverordnung ist daher eine Neubewertung nötig. Die nunmehr grundsätzlich zulässige Zugabe hat aufgrund ihrer kostenlosen Gewährung eine wesentlich höhere Anlockwirkung als ein gekoppeltes Vorspannangebot, daher wäre es widersinnig, dennoch auf der Sittenwidrigkeit von gekoppelten Vorspannangeboten im Rahmen der Fallgruppe des übertriebenen Anlockens zu bestehen. Sinnvoller erscheint es, die Rechtsprechung zu verdeckten Kopplungsangeboten auch auf gekoppelte Vorspannangebote anzuwenden, d.h. solange der Kunde den Wert von Erst- und Zweitleistung leicht ermitteln, und so das Vorspannangebot mit den Angeboten der Konkurrenz vergleichen kann, ist das Vorspannangebot zulässig. Auch der BGH geht in seiner neuesten Rechtsprechung von einer einheitlichen Mißbrauchskontrolle für alle Koppelungsgeschäfte (Vorspannangebote, Zugaben und Kopplungsangebote) aus.[521]

Bedenkt man in diesem Zusammenhang allerdings, daß durch Artikel 4 iVm 3.1 erster Spiegelstrich des Anhangs Verordnungsvorschlag eine vollständige Offenlegungspflicht des Wertes von Erst- und Zweitleistung gefordert wird, so ist fraglich, ob dies Auswirkungen auf gekoppelte Vorspannangebote haben kann. Zwingend erscheint eine solche analoge Anwendung der Regelung zu Zugaben auf verdeckte Kopplungsangebote durch die Rechtsprechung nicht; immerhin ist aufgrund der Kostenpflichtigkeit der Zweitleistung die Anlockwirkung durch verdeckte Kopplungsangebote geringer als die durch Zugaben. Unter dem Aspekt einer Angleichung des deutschen Verbraucherschutzrechts an die europäische Gesetzgebung und Rechtsprechung, wie sie der BGH zum Teil vornimmt,[522] erscheint dies dennoch vorzugswürdig. Bezieht man zusätzlich die Angleichung des deutschen Verbraucherleitbilds an das des EuGH, der, ohne nach dem Wert der Gegenstände zu differenzieren, immer vom durchschnittlich informierten, aufmerksamen und verständigen Durchschnittsverbraucher[523] ausgeht, in die Abwägung ein, erscheint dies sogar nötig, um den Verbraucher beim Erwerb ganz geringwertiger Verbrauchsgüter zu schützen. Aufgrund der

---

520 BGH GRUR 76, 248 (249) – Vorspannangebot.

521 So jetzt der BGH in WRP 02, 1256 (1258) – Kopplungsangebot I und WRP 02, 1259 (1262) – Kopplungsangebot II.

522 Siehe die Wandelung der Rechtsprechung zum Verbraucherbegriff: BGH WRP 00, 517 (520) – Orient-Teppichmuster; BGH WRP 98, 857 (859) – 1000,- DM Umweltbonus.

523 EuGH WRP 98, 848 (851) Rn. 37 - „6-Korn-Eier" - Gut Springenheide; EuGH WRP 99, 307 (310f) Rn. 36 – Sektkellerei Keßler; EuGH WRP 00, 289 (292) Rn. 27, 32 – Lifting-Creme.

Ähnlichkeit der Fallgruppen würden sowohl Anbieter als auch Verbraucher hier eine Differenzierung ohnehin nicht verstehen; dies würde aber dem Ziel entgegenlaufen, ein modernes von den Marktteilnehmern akzeptiertes Wettbewerbsrecht zu schaffen.[524]
Die Umsetzung der geplanten Verordnung zur Verkaufsförderung im Binnenmarkt könnte daher ohne eine zusätzliche Aufnahme von Kopplungsangeboten zu einer für den Verbraucher unverständlichen Aufspaltung von nahezu identischen Sachverhalten führen, hier liegt ein Mangel des derzeitigen Verordnungsentwurfs.[525]

H) Notwendigkeit einer gesetzlichen Regelung zur Gewährleistung effektiven Verbraucherschutzes

Zu fragen ist, ob die bisher dargestellten Regelungen im Rahmen des allgemeinen Lauterkeitsrechts ausreichend sind, um einen effektiven Schutz der Verbraucher vor Preisverschleierung und übertriebenem Anlocken zu gewährleisten. Da eine abschließende Betrachtung dieser Fragestellung ohne eine Einbeziehung es § 3 UWG nicht möglich ist, sei auf die dortige Diskussion verwiesen.[526]

3. Wertreklame: rechtlicher Kaufzwang

A) Rechtslage nach Aufhebung der Zugabeverordnung

Tatbestandlich erfordert die Fallgruppe des rechtlichen Kaufzwangs die In-Aussichtstellung einer geldwerten Vergünstigung für den Fall, daß er eine Ware oder bestimmte Warenmenge kauft. Dieser Fallgruppe wurden berechnete und unberechnete Zuwendungen zugeordnet, allerdings lag bei unberechneten Vergünstigungen meist eine nach der Zugabeverordnung zu beurteilende Fallkonstellation vor.[527]
Nach Wegfall der Zugabeverordnung könnte man daran denken, das Ankündigen, Anbieten oder Gewähren von Zugaben auch unter dem Gesichtspunkt des rechtlichen Kaufzwangs zu beurteilen. Auf den ersten Blick besteht dabei ein wesentlicher Unterschied zwischen der Fallgruppe des rechtlichen Kaufzwangs und der Zugabe dahingehend, daß der Kunde bei der Zugabe nach der Verkehrsanschauung glaubt, ein einheitliches Gesamtangebot, bestehend aus

---

[524] BT-Drs. 14/5594 S. 7.
[525] Bis einschließlich der Fassung Dokument 12261/04 ADD1 REV1 werden Kopplungsangebote nicht erfaßt.
[526] Siehe Kapitel 5 IV.
[527] Baumbach/Hefermehl § 1 UWG Rn. 88; Lange/Spätgens Rn. 434.

Erstleistung und Zweitleistung zu erwerben.[528] Dagegen wird beim rechtlichen Kaufzwang vom Verbraucher in der Regel der Abschluß eines Erstgeschäftes verlangt, erst dadurch erlangt er einen Anspruch auf die nachgelagerte, entgeltliche oder unentgeltliche Vergünstigung.[529] Im Ergebnis kauft der Verbraucher also kein Angebot, das durch eine Zweitleistung attraktiver gemacht wird, sondern er kauft eine Ware sozusagen als Eintrittsgeld, um an eine andere Ware zu kommen.

Jedoch besteht ein gemeinsames Element zwischen beiden Zugaben und der Fallgruppe des rechtlichen Kaufzwangs, bei beiden muß zunächst die Hauptware erworben werben, um in den Genuß der Vergünstigung zu gelangen. *Spätgens* argumentiert nun folgendermaßen: für die Annahme eines rechtlichen Kaufzwangs als wettbewerbswidrige Absatzförderungsform ist weiterhin erforderlich, daß der Lockeffekt der Vergünstigung übermäßig stark ist, er muß geeignet sein, das Urteil des Kunden zu trüben und ihn unter Verdrängung sachlicher Überlegungen zum Kauf der Hauptleistung zu bewegen.[530] Dies könne aber auch der entscheidende Grund dafür sein, eine Zugabe als wettbewerbswidrig zu beanstanden, und eben dies sei auch die Voraussetzung für die Annahme eines unlauteren übertriebenen Anlockens. Daher würde man selbst dann, wenn man aus Gründen der Rechtssystematik die Fallgruppe des rechtlichen Kaufzwanges nicht auf Zugaben anwenden wolle, doch darüber in die Fallgruppe des „übertriebenen Anlockens" gelangen.[531]

Allerdings ist festzustellen, daß bei Bereitstellung ausreichender Informationen für den Verbraucher, um eine rationale Nachfrageentscheidung zu treffen, ein übertriebenes Anlocken im Grunde ausscheidet und nur noch im Einzelfall eingreifen kann.[532] Für die Fallgruppe des rechtlichen Kaufzwangs muß, wenn man seine Anwendung auf Zugaben trotz der unterschiedlichen rechtlichen Voraussetzungen zulassen wollte, das selbe gelten. Denn zwar ist der Verbraucher gezwungen, die Hauptleistung abzunehmen, um die Zugabe zu erhalten, doch wenn er dies tut, nachdem er ausreichend informiert wurde, liegt eine rationale Kaufentscheidung bezüglich des Gesamtangebotes vor.

[528] Lange/Spätgens Rn. 434; auch s.o. Kapitel 1 I 2 b).
[529] Lange/Spätgens Rn. 434; Baumbach/Hefermehl § 1 UWG Rn. 88.
[530] Lange/Spätgens Rn. 434; Baumbach/Hefermehl § 1 UWG Rn. 88.
[531] Lange/Spätgens Rn. 434.
[532] Siehe Kapitel 4 III 2 c) bb).

b) Veränderung der Rechtslage durch die Verordnung zur Verkaufsförderung im Binnenmarkt

Nach Inkrafttreten der Verordnung über Verkaufsförderung im Binnenmarkt würde aufgrund der Überschneidung bei den Voraussetzungen zwischen der Fallgruppe des „rechtlichen Kaufzwangs" und der Fallgruppe des „übertriebenen Anlockens" das schon dort Gesagte gelten. Ließe man eine Anwendung des „rechtlichen Kaufzwangs" auf Zugaben zu, so würde die Fallgruppe des „rechtlichen Kaufzwangs" kein generelles Verbot im Rahmen von Artikel 3 1. Spiegelstrich Verordnungsvorschlag darstellen, solange man wie gerade dargestellt Fälle von Zugabegewährung, in denen eine ausreichende Verbraucherinformation vorliegt, als zulässig ansieht.[533] Gleichwohl würde ihre Anwendung gegenüber der allgemeinverbindlichen Verordnung zurücktreten, soweit der Anbieter die Informationspflichten des Artikel 4 Verordnungsvorschlag iVm dem Anhang einhält, denn insoweit wäre die Zugabe dann als zulässig anzusehen und könnte gar keinen übertrieben starken Lockeffekt bewirken. Denn der Verbraucher ist nur insoweit schutzwürdig, als ihm die notwendigen Informationen für einen sachlichen Vergleich des Angebots mit den Konkurrenzangeboten zur Verfügung zu stellen sind. Macht er davon keinen Gebrauch, so ist er nicht schutzwürdig.[534]

4. Wertreklame: Psychologischer Kaufzwang

Beim psychologischen Kaufzwang ist der Erhalt einer Vergünstigung nicht rechtlich vom Kauf einer Ware abhängig und die Teilnehmer wissen dies auch. Jedoch ist die Werbeaktion so organisiert, daß die Verbraucher in eine psychologische Zwangslage geraten, in der sie es als unanständig oder jedenfalls peinlich ansehen, nichts zu kaufen. Die Ware wird deshalb nicht wegen ihrer Preiswürdigkeit, sondern anstandshalber gekauft.[535]

Auf Zugaben kann diese Fallgruppe schon deshalb keine Anwendung finden, weil die Zugabe per Definition akzessorisch zur Erstleistung ist, während dies beim psychologischen Kaufzwang gerade nicht der Fall ist. Darüber hinaus erscheint es auch lebensfremd, daß alleine die Attraktivität des Zugabeobjekts den Kunden in eine solche Zwangslage bringen kann.[536] Überdies ist für einen psychologischen Kaufzwang auch eine spezielle

[533] Vgl. Kapitel 3 III.
[534] Vgl. Kapitel 4 III 2 c) bb) (1).
[535] Baumbach/Hefermehl § 1 UWG Rn. 89.
[536] So Lange/Spätgens Rn. 435, ohne auf den Unterschied in der Definition einzugehen.

interpersonelle Beziehungskonstellation zwischen Kaufmann und Kunden erforderlich, die es dem Umworbenen unmöglich macht, trotz bestehender Zweifel, Bedenken und innerer Widerstände von dem Kauf abzusehen und nur zu kaufen, weil es ihm peinlich ist, es nicht zu tun.[537] Ohne diese personenbezogene Komponente kommt einem Zugabeangebot für sich genommen eine derartige Wirkung nicht zu. Daher kommt es für den Zugabebereich nicht entscheidend darauf an, ob der moderne Kunde sich ohnehin nicht mehr psychologisch beeinflussen läßt.[538]

Andererseits kann natürlich bei Vorliegen einer entsprechenden interpersonellen Beziehungskonstellation ein psychologischer Kaufzwang auch bei einer Zugabegewährung vorliegen. In diesem Fall wird die Fallgruppe des psychologischen Kaufzwanges zum Tragen kommen, weil dies nicht die typischerweise von Zugaben ausgehende gesteigerte Werbewirkung betrifft, sondern die Art und Weise deren Gewährung.[539] Schwer vorstellbar ist allerdings, wie ein solcher Fall aussehen soll, da ja die Zugabe grundsätzlich wie bereits dargestellt akzessorisch zur Hauptleistung sein muß.

5. Aleatorische Reize

a) Rechtslage nach Aufhebung der Zugabeverordnung

Zugaben können auch in der Teilnahmemöglichkeit an Gewinnspielen bestehen, oder die Zugabegewährung selbst kann als Gewinnspiel ausgestaltet sein, etwa wenn nur jeder fünften Packung eine Zugabe beigelegt ist.[540] Vorstellbar wäre aber auch die Beilage einer größeren Geldsumme zu einer einzigen Packung.

Nach § 1 Abs. 3 S. 2 ZugabeVO war es verboten, die Gewährung der Zugabe von dem Ergebnis einer Verlosung oder einem anderen Zufall abhängig zu machen. Jedoch bedeutet dies nicht im Gegenzug, daß mit der Aufhebung der Zugabeverordnung Zugabengewährungen ohne weiteres mit Gewinnspielen oder ähnlichem verknüpft werden dürfen.[541]

---

[537] BGH GRUR 89, 757 – Haustürgeschäft „Mc. Bacon"; Baumbach/Hefermehl § 1 UWG Rn. 158; Berlit WRP 01, 349 (352).

[538] So Berlit WRP 01, 349 (353); Lange/Spätens Rn. 435.

[539] Cordes WRP 01, 867 (871); Lange/Spätgens Rn. 435. Beispiele dafür sind nach Cordes Kostenloses Blutdruckmessen in der Apotheke (OLG Düsseldorf WRP 79, 794), kostenloser Hauttest (OLG Köln NJW RR 89, 750), oder das Ausliefern eines Probeabonnements zusammen mit einem gefüllten Frühstücksbeutel mit anschließendem Werberbesuch (OLG Hamm AfP 88, 37). Nur bei letzterem dürfte allerdings eine Zugabe im Spiel sein, die Frühstücksbeutel, aber auch diese ist nicht akzessorisch zur Hauptleistung, dem Vollabonnement, das verkauft werden soll.

[540] Cordes WRP 01, 867 (871).

[541] Berneke WRP 01, 615 (618).

Der Einsatz von aleatorischen Werbemitteln, also das Ausnutzen der Spiellust des Kunden, d.h. seines Wunsches, durch Zufall und ohne Mühe einen Gewinn zu erzielen, entspricht zwar nicht der Werbung mit Güte und Preiswürdigkeit der angebotenen Leistung, ist aber nicht per se sittenwidrig nach dem allgemeinen Lauterkeitsrecht.[542] Doch auch nach der bisherigen Rechtslage bei § 1 UWG ist es wettbewerbswidrig, zu Zwecken des Wettbewerbs die Spiellust des Kunden auszunutzen, indem das aleatorische Element in irgendeiner Weise mit dem Absatz der Ware oder der marktlichen Verwendung sonstiger Leistungen gekoppelt wird.[543] Auch Gewinnchancen als Zugabe sind davon umfaßt. Überdies könnte zusätzlich die Veranstaltung eines unerlaubten Glücksspiels, einer unerlaubten Lotterie oder Ausspielung im Sinne der § 284 ff und § 287 ff StGB vorliegen, wenn der Kaufpreis für die Hauptware als Einsatz für die Teilnahme an dem Gewinnspiel zu werten ist.[544]

Unter Umständen könnte man wegen der Aufhebung der Zugabeverordnung eine Neubewertung der Fallgruppe andenken. Man könnte davon ausgehen, daß der Gesetzgeber mit der Aufhebung der Zugabeverordnung auch das Verbot der Gewährung von Gewinnspielteilnahmen als Zugabe zumindest teilweise aufheben wollte, da eine an eine Warebestellung geknüpfte Gewinnchance nichts anderes als eine Zugabe darstellt.[545] Der Gesichtspunkt der Verknüpfung des Warenabsatzes mit der Gewinnchance würde dann als solcher nicht mehr die Wettbewerbswidrigkeit begründen können.[546]
Dafür spricht, daß der Gesetzgeber die Aufhebung der Zugabeverordnung als Teil einer Reihe von Maßnahmen zur Modernisierung das Wettbewerbsrechts sieht.[547] Er geht dabei von einer Regelerlaubnis für Zugaben aus.[548] Eine genauere Ausgestaltung der künftigen Behandlung von Zugaben soll dabei zunächst der Rechtsprechung nach dem allgemeinen Lauterkeitsrecht überlassen werden.[549] Jedoch wird auch die Rechtsprechung den Modernisierungsgedanken des Gesetzgebers im Auge behalten müssen. Die ersatzlose Streichung der Zugabeverordnung erfolgte auch aufgrund des Gutachtens von *Fezer* zur Modernisierung des deutschen Wettbewerbsrechts.[550] In diesem beschreibt er die Kurskorrektur der höchstrichterlichen Rechtsprechung bei Kopplungsangeboten, wobei die Abkehr vom Verbot der akzessorischen

[542] Baumbach/Hefermehl § 1 UWG Rn. 142.
[543] Baumbach/Hefermehl § 1 UWG Rn.147; Köhler/Piper 3.A. § 1 UWG Rn. 327.
[544] Baumbach/Hefermehl § 1 UWG Rn. 143 ff; Köhler Piper 3. A. § 1 UWG Rn. 232; Cordes WRP 01, 867 (871).
[545] Köhler GRUR 01, 1067 (1075); Cordes WRP 01, 867 (872).
[546] Cordes WRP 01, 867 (872).
[547] BT-Drs. 14/5594 S. 1, 6 f.
[548] S.o. Kapitel 3 I 1a).
[549] BT Drs. 14/5594 S. 8.
[550] Fezer WRP 01, 989ff.

Wertreklame herausgestellt wird. Unter Hinweis auf die „saustarke Angebote" - Entscheidung des BGH[551] wird die zunehmende Verlagerung der Verantwortung auf den Verbraucher und das Vertrauen auf eine rationale Entscheidung desselben dargestellt.[552] Wie bereits angesprochen, macht sich der Gesetzgeber diese Meinung zu Eigen und geht vom aufgeklärten und informierten Durchschnittsverbraucher aus.[553]

Dies zwingt aber alleine nicht notwendigerweise zu einer Rechtsprechungsänderung, man könnte auch an dem generellen Verbot von mit der Hauptleistung akzessorischen Gewinnspielen festhalten.[554] Auch das Festhalten an dem Verbot einer bestimmten, eng eingegrenzten Kategorie von Zugaben wird man als nicht gegen den Willen des Gesetzgebers verstoßend ansehen müssen.

Ausgehend vom aufgeklärten und informierten Durchschnittsverbraucher, der nach der Rechtsprechung dann eine rationale Nachfrageentscheidung treffen kann, wenn er genügend Informationen hat, auf deren Basis er handeln kann,[555] erscheint eine Neubewertung der Fallgruppe allerdings nötig.

Schon weil ein akzessorisches Gewinnspiel im Grunde nichts anderes als eine Zugabe ist,[556] müßte man dieselben Kriterien anlegen. Grundsätzlich müßte die Gewährung von Gewinnspielen nach der nun geltenden Regelerlaubnis für Zugaben als erlaubt angesehen werden, ein Verbot käme erst in Frage, wenn der Vorspanneffekt des Gewinnspiels solche Ausmaße annimmt, daß von einem übertriebenen Anlocken im Sinne von § 1 UWG gesprochen werden muß.[557] Wenn der Anbieter die Gebote von Zugabenwahrheit und -klarheit[558] einhält, also dem Teilnehmer den Wert und die Beschaffenheit des Gewinnspiels auflistet, würde dies dann künftig nur noch eingeschränkt der Fall sein.
Da bei einem Gewinnspiel eine Chance zugegeben wird, kann man in Übertragung der Grundsätze von Zugabenwahrheit und –klarheit verlangen, daß der Anbieter den Verbraucher genau über seine Gewinnchancen informiert, soweit dies möglich ist, d.h. wenn es eine feste Anzahl von Losen, Gewinnscheinen o.ä. gibt. Ist die Anzahl der Teilnehmer dagegen offen,

---

[551] BGH GRUR 96, 363 – saustarke Angebote.
[552] Fezer WRP 01, 989 (1009).
[553] Siehe oben Kapitel 4 I 3.
[554] So ohne Begründung Lange/Spätgens Rn. 446.
[555] BGH GRUR 01, 752 (754) – Eröffnungswerbung.
[556] Köhler GRUR 01, 1068 (1075); Cordes WRP 01, 867 (872).
[557] Cordes WRP 01, 867 (872).
[558] Dazu s.o. Kapitel 4 III 2 c) bb) (1).

etwa weil der Anbieter jedem Käufer die Teilnahme erlaubt, wird er auch darüber informieren müssen.
Zusätzlich müßten die ausgespielten Preise nach den oben aufgestellten Grundsätzen angegeben werden.[559] Da sich die Verbraucher dabei auch zunehmend an hohe Preise, wie etwa Autos oder Kreuzfahrten, bei von Verkäufern veranstalteten Preisausschreiben gewöhnt haben, würde ein übertriebenes Anlocken meist nur bei übertrieben hohen Gewinnen vorliegen.[560] Möglich wäre dies z.B., wenn beim Kauf von sehr billigen Artikeln die Chance auf einen potentiell sehr hohen Gewinn besteht. Als Beispiel wäre der Kauf von einem Päckchen Kaugummi verbunden mit der Chance, eine Million Euro zu gewinnen, zu nennen. Denn dann könnte der Kunde sich verleitet sehen, den Kauf des Päckchens Kaugummi sozusagen als Lospreis zu sehen, die Ware würde total in den Hintergrund treten. Außerdem könnte darin die Veranstaltung einer verbotenen Lotterie, oder, speziell bei Zugaben, einer verbotenen Ausspielung nach § 287 StGB liegen. Hierfür müßte allerdings ein konkreter Einsatz verlangt werden, dieser kann allerdings auch versteckt sein. Ausreichend ist, wenn der Veranstalter davon ausgeht, daß der Vermögenswert von den Spielern bewußt als Spielbeitrag geopfert wird.[561] Wenn die Gesamtkosten der Ausspielung allerdings vom Anbieter getragen werden, etwa in der Hoffnung, dadurch eine Umsatzsteigerung zu erzielen, läge keine verbotene Ausspielung vor.[562]
Als Verstoß gegen den Grundsatz der Zugabenwahrheit und –klarheit könnte auch dann ein Verstoß gegen das Verbot des Ausnutzens aleatorischer Reize vorliegen, wenn der Gewinn zu Anfang nicht feststeht oder geheimgehalten wird, etwa ein „Überraschungspreis" ausgelobt wird. Daneben könnte ein solcher Verstoß vorliegen, wenn sich der Preis erst aus der Anzahl der Teilnehmer oder der Höhe der von ihnen getätigten Käufe zusammensetzt (10 % des Umsatzes gehen in den Jackpot).

Zusammenfassend sind nach der Aufhebung der Zugabeverordnung Glücksspiele als Zugaben nicht mehr zwingend als verboten anzusehen. Spätestens sobald ein Verstoß gegen den Grundsatz der Zugabenwahrheit und -klarheit vorliegt oder auf andere Weise die Schwelle zum übertriebenen Anlocken überschritten ist, wird aber in jedem Fall ein verbotenes Ausnutzen aleatorischer Reize vorliegen, das von der bestehenden Rechtslage ohne Probleme erfaßt wird. Denn schon bisher war es vor allem verboten, die Teilnahme an dem

---

[559] S.o. Kapitel 4 III 2 c) bb) (1).
[560] Schon 1970 KG WRP 70, 26; BGH WRP 98. 724 – Rubbelaktion; Heil WRP 98, 839 (840).
[561] BGH GA 78, 334; Schönke/Schröder – Eser/Heine § 287 StGB Rn. 4,10; Fischer/Tröndle § 287 Rn. 5,10; Lackner/Kühl § 287 Rn. 2.
[562] BGHSt 3,104; Schönke/Schröder – Eser/Heine § 287 StGB Rn. 4.

veranstalteten Gewinnspiel mit dem Absatz der Ware oder der marktlichen Verwendung sonstiger Leistungen zu verkoppeln.[563] Eine „Ausnahme davon wird durch die neue Regelerlaubnis von Zugaben“ nur dahingehend geschaffen, daß Gewinnspiele als Zugaben dann aus dem Verbot herausfallen, wenn sie das Gebot der Zugabenwahrheit und –klarheit einhalten. Hierfür müssen das Gewinnspiel als Zugabe und die Werbung dafür so gestaltet sein, daß der Verbraucher alle für eine Teilnahmeentscheidung erforderlichen Informationen bekommt, d.h. vor allem Gewinnchancen, Teilnahmebedingungen und Preise.[564]

Überdies erfolgt eine weitere Überprüfung dahingehend, ob das Gewinnspiel nicht aufgrund besonderer Umstände dennoch sittenwidrig ist, wie dies schon nach bisheriger Rechtslage bei erlaubten Gewinnspielen der Fall war.[565] Geht man dabei davon aus, daß Gewinnspiele als Zugaben fortan zulässig sind, scheiden als Folge die Unlauterkeitskriterien „Koppeln des Gewinnspiels an den Warenabsatz“[566], „psychologischer Kaufzwang“[567] und „Zwang zum Aufsuchen des Geschäfts des Anbieters“[568] aus, soweit sie auf die Tatsache abstellen, daß ein Gewinnspiel als Zugabe gewährt wird. Bestehen bleibt als Kriterium das übertriebene Anlocken an sich, d.h. wenn der Wert der Preise dermaßen hoch ist, daß die Umworbenen von einer sachgerechten Prüfung des Konkurrenzangebotes in Bezug auf Preiswürdigkeit und Qualität abgelenkt werden und magnetisch zu dem Geschäft des Anbieters gezogen werden, um die Ware zu kaufen und so am Gewinnspiel teilzunehmen.[569] Aufgrund der Höhe der derzeit bei Werbegewinnspielen ausgesetzten Preise ist allerdings davon auszugehen, daß der Durchschnittsverbraucher mittlerweile an sehr hohe Preise gewöhnt ist.[570] Ein besonderer Schutz der Verbraucher ist daher nicht erforderlich.

Eine Ausnahme besteht allerdings für Kinder und Jugendliche. Bei diesen wäre unterhalb eines bestimmten Alters vorstellbar, daß sie bei für sie besonders attraktiven Preisen aufgrund ihrer eher gefühlsmäßigen Entscheidungsfindung[571] nicht in der Lage oder willens sind, die

---

[563] Baumbach/Hefermehl § 1 UWG Rn. 147; Köhler/Piper 2.A. § 1 UWG Rn. 232.
[564] Kapitel 4 III.
[565] Baumbach/Hefermehl § 1 UWG Rn. 149 ff; Köhler/Piper 3.A. § 1 UWG Rn. 327.
[566] Baumbach/Hefermehl § 1 UWG Rn. 155; BGH GRUR 73, 474 – Preisausschreiben; BGH WRP 76, 100 – Mars; OLG Stuttgart WRP 73, 487 – Münster Schatzkiste.
[567] Baumbach/Hefermehl § 1 UWG Rn 157; s. auch Kapitel 4 III 4.
[568] BGH GRUR 73, 418 – Das goldene A; BGH GRUR 77, 727 – Kaffee-Verlosung; BGH GRUR 87, 243 – Alles frisch; Baumbach/Hefermehl § 1 UWG Rn. 158.
[569] BGH GRUR 74, 156 – Geld-Gewinnspiel; OLG München WRP 90 28 (30) – Wirtschaftsmagazin; Baumbach/Hefermehl § 1 UWG Rn. 164.
[570] S.o. Kapitel 4 III 5 a).
[571] Baumbach/Hefermehl § 1 UWG Rn. 198; OLG Stuttgart WRP 78, 151 (für das planmäßige Versenden von Zeitschriftenabonnements an Minderjährige); OLG Düsseldorf GRUR 75, 267 – Milky Way.

Gewinnchancen bezüglich ihres Wertes realistisch einzuordnen. Hier wird man schon wesentlich früher von einem übertriebenen Anlocken ausgehen müssen, denkbar wäre die Behandlung dieser Verbrauchergruppe als uninformierte und flüchtige Verbraucher.[572]

B) Veränderung der Rechtslage durch die Verordnung zur Verkaufsförderung im Binnenmarkt

Nach Artikel 3 Abs. 1 1. Spiegelstrich des Vorschlags über eine Verordnung zur Verkaufsförderung im Binnenmarkt ist ein generelles Verbot von Gewinnspielen unzulässig, dies gilt aber gemäß Artikel 2 (i) ausdrücklich nur für kostenlose Gewinnspiele, nicht für Lotterien, Wetten mit einem geldwerten Einsatz, und Gewinnspiele, die mit einem vorherigen Kauf einer Ware oder Dienstleistung verbunden sind.[573]

In der Vorfassung des Verordnungsvorschlags, KOM (2001) 546 endgültig/2 waren hier Gewinnspiele die an einem Kauf gekoppelt waren, noch ausdrücklich erlaubt. Gleiches ergab sich auch aus Erwägungsgrund (7) des Verordnungsvorschlags. Gewinnspiele, die mit dem Verkauf von Waren gekoppelt sind, waren danach generell erlaubt, soweit sie die in Artikel 4 in Verbindung mit dem Anhang aufgestellten Informationspflichten einhielten. Diese forderten unter Punkt 1.1 des Anhangs für alle Verkaufsförderaktionen die Angabe von Erst- und Zweitleistung (dem Gewinnspiel), den Preis der beworbenen Ware mit allen Nebenkosten, die Identität des Auftraggebers, den ersten und letzten Tag für den das Angebot gilt, und soweit das Angebot Bedingungen enthält, Hinweise darauf wo sie zu finden sind. Auf Anforderung sind gemäß Punkt 1.2 Name und geografische Anschrift des Auftraggebers und die einschlägigen Bedingungen für die Verkaufsförderaktion anzugeben. Daneben stellte Punkt 4 Preisausschreiben und Gewinnspiele des Anhangs weitere Informationspflichten auf:

4.1 Obligatorische Angaben in der kommerziellen Kommunikation
- Wert und Art des Preises;
- Einsendeschluß;
- jegliche geografische oder personengebundene Einschränkung wie Ort oder Alter;
- jegliche Verpflichtung zum Kaufnachweis
- Notwendigkeit einer Teilnahmeerlaubnis von einem Erziehungsberechtigten oder vom Arbeitgeber;
- alle mit der Teilnahme an dem Preisausschreiben oder dem Gewinnspiel verbundenen Kosten, abgesehen vom Kauf der beworbenen Ware oder Dienstleistung; und
- bei Gewinnspielen tatsächliche oder voraussichtliche Gewinnchancen.

---

[572] Dazu ausführlich siehe Kapitel 4 III 2 c) dd) (3).
[573] In der Fassung KOM (2002) 585 endgültig.

4.2 Angaben, die auf Verlangen und unabhängig vom Kauf der beworbenen Ware oder Dienstleistung bereitgestellt werden müssen:

- alle Bedingungen, die für das Preisausschreiben oder das Gewinnspiel gelten, einschließlich aller Einschränkungen bezüglich Einsendung oder Preis;
- Zahl der Preise, die zu gewinnen sind, sowie Zahl der einzelnen Preise in jeder Preiskategorie, wenn Preise unterschiedlicher Kategorien zu gewinnen sind;
- Teilnahmebedingungen sowie die Regeln für die Vergabe der Preise;
- etwaiger Geldpreis als Ersatz für einen Sachpreis
- Kriterien zur Bewertung der Einsendungen;
- Auswahlverfahren für die Vergabe der Preise und, sofern eine Jury daran beteiligt ist, Zusammensetzung der Jury;
- Datum und Art und Weise der Bekanntmachung der Gewinner;
- Art der Preisaushändigung (Zustellung , Abholung), einschließlich der damit verbundenen Kosten;
- Zeitraum, in dem die Preise abgeholt werden müssen;
- Absicht, die Gewinner für spätere Werbemaßnahmen einzusetzen; und Bedingungen dafür sowie
- Einzelheiten über die richtigen Einsendungen – vorbehaltlich der Einwilligung der Gewinner und der Einhaltung der Datenschutzvorschriften.

Wie zu ersehen ist, wurden umfangreiche Informationspflichten aufgestellt, bei deren Einhaltung der Verbraucher genügend Informationen hat, um für sich selbst den Wert einer Teilnahme an dem Gewinnspiel zu ermitteln. Ausgehend vom Verbraucherleitbild des durchschnittlich informierten, verständigen und aufmerksamen Durchschnittsverbrauchers ist dies aller Schutz, der aus der Warte der Europäischen Kommission benötigt wird.[574] Die Gefahr, daß jemand den selben Artikel nur wegen der Teilnahme an einem Gewinnspiel mehrfach kaufe, sei zu vernachlässigen. In Fußnote 24 der Erläuterungen nimmt die Kommission auf den Generalanwalt Tesauro in der Rechtssache Familiapress[575] Bezug, danach bringe es nichts, sich unnötig mit der Möglichkeit auseinanderzusetzen, daß „... der Verbraucher dazu veranlaßt werden könnte, hundert Exemplare der gleichen Zeitschrift zu erwerben, um die Wahrscheinlichkeit, dass er der vom Los bestimmte Gewinner sein könnte, zu erhöhen“. Denn die selbe Person könne sehr wohl hundert Lose ein- und derselben Lotterie oder täglich mehrere Rubbel-Lose oder ähnliche Gewinnspiele erwerben, die jedoch nicht verboten seien.[576] Außerdem sei die Meinung, ein Verbraucher würde mehrere Einheiten der beworbenen Ware kaufen, um an einem Gewinnspiel teilzunehmen und einen Preis gewinnen

---

[574] Zum Verbraucherleitbild: EuGH Slg. 1995, I-1923 ff (1944 Rn. 24) – Mars; Sack WRP 98, 264 (265); EuGH WRP 98, 848 (851) Rn. 37 - „6-Korn-Eier“ - Gut Springenheide; EuGH WRP 99, 307 (310 f) Rn. 36 – Sektkellerei Keßler; EuGH WRP 00, 289 (292) Rn. 27, 32 – Lifting-Creme.

[575] Vereinigte Familiapress Zeitungsverlags- und -vertriebs GmbH gegen Heinrich Bauer Verlag. C-368/95. Slg. 1997, Seite I-3689.

[576] KOM (2001) 546 endgültig/2 S. 22 Fn. 24.

zu können, angesichts der realen Gewinnchancen unhaltbar.[577] Trifft der Verbraucher also unter Abwägung aller Gesichtspunkte die aus seiner Warte vernünftige Nachfrageentscheidung, mehrere Exemplare der Ware zu erwerben, um seine Gewinnchancen zu steigern, so ist dies nicht schädlich. Solange die Verbraucher das Verhältnis Einsatz/Gewinnchance aufgrund geeigneter Transparenzvorschriften leicht ermitteln können, sind Beschränkungen als unverhältnismäßig anzusehen.[578]

Erst auf Druck des Europäischen Parlaments ließ die Kommission von dieser Erlaubnis für akzessorische Gewinnspiele ab und verwandelte diese in das Verbot des Artikel 2 (i).[579] Als Begründung wird dabei nicht auf eine Gefahr für den Verbraucher durch akzessorische Gewinnspiele abgestellt, sondern auf das Problem, daß durch eine Freigabe der akzessorischen Gewinnspiele eine Kontrolle des Glücksspiels nicht mehr gewährleistet werden könne. Durch die Koppelung eines Gewinnspiels mit dem Warenabsatz bestehe die Gefahr, daß Verkaufsförderaktionen als Vorwand genutzt würden, um ansonsten illegale Glücksspiele dahinter zu verstecken und so die staatlichen Glücksspielkontrollen zu unterlaufen.[580] Aus Verbraucherschutzgründen ist ein solches Vorgehen allerdings unnötig. Aufgrund dieses ausdrücklichen Verbots von Gewinnspielen als Zugabe würde auch eine eingeschränkte Erlaubnis wie die gerade vorgestellte gegen Gemeinschaftsrecht verstoßen. Gewinnspiele als Zugaben wären daher nach Inkrafttreten der Verordnung verboten, es ist zu anzunehmen, daß die Rechtsprechung in Erwartung dieser Verordnung ihre Rechtsprechung nicht ändern wird.

c) ZWISCHENERGEBNIS

Unter Berücksichtigung des Willens des deutschen Gesetzgebers wäre es in Anpassung an den europäischen Verbraucherbegriff und die Aufhebung der Zugabeverordnung möglich, die Fallgruppe des Ausnutzens aleatorischer Reize dahingehend einzuschränken, daß an den Verkauf der Hauptleistung gekoppelte Gewinnspiele nunmehr zulässig wären. Da es sich bei den Gewinnspielen im Grunde um Zugaben handelt, wäre von einer Regelerlaubnis auszugehen. Lediglich bei einer Überschreitung der Schwelle zum übertriebenen Anlocken läge eine verbotene Zugabe vor. Dabei ist wiederum die Annahme eines übertriebenen Anlockens durch das Postulat der Zugabenwahrheit- und –klarheit einzuschränken; solange

---

[577] KOM (2001) 546 endgültig/2 S. 15.
[578] KOM (2001) 546 endgültig/2 S. 17.
[579] Änderungsantrag 25 Sitzungsprotokoll S. 20; KOM (2002) 585 endgültig.
[580] Änderungsantrag 25 Sitzungsprotokoll S. 20f; KOM (2002) 585 endgültig.

der Anbieter seine Informationspflichten einhält, würde im Grunde nur das Veranstalten einer verbotenen Lotterie auch den Tatbestand des übertriebenen Anlockens erfüllen.
Nur bei Kindern und Jugendlichen ist aufgrund ihrer Geschäftsunerfahrenheit ein höherer Schutzmaßstab anzulegen, sie sind als flüchtige und uninformierte Verbraucher zu behandeln.

Dies würde auch dem Willen der Europäischen Kommission entsprechen, soweit diese lediglich auf die Gefahren, die von akzessorischen Gewinnspielen für den Verbraucher ausgehen, abstellt. Unter Berücksichtigung eines möglichen Unterlaufens der staatlichen Glücksspielmonopole wird allerdings durch die zukünftige Verordnung zur Verkaufsförderung im Binnenmarkt ein Verbot der akzessorischen Gewinnspiele eingeführt. Der Einsatz dann illegaler akzessorischer Gewinnspiele als Wertreklame im Leistungswettbewerb wäre in jedem Fall sittenwidrig gem. § 1 UWG. Aus Verbraucherschutzgründen wäre ein solches Verbot allerdings unnötig.

6. Laienwerbung

Bei der Laienwerbung wird versucht, durch die Gewährung von Prämien für die Gewinnung neuer Kunden Letztverbraucher zur Anwerbung neuer Kunden zu instrumentalisieren. Um diese Art der nicht professionellen Werbetätigkeit für den Verbraucher attraktiv zu machen haben die Unternehmen in den letzten Jahren zunehmend wertvollere Prämien ausgesetzt.[581]
Laienwerbung wird dabei nicht schon als unzulässig betrachtet, weil es sich bei den eingesetzten Werbern um keine professionellen handelt; auch die Auslobung einer Werbeprämie an sich macht die Laienwerbung noch nicht sittenwidrig.[582]
Als sittenwidriges, gegen § 1 UWG verstoßendes Verhalten wurde es aber von der Rechtsprechung gewertet, wenn die Prämienhöhe im Vergleich zu dem Zeitaufwand und dem Einsatz des Prämienwerber übertrieben hoch ist, so daß eine übersteigerte Anreizwerbung von der Prämie ausgeht.[583] Es sei zu befürchten, daß in diesem Fall dem Laienwerber jedes Mittel recht sei, um sich die Prämie zu verdienen. Er werde mit unzutreffenden Behauptungen über Qualität und Verwendungsmöglichkeit der Ware werben und sie dem Kunden in wettbewerbswidriger Weise aufdrängen.[584] Eine übersteigerte Anreizwirkung konnte dabei von Sachprämien von über 100 DM für die Werbung von Kreditkarten-Neukunden durch

581 Berlit WRP 01, 349 (353).
582 Baumbach/Hefermehl § 1 UWG Rn. 200.
583 BGH WRP 95, 104 – Laienwerbung für Augenoptiker; Köhler/Piper 3.A. § 1 UWG Rn. 78; Baumbach/Hefermehl § 1 UWG Rn. 203.
584 BGH GRUR 59, 285 (287) – Bienenhonig; Baumbach/Hefermehl § 1 UWG Rn. 203.

Altkunden ausgehen, wenn der Jahresbetrag der Kreditkarte 150 DM betrug.[585] Außerdem wurde es als bedenklich angesehen, daß Laienwerber nachbarschaftliche und persönliche Beziehungen ausnutzen würden, so daß es zu einer noch stärkeren Belastung der Intimsphäre komme als durch Hausbesuche ambulanter Händler. Denn dies würde zu einer Kommerzialisierung der Privatsphäre führen.[586]

Jedoch war es auch nach bisheriger Rechtslage zweifelhaft, ob die Prämie überhaupt, wie von der höchstrichterlichen Rechtsprechung vorausgesetzt, tatsächlich dem Werber zukam, oder ob nicht im Regelfall eine Absprache zwischen dem Werber und dem Geworbenen existierte, die letztlich dazu führte, daß die Prämie vollständig oder in wesentlichem Umfang unmittelbar dem Geworbenen zufloß.[587] Gerade im Bereich der Zeitschriftenwerbung konnte ein Mißbrauch des Instituts der Laienwerbung durch den Werber, infolgedessen die Prämie für den neuen Leser unmittelbar diesem, nicht aber dem Werber zukam, nicht ausgeschlossen werden.[588] Dadurch wurde über Umwege dem Neukunden eine Zugabe zum Vertragsabschluß gewährt. Weil nach dem Wegfall der Zugabeverordnung das Gewähren einer solchen Prämie zum Vertragsschluß als zulässig anzusehen ist, bedürfe es nach *Berlitt* eigentlich keines Umwegs über Laienwerber mehr. Die Effizienz des Instituts sei in mindestens gleicher Weise gegeben, wenn der neue Kunde unmittelbar in den Genuß der Prämie gelange. Sofern Unternehmen ihre Prämien zukünftig auch den Kunden direkt zukommen ließen, würde es daher keinen Markt mehr für Laienwerber geben, da kaum ein Verbraucher auf seine Prämie verzichten wollen würde, nur weil ein Freund oder Verwandter seinen Namen weitergegeben hat.[589] Soweit eine solche Fallkonstellation vorliegt, wird man den Werbevorgang wie eine Zugabegewährung beurteilen müssen. Die Prämiengewährung, die im Ergebnis an den Verbraucher erfolgt, ist nur dann wettbewerbswidrig, wenn dadurch auf andere Weise gegen das Lauterkeitsrecht verstoßen wird.[590] Das Argument der Kommerzialisierung der Privatsphäre wird dagegen kaum mehr zum Tragen kommen, schon gar nicht im Hinblick auf die Gewährung der Prämie an den Geworbenen, schließlich entscheidet sich dieser selbst zum Kauf, um die Zugabe für sich selbst zu erhalten. Zu beachten ist dabei auch, daß das

---

585 BGH GRUR 91, 150 (151) – Laienwerbung für Kreditkarten.

586 BGH GRUR 74, 341 (343) – Campagne; BGH GRUR 81, 655 (656) – Laienwerbung für Makleraufträge; Baumbach/Hefermehl § 1 UWG Rn. 202 mwN.

587 Berlit WRP 01, 349 (353); Lange/Spätgens Rn. 449.

588 Berlit WRP 01, 349 (353).

589 Berlit WRP 01, 349 (353).

590 Berlit (WRP 01, 349 (353)) führt hier als Beispiel die Koppelung mit einem Gewinnspiel und das Gewähren einer überhöhten Prämie an. Wie bereits dargelegt kann aber die Koppelung mit einem Gewinnspiel nicht als sittenwidrig angesehen werden, weil es sich dabei ebenfalls um eine Zugabe handelt (s.o. Kapitel 4 III 5 a). Ebenso wird man „überhöhte“ Prämien bei Einhaltung des Grundsatzes der Zugabenwahrheit und Klarheit nur noch im Ausnahmefall als übertriebenes Anlocken ansehen können, außerdem wird dies meist jeder wirtschaftlichen Vernunft des Kaufmanns widersprechen (s.o. Kapitel 4 III 2 c) bb) (1)).

Verbraucherleitbild des durchschnittlich informierten, aufmerksamen und verständigen Durchschnittsverbrauchers zugrunde zu legen ist. Dieser wird sich schwerlich im Rahmen seiner Privatsphäre vereinnahmen lassen. Erst wenn der Wert der Prämie so hoch ist, daß selbst der aufgeklärte Verbraucher mit seinem gesteigerten Bildungs- und Informationsniveau jede Aufmerksamkeit vergißt, kann der Sittenwidrigkeitsvorwurf aus § 1 UWG zum Tragen kommen. Bei Prämien wird dies nicht im bisher üblichen Umfang der Fall sein, auch und gerade nicht wenn der Geworbene selbst der Empfänger der Prämie ist.[591] Im übrigen wird man hier zur Bewertung der Sittenwidrigkeit auf die Fallgruppe des übertriebenen Anlockens zurückgreifen können.[592]

Insoweit ist *Berlit* zuzustimmen; dies wird jedoch nicht zu einem gänzlichen Verschwinden der Laienwerbung führen, sondern lediglich zu einer Schrumpfung des Marktes. Soweit die Laienwerber selbst in den Genuß der Prämie kommen wollen, wird die alte Rechtsprechung weiter anzuwenden sein. Daß deren Zahl soweit gegen Null tendiert, daß das wettbewerbsrechtliche Institut der Laienwerbung obsolet wird, erscheint fraglich.[593] Denkbar ist etwa der Fall, in dem ein Laienweber dem Geworbenen nichts von dem Prämienangebot erzählt um es so ohne weitere Rechtfertigung für sich zu behalten. Soweit der Geworbene nichts von einem Prämienprogramm für Neukunden weiß, wird dies funktionieren.

Zusammenfassend ist festzustellen, daß die sogenannte Laienwerbung, soweit sie sich als verdeckte Zugabegewährung an den Neukunden darstellt, normal als Zugabe zu behandeln ist. Soweit die Prämie nach Art der Gewährung und Wert als Zugabe zulässig ist, wird sie auch als Laienwerbungsprämie zulässig sein. In den Fällen, in denen gezielt der Laienwerber die Prämie erhalten soll, wird es weiterhin auf die alte Rechtssprechung ankommen.

Soweit die Gewährung der Prämie im Grunde nur eine Zugabe darstellt, gilt für sie auch die Regelung des Vorschlags für eine Verordnung zur Verkaufsförderung im Binnenmarkt. Insoweit gilt das bisher gesagte. Soweit die Prämie gezielt an den Laienwerber gezahlt wird, und der Verbraucher davon nichts weiß, wird dies aber aus dem Anwendungsbereich der Verordnung fallen, da der Kunde ja gar nicht handelt, um für sich oder einem anderen durch

---

[591] Berlit WRP 01, 349 (353).
[592] Dazu s.o. Kapitel 4 III 2c) bb) (1).
[593] So auch Lange/Spätgens Rn. 450.

den Kauf eine Zugabe zu erlangen, so daß aus dieser Sicht der Zugabebegriff auch der Verordnung nicht erfüllt ist.[594]

IV. Behinderung

1. Begriff

Neben den bisher aufgeführten Fallgruppen der Sittenwidrigkeit in § 1 UWG dient vor allem die Fallgruppe der Behinderung dem Mitbewerberschutz. Schutzobjekt ist dabei der einzelne Mitbewerber.[595] Jede Wettbewerbshandlung ist ihrer Natur nach geeignet, Mitbewerber des Handelnden zu beeinträchtigen. Daher ist nicht jede Wettbewerbshandlung, die die Mitbewerber schädigt oder verdrängt, wettbewerbsfremd.[596] Eine Maßnahme des Behinderungswettbewerbs liegt erst dann vor, wenn man den Mitbewerber nicht sachlich durch die Güte der Leistung oder der Waren[597] zu überflügeln sucht, sondern ihn mit Mitteln, die sich gegen ihn persönlich oder gegen sein Unternehmen richten, also einen feindseligen Einschlag haben, in seiner wettbewerblichen Betätigung zu behindern sucht, so daß er seine Leistung auf dem Markt nicht mehr ungehindert zur Geltung bringen kann.[598] Im Rahmen solcher Behinderungsmaßnahmen scheint auch der gezielte Einsatz von Zugaben denkbar.

2. Preisunterbietung

a) Allgemein

Jeder Gewerbetreibende hat grundsätzlich das Recht, seine Preise frei zu bilden, solange ihn keine privaten oder staatlichen Preisbindungen daran hindern.[599] Dies entspricht dem Sinn und Zweck des Leistungswettbewerbs, wonach die bessere Leistung den Ausschlag gibt, eines der wichtigsten Kriterien dabei ist der Preis. Grundsätzlich kann der Kaufmann also seine Ware so billig verkaufen wie er will, die Preisunterbietung zu Wettbewerbszwecken ist grundsätzlich erlaubt.[600]

Ihre Grenzen findet diese Preisunterbietungsfreiheit findet dort, wo sie gegen die Grundsätze des Leistungswettbewerbs verstößt. Zu unterscheiden ist dabei zwischen preisgebundenen und

---

594 Zum hier anzuwendenden Zugabebegriff siehe Kapitel 1 I 3 b), 4.
595 Köhler/Piper 2.A. § 1 UWG Rn. 389.
596 Baumbach/Hefermehl § 1 UWG Rn. 208; Köhler/Piper 3.A. § 1 UWG Rn. 390.
597 Zum Leistungswettbewerb siehe Kapitel 1 III.
598 Baumbach/Hefermehl Einl. UWG Rn 162; Köhler/Piper 3.A. § 1 UWG Rn. 390 ff.
599 Baumbach/Hefermehl § 1 UWG Rn. 252; Köhler/Piper 3.A. § 1 UWG Rn. 490; Gloy in FS Gaedertz S. 209.
600 BGHZ 28, 54 (60) – Direktverkäufe; BGHZ 28, 387 (396) – Nelkensteckklinge; BGHZ 44, 288 (302) – Apfel-Madonna; BGHZ 46, 168 (175) – Bauindustrie; BGH GRUR 90, 371 /372) – Preiskampf; BGH GRUR 90, 687 (688) – Anzeigenpreis II; Köhler/Piper 3.A. § 1 UWG Rn. 492; Baumbach/Hefermehl § 1 UWG Rn. 252.

nichtpreisgebundenen Waren oder Leistungen. Der Bruch einer Preisbindung fällt Systematisch unter die Fallgruppe „Vorsprung durch Rechtsbruch" und wird dort untersucht.[601] Ist der Wettbewerber dagegen in der Preisbildung frei, so ergeben sich die Grenzen für marktbeherrschende und marktstarke Unternehmen zum einen aus dem GWB[602]; zum anderen aus der Generalklausel des § 1 UWG.[603]

b) Verdrängungs- oder Vernichtungsunterbietung

Es muß eine Unterscheidung danach getroffen werden, ob die Schädigung oder Vernichtung der Mitbewerber lediglich die wettbewerbseigene Folge billigerer Angebote ist, die ein Unternehmer zu unmittelbaren Förderung seines eigenen Unternehmens macht, oder ob es sich bei der Preisunterbietung um eine gezielte Behinderungsmaßnahme mit dem Ziel handelt, es dem Konkurrenten zu erschweren, fortan seine Ware auf dem Markt zur Geltung zu bringen. Denn ein solches Vorgehen würde einen echten Leitungsvergleich verhindern und so zu einer Einschränkung des Leistungswettbewerbs führen. Dabei kommt es auf eine Beurteilung der Gesamtumstände an.[604] Entscheidendes Kriterium ist dabei vor allem das beabsichtigte Ziel der Preisunterbietungsaktion. Wettbewerbswidrig ist das Ziel der Verdrängung oder gar Vernichtung der Wettbewerber, d.h. die Absicht, den Wettbewerber erst aus dem Weg zu räumen, um danach selbst die Preise nach Gutdünken bestimmen zu können.[605] Ein besonders wichtiger Anhaltspunkt ist dabei, ob das preisliche Verhalten des Preisunterbietenden auf seiner inneren Leistungsfähigkeit beruht. Das Verhalten eines Unternehmens bei seiner Preisgestaltung, das aufgrund innerer Leistungsfähigkeit in der Lage ist, einen besonders niedrigen Preis zu bieten, ist anders zu beurteilen, als ein Unternehmen, das mit Behinderungsabsicht wirtschaftlich unvernünftig vorgeht.[606]

Zusätzlich muß die Maßnahme zur Verdrängung der Mitbewerber geeignet sein, was in der Regel nur der Fall ist, wenn ein Verkauf unter Selbstkosten auf längere Sicht angelegt ist.[607] Eine Preisunterbietung durch den gezielten Einsatz von Zugaben erscheint dabei möglich und sogar besonders wirksam, wenn der Kunde das Gefühl hat, zum gleichen Preis wie beim Mitbewerber zusätzlich etwas umsonst zu bekommen. Allerdings ergeben sich gegenüber der „normalen" Preisunterbietung dabei keine Besonderheiten, da die Zugabe ein Mittel des

---

[601] Siehe Kapitel 4 VI.
[602] Dazu Kapitel 7 II 5.
[603] Baumbach/Hefermehl § 1 UWG Rn. 253.
[604] Gloy FS Gaedertz S. 209 (221 f); Baumbach/Hefermehl § 1 UWG Rn. 255; Köhler/Piper 3.A. § 1 UWG Rn. 491.
[605] RGZ 134, 342 (351 ff) – Benrather Tankstelle; BGH GRUR 90, 687 (699) – Anzeigenpreis II; Gloy in FS. Gaedertz S. 209 (223); Baumbach/Hefermehl § 1 UWG Rn. 255; Köhler/Piper 3.A. § 1 UWG Rn. 492.
[606] Gloy in FS Gaedertz S. 209 (225); Baumbach/Hefermehl § 1 UWG Rn. 257.
[607] Köhler/Piper 3.A. § 1 UWG Rn. 492; Baumbach/Hefermehl § 1 UWG Rn. 257.

Preiswettbewerbs ist, und der Kunde aufgrund der Wertangabe der Zugabe seinen Preisvorteil genau bestimmen kann.[608]

Daher kommt es für die Beurteilung, ob § 1 UWG in der Lage ist, Mitbewerber vor Verdrängungs- oder Vernichtungsunterbietung mittels Zugaben zu schützen, darauf an, ob er einen Schutz vor wettbewerbswidriger Preisunterbietung an sich gewährleisten kann Ein wirksamer Schutz vor Preisunterbietung in Vernichtungs- oder Verdrängungsabsicht wurde bisher schon durch § 1 UWG gewährleistet,[609] so daß das UWG einen ausreichenden Schutz bietet. Eine darüber hinausgehende Gefahr für Mitbewerber bezüglich einer Preisunterbietung geht von Zugaben nicht aus. Die Verhinderung von Mißbräuchen, wie sie zur Schaffung der ZugabeVO führten, ist möglich.

V. Ausbeutung

1. Sklavisches Nachahmen oder unmittelbare Übernahme fremder Leistung

Den eigenen Wettbewerb auf fremder Leistung aufzubauen, ist für sich nicht wettbewerbswidrig.[610] Im Gegenteil, jede Tätigkeit auf irgendeinem Gebiet baut notwendigerweise auf Vorleistungen auf. Nachahmender Wettbewerb ist grundsätzlich erlaubt, wettbewerbsfremd handelt erst, wer das Ergebnis fremder Tätigkeit oder fremder Aufwendungen mit verwerflichen Mitteln[611] ausnutzt, um sich einen Vorsprung vor seinen Mitbewerben zu verschaffen. Eine spezifische Gefahr der Ausbeutung durch die Gewährung von Zugaben ist dabei allerdings nicht ersichtlich. Denn bei dieser Fallgruppe geht es um die Übernahme fremder Leistung, um diese im Wettbewerb zu verwerten. Dies kann dadurch erfolgen, daß eine fremde Leistung sklavisch nachgeahmt wird,[612] fremde Leistungen unmittelbar übernommen werden,[613] fremde Werbung ausgenutzt wird,[614] oder fremde Werbung ausgebeutet wird.[615]

[608] Kapitel 4 III 1 f; 4 III 2 c) bb).
[609] Baumbach/Hefermehl § 1 UWG Rn. 255 ff; Köhler/Piper 3.A. § 1 UWG Rn. 492.
[610] S.o. Kapitel 4 V 1.
[611] Baumbach/Hefermehl § 1 UWG Rn. 438.
[612] Baumbach/Hefermehl § 1 UWG Rn. 438 ff; Köhler/Piper 3.A. § 1 UWG Rn. 619.
[613] Baumbach/Hefermehl § 1 UWG Rn. 495 ff; Köhler/Piper 3.A. § 1 UWG Rn. 618.
[614] Baumbach/Hefermehl § 1 UWG Rn. 520 ff; Köhler/Piper 2.A. § 1 UWG Rn. 712 ff.
[615] Baumbach/Hefermehl § 1 UWG Rn. 541 ff.

Soweit eine fremde Leistung sklavisch nachgeahmt oder sogar unmittelbar übernommen wird, ergibt sich durch die Zugabewerbung keine Besonderheit gegenüber der Rechtslage vor Abschaffung der Zugabeverordnung. Sollte eine gewährte Zugabe an sich eine solche wettbewerbswidrige Leistungsnachahmung oder Übernahme darstellen, so ist dies nach den bisherigen Grundsätzen dieser Fallgruppen zu beurteilen. Eine gesteigerte Gefahr der Ausbeutung gerade durch das Gewähren einer Zugabe ist in diesen Fallgruppen jedoch nicht ersichtlich, da Werbung mit einer Zugabe an sich Werbung mit einem Kopplungsangebot ist, d.h. zwei Waren werden als ein Angebot verkauft.[616] Dabei kann es sich bei einer der beiden oder beiden Waren um eine wettbewerbswidrige Leistungsübernahme oder Nachahmung handeln, aber eine darüber hinaus gehende wettbewerbliche Relevanz gerade aus der Gewährung als Zugabe ist nicht erkennbar. Der Wettbewerbsverstoß liegt nämlich in der Ausbeutung, nicht in der Gewährung der so wettbewerbswidrig erlangten Leistung als Zugabe.

2. Ausnutzen fremder Werbung

Auch bezüglich des Ausnutzens fremder Werbung ergeben sich keine Besonderheiten. Die Nachahmung einer fremden Werbemaßnahme ist wettbewerbsrechtlich grundsätzlich erlaubt, vor allem wenn die nachgeahmte Werbung keinen neuen eigenartigen und selbständigen Gedanken enthält.[617] Es müssen besondere Umstände hinzutreten, die eine Nachahmung wettbewerbswidrig machen. Zunächst muß die Werbemaßnahme wettbewerbliche Eigenart besitzen, d.h. sie muß geeignet sein, auf die betriebliche Herkunft hinzuweisen oder besondere Gütevorstellungen zu erwecken. Weiterhin muß als besonderes Unlauterkeitsmerkmal die Gefahr einer Herkunftstäuschung oder Rufausbeutung dazukommen.[618] Nicht geschützt ist die bloße Werbeidee,[619] d.h. zum Beispiel die Idee, beim Kauf mehrerer gleicher Artikel einen weiteren als Zugabe zu gewähren.[620] Geschützt kann nur die konkrete Gestaltung einer Idee sein.[621]

Ein wettbewerbswidriges Ausnutzen fremder Werbung gerade durch die Gewährung von Zugaben wäre dann denkbar, wenn eine Werbemaßnahme sich gerade auf die Gewährung einer bestimmten Zugabe oder Art von Zugaben konzentrieren würde, und der Mitbewerber

---

[616] Siehe Kapitel 4 II 2.
[617] Ausführlich: Baumbach/Hefermehl § 1 UWG Rn. 522, 525.
[618] Baumbach/Hefermehl § 1 UWG Rn. 522; Köhler/Piper 3.A. § 1 UWG Rn. 602, 657.
[619] Baumbach/Hefermehl § 1 UWG Rn. 523; Köhler/Piper 3.A. § 1 UWG Rn. 657.
[620] Beispiele aus der Rechtsprechung: Papierwürfel als Werbeträger: BGH GRUR 79, 705 (706) – Notizklötze; die Idee Nachschlagewerke als zum Ausschneiden geeignete Fortsetzungen in Zeitungen abzudrucken: BGHZ 18, 175 (183) – Werbeidee; weitere Beispiele bei Baumbach/Hefermehl § 1 UWG Rn. 523.
[621] Baumbach/Hefermehl § 1 UWG Rn. 523; Köhler/Piper 3.A. § 1 UWG Rn. 602, 657.

genau dieses Konzept in der gleichen Gestaltung nachahmt. Dabei ergeben sich allerdings keine Besonderheiten zur wettbewerbswidrigen Nachahmung einer Werbung ohne Zugabegewährung.

3. AUSBEUTEN FREMDEN RUFS

A) ALLGEMEIN

Allerdings könnte man andenken, daß die Gewährung eines Markenartikels als Zugabe zu einer Hauptleistung ein Ausbeuten fremden Rufs sein könnte. Der Ruf, das Image einer Ware oder Marke ist heute ein entscheidender Faktor in der Kaufentscheidung. Nicht ausreichend für einen guten Ruf ist ein hoher Bekanntheitsgrad, die angesprochenen Verkehrskreise müssen zusätzlich mit dem Produkt bzw. der Marke eine besondere Wertvorstellung, insbesondere Gütevorstellung verbinden.[622] Die Rufausnutzung erfolgt, indem der Verkehr dazu gebracht wird, die Wertvorstellung, die er mit einer bestimmten Ware verbindet, auf eine andere zu überträgen. Aus wettbewerbsrechtlicher Sicht ist dies grundsätzlich zulässig, für eine Sittenwidrigkeit der Handlung muß der Wettbewerber den fremden Ruf für sich in anstößiger und mißbräuchlicher Weise für seinen eigenen Warenabsatz ausnutzen.[623]

B) TÄUSCHUNG

Zunächst kann dies durch Täuschung erfolgen. Verbindet der Verkehr mit der Herkunft der Ware bestimmte Herkunfts- und Gütevorstellungen, so wird durch eine Irreführung des Verkehrs über die betriebliche Herkunft der gute Ruf der fremden Ware ausgenutzt. Der Verbraucher glaubt, das Erzeugnis eines Herstellers zu erwerben, während er in Wirklichkeit das eines anderen Herstellers erwirbt.[624] Diese Täuschung kann auch indirekt durch die Gewährung einer Zugabe erfolgen, indem die (wahrheitsgemäße) betriebliche Herkunft der Zugabe in den Vordergrund gestellt wird, während die Herkunft der Hauptleistung verschwiegen wird. Durch geschickte Gestaltung könnte dabei, vor allem wenn es sich bei der Zugabe um ein Zubehör zu Hauptleistung handelt, besonders wirksam der Eindruck erweckt werden, beide Waren würden vom selben Hersteller stammen, ohne daß ausdrücklich eine solche Herkunftseigenschaft behauptet wird.

---

[622] BGHZ 5, 1 (12) – Hummel-Figuren; BGHZ 28, 387 (394) Nelkenstecklinge; BGH GRUR 53, 40 – Gold-Zack; Baumbach/Hefermehl § 1 UWG Rn. 541.
[623] BGHZ 86, 90 (94) – Rolls Royce.
[624] Baumbach/Hefermehl § 1 UWG Rn. 544 a.

Mit der Herkunftstäuschung ist die Warenverwechslung verbunden. Hierbei glaubt der Kunde, die Originalware zu erwerben, während er in Wirklichkeit eine andere erwirbt.[625] Eine entsprechend beworbene Zugabe von Originalzubehör könnte geeignet sein, eine solche Täuschung über die Natur der Ware (Original oder Fremdprodukt) auslösen.

Diese Formen der Täuschung werden schon von der bisherigen Rechtslage erfaßt. Herkunfts- und Warenverwechslung und die damit verknüpfte Ausnutzung fremden Rufs können Folgen der Nachahmungsfreiheit bei nicht sonderrechtlich geschützten Waren sein. Wettbewerbswidrig ist die Ausnutzung des guten Rufs einer fremden Ware oder Kennzeichnung dann, wenn sie durch eine vermeidbare Täuschung des Verkehrs über die betriebliche Herkunft der Ware bewirkt wird. Denn der Nachahmer hat die Pflicht, alles im Rahmen des Zumutbaren Erforderliche zu tun, um beim Inverkehrbringen der Ware eine Irreführung des Verkehrs auszuschließen.[626]
Der Einsatz von Originalzugaben neben einer Nichtoriginalware oder die Zugabe von Zubehör von Drittherstellern zu Originalware kann immer den Irrtum hervorrufen, daß es sich bei der kompletten Gesamtleistung um Originalware handelt, selbst wenn keine ausdrückliche Bewerbung als solche erfolgt. Wie eingangs erwähnt, kann dies schon dadurch geschehen, daß z.B. nur die Marke der Zugabe genannt wird und keine Markennennung bezüglich der Hauptware erfolgt. Wenn zusätzlich die Zugabe extra als Originalzubehör beworben wird, kann leicht ein entsprechender Irrtum entstehen.
Der BGH[627] hat in seiner bisherigen Rechtsprechung darauf hingewiesen, daß ein Nachahmer gegen eine Warenverwechslung in zumutbaren Umfang durch geeignete Maßnahmen wie etwa eine Herkunftsbezeichnung Vorsorgemaßnahmen treffen muß. Diese Pflicht läßt sich ohne Probleme auf die Zugabewerbung erweitern, der Anbieter muß danach Hauptleistung und Zugabe nach ihrer Herkunft bzw. ihrem Hersteller so genau kennzeichnen, daß der Verbraucher ohne weiteres Nachforschen erkennen kann, wer der Hersteller ist. Bezüglich des Zugabe ergibt sich diese Pflicht auch schon aus den Informationspflichten zur Vermeidung von übertriebenem Anlocken[628] und Preisverschleierung[629], so daß bei Einhalten dieser Informationspflichten auch ein Ausbeuten fremden Rufs wirksam verhindert werden kann.

---

[625] Zum Unterschieben einer Ware als Original: BGH GRUR 70, 510 (513) – Fußstützen; Baumbach/Hefermehl § 1 UWG Rn. 544 b; Köhler/Piper 3.A. § 1 UWG Rn. 637 f.
[626] Baumbach/Hefermehl § 1 UWG Rn. 545, 463, 469; Köhler/Piper 3.A. § 1 UWG Rn. 638.
[627] BGH GRUR 66, 617 (620) – Saxophon; GRUR 70, 510 (512) – Fußstützen; Köhler/Piper 3.A. § 1 UWG Rn. 638.
[628] Kapitel 4 III 2 c) bb).
[629] Kapitel 4 III 1 e).

4. Zusammenfassung

Besonderheiten bezüglich der Verwendung von Zugaben ergeben sich im Rahmen der Fallgruppe Ausbeutung nur für das „Ausbeuten fremden Rufes". Durch die Verwendung von Zugaben erhöht sich das Täuschungspotential, so daß es aus Verbrauchersicht leichter zu einer Herkunftstäuschung oder Warenverwechslung kommen kann. Vermeiden läst sich diese Täuschungsgefahr durch eine entsprechende Angabepflicht bei der Verwendung von Zugaben. Aus der bisherigen Rechtsprechung zur Rufausbeutung läst sich eine solche Pflicht auch für die Verwendung von Zugaben ableiten. Damit besteht auch für Mitbewerber keine Schutzlücke.

VI. Rechtsbruch

1. Allgemein

Es widerspricht dem Sinn und Zweck des Leistungswettbewerbs, wenn ein Wettbewerber durch die Mißachtung gesetzlicher oder vertraglicher Bestimmungen einen Vorsprung gegenüber seinen gesetzes- bzw. vertragstreuen Mitbewerbern erlangt. Aber nicht jedes gesetzwidrige Handeln ist sittenwidrigem Handeln im Sinne des § 1 UWG gleichzusetzen.[630] Maßgebend für ein Eingreifen des § 1 UWG ist die sittlich-rechtliche Wertung des komplexen Lebensvorgangs unter Einbeziehung des in Rede stehenden Gesetzesverstoßes.[631] Bei gesetzlichen Bestimmungen war zwischen wertbezogenen Normen[632] und wertneutralen Normen[633] zu unterscheiden. Bei wertbezogenen Normen reichte eine Verletzung der Norm aus, um die Sittenwidrigkeit im Rahmen von § 1 UWG zu begründen. Dagegen mußten bei wertneutralen Vorschriften weitere Umstände hinzukommen, die den Rechtsbruch sittenwidrig machten. Ein Beispiel für eine solche wertneutrale Vorschrift ist die im Folgenden zu untersuchende Preisangabenverordnung.

In seinen neueren Entscheidungen schränkt der BGH die Reichweite der Fallgruppe „Vorsprung durch Rechtsbruch" ein, indem er für eine Anwendung des § 1 UWG fordert, daß die jeweils verletzte Norm zumindest auch eine wettbewerbsschützende Funktion aufweist.[634] Denn es sei nicht die Aufgabe des § 1 UWG, Verstöße gegen gesetzliche Bestimmungen im

---

630 BGH GRUR 74, 281 (282) – Clipper; BGH GRUR 95, 427 – Zollangaben; Köhler/Piper 3.A. § 1 UWG Rn. 726.

631 Köhler/Piper 3.A. § 1 UWG Rn. 727.

632 Baumbach/Hefermehl § 1 UWG Rn. 613 ff; Köhler/Piper 3.A. § 1 UWG Rn. 745 ff.

633 Baumbach/Hefermehl § 1 UWG Rn. 630; Köhler/Piper 2.A. § 1 UWG Rn. 785

634 BGH NJW 00, 3351 – Abgasemission; BGH NJW 02, 1275 –Sportwetten; BGH NJW 02, 2645 – Elektroarbeiten; Hombrecher JURA 03, 153 (159); Köhler NJW 02, 2761.

Vorfeld des Wettbewerbshandelns zu sanktionieren, die zwar in irgendeiner Weise Auswirkungen auf die Wettbewerbschancen der Mitbewerber hätten, aber kein Wettbewerbsverhalten darstellen und auch nicht geeignet seien, dem eigentlichen Wettbewerbsverhalten den Charakter eines gerade in wettbewerblicher Hinsicht unlauteren Verhaltens zu geben.[635] Dafür ist nötig, daß die verletzte Norm zumindest eine sekundäre markt- oder wettbewerbsbezogene Schutzfunktion hat, das Gesetz also eine auf die Lauterkeit des Wettbewerbs bezogene Schutzfunktion aufweist.[636] Nach der neuesten Rechtsprechung des BGH ist dabei nicht mehr danach zu differenzieren, ob das Gesetz dem Schutz wichtiger Gemeinschaftsgüter dient[637] oder ob ein sonstiger Gesetzesverstoß vorliegt. Denn bei einer solchen Differenzierung bestünde die Gefahr, daß mit Hilfe der Formel von den „gewichtigen Allgemeininteressen" das Wettbewerbsrecht letztlich auch für wettbewerbsfremde Zwecke instrumentalisiert wird. Von seinem Auftrag her kann und darf das Wettbewerbsrecht aber nur die Marktbeteiligten vor unlauterem Wettbewerb schützen, das Allgemeininteresse wird nur soweit mitgeschützt, als es um das Interesse an der Aufrechterhaltung von unverfälschtem Wettbewerb geht. Wichtige Gemeinschaftsgüter sind daher für die Anwendung des § 1 UWG nur soweit relevant, als sie die schutzwürdigen Interessen der Marktbeteiligten näher definieren.[638]

Noch nicht vom BGH ausgeführt ist die Frage, ob weiterhin ein „bewußter und planmäßiger" Gesetzesverstoß vorliegen muß, wie es bisher bei einem Verstoß gegen „wertneutrale" Normen der Fall war, oder ob es nun ausreichen soll, daß der Handelnde alle Umstände gekannt hat, die das Urteil der Wettbewerbswidrigkeit tragen.

Das Festhalten an einem „bewußten und planmäßigen" Gesetzesverstoß als subjektives Wertungskriterium würde zu einer doppelten Einschränkung des Tatbestandes führen, die nach der neusten Rechtsprechung unnötig und systemwidrig wäre. Eine Einschränkung der Normen, bei deren Verstoß die Fallgruppe „Vorsprung durch Rechtsbruch" eingreifen kann, erfolgt schon dadurch, daß die verletzte Norm zumindest eine sekundäre markt- oder wettbewerbsbezogene Schutzfunktion aufweisen muß. Sobald dies der Fall ist, ist die Norm aber nicht mehr wertneutral, da sie zumindest auch den Wettbewerb schützt. Nötig ist dann

---

[635] BGH NJW 00, 3351 – Abgasemission; Köhler NJW 02, 2761.

[636] BGH NJW 02, 2645 – Elektroarbeiten; Köhler NJW 02, 2761 (2763); Hombrecher JURA 03, 153 (159). Dagegen liegt nach BGH NJW 00, 3351 – Abgasemission eine solche Schutzfunktion dann vor, wenn die verletzte Norm zumindest auch die Gegebenheiten eines bestimmten Marktes festlegt und so auch gleiche rechtliche Voraussetzungen für die auf dem Markt tätigen Mitbewerber schafft.

[637] In diesen Fall sollte auch nach der neueren Rechtsprechung die wettbewerbliche Unlauterkeit indiziert sein, denn auch wenn die verletzte Norm keinen unmittelbar wettbewerbsbezogenen Zweck verfolgt, soll § 1 UWG auch verhindern, daß Wettbewerb unter Mißachtung gewichtiger Interessen der Allgemeinheit betrieben wird. BGH NJW 00, 3351 – Abgasemission; Köhler NJW 02, 2761.

[638] Köhler NJW 02, 2761 (2763).

nur noch ein Verstoß, der objektiv geeignet ist, dem Mitbewerber einen Wettbewerbsvorteil zu verschaffen.[639]

2. Vorsprung durch Rechtsbruch, §1 UWG iVm PreisangabenVO

a) Regelung des § 1 PAngVO

Bei der Gewährung von Rabatten auf Endpreise kann unter Umständen ein Verstoß gegen § 1 Preisangabenverordnung (PAngVO)[640] vorliegen, die als formelles Preisordnungsrecht keine materiellen Preisbildungspflichten statuiert.[641] Von Bedeutung ist insbesondere die Zentralnorm des § 1 PAngVO. § 1 Abs. 1 PAngVO verlangt:

„Wer Letztverbrauchern gewerbs- oder geschäftsmäßig oder regelmäßig in sonstiger Weise Waren oder Leistungen anbietet oder als Anbieter von Waren oder Leistungen gegenüber Letztverbrauchern unter Angabe von Preisen wirbt, hat die Preise anzugeben, die einschließlich der Umsatzsteuer oder sonstiger Preisbestandteile unabhängig von einer Rabattgewährung zu zahlen sind (Endpreise). Soweit es der allgemeinen Verkehrsauffassung entspricht, sind auch die Verkaufs- oder Leistungseinheit und die Gütebezeichnung anzugeben, auf die sich die Preise beziehen. Auf die Bereitschaft, über den angegebenen Preis zu verhandeln, kann hingewiesen werden, soweit es der allgemeinen Verkehrsauffassung entspricht und Rechtsvorschriften nicht entgegenstehen."

Die neue Rechtslage, und auch der Wortlaut des § 1 Abs. 1 S. 1 PAngVO erlauben es, daß Unternehmen den nach der PAngVO ausgezeichneten Preis generell verlangen, und im Ausnahmefall individuell auf die Wünsche von Kunden eingehen und Rabatte gewähren.[642] Überdies spricht dafür der Wortlaut von § 1 Abs. 1 S. 3 PAngVO, der ausdrücklich einen Hinweis auf eine Bereitschaft, über den Preis zu verhandeln für zulässig erklärt, soweit keine Rechtsvorschriften oder die allgemeine Verkehrsauffassung entgegenstehen. Mit der Abschaffung von Rabattgesetz und Zugabeverordnung sind die wesentlichen rechtlichen Hindernisse entfallen.[643] Die Verkehrsauffassung scheint sich ebenfalls sehr schnell gewandelt zu haben. Dafür spricht schon die massiv zunehmende Werbung mit Rabatten und Zugaben, und die Gewöhnung der Verbraucher daran.

Jedoch ist es verboten, nicht ernstlich verlangte Preise, sogenannte Mondpreise, anzugeben. Denn § 1 Abs. 5 S. 1 PAngVO normiert den Grundsatz der Preiswahrheit und Preisklarheit.[644]

---

[639] Ebenso Köhler NJW 02, 2761 (2763).

[640] PreisangabenVO, Neufassung vom 28.7.2000, BGBl. I 00, 1244. Ab 1.1.2003 gilt die durch die Vierte Verordnung zur Änderung der PanGV geänderte Fassung (BGBl. I 02, 4195), die allerdings den Wortlaut von § 1 PAngVO unverändert läßt (Neufassung der Preisangabenverordnung vom 18.10.2002, BGBl. I 02, 4197).

[641] Köhler/Piper 3.A. Einf. PAngV Rn. 1; Hoß MDR 01, 1094 (1099); Völker Einf. Rn. 3.

[642] Heermann WRP 01, 855 (858); Berlit WRP 01, 349 (353 f); Trube WRP 01, 878 (880 f).

[643] Außer im Bereich HWG und TabakStG, s.o. Kapitel 2 II 5.

[644] Bzw. § 1 Abs. 6 S. 1 PAngVO in der Fassung vom 18.10.02, BGBl. I 02, 4197 (4198).

Dieser Grundsatz verlangt nicht nur eine formale, sondern auch die inhaltliche Richtigkeit der Angaben.[645] Eine Preisangabe muß den Preis wiedergeben, zu dem die Ware tatsächlich verkauft werden soll.[646] Wird ein Preis höher angegeben, um anschließend durch eine Rabattgewährung besondere Kaufanreize zu schaffen, so ist dies – unter anderem – ein Verstoß gegen die Preisangabenverordnung.[647]

B) VERSTOß GEGEN § 1 PANGVO DURCH ZUGABEGEWÄHRUNG

Ein Verstoß gegen § 1 PAngVO kann durch die Gewährung von Zugaben nicht vorliegen. Denn der Händler, der auf Nachfragen im Einzelfall Zugaben gewährt, macht im Grunde ein völlig neues Gesamtangebot zu einem neuen Preis, mag dieser durch die Zugabe auch viel günstiger sein. Auch wenn dies methodisch geschieht, so daß der angegebene Preis für die Ware als solche alleine nicht ernsthaft verlangt wird, scheint es dennoch konstruiert, einen Verstoß gegen die Preisangabenverordnung anzunehmen, da ja ein neues Gesamtangebot verkauft wird, das so vorher nicht angeboten wurde. Jedoch würde in diesem Fall ein Verstoß gegen § 3 UWG vorliegen, da die Verbraucher systematisch getäuscht würden.

Ein Verstoß gegen die PAngVO ist aber dann denkbar, wenn im Rahmen eines Kopplungsangebotes der Preis nicht einheitlich beworben wird.[648] Dies wäre dann der Fall, wenn allein das Versprechen unentgeltlicher Teilleistungen oder der günstige Preis einer Teilleistung blickfangmäßig herausgestellt wird, ohne gleichzeitig in klarer Zuordnung leicht erkennbar und deutlich lesbar auf das Entgelt hinzuweisen, der für den anderen Teil des Kopplungsangebotes verlangt wird. Gegenüber der besonders angepriesenen günstigen Teilleistung dürfen die Angaben, aus denen sich die wirtschaftliche Belastung des Verbrauchers ergibt, nicht vollkommen in den Hintergrund treten.[649]
Würde also eine kostenlose Zugabe dazu eingesetzt werden, die Gesamtkosten oder die Folgekosten eines Angebotes zu verschleiern, so würde ein Verstoß gegen den Grundsatz der Preiswahrheit und –klarheit und damit ein Verstoß gegen § 1 Abs 5 S.1 PAngVO vorliegen.

---

[645] Köhler/Piper 3.A. § 1 PAngVO Rn. 45; Hoß MDR 01, 1094 (1099).
[646] BGHSt 31, 91; Meyer GRUR 01, 98 (101).
[647] BGH NJW 73, 1371 (1372) - Möbelauszeichnung.
[648] BGH GRUR 99, 261 – Handy-Endpreis; BGH GRUR 99, 264 – Handy für 0,00 DM, wobei der BGH hier allerdings nicht von einer Zugabe ausgeht, da dem „Publikum geläufig ist, dass Mobiltelefone einen nicht unerheblichen Wert haben und ein Kaufmann ein solches Gerät nicht ohne weiteres verschenkt" und sie über den Netzkartenvertrag mitfinanziert werden müssen; BGH WRP 02, 1256 (2359) – Kopplungsangebot I; BGH WRP 02, 1259 (1262) - Kopplungsangebot II.
[649] BGH GRUR 99, 264 (267) dort auch zu dem Problem der Angabe bei komplexen Tarifstrukturen; Meyer GRUR 01, 98 (101); BGH GRUR 99, 161 – Handy-Endpreis; BGH GRUR 99, 264 – Handy für 0,00 DM; BGH WRP 02, 1256 (2359) – Kopplungsangebot I; BGH WRP 02, 1259 (1262f) - Kopplungsangebot II.

Ein Beispiel wäre die Werbung nur mit der kostenlosen Zugabe ohne Erwähnung des Preises der Hauptleistung.

Da die PAngVO wertneutrale Vorschriften enthält, hat allerdings ein Verstoß gegen die PAngVO nach der alten Rechtsprechung nicht gleich einen Anspruch aus § 1 UWG unter dem Aspekt des Vorsprungs durch Rechtsbruch zur Folge. Nur bei einem bewußten und planmäßigen Verstoß, um die Wettbewerbslage zugunsten des Anbieters zu beeinflussen, liegt ein Verstoß gegen § 1 UWG vor, ein solcher Verstoß wäre allerdings bei einer entsprechenden Werbungsgestaltung gegeben.[650] Daher nimmt die Rechtsprechung für Kopplungsangebote eine Verpflichtung an, die Preise einheitlich zu bewerben.[651]
Auch nach der neuesten Rechtsprechung wird bei einem Verstoß gegen die Preisangabenverordnung, der geeignet ist, dem Verletzer einen Wettbewerbsvorteil zu verschaffen, von einem Verstoß gegen § 1 UWG auszugehen sein. Denn die Preisangabenverordnung weist zumindest dahingehend auch eine wettbewerbsschützende Funktion auf, daß sie die Preise für alle Verbraucher leichter vergleichbar macht.[652]
Daneben würde allerdings auch ein Verstoß gegen §§ 1, 3 UWG unter dem Gesichtspunkt der Preisverschleierung und der Irreführung vorliegen.

3. Vorsprung durch Rechtsbruch: Zugaben zu preisgebundenen Artikeln

a) Rechtslage nach der Abschaffung der Zugabeverordnung

aa) Preisbindungen nach Aufhebung der Zugabeverordnung

Eine lückenlose und gleichmäßig ein- und durchgeführte Preisbindung stellt für alle gebundenen Händler derselben Handelsstufe eine konforme Wettbewerbslage her, gegen die sie nicht verstoßen dürfen. Preisbindungen können offen, etwa durch Verlangen eines niedrigeren Preises, oder verdeckt, z.B. durch Inzahlungnahmen unterlaufen werden. Dies ist verboten, soweit es durch den zugrundeliegenden Preisbindungsvertrag nicht ausdrücklich erlaubt ist. Meist geht es dabei um Zeitungen und Zeitschriften. Eine Preisbindung wird durch Vergünstigungen umgangen, die die Lückenlosigkeit des Preisbindungssystems gefährden

---

[650] Hoß MDR 01, 1094 (1099); BGH GRUR 89, 762 (764) – Stundungsangebote; BGH GRUR 91, 847 – Kilopreis II.
[651] BGH GRUR 99, 161 – Handy-Endpreis; BGH GRUR 99, 264 – Handy für 0,00 DM; BGH WRP 02, 1256 (2359) – Kopplungsangebot I; BGH WRP 02, 1259 (1262) - Kopplungsangebot II.
[652] S.o. Kapitel 4 VI 1.

und die konforme Wettbewerbslage der Mitbewerber beseitigen.[653] Zugaben verstoßen gegen diese Preisbindung. Eine Ausnahme war nach der alten Rechtslage lediglich für die nach § 1 Abs. 2 lit a ZugabeVO zulässigen Zugaben anzuerkennen, ihre Gewährung konnte in den Preisbindungsverträgen nicht verboten werden.[654]

Im Grundsatz dürfte das so bleiben,[655] auch wenn mit der Abschaffung der Zugabeverordnung auch die Erlaubnis des § 1 Abs. 2 lit a ZugabeVO mit aufgehoben wird. Da nach der aktuellen Rechtslage von einer Regelerlaubnis für die Zugabe auszugehen ist, darf man bei der Behandlung der Zugabe nicht hinter der Rechtslage vor Abschaffung der Zugabeverordnung zurückbleiben.[656] Geringwertige Zugaben müssen daher erlaubt bleiben. Ansonsten dürfen aber, soll die Preisbindung nicht insgesamt gefährdet werden, keine im Wert größeren Zugaben als bisher dem preisgebundenen Produkt mitgegeben werden.[657]
Das selbe muß für Kopplungsangebote gelten. Bisher verstießen Kopplungsangebote preisgebundener Erzeugnisse mit anderen Waren zu einem Gesamtpreis dann gegen die Preisbindung, wenn der Gesamtpreis unter dem gebundenen Preis lag. Zulässig ist eine Gesamtpreisbildung nur, wenn der gebundene Preisanteil ausgewiesen wird, wodurch ersichtlich ist, daß der Preisvorteil auf einer Preisherabsetzung der mit der preisgebundenen Ware gekoppelten Ware beruht. Auch dann darf allerdings die Preisherabsetzung nicht unverhältnismäßig hoch sein.[658]
Zwar können, wie sich im Laufe der bisherigen Untersuchung herausgestellt hat, Zugaben synonym mit Zweitleistungen im Rahmen von Gesamtangeboten gesetzt werden, da sich dieses restriktive Ergebnis aber schon aus der bisherigen Handhabung von Gesamtangeboten ergibt, kann es auch für Zugaben als Zweitleistung kein anderes Ergebnis geben.
Auch nach der neuesten Rechtsprechung wird bei einem bewußten und gewollten Verstoß gegen eine wirksame Preisbindung von einem Verstoß gegen § 1 UWG auszugehen sein. Denn die Preisbindung regelt das Verhalten der Mitbewerber zueinander, und definiert dabei die Schutzwürdigen Interessen der Beteiligten näher, indem sie z.B. dem Schutz der Händler vor Preisdumping durch die Statuierung von Festpreisen dient.[659] Zwar ist in diesem Zusammenhang fraglich, inwieweit eine solche Preisbindung wirtschaftspolitisch berechtigt

---

653 Baumbach/Hefermehl § 1 UWG Rn. 736.
654 BKartA BB 58, 1183; Baumbach/Hefermehl § 1 UWG Rn. 739.
655 Berneke WRP 01, 615 (618).
656 Kapitel 3 II 1.
657 Cordes WRP 01, 867 (872); Baumbach/Hefermehl § 1 UWG Rn. 737, 739.
658 Franzen Rn. 153; Mann WRP 97, 1139 (1142); Baumbach/Hefermehl § 1 UWG Rn. 738.
659 Köhler NJW 02, 2761 (2763).

ist,[660] sie dient jedoch der Lauterkeit des Wettbewerbs, indem sie Verhaltensregeln für die Händler aufstellt, die auf den von der Preisbindung betroffenen Gebieten auch eine funktionierende Versorgung der Verbraucher sicherstellen soll.

bb) Verlagserzeugnisse

Das deutsche Recht kennt nach der Abschaffung der vertikalen Preisbindung für Markenwaren durch das 2. Gesetz zur Änderung des GWB[661] bei Waren im Grunde nur noch eine Preisbindung für Verlagserzeugnisse, d.h. vor allem für Bücher. Diese war zunächst in § 15 GWB a.F geregelt.[662] Hierbei sah man allerdings auch Werke der Bildenden Kunst und Fotografie, soweit sie durch ein grafisches oder fotomechanisches Verfahren veröffentlicht wurden, und neben Büchern z.B. auch Zeitschriften, Noten, Globen, Karten, Kalender oder Kunstblätter als Verlagserzeugnisse.[663] Zusätzlich fielen elektronische Medien darunter, soweit sie Buchersatzfunktion haben, wie etwa Wörterbücher auf CD-Rom.[664] All diese Verlagserzeugnisse wurden bisher als preisbindungsfähig angesehen.[665] Mit dem neuen Gesetz zur Regelung der Preisbindung bei Verlagserzeugnissen[666] hat der Gesetzgeber Bücher aus dem Anwendungsbereich des § 15 GWB herausgenommen und die Buchpreisbindung im Buchpreisbindungsgesetz eigenständig geregelt.[667] Gemäß § 2 Abs. 1 Buchpreisbindungsgesetz werden auch andere typische Verlagserzeugnisse als Bücher definiert und damit in den Anwendungsbereich des Gesetzes gebracht:

(1) Bücher im Sinne dieses Gesetzes sind auch
1. Musiknoten,
2. kartographische Produkte,
3. Produkte, die Bücher, Musiknoten oder kartographische Produkte reproduzieren oder substituieren und bei Würdigung der Gesamtumstände als überwiegend verlags- oder buchhandelstypisch anzusehen sind sowie
4. kombinierte Objekte, bei denen eines der genannten Erzeugnisse die Hauptsache bildet.

---

[660] Dazu vgl. nur Immenga/Mestmäcker-Emmerich § 15 GWB Rn. 6 m.w.N.

[661] 2. Gesetz zur Änderung des GWB vom 3.8.1973, BGBl 1973 I, 917.

[662] Zur alten Rechtslage: § 15 GWB i.d.F. des Gesetzes zur Sicherung der nationalen Buchpreisbindung, BGBl 2000 I, S. 1634; Emmerich S. 70. Der Hinweis bei Baumbach/Hefermehl § 1 UWG Rn. 709 auf eine Preisbindung etwa bei Saatgut und bei Lizenzen bezieht sich auf die alte Rechtslage vor der Novelle 1998, die nach der Übergangsvorschrift des § 131 IV GWB noch bis Ende 1999 vom Verbot der Preisbindung freigestellt waren, Bechtold § 17 GWB Rn. 13.

[663] Baumbach/Hefermehl § 1 UWG Rn. 711; Immenga/Mestmäcker-Emmerich § 15 GWB Rn. 9 Haberstrumpf S. 27; Jungermann NJW 2000, 2172 (2173).

[664] BGHZ 134, 47 (78ff) – CD-Rom; Bechtold § 15 GWB Rn. 5f; Immenga/Mestmäcker-Emmerich § 15 Rn. 9; Haberstrumpf S. 27.

[665] Bechtold § 15 GWB Rn. 8.

[666] Gesetz zur Preisbindung bei Verlagserzeugnissen von 2.9.2002, In Kraft getreten am 1.10.2002 (BGBl. I 02, 3448).

[667] So auch: Waldenberger NJW 02, 2914.

Durch § 15 wird nur noch die Preisbindung bei Zeitungen und Zeitschriften geregelt.[668] Für diese bleibt nach dem Wortlaut des § 15 GWB n.F. alles im Grunde wie bisher. Für die Preisbindung bei Büchern hat sich durch das Buchpreisbindungsgesetz einiges geändert. Während § 15 GWB in seiner alten Fassung bei Verlagserzeugnissen eine Preisbindung für zulässig erklärte, aber das Vereinbaren der Preisbindungsverträge den Marktteilnehmern überlies, regelt das Buchpreisbindungsgesetz[669] in § 5 Abs. 1 eine Pflicht der Verlage und Importeure, einen verbindlichen Endpreis für Letztabnehmer einschließlich gesetzlicher Mehrwertssteuer festzusetzen. Eine Ausnahme gilt gem. § 2 Abs. 2 Buchpreisbindungsgesetz für fremdsprachige Bücher, die nicht überwiegend für den Absatz in Deutschland bestimmt sind. Gemäß § 3 Buchpreisbindungsgesetz ist diese Preisfestsetzung für gewerbliche Buchverkäufer von neuen Büchern verpflichtend.[670] Ausnahmen von diesem Endpreis dürfen nur gem. § 7 Buchpreisbindungsgesetz gemacht werden.
Als Zugaben zu preisgebundenen Büchern sind gem. § 7 Abs. 4 Buchpreisbindungsgesetz nur Waren von geringem Wert oder jedenfalls gegenüber dem Wert der Bücher nicht ins Gewicht fallende Waren sowie handelsübliche Nebenleistungen wie Versandkostenübernahme zulässig. Darüber hinaus dürfen auch nach dem Wegfall der Zugabeverordnung keine Zugaben gewährt werden. Nicht von diesem Verbot erfaßt sind etwa Daten-CDs, die ein Verlag allen Auflagen eines Buches beilegt, um den Inhalt des Buches zu ergänzen. Denn hier handelt es sich um eine Bündelung von CD und Buch zu einem Verlagserzeugnis, das als ganzes preisgebunden werden kann, § 2 Abs. 1 Nr. 4 Buchpreisbindungsgesetz..

Bei Büchern ist nach dem Buchpreisbindungsgesetz künftig zu beachten, daß die Einhaltung der Buchpreisbindung gesetzlich verpflichtend gem. § 3 S. 1 Buchpreisbindungsgesetz ist. Wer diesen Vorschriften zuwiderhandelt, kann bereits nach § 9 Buchpreisbindungsgesetz auf Unterlassung und Schadensersatz in Anspruch genommen werden. Zusätzlich handelt es sich bei § 3 Buchpreisbindungsgesetz ebenso wie § 15 GWB um eine unmittelbar wettbewerbsbezogene Norm. Denn die Buchpreisbindung wird nur aus dem Anwendungsbereich des § 15 GWB genommen und gesetzlich geregelt, um die sie trotz kartellrechtlicher Bedenken der EU gegen eine privatrechtlichen Regelung aufrechtzuerhalten.[671] Hierdurch ändert sich allerdings nichts an der Motivation des

[668] § 15 GWB in der Fassung des Artikel 2 Gesetz zur Preisbindung bei Verlagserzeugnissen, BGBl. I 02, 3448.
[669] Art. 1 Gesetz zur Preisbindung bei Verlagserzeugnissen von 2.9.2002, In Kraft getreten am 1.10.2002 (BGBl. I 02, 3448).
[670] Ein Überblick findet sich auch bei Waldenberger, NJW 02, 2914.
[671] Waldenberger NJW 02, 2914 (2916); Amtl. Gesetzesbegründung zum Buchpreisbindungsgesetz S. 2, http://www.bmwi.de/Homepage/download/wirtschaftspolitik/BegruendungBuchpreis.pdf.

Gesetzgebers, dem es um die Sicherung eines leistungsfähigen Marktes für Verlagserzeugnisse in Deutschland und um die Förderung von deren Rolle als Kulturgut und Kulturmedium geht.[672] Da dies dem Interesse der Verbraucher an einem funktionierenden und reichhaltigen Buchmarkt dient, ist ein Verstoß gegen das Buchpreisbindungsgesetz ohne weiteres auch unlauter im Sinne von 1 UWG.[673] Jedoch ist in diesem Zusammenhang zu beachten, daß in § 7 Abs. 4 Nr. 1 Buchpreisbindungsgesetz die Zugabe von Waren erlaubt ist, die zwar nicht mehr geringwertig sind, die allerdings im Hinblick auf den Wert des gekauften Buches wirtschaftlich nicht ins Gewicht fallen. Insoweit liegt eine Abkehr von der bisherigen Rechtsprechung vor, die bei geringwertigen Kleinigkeiten vom absoluten Wert ausging.[674] Ausweislich der Gesetzesbegründung zum Buchpreisbindungsgesetz soll dadurch dem Buchhandel die Einführung von Kundenbindungssystemen ermöglicht werden.[675]

cc) Dienstleistungen

Im Bereich der Dienstleistungen finden sich einige Preisbindungsvorschriften, beispielsweise in den Gebührenordnungen für Rechtsanwälte (BRAGO), für Ärzte (GOÄ) und für Architekten und Ingenieure (HOAI).[676] Auf letztere wird hier exemplarisch genauer eingegangen, wobei das Gesagte auch für die anderen Gebührenordnungen entsprechend gilt. Die Preisbindung bei Ingenieurs- und Architektenleistungen ist in § 4 Abs. 1 HOAI geregelt. Wollen danach Architekt und Auftraggeber ein die Mindestsätze der HOAI unterschreitendes oder die Höchstsätze übersteigendes Architekten- oder Ingenieurshonorar vereinbaren, so ist die Vereinbarung nichtig, wenn die Voraussetzungen des § 4 Abs. 1 HAOI nicht eingehalten werden.[677]

Wichtig ist in diesem Zusammenhang § 4 Abs. 2 HOAI, wonach die Unterschreitung der Mindestsätze nur in Ausnahmefällen zulässig ist. Dabei ist der Ausnahmefall in objektiver und subjektiver Hinsicht zu sehen, die größere Bedeutung kommt dabei den objektiven Kriterien zu. Es müssen Umstände im personellen oder sozialen Bereich vorliegen, die ein Abweichen vom Mindestsatz nach unten rechtfertigen. Anerkannt sind etwa Verwandtschaft oder Freundschaft zwischen Architekt und Bauherr. Im sozialen Bereich kann es z.B.

---

672 Amtl. Gesetzesbegründung zum Buchpreisbindungsgesetz S. 1.
673 Denn dieses Ziel des Buchpreisbindungsgesetzes stellt eine auf die Lauterkeit des Wettbewerbs bezogene Schutzfunktion dar, siehe Kapitel 4 VI 1.
674 BGHZ 11, 260 (267) – Kunststoff-Figuren I; Baumbach/Hefermehl § 1 ZugabeVO Rn. 69.
675 Amtl. Gesetzesbegründung zum Buchpreisbindungsgesetz S. 15, S. 2, http://www.bmwi.de/Homepage/download/wirtschaftspolitik/BegruendungBuchpreis.pdf.
676 Verordnung über die Honorare für Leistungen der Architekten und der Ingenieure (Honorarordnung für Architekten und Ingenieure) vom 17. September 1976 (BGBl. I S. 1976, 2805) i.d.F. der 5. Novelle zur HOAI vom 21.9.1995 (BGBl. I 1995, 1174).
677 Leineweber Rn. 52.

gerechtfertigt sein, bei der Wiederaufbauaktion für ein durch eine Naturkatastrophe zerstörtes Haus einen Preisnachlaß zu gewähren. [678] Bei Nichtvorliegen solcher Ausnahmen ist ein Unterschreiten der Mindestsätze unzulässig. Ein solcher Rechtsbruch könnte beispielsweise in der Erbringung von Zusatzleistungen bei einer Auftragserfüllung zum Mindestpreis als Zugabe liegen. Dieses Vorgehen wäre wegen des Unterlaufens der Preisbindung nach alter Rechtsprechung des BGH wettbewerbswidrig gem. § 1 UWG.[679]

Während nach der alten Rechtslage noch zu beachten war, daß § 4 Abs. 2 HOAI eine wertneutrale Ordnungsvorschrift enthält, [680] kommt es nun auf das Vorliegen zumindest einer sekundären markt- oder wettbewerbsbezogenen Schutzfunktion der HOAI an.[681] Da § 4 Abs. 2 HOAI als Norm über Mindesthonorarsätze zumindest auch dem Schutz der Mitbewerber dient[682], liegt bei einem Verstoß, der objektiv geeignet ist, dem Handelnden einen Wettbewerbsvorteil zu verschaffen, auch ein Verstoß gegen § 1 UWG vor.

B) Veränderung der Rechtslage durch die Verordnung zur Verkaufsförderung im Binnenmarkt

aa) Preisbindungsvereinbarungen als sektorbezogene Verbote

Zwar verbietet Artikel 3 Absatz 1 1. Spiegelstrich des Verordnungsvorschlags ein generelles Verbot von Zugaben, jedoch läßt die Definition des generellen Verbots in Artikel 2 (l) Verordnungsvorschlag[683] Verbote ausdrücklich zu, die sich nur auf eine bestimmte Art von geförderten Waren oder Dienstleistungen beziehen. In der Erläuterung des Verordnungsvorschlags findet sich der Hinweis, daß sektorbezogene Verbote weiterhin erlaubt sein sollen. Für sie soll nach Art. 3 Abs. 2 Verordnungsvorschlag das Gebot der gegenseitigen Anerkennung gelten.[684]

Die Preisbindung bei Zeitungen und Zeitschriften führt, wie gerade dargestellt, bei diesen nach deutschem Recht zu einem Zugabeverbot, mit der Ausnahme geringwertiger Zugaben. Weil hierdurch nur der eng eingegrenzte Sektor der periodischen Druckerzeugnisse betroffen

---

678 Locher/Koeble/Frik § 4 HOAI Rn. 11.

679 Berneke WRP 01, 615 (618); Hoß MDR 01, 1094 (1097); Heermann WRP 01, 855 (857); Cordes WRP 01, 767 (872).

680 OLG München BauR 1996, 283; LG Stuttgart Urteil v. v. 25.7.2001 - 7 KfH 0 2/01, veröffentlicht bei http://www.bundesingenieurkammer.de/853.htm; BGH WRP 97, 325 (327) - Architektenwettbewerb; BGH WRP 91, 157 (158).

681 BGH NJW 02, 2645 – Elektroarbeiten; Köhler NJW 02, 2761 (2763); Hombrecher JURA 03, 153 (159).

682 Köhler NJW 02, 2761 (2763).

683 Dazu Kapitel 3 III.

684 KOM (2001) 546 endgültig/2 S. 28 (Erläuterung); KOM (2002) 585 endgültig S.8, Erwägungsgrund 15.

ist, verstößt § 15 GWB nicht gegen Art. 3 Abs. 1 1. Spiegelstrich Verordnungsvorschlag. Es würde der Grundsatz der gegenseitigen Anerkennung gem. Art. 3 Abs. 2 Verordnungsvorschlag gelten. Überdies weist die Kommission in den Erwägungsgründen ausdrücklich darauf hin, daß die Verordnung keine Auswirkungen auf innerstaatliches Wettbewerbsrecht, das spezifische Bestimmungen im Zusammenhang mit der Presse enthält, haben soll.[685] Daher wird die Preisbindung bei Zeitschriften durch die geplante Verordnung nicht verändert, auch Anbieter aus dem Ausland müssen sie anerkennen. Dies bedeutet jedoch lediglich, daß Zeitschriften nicht nachträglich mit Zugaben versehen werden dürfen, der Verlag selbst darf allen Zeitschriften Zugaben, z.B. eine CD-Rom zum Heft, beilegen. Für diese Zeitschrift mit Zugabe setzt der Verlag einen verbindlichen Preis fest, hierauf bezieht sich dann die Preisbindung.

Auch die Regelungen des Buchpreisbindungsgesetzes und die Regelungen gem. § 4 HOAI behalten für nicht grenzüberschreitende Sachverhalte ihre Gültigkeit, da es sich insoweit nur um sektorbezogene Verbote handelt. Da in diesem Fällen zunächst gem. Artikel 3 Abs. 2 Verordnungsvorschlag der Grundsatz der gegenseitigen Anerkennung gilt, dürfen aus dem Ausland operierende Händler in Deutschland Verlagserzeugnisse mit Zugaben anbieten, ebenso wie auch aus dem Ausland operierende Dienstleister mit Zugaben werben dürfen. Allerdings würde dies zu einer Inländerdiskriminierung führen, da damit etwa aus dem Ausland ihre Leistungen anbietenden Ingenieuren Werbemittel zur Verfügung stehen, die im Inland unzulässig sind.

bb) Die Ausnahme des Artikel 3 Absatz 1 2. Spiegelstrich Verordnungsvorschlag

In Artikel 3 Absatz 1. 2. Spiegelstrich Verordnungsvorschlag wird darüber hinaus ausdrücklich eine Ausnahme für das Verbot von Wertbeschränkungen bei Rabatten auf preisgebundene Artikel gemacht. Es ist damit erlaubt, Rabatte auf preisgebundene Artikel zu verbieten. Diese Ausnahme sollte ausweislich der Erläuterung zum Verordnungsvorschlag ursprünglich die Aufrechterhaltung von Buchpreisregelungen, die Rabatte auf Bücher beschränken, gewährleisten.[686] Durch die Neufassung[687] wurde diese Ausnahme auf alle preisgebundenen Artikel ausgeweitet. Ohne ein begleitendes Verbot von Zugaben macht die Erlaubnis eines solchen Rabattverbotes auf preisgebundene Artikel allerdings keinen Sinn. Denn ein entsprechendes Rabattverbot zum Schutz einer Preisbindung kann leicht durch die

---

[685] Erwägungsgrund 11, KOM (2002) 585 endgültig S. 7.
[686] KOM (2001) 546 endgültig/2 S. 27.
[687] KOM (2002) 585 endgültig.

Gewährleistung von entsprechenden Zugaben umgangen werden.[688] Zwar werden durch die Rabattdefinition des Art. 2 (e) Verordnungsvorschlag auch die sogenannten Realrabatte erfaßt,[689] die Gewährung anderer Zugaben bliebe dennoch möglich. Daher müßte eigentlich auch ein entsprechendes Zugabeverbot ausdrücklich in dem Verordnungsvorschlag Erwähnung finden. Jedoch findet sich weder im Verordnungsvorschlag noch in seiner Erläuterung eine entsprechende Überlegung, überhaupt wird auf Umgehungen der Klauseln des Verordnungsvorschlages nicht eingegangen. Im Gegenteil, das Europäische Parlament wollte in Art. 3 Abs. 1 2. Spiegelstrich Verordnungsvorschlag ausdrücklich eine Begrenzung des Wertes von Zugaben zu preisgebundenen Artikeln.[690] Dieser Änderungsantrag wurde von der Kommission mit der Begründung abgelehnt, es würde sich um eine Begrenzung handeln, die im Vergleich zu den vorgeschlagenen Informationspflichten unverhältnismäßig wäre. Eine Zugabegewährung scheint damit grundsätzlich zulässig, ein Zugabeverbot zu preisgebundenen Waren wäre bei wortlautgetreuer Auslegung als Verstoß gegen das Verbot von generellen Zugabeverboten anzusehen. Auch hier soll der Grundsatz der gegenseitigen Anerkennung gelten.[691]

Dabei ist zu beachten, daß die Buchpreisbindung eigentlich schon als sektorbezogenes Verbot zulässig wäre, und daß insoweit der Grundsatz der gegenseitigen Anerkennung gilt. Im Rahmen eines sektorbezogenen Verbotes wäre aber auch eine Einschränkung der Zugabegewährung zulässig.[692] Deshalb ist davon auszugehen, daß die Erlaubnis der Buchpreisbindung nach der alten Fassung des Art. 3 Abs. 1 2. Spiegelstrich Verordnungsvorschlag im Grunde als deklaratorisch zu sehen war. Durch die Ausweitung der Ausnahme auf alle preisgebunden Artikel bekommt die Vorschrift eine eigene Bedeutung für preisgebundene Artikel allgemein, die sich nicht auf einen Sektor eingrenzen lassen. Bei diesen Artikeln sollen Zugabeverbote im Gegensatz zu Rabattverboten unzulässig sein.[693] Jedoch handelt es sich bei einem Zugabeverbot zu preisgebundenen Büchern dennoch auch um ein sektorbezogenes Verbot, so daß ein Zugabeverbot wenn nicht nach Art. 3 Abs. 1 2. Spiegelstrich Verordnungsvorschlag so doch nach Art 3 Abs. 1 1. Spiegelstrich Verordnungsvorschlag zulässig bleibt. Diese Ausnahme gilt auch für sonstige Verlagserzeugnisse, soweit diese nach § 2 Abs. 1 Buchpreisbindungsgesetz als Buch gelten,

[688] Baumbach/Hefermehl § 1 UWG Rn. 737.
[689] Eine zusätzliche Menge der verkauften Ware oder Dienstleistung, die dem Käufer kostenlos angeboten wird.
[690] Sitzungsbericht EP A5-0253/2002 Änderungsantrag 29, S. 22 f.
[691] KOM (2001) 546 endgültig/2 S. 27 f.
[692] S.o. Kapitel 4 VI 3 b) aa).
[693] Bzw. die Preisbindung für Verlagserzeugnisse, die man auch als eigenen Sektor sehen kann, wie dies auch der Gesetzgeber in § 2 Abs. 1 Buchpreisbindungsgesetz macht.

da der Verordnungsvorschlag zur Verkaufsförderung im Binnenmarkt es ausdrücklich dem nationalen Gesetzgeber überläßt, was alles unter den Buchbegriff fallen soll.[694] Auch hier gilt gem. Art. 3 Abs. 2 Verordnungsvorschlag der Grundsatz der gegenseitigen Anerkennung.

c) Fazit

Zugaben zu preisgebundenen Waren sind nur in den Grenzen des ehemaligen § 1 Abs. 2 lit a ZugabeVO zulässig, ansonsten liegt ein Unterlaufen der Preisbindung vor. Aufgrund des Buchpreisbindungsgesetzes sind auch Kundenbindungssysteme im Buchhandel erlaubt, soweit auf das einzelne Buch gesehen die gewährten Zugaben wirtschaftlich nicht ins Gewicht fallen. Nach der geplanten Verordnung zur Verkaufsförderung im Binnenmarkt ergibt sich ein ähnliches Ergebnis. Durch sie wird die Buchpreisbindung nicht angetastet. Auch andere Preisbindungen bleiben zulässig. Jedoch gilt der Grundsatz der gegenseitigen Anerkennung, so daß es zu einer Inländerdiskriminierung kommen kann. Denn aus dem europäischen Ausland operierende Anbieter sind nicht an das Buchpreisbindungsgesetz gebunden, soweit die importierten Bücher nicht lediglich zum Zwecke ihrer Wiedereinfuhr ausgeführt wurden, § 4 Abs. 1, 2 Buchpreisbindungsgesetz. Dagegen müssen sich inländische Buchhändler bei nicht grenzüberschreitenden Sachverhalten an die Buchpreisbindung halten, so daß ein aus dem europäischen Ausland operierender Anbieter unter Umständen das gleiche Buch billiger anbieten kann.

VII. Marktstörung

1. Verhältnis zu den GWB-Tatbeständen

Während das GWB den funktionsfähigen Wettbewerb vor Beschränkungen der Freiheit schützt und mittels einer Strukturkontrolle zu erhalten sucht, ist es das Ziel des UWG, die Lauterkeit des wettbewerblichen Verhaltens durch eine Verhaltenskontrolle zu gewährleisten.[695] Dabei ergibt sich bezüglich der Anwendbarkeit des UWG eine gewisse Überschneidung mit dem Kartellrecht.[696] Innerhalb des von der Rechtsprechung entwickelten Tatbestandes der Marktstörung wird dem UWG teilweise die Aufgabe des GWB

[694] Siehe KOM (2002) 585 endgültig S. 7 Erwägungsgrund 11.
[695] Baumbach/Hefermehl § 1 UWG Rn. 833; Lehmler S. 2.
[696] Köhler/Piper 3.A. § 1 UWG Rn. 502: allgemeine Marktbehinderung; Baumbach/Hefermehl § 1 UWG Rn. 833.

übertragen,[697] wobei das UWG jedoch nicht den strukturellen Bestand des Wettbewerbs schützt.[698] Im Rahmen der wettbewerblich-funktionalen Prüfung ist unter dem Gesichtspunkt der Lauterkeit einer Wettbewerbshandlung aber nicht nur die individuelle Behinderung der Mitbewerber auf einem bestimmten Markt zu verhindern, sondern auch eine allgemeine Behinderung der Gesamtheit der Mitbewerber auf einem bestimmten Markt, soweit diese Behinderung nicht Folge eines Leistungsvergleichs durch den Kunden, sondern Folge einer durch Beseitigung der Freiheit von Angebot und Nachfrage bewirkten Aufhebung des Wettbewerbsstandards ist und daher unmittelbar die Interessen der Mitbewerber und der Allgemeinheit beeinträchtigt.[699]

Vor diesem Hintergrund stellt sich die Frage nach dem Verhältnis zwischen GWB und UWG. Nach einer Auffassung kommt dem GWB eine Art Sperrwirkung gegenüber dem UWG zu, was dem Marktmächtigen nach dem GWB erlaubt sei, kann dem weniger Marktmächtigen nach dem UWG nicht verboten sein.[700]

Nach anderer Ansicht soll das Wettbewerbsrecht das Kartellrecht im Vorfeld kartellrechtlicher Marktmachtbestände ergänzen (Vorfeldthese).[701] Diese Auffassung will die Lücken des Beschränkungsrechts mittels der Fallgruppe Marktstörung, § 1 UWG schließen und damit einen umfassenden Wettbewerbsschutz durch GWB und UWG sicherstellen.[702]

Die herrschende Meinung und der BGH gehen davon aus, daß die Normen des GWB und des UWG nebeneinander anzuwenden sind.[703] Für diese Ansicht sprechen die besseren Argumente. Die Theorie der Sperrwirkung ist schon deswegen abzulehnen, weil UWG und GWB im Grunde einen unterschiedlichen Schutzbereich haben, so daß nichts dagegen spricht, daß Handlungen die nach dem GWB erlaubt sind, nach dem UWG verboten sind, dann allerdings nicht nur für Marktführer, sondern auch für kleinere Unternehmen.

Sofern die Vorfeldthese eine eigenständige Bedeutung haben will, setzt sie stillschweigend voraus, daß Wettbewerbshandlungen eines mit einer gewissen wirtschaftlichen Macht ausgestatteten Unternehmens, das die Marktmachtschwelle des GWB noch nicht erreicht hat, den Vermachtungsprozeß vorantreiben werden. Diese Prämisse gibt vor, präzise Aussagen über die Funktionsbedingungen des Wettbewerbs und damit konkrete Prognosen über die zu

---

697 Köhler/Piper 3.A. § 1 UWG Rn. 502.

698 BGH GRUR 90, 44 (45) – Annoncen-Avis; BGH GRUR 91, 616 (617) – Motorboot-Fachzeitschrift; BGH GRUR 93, 774 (776) – Hotelgutschein.

699 Baumbach/Hefermehl § 1 UWG Rn . 832.

700 Mestmäcker S. 143; Lindacher S. 40.

701 Ulmer GRUR 77, 565 (577); v. Gamm NJW 80, 2489 (2491); Hefermehl GRUR Int. 83, 507 (512); Tilmann GRUR 79, 825 (830).

702 Ulmer, AfP 75, 870 (886); Ulmer, GRUR 77, 565 (577); Ulmer, Schranken zulässigen Wettbewerbs, S. 64 f., 103 f.; Ulmer, Festgabe Kummer S. 565 (578).

703 BGH GRUR 92, 191 (193) – Amtsanzeiger; Köhler/Piper 2.A. § 1 UWG Rn 399; Baumbach/Hefermehl § 1 UWG Rn. 834 m.w.N.

erwartenden Marktergebnisse treffen zu können.[704] Wie die moderne Wettbewerbstheorie zeigt, ist dies nicht möglich. Der Wettbewerb ist ein dynamischer Prozeß, dessen Marktergebnisse nur schwer oder überhaupt nicht prognostizierbar sind.[705] Im GWB sind daher die Handlungen, welche als wettbewerbsgefährdend anzusehen sind, normativ festgelegt. Aus der Sicht einer einheitlichen Rechtsordnung können sich die auf die Erhaltung der Marktstruktur bezogenen Elemente des Kartellrechts auf die Beurteilung einer Wettbewerbshandlung nach § 1 UWG auswirken. Jedoch darf der Anwendungsbereich der kartellrechtlichen Vorschriften nicht über § 1 UWG künstlich erweitert und so die Wettbewerbsfreiheit eingeschränkt werden, es sei denn, daß eigenständige Unlauterkeitskriterien vorliegen, die der kartellrechtlichen Wertung nicht widersprechen. Wettbewerbshandlungen sind nicht schon deshalb unlauter, weil sie von einem (potentiell) marktmächtigen Unternehmen ausgehen.[706] GWB und UWG stehen daher nebeneinander und können auf die selben Sachverhalte Anwendung finden.

2. Begriff

Eine Marktstörung oder eine allgemeine Marktbehinderung liegt vor, wenn eine zwar nicht von vornherein unlautere, aber doch wettbewerblich bedenkliche Wettbewerbsmaßnahme für sich, oder in Verbindung mit zu erwartenden gleichartigen Maßnahmen von Mitbewerbern die ernstliche Gefahr begründet, daß der Leistungswettbewerb, also Freiheit von Angebot und Nachfrage, hinsichtlich der fraglichen Warenart in nicht unerheblichem Maße eingeschränkt wird, und Mitbewerber verdrängt werden.[707]

Dabei muß der Wettbewerb auf einem Markt für eine bestimmte Art von Waren oder Leistungen in seinem Bestand gefährdet werden.[708] Für die dafür erforderliche Marktabgrenzung sind die im Kartellrecht entwickelten Maßstäbe zur räumlichen, zeitlichen und sachlichen Abgrenzung des relevanten Marktes heranzuziehen.[709]

---

[704] Scherer WRP 96, 174 (180); Bottenschein S. 211.

[705] V. Hayek, der Wettbewerb als Entdeckungsverfahren. S. 14 ff.; V. Hayek, Die Verfassung der Freiheit, S. 30 ff.; Hoppmann, Marktmacht und Wettbewerb S. 9; Kraft GRUR 80, 966 (968); Merz, Die Vorfeldthese, S. 230.

[706] Baumbach/Hefermehl § 1 UWG Rn 834; auch: Köhler/Piper 3.A. § 1 UWG Rn. 502; Emmerich, Unlauterer Wettbewerb 6. A. § 19, 1; Lange/Spätgens Rn. 391.

[707] BGH GRUR 91, 616 (617) – Motorboot-Fachzeitschrift; Baumbach/Hefermehl § 1 UWG Rn. 832; Köhler/Piper 2.A. § 1 UWG Rn. 400.

[708] BGH GRUR 91, 616 (617) – Motorboot-Fachzeitschrift.

[709] Vgl. BGHZ 67, 104 (113 ff.) – Vitamin B-12; BGH GRUR 88, 323 – Grunner+Jahr/Zeit II; OLG Stuttgart NJWE-WettbR 99, 200 (202).

3. Massenverteilung von Originalware

a) Derzeitige Rechtslage

Eine besondere Form der Wertreklame ist die massenhafte unentgeltliche Abgabe von Dienstleistungen oder Gebrauchsgütern. Hierbei ist zu differenzieren. Die Abgabe von Probewaren ist eine Werbemaßnahme, die den Kunden eine sachgerechte Prüfung der Ware ermöglichen soll.[710] Handelt es sich dabei um Warenproben, d.h. Probepackungen in nicht handelsüblicher Einheit, so liegt darin keine wettbewerbswidrige Handlung. Denn es liegt weder eine Behinderung der Wettbewerber vor, die ihre Waren weiterhin ungehindert anbieten können, noch wird der freie Austausch von Angebot und Nachrage gestört, da die Verbraucher weiterhin die angebotenen Leistungen vergleichen und frei zwischen ihnen wählen können. Auch das massenhafte Verteilen von Warenproben ist zulässig.[711]
Anders dagegen ist die unentgeltliche Abgabe von Originalwaren in handelsüblichen Packungen zu beurteilen. Solange sie maßvoll zu Probezwecken erfolgt, ist dies hinzunehmen. Erfolgt sie allerdings in einem größeren Umfang, so kann dies zu einer Marktverstopfung führen, die weniger kapitalkräftigen Mitbewerbern auf längere Zeit die Möglichkeit nimmt, sich am Wettbewerb zu beteiligen.[712] Nach der Rechtsprechung ist dabei eine Gesamtbeurteilung der Wirkung auf den Empfänger unter Einbeziehung der folgenden Kriterien nötig:[713] Die Gefahr eines Gewöhnungseffekts für die Kunden, die nach dem Ende der Aktion u.U. davon absehen, die Angebote der Mitbewerber unbeeinflußt zu prüfen,[714] die Nachahmungsgefahr[715] und die Gefahr einer Marktverstopfung auf dem betreffenden Markt für die Dauer der Aktion mit einem entsprechenden Verlust an Absatzmöglichkeiten für die Händler.[716]

b) Anwendbarkeit auf Zugaben

Auch Zugaben werden gegenüber dem Verbraucher als kostenlos beworben, so daß eine Anwendung der Fallgruppe Marktstörung auf die Gewährung von Zugaben zunächst möglich erscheint. Bei näherer Betrachtung fallen jedoch einige gravierende Unterschiede auf, aufgrund derer eine unmodifizierte Anwendung der Fallgruppe ausscheidet.

---

710 Baumbach/Hefermehl § 1 UWG Rn. 856; Köhler/Piper 3.A. § 1 UWG Rn. 518.
711 Baumbach/Hefermehl § 1 UWG Rn. 119, 856; Köhler/Piper 3.A. § 1 UWG Rn. 518.
712 BGHZ 23, 365 (375) – Suwa; BGHZ 43, 278 (284) – Kleenex; BGH GRUR 57, 363 (Sunil); BGH GRUR 69, 295 (296) – Goldener Oktober.
713 Köhler/Piper 3.A. § 1 UWG Rn. 519.
714 BGH GRUR 69, 295 (297) – Goldener Oktober; BGH GRUR 75, 26 (29) – Colgate; BGHZ 43, 278 (284) – Kleenex.
715 BGH GRUR 75, 26 (29) Colgate; sehr zweifelhaft, näher Köhler/Piper 3.A. § 1 UWG Rn. 511, 519.
716 BGHZ 23, 365 (371) – Suwa; BGH GRUR 75, 26 (29) – Colgate.

So ist eine Zugabe für den Verbraucher im Gegensatz zu einem Werbegeschenk nie wirklich kostenlos, muß er doch zunächst die Hauptleistung erwerben, um in den Genuß der Zugabe zu kommen. Auch ist zu beachten, daß nach der Rechtsprechung des BGH das Verschenken von Originalware nicht dem Gedanken des Leistungswettbewerbs entspricht, da der so beschenkte Kunde keinen Vergleich nach Güte und Preiswürdigkeit mit den Leistungen der Mitbewerber mehr anstellt.[717]

Zugaben sind jedoch als Teil eines Gesamtangebotes Bestandteil des Leistungswettbewerbs,[718] dem Kunden ist auch bei einer Bewerbung als kostenlos klar, daß er in der Regel für die Zugabeleistung bezahlt, da ein Kaufmann nichts zu verschenken hat.[719] Auch ist dabei zu beachten, daß die der Fallgruppe „Massenverteilung von Originalware" zugrundeliegenden BGH-Entscheidungen aus einer Zeit stammen, als der BGH noch von einem flüchtigen und unkritischen Verbraucher ausging. Bei einem Neukauf ist daher davon auszugehen, daß der Verbraucher sehr wohl die Preise vergleichen wird, selbst wenn er eine Ware zuvor kostenlos bekommen hat. Da die Zugabegewährung nach dem Wegfall der Zugabeverordnung als Teil eines Gesamtangebotes als zulässige Wettbewerbsmaßnahme im Preiswettbewerb anzusehen ist,[720] ist auch die Gefahr einer Nachahmung der „kostenlosen" Verteilung durch Zugaben nicht als wettbewerbswidrig anzusehen.

Es bleibt die Gefahr einer Marktverstopfung durch die Gewährung der Zugaben. Bei Konsumartikeln des täglichen Bedarfs wird schon deshalb keine Marktverstopfung eintreten können, weil der Verbraucher diese ständig benötigt, und daher durch die Zugabe nur ein kurzfristiger Bedarf gestillt wird, und dies nur bei Kunden, die die Hauptleistung kaufen. Es wird nicht dieselbe Menge an Verbrauchern angesprochen wie bei der wirklich kostenlosen Abgabe losgelöst von einer Hauptleistung. Selbst wenn z.B. ein Kaffeeanbieter beschließen sollte, all seinen Kaffeepackungen ausreichend Filtertüten beizugeben, würde dies nur seine Kunden davon abhalten, Filtertüten zu kaufen. Soweit dadurch Kunden anderer Kaffeeanbieter zum Wechsel bewegt werden, würde bei weitem nicht die gleiche Marktdurchdringung erreicht werden, wie beim kostenlosen Verteilen von Originalwaren. Eine echte Marktverstopfung wäre im vorliegenden Beispiel nur vorstellbar, wenn alle oder doch ein großer Anteil der Kaffeeanbieter kostenlose Filtertüten beilegen würden.

Bei Waren, für die nur ein sehr enger Markt besteht, kann etwas anderes gelten. Meist wird es sich dabei jedoch um hochwertige Waren handeln, deren Verwendung als Zugabe nur bei

---

[717] BGHZ 23, 365 (375) – Suwa; BGHZ 43, 278 (284) – Kleenex; BGH GRUR 57, 363 (Sunil); BGH GRUR 69, 295 (296) – Goldener Oktober.
[718] S.o. Kapitel 4 III 2 b).
[719] Dazu näher Kapitel 1 I 2 b).
[720] Kapitel 4 II.

gleichzeitigem Erwerb teuerer Hauptleistungen Sinn macht, wodurch wiederum die Zahl der Zugabegewährungen eingeschränkt wird, so daß eine Marktverstopfung in meßbaren Umfang wenig vorstellbar erscheint.

c) Zwischenergebnis

Zusammenfassend scheidet die Anwendung der Rechtsprechung zum kostenlosen Verteilen von Originalwaren auf Zugaben trotz einiger Ähnlichkeiten aus, schon weil die Gewährung von kostenlosen Zugaben aufgrund der Abhängigkeit von der Hauptleistung nicht einen ähnlichen Wirksamkeitsgrad erreicht wie das Verschenken von Originalware.

4. Preiskampf

Die Preisunterbietung ist ein grundsätzlich erlaubtes Mittel im Wettbewerb, es ist das Recht eines jeden Mitbewerbers, seine Preise frei zu bilden.[721] Freie Preise sind das Kernstück der freien Marktwirtschaft. Solange der für eine Ware verlangte Preis Ausdruck der Leistungsfähigkeit eines Unternehmens ist, ist das Unterbieten auch zulässig, wenn dadurch leistungsschwächere Mitbewerber vom Markt verdrängt werden. Denn das Wettbewerbsrecht gewährt keinen Schutz vor einem bestimmten Preisniveau, sondern nur davor, durch Preisunterbietung unter Mißachtung kaufmännischer Kalkulationsgrundsätze vom Markt verdrängt zu werden.[722] Während eine gezielte Preisunterbietung zur Verdrängung individueller Mitbewerber auch unter Einsatz von Zugaben eine individuelle Behinderung darstellt, bleibt zu untersuchen, inwieweit sich bei der Verwendung von Zugaben Besonderheiten unter dem Gesichtspunkt einer Störung des Marktes als Ganzes ergeben.

Für die Beurteilung, ob eine Marktstörung durch eine Preisunterbietung vorliegt, stellt die Rechtsprechung wie bei der Massenverteilung von Originalwaren auf die Gefährdung des Wettbewerbs in seinem Bestand ab.[723]

Eine Preisunterbietung ist dabei nicht schon deshalb unlauter, weil sie objektiv geeignet ist, die Mitbewerber zu verdrängen und den Bestand des Wettbewerbs auf einem bestimmten Markt zu gefährden oder aufzuheben. Denn diese Wirkung kann die Folge eines wettbewerbsimmanenten Leistungsvergleichs mit der Marktgegenseite sein.[724]

---

721 Kapitel 7 II 5 a) dd).

722 BGH GRUR 90, 687 (688) – Anzeigenpreis II; BGH GRUR 90, 44 (45) – Annoncen-Avis; BGHZ 96, 337 (346) - Abwehrblatt II; BGH GRUR 79, 321 (323) – Verkauf unter Einstandspreis I; Baumbach/Hefermehl § 1 UWG Rn. 870; Köhler/Piper 3.A. § 1 UWG Rn. 517.

723 BGH GRUR 90, 685 (686f) – Anzeigenpreis I; BGH GRUR 90, 371 – Preiskampf.

724 Baumbach/Hefermehl § 1 UWG Rn. 871; Köhler/Piper 3.A. § 1 UWG Rn. 514.

Zusätzlich darf die Preisunterbietung daher sachlich nicht gerechtfertigt sein.[725] Solange die Selbstkosten nicht unterschritten werden, ist eine Preisunterbietung sachlich stets gerechtfertigt, auch wenn dies zu einer Aufhebung des Wettbewerbs führen kann, es sei denn, die Verbraucher würden über die preisliche Zusammensetzung des Gesamtangebots getäuscht werden.[726] Ohne eine auf bestimmte Wettbewerber bezogene Verdrängungs- und Vernichtungsabsicht sind auch Verkäufe unter Einstandspreis grundsätzlich zulässig.[727] Erst wenn sie die Gefahr begründen, daß Mitbewerber von einem bestimmten Markt verdrängt und dadurch der Wettbewerb aufgehoben oder wesentlich eingeschränkt wird, oder wenn damit zu rechnen ist, daß es durch Nachahmung dieser Aktion durch die Mitbewerber zu einer entsprechenden Marktstörung kommt, liegt eine unzulässige, weil marktstörende wettbewerbliche Maßnahme vor.[728]

Beim Einsatz von Zugaben sind hierbei grundsätzlich keine Besonderheiten ersichtlich. Zwar könnte man argumentieren, daß der Preis für die Hauptleistung auf dem Papier gleich bleibt und nur eine „kostenlose" Zugabe gewährt wird. Jedoch würde es der Zugabe als Teil einer Gesamtleistung nicht gerecht werden, nur vom Endpreis auszugehen und diesen allein auf die Hauptleistung zu beziehen. Durch Zugabe eines Artikels wird der Preis der Hauptleistung für den Kunden effektiv gesenkt,[729] so daß die Zugabe ein taugliches Mittel zur Preisunterbietung ist.[730] Ein Verkauf unter Einstandspreis wird bei Zugabengewährung dann vorliegen, wenn der Verkaufspreis der Hauptleistung unter dem kombinierten Einstandspreis von Hauptleistung und Zugabe ist. Da dieses Angebot als Gesamtleistung zu sehen ist, muß es dem Kaufmann aber unbenommen bleiben, in seiner internen Kalkulation einen der beiden Artikel unter Einstandspreis zu verkaufen, solange der vom Verbraucher verlangte Endpreis zumindest dem kombinierten Einstandspreis entspricht.[731]

---

[725] BGH GRUR 79, 321 (323) – Verkauf unter Einstandspreis I; BGH GRUR 83, 120 (125) – ADAC Verkehrsrechtsschutz; BGH GRUR 90. 371 (372) – Preiskampf; BGH GRUR 90, 685 (687) – Anzeigenpreis I, BGH GRUR 90, 687 (688) – Anzeigenpreis II; BGH GRUR 92, 191 (193) – Amtsanzeiger.

[726] Dann könnte eine Täuschung nach § 3 UWG vorliegen. Baumbach/Hefermehl § 1 UWG Rn. 871; Köhler/Piper 3.A. § 1 UWG Rn. 515.

[727] Baumbach/Hefermehl § 1 UWG Rn. 872; Köhler/Piper 3.A. § 1 UWG Rn. 515.

[728] BGH GRUR 79, 321 (323) – Verkauf unter Einstandspreis I; BGH GRUR 83, 120 (125), BGH GRUR 84, 204 (206) – Verkauf unter Einstandspreis II; Baumbach/Hefermehl § 1 UWG Rn. 873; v. Gamm § 1 UWG Rn. 216 f; Lehmann GRUR 79, 368 ff.

[729] Siehe auch Kapitel 7 IV 2 a).

[730] So auch bei Zugaben zu preisgebundenen Artikeln Baumbach/Hefermehl § 1 UWG Rn. 739.

[731] Eine Mischkalkulation ist zulässig. Baumbach/Hefermehl § 1 UWG Rn. 872 zum gesamten Sortiment, dies muß erst recht innerhalb eines Angebotes gelten.

VIII. Zusammenfassung

Nach dem Wegfall der Zugabeverordnung ist bei Beurteilung der Wettbewerbswidrigkeit von Zugaben anhand des UWG sowohl dem Bundesgesetzgeber als auch der europäischen Kommission zufolge das Verbraucherleitbild eines durchschnittlich informierten, verständigen und aufmerksamen Durchschnittsverbrauchers zugrunde zu legen.

Hierauf aufbauend sind für Zugaben im Rahmen der Fallgruppe Kundenfang vor allem die Fallgruppen Preisverschleierung und übertriebenes Anlocken problematisch. Durch genaue Preisangaben und Warenbezeichnungen sowohl der Hauptleistung als auch der Zugabe können Verstöße gegen § 1 UWG stark eingeschränkt werden, da in diesen Fällen der Verbraucher eine ausreichende Informationsbasis hat, um rationale Kaufentscheidungen zu treffen. Aus dem selben Grund, und da das Verbot der Abhängigmachung der Zugabegewährung von Zufällen in § 1 Abs. 3 S. 2 ZugabeVO entfallen ist, ist von der künftigen Zulässigkeit von Gewinnspielen als Zugabeartikel auszugehen. Bei der Laienwerbung handelt es sich, soweit das Werbegeschenk in Zusammenhang mit dem Erstkauf direkt dem Neukunden gewährt wird, um eine normale jetzt zulässige Zugabe.

Bezüglich der Fallgruppe Behinderung ist zu sagen, daß die Zugabe zwar taugliches Werkzeug einer gezielten, sittenwidrigen Preisunterbietung sein kann, daß sich aber im Grunde keine zugabespezifischen Besonderheiten ergeben.

Anders sieht es bei der Ausbeutung aus, hier kann die Verwendung von Zugaben die Gefahr einer Täuschung und eines daraus resultierenden sittenwidrigen Ausbeutens eines fremden Rufs erhöhen, soweit teilweise Originalwaren verwendet werden. Dieser Täuschungsgefahr läßt sich allerdings wirksam durch Kennzeichnungspflichten begegnen, die sich aus der bisherigen Rechtsprechung zur Ausbeutung fremden Rufs problemlos ableiten lassen.

Ein Vorsprung durch Rechtsbruch, d.h. durch die sittenwidrige Verwendung von Zugaben, kommt vor allem bei gezieltem Unterlaufen des in § 1 Abs. 5 S. 1 PAngVO normierten Grundsatzes der Preiswahrheit und –klarheit in Betracht,[732] dann würde allerdings auch ein Verstoß gegen § 1 UWG unter dem Gesichtspunkt der Preisverschleierung vorliegen. Weiterhin kann es sich bei der Gewährung einer Zugabe auch um ein wettbewerbswidriges

[732] S.o. Kapitel 4 VI 2.

Unterlaufen einer Preisbindung handeln, soweit die Zugabe kein geringwertiger Artikel im Sinne des abgeschafften § 1 Abs. 2 lit a ZugabeVO ist.

Trotz einer gewissen Ähnlichkeit des Gewährens von Zugaben mit dem massenhaften Verteilen von Originalware scheidet eine Anwendung dieser Fallgruppe der Marktstörung auf Zugaben aus, da Zugaben aufgrund ihrer Abhängigkeit von Hauptwaren niemals eine solche Wirkung erreichen können. Dagegen eignet sich die Zugabe sehr wohl als Mittel im sittenwidrigen Preiskampf, wobei sich allerdings keine Besonderheiten durch die Verwendung von Zugaben ergeben, so daß hier keine besondere Schutzlücke bzgl. Mitbewerbern entsteht.

5. Kapitel: Irreführung von Verbrauchern durch Zugaben, § 3 UWG

I. Die Zugabe in § 3 UWG

1. Allgemein

a) Verhältnis § 3 UWG zu § 1 UWG

Neben der großen Generalklausel des § 1 UWG kommt auch der kleinen Generalklausel des § 3 UWG eine große Bedeutung bei der Beurteilung der Lauterkeit von Zugaben zu. Nach § 3 UWG ist es verboten, im geschäftlichen Verkehr zu Zwecken des Wettbewerbs irreführende Angaben über geschäftliche Verhältnisse zu machen. Durch diese Vorschrift wird sowohl der Schutz der angesprochenen Verkehrskreise, als auch der Mitbewerber bezweckt.[733] Aufgrund der Entscheidung für eine Informationspflicht als Lauterkeitskriterium im Rahmen von § 1 UWG kommt es hierbei zu Überschneidungen. Allerdings ist die Eingriffsschwelle von § 3 UWG niedriger als die von § 1 UWG. Während die in § 3 UWG angeführten irreführenden Angaben im geschäftlichen Verkehr zu Zwecken des Wettbewerbs generell verboten sind, verlangt § 1 UWG zusätzlich die Sittenwidrigkeit der Angabe. Die Anwendung von § 1 UWG als große Generalklausel neben § 3 UWG wird dadurch nicht ausgeschlossen. § 3 UWG ist nicht lex specialis zu § 1 UWG, beide sind nebeneinander anwendbar, es besteht Anspruchskonkurrenz.[734] Irreführende Wettbewerbshandlungen im Sinne des § 3 UWG sind in aller Regel auch Sittenwidrig gem. § 1 UWG.[735]

b) Überblick

§ 3 UWG verbietet alle Angaben geschäftlicher Art, die zu Wettbewerbszwecken im geschäftlichen Verkehr gemacht werden und die geeignet sind, einen nicht unerheblichen Teil der betroffenen Verkehrskreise über das Angebot irrezuführen und Fehlvorstellungen von maßgeblicher Bedeutung für den Kaufentschluß hervorzurufen.[736]
Die Beurteilung eines täuschenden Marktverhaltens ist dabei entscheidend von der Konkretisierung des unbestimmten Rechtsbegriffs der Irreführung anhand des

[733] Römermann/van der Meulen S. 81 Rn. 125; Speckmann, Wettbewerbsrecht S. 870.
[734] Baumbach/Hefermehl § 1 UWG Rn. 9; Köhler/Piper 2.A. § 3 UWG Rn. 15.
[735] Köhler/Piper 3.A. § 3 UWG Rn. 19; Einzelfälle: v.Gamm § 1 UWG Rn. 188.
[736] Baumbach/Hefermehl § 3 UWG Rn. 1; Köhler/Piper 3.A. § 3 UWG Rn. 8.

Verbraucherleitbilds abhängig.[737] Im Gegensatz zur früheren BGH-Rechtsprechung[738] ist nun, in Übereinstimmung mit dem Verbraucherleitbild des EuGH und des Gesetzgebers vom informierten und verständigen Durchschnittsverbraucher auszugehen, der, solange er mit allen notwendigen Informationen versorgt wird, in der Lage ist, eigenverantwortlich eine rationale Entscheidung zu treffen.[739]

C) Bestimmen des Vorliegens einer Irreführung

Bevor auf die einzelnen Fallkonstellationen einzugehen ist, in denen eine Irreführung des Verbrauchers vorliegen kann, ist die Frage zu beantworten, wie eine solche Irreführung festgestellt werden kann, und welche dieser Methoden künftig im deutschen Wettbewerbsrecht Anwendung finden sollte. Denn die Frage, wie eine Irreführung des informierten und verständigen Durchschnittsverbrauchers festzustellen ist, ist sehr umstritten.

Die Vertreter der empirischen Verkehrsauffassung[740] sind der Ansicht, daß sich die Verkehrsauffassung, die für die Feststellung einer Irreführungsgefahr nötig ist, nur durch Verbraucherbefragungen oder Sachverständigengutachten ermitteln läßt. Hierfür spräche, daß der EuGH nach dem Wortlaut der „Gut Springenheide" - Entscheidung nicht darauf abstellt, wie der Durchschnittsverbraucher etwas auffassen soll, sondern wie er es „wahrscheinlich auffassen wird"[741] Außerdem habe der EuGH den nationalen Gerichten ausdrücklich die Möglichkeit eingeräumt, die Verkehrsauffassung mit Hilfe von Verbraucherbefragungen oder Sachverständigengutachten zu ermitteln, also auf empirischen Weg, und es ihnen dabei ausdrücklich offengelassen, den jeweiligen Prozentsatz derer zu bestimmen, die durch die fragliche Werbeaussage irregeführt werden müßten, bevor eine rechtlich relevante Irreführungsgefahr gegeben ist.[742]

Die Vertreter der normativen Verkehrsauffassung[743] dagegen gehen davon aus, daß die Frage nach der Geeignetheit zu Irreführung keine Sachfrage, sondern eine reine Rechtsfrage ist.

---

[737] Köhler/Piper 3.A. § 3 UWG Rn. 50; Baumbach/Hefermehl § 3 UWG Rn. 2.
[738] BGH GRUR 59, 365 (366) – Englisch Lavendel; BGH GRUR 82, 564 (566) – Elsässer Nudeln; Köhler /Piper 3.A. § 3 UWG Rn. 50; Baumbach/Hefermehl § 3 UWG Rn. 33, zum Verbraucherleitbild des BGH allgemein auch siehe Kapitel 4 I 2.
[739] Zum Verbraucherleitbild von EuGH und Gesetzgeber siehe Kapitel 4 I 4 und im einzelnen 4 I 2 (EuGH) 4 I 3 (Gesetzgeber). Zur rationalen Kaufentscheidung siehe Kapitel 4 III 2 c) bb) (1).
[740] Sack WRP 01, 327 (339); Sack WRP 99, 399 ff; Spätgens WRP 00, 1023 ff.
[741] EuGH GRUR Int. 98, 795 (797, Rn. 37) – Gut Springenheide; Sack WRP 99, 399 (401); Seibt GRUR 02, 465 (466).
[742] EuGH GRUR Int. 98, 795 (797, Rn. 37) – Gut Springenheide, Seibt GRUR 02, 465 (466); Kiethe/Groeschke WRP 01, 230 (236); Sack WRP 99, 399 (401).
[743] Scherer WRP 99, 991 ff; Fezer WRP 95, 671 ff; Überblick bei Seibt GRUR 02, 465ff.

Begründet wird dies zunächst damit, daß es laut EuGH auf die „mutmaßliche Erwartung“[744] des Verbrauchers ankomme, und nicht auf das tatsächliche Verständnis des Verbrauchers.[745] Dies ergebe sich aus der Zusammenschau der Vorlage des BVerwG an den EuGH in der es heißt „1. Ist für die ... erforderliche Beurteilung, ob werbewirksame Angaben geeignet sind, den Käufer irrezuführen, die tatsächliche Erwartung der angesprochenen Verbraucher zu ermitteln, oder liegt der vorgenannten Regelung ein objektivierter, allein juristisch zu interpretierender Käuferbegriff als Maßstab zu Grunde.“[746]
Hier wird nach einer Unterscheidung zwischen empirischer und normativer Beurteilung der Irreführung gefragt, eine Frage die der EuGH unter Verweis auf seine ständige Rechtsprechung[747] damit beantwortet, daß er bei der Beurteilung, ob eine Aussage zur Irreführung geeignet ist, auf die mutmaßliche Erwartung eines durchschnittlich informierten, aufmerksamen und verständigen Durchschnittsverbrauchers abgestellt hat, ohne ein Sachverständigengutachten einzuholen oder eine Verbraucherbefragung in Auftrag zu geben.[748] Hiermit soll eine Entscheidung für einen rein normativen Irreführungsbegriff vorliegen.[749] Dieselbe Aussage trifft der EuGH auch schon in der Mars-Entscheidung[750], in der er darauf abstellt, was von einem verständigen Verbraucher „erwartet“ werden kann. Indem der EuGH nicht von einer tatsächlichen Eignung zur Irreführung einer bestimmten Zahl von Verbrauchern, sondern von den berechtigten Erwartungen eines verständigen Verbrauchers ausgeht, lege er seiner Entscheidung ein normatives Modell des wettbewerbsrechtlichen Irreführungsverbotes zugrunde.[751]

Drexl will an dieser Stelle als Kompromiß ein „gemischt empirisch-normatives Modell entwickeln“.[752] In einem ersten Schritt soll danach empirisch ermittelt werden, wie viele Verbraucher die Werbung mißverstehen, um in einem zweiten Schritt mittels einer Einzelfallabwägung normativ zu entscheiden, ob die empirisch gewonnenen Daten zur Bejahung einer Irreführung ausreichen.[753]

---

[744] EuGH GRUR Int 98, 795 (797 Rn. 37) – Gut Springenheide.
[745] Scherer WRP 99, 991 (992).
[746] EuGH GRUR Int 98, 795 (796 Rn. 15) – Gut Springenheide.
[747] Nachweis bei EuGH GRUR Int 98, 795 (797 Rn. 30) – Gut Springenheide.
[748] EuGH GRUR Int 98, 795 (797 Rn. 31) – Gut Springenheide; Scherer WRP 99, 991 (992); Sönke WRP 99, 389 (394).
[749] Scherer WRP 99, 991 (992).
[750] EuGH WRP 95, 677 ff.
[751] Fezer WRP 95, 671 (673 f).
[752] Drexl in: Neuordnung S. 163 ff (186 f), Nachweis auch bei Scherer WRP 99, 991 (995).
[753] Drexl in: Neuordnung S. 163 ff (186 f).

Allerdings bauen diese Ansichten in ihrer Argumentation alle auf dem Wortlaut der bisher ergangenen Urteile des EuGH auf, v.a. auf der Gut Springenheide Entscheidung. Danach eine Entscheidung für die eine oder andere Verkehrsauffassung zu treffen, scheint jedoch schwierig, vor allem, da sich das Gut Springenheide Urteil in den Randnummern 30, 31 zugunsten einer normativen Verkehrsauffassung und Randnummer 35 zugunsten einer empirischen Verkehrsauffassung offenbar widerspricht. Ein solcher Widerspruch ergibt sich aber nur, wenn man nicht die unterschiedlichen Adressaten der Randnummern 30, 31 und 35 beachtet.[754] In Randnummer 31 stellt der EuGH für sich auf die mutmaßlichen Erwartungen der Verbraucher, und damit offenbar auf einen normativen Verbraucherbegriff ab. Dies bestätigt er noch einmal in Randnummer 37, in der er klarstellt, daß eine empirische Datenerhebung nicht notwendig ist. Er macht allerdings ausdrücklich in den Randnummern 34 – 36 klar, daß diese Entscheidung nicht zwangsläufig für die nationalen Gerichte gelten muß. Aus dem Wortlaut von Randnummer 36, nach dem das nationale Gericht „...falls es eine [...] Befragung für erforderlich hält..." eine solche durchführen kann und dabei auf Sachverständige und Verbraucherbefragungen zurückgreifen kann, und der Formulierung in Randnummer 35, wonach es nicht ausgeschlossen ist, „daß ein nationales Gericht zumindest bei Vorliegen besonderer Umstände nach seinem nationalen Recht ein Sachverständigengutachten einholen, oder eine Verbraucherbefragung durchführen kann, um beurteilen zu können, ob eine Werbeaussage irreführend sein kann", folgt, daß der EuGH dem nationalen Gericht die Bestimmung der Verkehrsauffassung freistellt. Aus der Formulierung „zumindest" läßt sich dabei keine Beschränkung einer empirischen Bestimmung nur auf Zweifelsfälle lesen, sondern nur, daß der EuGH klarstellt, daß dies an dieser Stelle ausdrücklich erlaubt sein soll. Ebenfalls folgt dies auch aus Randnummer 36, wonach Befragungen (und damit empirische Ermittlungen der Verkehrsauffassung) durchgeführt werden dürfen, „falls es (das nationale Gericht) eine solche Befragung für erforderlich hält". Damit hat der EuGH den Spielball an die nationalen Gerichte zurückgegeben und ihnen grundsätzlich auch einen Rückgriff auf das empirische Modell eröffnet.

Nachdem ein Rückgriff auf die Entscheidung des EuGH daher nur einen Anhaltspunkt bilden kann, ist auf weitere Faktoren abzustellen. Die Befürworter eines empirischen Modells argumentieren, daß der EuGH es den Gerichten zugestanden hat, die Verkehrsauffassung mit Hilfe von Sachverständigengutachten oder Meinungsumfragen zu ermitteln, ein solches

[754] Alle angesprochenen Randnummern EuGH GRUR Int. 98, 795 (797) – Gut Springenheide.

Vorgehen sei bei normativer Betrachtungsweise überflüssig.[755] Auch sei die empirische Verkehrsauffassung schon deshalb vorzugswürdig, weil sie den Realitäten des Wirtschaftslebens weit mehr entspräche als ein fiktives Idealbild.[756] Weitergehend stellt Schweizer fest, daß zum einen zu einer Rechtsfrage auch stets eine Tatfrage gehöre und eine Entscheidungsfindung durch ausschließlich wertende Betrachtung nicht möglich sei, und zum anderen das Abstellen auf einen Idealverbraucher die Pluralität der Wirklichkeit vernachlässigt, indem die Meinung der Mehrheit der Verbraucherschaft durch einen einzelnen wertenden Richter ersetzt werde.[757]

Doch sprechen die besseren Argumente für ein normatives Modell. Zunächst ist festzuhalten, daß das Hauptargument der Anhänger eines empirischen Modells die Tatsache zu sein scheint, daß der EuGH keine klare Entscheidung getroffen hat. Auch wenn dieses Argument zutrifft, bedeutet kein klares Verbot des empirischen Modells durch den EuGH aber auch keine alleinige Entscheidung dafür. Im Gegenteil, wie dargestellt hat sich der EuGH grundsätzlich für das normative Modell entschieden. Den Bedenken von *Schweizer* ist zu entgegnen, daß eine wertende Betrachtung nach normativen Grundsätzen durch den Einzelrichter schon in der bisherigen deutschen Rechtsprechung mit großem Erfolg praktiziert wird, dabei ist nur an den Grundsatz von „Treu und Glauben", § 242 BGB zu denken, bei dem die herrschende Meinung und die Rechtsprechung ebenfalls einen objektiven Maßstab,[758] nämlich das Anstandsgefühl aller billig und gerecht Denkenden, zugrundelegen, und zwar ohne empirischen Nachweis. Die Bedenken von *Schweizer* laufen daher auf eine Kritik an der bisherigen Rechtsprechung hinaus, da stets der Richter eine wertende Entscheidung fällt, die wohl nicht immer auf die Pluralität der Wirklichkeit Rücksicht nimmt. Eine konsequente Umsetzung dieser Kritik würde die Rechtsprechung vollkommen abhängig von Gutachten und Meinungsumfragen und in letzter Konsequenz funktionsunfähig machen.[759]

Für die normative Lösung spricht vor allem die große Praktikabilität und Rechtssicherheit. Bei konsequenter Anwendung der empirischen Verkehrsauffassung ist schon deswegen erhebliche Rechtsunsicherheit gegeben, weil nur eine ex post Bestimmung der Zulässigkeit

---

755 EuGH GRUR Int. 98, 795 (797, Rn. 35 f) – Gut Springenheide, Seibt GRUR 02, 465 (466); Kiethe/Groeschke WRP 01, 230 (236); Sack WRP 99, 399 (401); Schweizer GRUR 00, 923 (930).

756 Seibt GRUR 02, 465 (466); Sack WRP 99, 399 (401).

757 Schweizer GRUR 00, 923 (926 f); Seibt GRUR 02, 465 (467).

758 Palandt/Heinrichs § 242 Rn. 18.

759 Zwar ist es in der Tat oft so, daß die Rechtsprechung etwas ohne empirische Grundlage behauptet, obwohl es ebenso anders sein könnte, doch scheitert eine ständige empirische Überprüfung, wie im folgenden aufgeführt, vor allem aus Praktikabiliäts- und Rechtssicherheitsgründen.

einer Werbemaßnahme möglich ist.[760] Dagegen erlaubt die normative Betrachtungsweise die ex ante Einschätzung der Zulässigkeit einer Werbemaßnahme.
Die dagegen vorgeschlagene Lösung, Firmen könnten im Vorfeld einer Werbemaßnahme eine Umfrage in Auftrag geben, um eine Fehlinvestition zu vermeiden,[761] scheint aus mehreren Gründen nicht praktikabel. Zum einen ist dies schon aus Kostengründen für die meisten Werbeprojekte unrentabel, zum anderen scheidet zumindest für kurzfristige Werbemaßnahmen die Umfrage aus Zeitgründen aus. Darüber hinaus ist zu beachten, daß im Prozeß eine freie Beweiswürdigung der zuvor erstellten Gutachten nach § 286 ZPO zu erfolgen hat.[762] Privatgutachten sind dabei nur mit Zustimmung beider Parteien als Sachverständigengutachten verwertbar, sonst nur als urkundlich belegter substantiierter Parteivortrag. Bei sich widersprechenden Parteigutachten muß das Gericht bei fehlender eigener Sachkunde einen gerichtlichen Sachverständigen bestellen.[763] Deshalb sind im Vorfeld im Auftrag gegebene Gutachten im Grunde untauglich, Rechtssicherheit zu schaffen, vor allem wenn man dabei die wirtschaftliche Rentabilität im Auge behält.
Nachdem also selbst bei Einholung von Gutachten im Vorfeld aller Werbemaßnahmen eine sichere Aussage über die Zulässigkeit eine Werbemaßnahme unmöglich ist und darüber hinaus ein solches Vorgehen auch aus Kostengründen nur für größere Wettbewerber praktikabel ist, bietet das empirische Modell keine ausreichende Rechtssicherheit. Vorzuziehen ist daher das normative Modell, daß zumindest in Standardfällen eine zuverlässige und kostenneutrale ex ante Aussage, unter Zugrundelegung des Leitbildes des durchschnittlich informierten, verständigen und aufmerksamen Durchschnittsverbrauchers, über die Irreführungsgefahr von Werbemaßnahmen ermöglicht, und dadurch für alle Mitbewerber ein höheres Maß an Rechtssicherheit schafft.[764]

In diesem Zusammenhang ist auch das gemischt empirisch-normative Modell *Drexls* abzulehnen. Zwar ist dieses Modell flexibler als das empirische Modell, das von einer generell niedrig angesetzten Irreführungsquote von 10-15 % der Verbraucher ausgeht.[765] Hierdurch erfolgt eine obligatorische Korrektur des empirisch gefundenen Ergebnisses; die Risikoverteilung unter den Marktteilnehmern ist, aufgrund der besseren Mitberücksichtigung der Interessen der Werbenden, der Konkurrenten und der Allgemeinheit, deutlich besser

[760] Scherer WRP 99, 991 (994); Fezer WRP 95, 671 (675).
[761] Schweizer GRUR 00, 923 (925).
[762] Baumbach/Hefermehl § 3 UWG Rn. 118 c.
[763] BGH NJW 93, 2382 (2383); Thomas/Putzo - Reichold vor § 402 Rn. 5.
[764] So auch: Scherer WRP 99, 991 (994).
[765] Scherer WRP 99, 991, 994.

gewährleistet als beim empirischen Modell, bei dem eine Abwägung aufgrund normativer Gesichtspunkte keinesfalls zwingend ist.[766] Dennoch läßt aufgrund der empirischen Komponente auch das gemischte Modell lediglich eine ex-post Betrachtung zu, so daß auch hier keine ausreichende Rechtssicherheit gegeben ist.[767]

Der BGH hatte sich in seiner alten Rechtsprechung auf die empirische Verkehrsauffassung gestützt.[768] Allein maßgeblich für die Frage, ob eine Werbung irreführend ist, war das tatsächliche Verständnis der angesprochenen Verbraucher von der konkreten Werbeaussage, dieses Verständnis wurde prinzipiell sozialempirisch, also durch Verbraucherbefragungen ermittelt, auch wenn der BGH häufig von einer Verbraucherbefragung absah und nach § 291 ZPO das Verständnis der Verbraucher unmittelbar durch das Gericht als „offenkundige Tatsache" aufgrund der Zugehörigkeit der Richter zu den angesprochenen Verkehrskreisen feststellte.[769] Dabei legte der BGH das Leitbild des flüchtigen und unkritischen Durchschnittsverbrauchers zu Grunde.[770]
Im Zuge der großteils bereits erfolgten Anpassung des Verbraucherleitbilds des BGH an das Verbraucherleitbild des EuGH[771] scheint auch eine graduelle Hinwendung des BGH zum normativen Modell zu erfolgen. So hat er im Orient-Teppichmuster-Urteil[772] auf den durchschnittlich informierten und verständigen Verbraucher abgestellt und „mögliche Mißverständnisse flüchtiger oder uninteressierter Leser" zurücktreten lassen. Dies erfolgte ohne weitere empirische Prüfung oder Verweis auf die eigene Sachkunde der Richter, nur durch Prüfung des Verbraucherbegriffs. Es ist damit zu rechnen, daß es aufgrund der Entscheidung des Bundesgesetzgebers für das Verbraucherleitbild des EuGH im Zuge einer Liberalisierung des Wettbewerbsrechts[773] zu einer weiteren Hinwendung und Übernahme des normativen Modells durch den BGH kommen wird.

Für die weitere Untersuchung ist daher vom normativen Modell auszugehen. Die danach festzustellende Irreführung könnte bei Zugabewerbung im Rahmen von § 3 UWG vor allem bei den folgenden Fallkonstellationen in Betracht kommen.

---

[766] Drexl in: Neuordnung, S. 163 ff (187); Scherer WRP 99, 991 (995).
[767] Siehe die Argumentation zum empirischen Modell, so auch Scherer WRP 99, 991 (995).
[768] Baumbach/Hefermehl § 3 UWG Rn. 114; BGH GRUR 82, 491 (492) – „Möbel-Haus"; BGH GRUR 85, 140 (141) – „Größtes Teppichhaus der Welt".
[769] Schünemann S. 136; Scherer WRP 99, 991 (993).
[770] Baumbach/Hefermehl § 3 UWG Rn. 27 mwN; auch Kapitel 4 I 1.
[771] Kapitel 4 I 2.
[772] BGH WRP 99, 517 (519 f) – Orient-Teppichmuster; ebenso jetzt BGH WRP 02, 1256 (1259) – Kopplungsangebot I; BGH WRP 02, 1259 (1263) - Kopplungsangebot II; BGH WRP 03, 743 (745) – Gesamtpreisangebot.
[773] Kapitel 4 I 2-4.

2. Irreführung durch falsche Angaben über Wert, Gegenstand oder Bedingungen der Zugabe

a) Allgemein

Wenn der Unternehmer unrichtige, mißverständliche oder unvollständige Informationen über den Gegenstand der Zugabe oder die Bedingungen, unter denen die Zugabe gewährt wird, macht, liegt dann eine Irreführung vor, wenn auch der verständige und aufmerksame Durchschnittsverbraucher in der konkreten Situation getäuscht wird. Vom Schutzzweck her besteht dabei eine weitgehende Übereinstimmung mit den Fallgruppen des übertriebenen Anlockens und der Preisverschleierung, § 1 UWG. Aufgrund der niedrigeren Eingriffsschwelle des § 3 UWG gilt hierbei grundsätzlich, daß alle bereits besprochenen Konstellationen des § 1 UWG, die eine Verbrauchertäuschung beinhalten, auch nach § 3 UWG verboten sind, oder, anders ausgedrückt: zur Verhinderung einer Irreführung nach § 3 UWG durch Zugaben folgt auch aus § 3 UWG die Pflicht, die oben bei § 1 UWG propagierten Informationspflichten einzuhalten.

Zusätzlich können auch Fälle, die nach § 1 UWG nicht sittenwidrig sind, gegen § 3 UWG verstoßen. Bei Bejahung von Informationspflichten des Anbieters zum Schutz des Verbrauchers[774] kann dies dann der Fall sein, wenn diese zwar im Grunde eingehalten werden, die gebotene Information jedoch mißverständlich ist. Denn man wird, unter Zugrundelegung des Gebotes der Zugabenwahrheit und -klarheit, bei einem Verstoß gegen die Informationspflichten von einem Verstoß gegen § 3 UWG ausgehen können, soweit überhaupt Angaben gemacht werden. Der Verbraucher benötigt wahre und vollständige Angaben, um das Angebot mit dem der Konkurrenz vergleichen zu können. Werden keine Angaben gemacht, liegt ein Verstoß gegen § 1 UWG vor.[775] Auf diese Weise kann durch die Statuierung von Informationspflichten schon nach dem UWG ein weitreichender Verbraucherschutz verwirklicht werden.[776]

Bei mißverständlichen Angaben wird man die bisherige Rechtsprechung des BGH zu § 3 UWG zugrundelegen können, denn schon danach ist bei nicht völlig geringwertigen Waren oder Dienstleistungen von einem durchschnittlich informierten und verständigen Verbraucher

---

[774] Siehe Kapitel 4 III 1 e) und 4 III 2 c) bb).

[775] Köhler GUR 01, 1067 (1078).

[776] Köhler GUR 01, 1067 (1078). Der BGH ist dem in Kopplungsangebot I (BGH WRP 02, 1256 (1258)) und II (BGH WRP 02, 1259 (1262)) nicht gefolgt, wobei sich dies auf den unterschiedlichen Verbraucherbegriff, den Köhler und der BGH zugrundelegen, zurückführen läßt. Näher Kapitel 4 III 1 e) bb).

auszugehen.[777] Es würde Sinn machen, die Einschränkung des BGH, wonach bei völlig geringfügigen Waren oder Dienstleistungen des täglichen Bedarfs auch der verständige Verbraucher flüchtig handelt, aufgrund der Entscheidung des Gesetzgebers hin zum Verbraucherbegriff des EuGH[778] künftig zumindest auf früher nach der Zugabeverordnung abzuhandelnde Tatbestände nicht mehr anzuwenden. Allerdings wird dies durch die erweiterten Auskunftspflichten, die bei Anwendung des europäischen Verbraucherleitbildes zum Schutz der Verbraucher nötig erscheinen, teilweise wieder ausgeglichen.[779] Diese Informationspflichten könnten auch schon vor Inkrafttreten der Verordnung zur Verkaufförderung im Binnenmarkt zumindest teilweise aus dem UWG verlangt werden.[780]
Die verbleibende Schutzlücke entspricht der durch den Gesetzgeber gewollten Absenkung des Schutzniveaus auf den Schutz des verständigen und aufmerksamen Durchschnittsverbrauchers im Zuge der Modernisierung des Lauterkeitsrechts und ist daher in Kauf zu nehmen. Eine Angabe ist daher als irreführend im Sinne von § 3 UWG zu sehen, wenn auch der aufmerksame und verständige Durchschnittsverbraucher durch sie getäuscht wird. Dessen Irreführung ist, wie gerade ausgeführt, normativ zu bestimmen.

B) PREISVERSCHLEIERUNG

In diesem Zusammenhang ist die Fallgruppe der Preisverschleierung an sich auch nach § 3 UWG zu behandeln, dabei gilt das schon bei § 1 UWG gesagte.[781] Preisangaben sind für den Kaufentschluß des Kunden von zentraler Bedeutung. Sie müssen daher dem Grundsatz der Preiswahrheit entsprechen, ob sie zur Irreführung geeignet sind, richtet sich nach den angesprochenen Verkehrskreisen.[782] Unvollständige Preisangaben sind irreführend, wenn sie aufgrund ihrer Unvollständigkeit geeignet sind, den Kunden zu wirtschaftlichen Entscheidungen zu veranlassen, die er bei zutreffender vollständiger Kenntnis nicht, oder nicht so getroffen hätte.[783]
Durch eine Pflicht zur Angabe von Wert und wertqualifizierenden Merkmalen der Zugabe läßt sich die Gefahr einer Preisverschleierung bei der Zugrundelegung des Leitbildes eines aufmerksamen und verständigen Durchschnittsverbrauchers stark einschränken. Auch bei Angabe von Wert und wertqualifizierenden Merkmalen bleibt allerdings eine Täuschung des

---

[777] Zum Verbraucherleitbild des BGH allgemein Kapitel 3 II 1 a). Auch Baumbach/Hefermehl § 3 UWG Rn 34; GRUR 97, 304 (306) – Energiekosten-Preisvergleich II; BGH GRUR 98, 1037 (1038) – Schmuck-Set; BGH WRP 00, 517 ff - Orient-Teppichmuster.
[778] Dazu siehe Kapitel 4 III 1 e) bb); 4 I 2.
[779] Siehe Kapitel 4 III 1 g).
[780] Siehe Kapitel 4 III.
[781] Kapitel 4 III 1, insb. 4 III 1 e) bb), f).
[782] Köhler/Piper 3.A. § 3 UWG Rn. 376.
[783] Köhler/Piper 3.A. § 3 UWG Rn. 377.

Verbrauchers weiterhin möglich, etwa durch überhöhte Darstellung des Wertes der Zugabe.[784] Eine große Gefahr geht auch vom Verschweigen bestimmter Teilinformationen zur Zugabe aus. Dies kann dadurch geschehen, daß dem Verbraucher einzelne Informationen unklar dargestellt oder verschwiegen werden, etwa wenn zwar die volle Typenangabe eines Gerätes angegeben wird, ebenso der unverbindliche Verkaufspreis, aber verschwiegen wird, daß es sich bei dem Gerät um das Vorjahresmodell handelt. Auch der Scheinverkauf eines Artikels weit über Marktpreis, um ihn mit eben diesen Wert als Zugabe gewähren zu können, verstößt gegen das Irreführungsverbot des § 3 UWG.

3. Irreführung über die Unentgeltlichkeit der Zugabe

Weist der Anbieter in besonderer Weise auf die Unentgeltlichkeit der Zugabe hin, etwa mit der Angabe „Geschenk“ oder „gratis“ so ist dies grundsätzlich keine Irreführung. Dies gilt auch dann, wenn der Anbieter die Kosten der Zugabe in die Kosten der Hauptleistung einkalkuliert hat.[785] Denn, so der Gesetzgeber, der durchschnittlich informierte und verständige Verbraucher „weiß, dass Kaufleute nichts zu verschenken haben und die Kosten für wertvolle Nebenleistungen durch den Preis der Hauptleistung abdecken“.[786] Mit diesem Wissen kann der Käufer nicht mehr über die Unentgeltlichkeit irregeführt werden, wenn auch der Wert der Zugabe angegeben wird. Daß der Kunde unter Umständen davon abgehalten wird, den Preis der Gesamtleistung mit Konkurrenzangeboten zu vergleichen, da er aufgrund der „gratis“ gewährten Zugabe das Angebot für besonders günstig hält, kann nur im Rahmen von § 1 UWG eine Rolle spielen. Dort allerdings ist der Verbraucher bei einer Angabe von Wert und wertbestimmenden Faktoren von Hauptleistung und Zugabe selbst unter dem Gesichtpunkt des übertriebenen Anlockens nicht mehr schutzbedürftig, da die Durchführung eines Vergleichs mit Konkurrenzangeboten oder das Unterlassen desselben seine eigene Verantwortung ist.[787] Eine Angabe des auf die Zugabe entfallenden Anteils am Preis der Gesamtleistung, und nicht nur die Angabe des Wertes der Zugabe, zu verlangen, würde im Widerspruch zur Zugabedefinition stehen, wonach die Zugabe unentgeltlich ist und als solches beworben werden darf.[788]

Nicht zu verwechseln ist diese Konstellation mit der Rechtsprechung des BGH zu Kopplungsangeboten, wo der BGH eine klare Zuordnung der Angabe der Folgekosten zum

---

[784] Kapitel 4 III 1 e) cc).

[785] Köhler GUR 01, 1067 (1078).

[786] BT-Drs 14/5594 S. 7 unter Berufung auf BGH WRP 99, 90 – Handy für 0,00 DM; auch Köhler GRUR 01, 1067 (1078); Cordes WRP 01, 867 (871).

[787] Siehe Kapitel 4 VIII.

[788] Lange/Spätgens Rn. 454; Berneke WRP 01, 615 (621); s.o. Kapitel 4 I, V.

(subventionierten) Gesamtangebot verlangt.[789] Denn bei der echten Zugabe entstehen keine weiteren Folgekosten, die der Verbraucher in seine Abwägung einbeziehen müßte, sondern es handelt sich gerade um eine auch als solches beworbene „kostenlose" Zusatzleistung, d.h. sie ist durch den Gesamtpreis abgedeckt.[790]

4. Irreführung über Garantien – zeitlich unbeschränkte Garantien und Rückgaberechte

In der „Lands-End" - Entscheidung sah das OLG Saarbrücken vor Abschaffung der Zugabeverordnung zeitlich unbeschränkte Rückgaberechte als unzulässige Zugabe an.[791] Nach heutiger Rechtslage wäre diese Garantie wohl als zulässige Zweitleistung zu sehen, soweit der Anbieter zumindest die wertqualifizierenden Merkmale der Garantie angibt.[792] Nach der Zielfernrohr-Entscheidung des BGH liegt bei einer solchen Garantie allerdings ein Verstoß gegen § 3 UWG vor.[793] Denn bei Garantiezusagen, die potentiell über 30 Jahre hinausreichen, täusche der Verkäufer die Eingehung einer Verpflichtung vor, die er nicht rechtswirksam eingehen könne, weil sie gegen das Verbot des rechtsgeschäftlichen Ausschlusses der Verjährung verstoßen würde (§ 225 S. 1 BGB a.F.). Garantiezusagen sind nur innerhalb der Grenzen des § 195 BGB a.F., d.h. längstens für 30 Jahre, zulässig.[794]

Nach Ansicht von *Köhler* ist dem nicht zuzustimmen, da ein Verzicht auf die Einrede der Verjährung, der vor Verjährungsende ausgesprochen wird, zwar ungültig ist, jedoch einen Vertrauensschutz des Kunden begründet. Solange der Anbieter den Eindruck erweckt, er werde sich an seine Zusage halten, verstößt die von ihm erhobene Einrede nach ständiger Rechtsprechung gegen § 242 BGB.[795] Erst wenn der Schuldner von seiner Zusage abrückt, ist der Gläubiger gehalten, innerhalb angemessener Frist seinen Anspruch gerichtlich geltend zu machen. Dieses Restrisiko des Verbrauchers ist nach *Köhler* so gering, daß es bei der im Rahmen von § 3 UWG anzustellenden Interessenabwägung außer Betracht bleiben muß.[796]
Dieser These ist zuzustimmen, da aus Sicht des Verbrauchers auf das Ergebnis abzustellen ist. Eine Garantie über einen längeren Zeitraum als 30 Jahre zu gewähren, stellte aufgrund der

[789] BGH WRP 99, 90 – Handy für 0,00 DM; BGH WRP 02, 1256 (1259) – Kopplungsangebot I; BGH WRP 02, 1259 (1263) – Kopplungsangebot II.
[790] Kapitel 1 I 4.
[791] OLG Saarbrücken GRUR 00, 92.
[792] Siehe Kapitel 4 III 1 e) aa); 4 III 2 c) bb).
[793] BGH GRUR 94, 830 – Zielfernrohr; dazu Köhler/Piper 3.A. § 1 UWG Rn. 226.
[794] BGH GRUR 94, 830 – Zielfernrohr; dazu Köhler/Piper 3.A. § 1 UWG Rn. 226; Köhler GRUR 01, 1067 (1078).
[795] BGH NJW 98, 902 (903) mwN.; Palandt/Heinrichs BGB 61. Aufl., § 225 Rn. 2.
[796] Köhler GRUR 01, 1067 (1078).

nicht verlängerbaren 30-Jahres-First des § 195 BGB a.F. einen vorherigen Verzicht auf die Einrede der Verjährung dar. Zwar ist dieser Verjährungsverzicht unwirksam, er entfaltet aber insoweit eine Rechtswirkung, als es nach ständiger Rechtsprechung bei Vereinbarung eines solchen Verzichts einen Verstoß gegen Treu und Glauben darstellt, wenn sich der Schuldner auf die Verjährung beruft, obwohl er bei dem Gläubiger den Eindruck aufrechterhalten hat, dessen Ansprüche befriedigen zu wollen.[797] Da es dem Verbraucher im Grunde darauf ankommt, daß er sich auf den Wortlaut der gewährten Garantie verlassen kann, wird es ihm regelmäßig egal sein, ob sein Recht dabei aufgrund eines wirksamen Vertrages oder aufgrund von § 242 BGB besteht. Zunächst gilt dies für den Fall, daß sich der Anbieter an die gewährte Garantie hält, es muß aber auch für den Fall gelten, daß sich der Verkäufer weigert, das zugesagte Garantieversprechen zu erfüllen. Denn auch in diesem Fall besteht kein größerer Unterschied zwischen dem wirksamen Garantieversprechen und dem Festhalten am Anspruch aus Treu und Glauben, beides wird der Verbraucher gerichtlich durchsetzen müssen.

Zu beachten ist in diesem Zusammenhang, daß sich die angesprochenen Verjährungsfristen durch die Schuldrechtsreform[798] geringfügig geändert haben. Daher ist zu prüfen, inwieweit sich dadurch die rechtliche Beurteilung von unbeschränkten Garantieversprechen ändert. Nach der neuen Rechtslage beträgt die regelmäßige Verjährungsfrist gem. § 195 BGB n.F. 3 Jahre, sie kann jedoch gem. § 202 Abs. 2 BGB n.F. auf 30 Jahre verlängert werden, insoweit ändert sich nichts.

Zusätzlich sind durch das Schuldrechtsmodernisierungsgesetz die Beschaffenheits- und die Haltbarkeitsgarantie in § 443 BGB n.F. gesetzlich geregelt worden, in § 477 BGB n.F. werden für den Verbrauchsgüterkauf dabei besondere Formerfordernisse aufgestellt. Die Garantiefrist einer Garantie nach § 443 BGB n.F. ist dabei grundsätzlich unabhängig von der Verjährungsfrist des § 438 BGB n.F. und kann auch länger sein.[799] Man könnte daran denken, daß diese Garantiefrist, da sie doch unabhängig von der gesetzlichen Verjährungsfrist bei Sachmängelgewährleistung ist, die 30-Jahresfrist überschreiten kann. Dafür spricht, daß in der Gesetzesbegründung ausdrücklich die Rede davon ist, daß die Garantiefrist länger als die gesetzliche Verjährungsfrist bei Sachmängelgewährleistung sein kann.[800] Jedoch schafft diese

797 Gr. Senat BGH NJW 79, 866; BGH NJW 98, 902 (903); BGH VersR 84, 689; Palandt/Heinrichs 60. Aufl. § 225 Rn. 2.
798 Gesetz zur Modernisierung des Schuldrechts vom 26.11.2001, BGBl. I S. 3138.
799 Begründung zum Regierungsentwurf eines Gesetzes zur Modernisierung des Schuldrechts BT-Drs. 14/6040 S. 237 f; Palandt Ergänzungsband/Putzo § 443 Rn. 13, 15.
800 BT-Drs. 14/6040 S. 238.

gesetzlich normierte Garantiebestimmung keine Ausnahme von der regelmäßigen Verjährungsfrist, auch die Garantiefrist wird durch die regelmäßige Verjährungsfrist des § 195 BGB n.F. begrenzt,[801] wobei allerdings eine vertragliche Verlängerung der Garantiefrist auf maximal 30 Jahre gem. § 202 Abs. 2 BGB n.F. möglich bleibt,[802] eine darüber hinaus gehende Vereinbarung ist nichtig. Allerdings wird dadurch gem. § 139 BGB die Wirksamkeit des Vertrages nicht berührt.[803] Wie auch nach der alten Rechtslage erfaßt § 195 BGB n.F. alle privatrechtlichen Ansprüche, sofern durch Gesetz oder Rechtsgeschäft keine kürzere oder längere Frist bestimmt ist.[804] Diese Frist ist aber durch § 202 Abs. 2 BGB n.F. auf 30 Jahre beschränkt. Auch nach der neuen Rechtslage sind daher Garantien über 30 Jahre hinaus nach dem BGB unzulässig. Da sich daraus für den Verbraucher aufgrund der gerade dargestellten Anwendbarkeit der Generalklausel des § 242 BGB im Grunde keine aus seiner Sicht relevanten Unterschiede ergeben, liegt keine Täuschung des durchschnittlich informierten und verständigen Verbrauchers im Sinne von § 3 UWG durch den Gläubiger vor.

5. Mitbewerberschutz

Sobald falsche Angaben gemacht werden, durch die Gefahr besteht, daß Verbraucher irregeführt werden, liegt eine Verletzung der Interessen der Mitbewerber vor. Denn § 3 UWG verbietet alle Angaben geschäftlicher Art, die zu Wettbewerbszwecken im geschäftlichen Verkehr gemacht werden und die geeignet sind, einen nicht unerheblichen Teil der betroffenen Verkehrskreise über das Angebot irrezuführen und Fehlvorstellungen von maßgeblicher Bedeutung für den Kaufentschluß hervorzurufen.[805] Solange diese Irreführungsschwelle nicht überschritten ist, besteht auch keine Gefährdung der Mitbewerber und damit kein Eingriffsgrund. Sobald eine Angabe allerdings irreführend ist, kann nach §§ 3 S. 1, 13 Abs. 2 Nr 1 UWG von den Mitbewerbern Unterlassung verlangt werden, so daß ein optimaler Schutz besteht.

6. Zusammenfassung

Zusammenfassend wird man nach der momentanen Rechtslage dann von einem Verstoß gegen § 3 UWG ausgehen können, wenn sich der Anbieter nicht an das Gebot der Zugabenwahrheit und –klarheit hält, indem er unrichtige, unvollständige oder

[801] Palandt Ergänzungsband/Heinrichs § 195 Rn. 2 f.
[802] S.o.
[803] Palandt Ergänzungsband/Heinrichs § 202 Rn. 4 ff; Palandt/Heinrichs § 139 BGR Rn. 18.
[804] Palandt Ergänzungsband/Heinrichs § 195 Rn. 2.
[805] Baumbach/Hefermehl § 3 UWG Rn. 1; Köhler/Piper 3.A. § 3 UWG Rn. 8.

mißverständliche Angaben zur Zugabengewährung macht. Durch die Ausformulierung als Generalklausel ist § 3 UWG dabei in der Lage, alle daraus resultierenden Täuschungen des Verbrauchers durch Zugaben zu erfassen. Eine Irreführung liegt vor, wenn der aufmerksame und verständige Durchschnittsverbraucher durch die gemachten Angaben getäuscht wird. Die Bezeichnung von Zugaben als unentgeltlich muß in diesem Zusammenhang als zulässig angesehen werden. Gleichfalls nicht irreführend ist die Gewährung von lebenslangen bzw. unbefristeten Garantien.

Auch Mitbewerber sind dadurch mittelbar ausreichend geschützt, denn sobald eine Werbung irreführend für Verbraucher ist, können sie Unterlassung nach §§ 3 S. 1, 13 Abs. 2 Nr 1 UWG verlangen.

Da § 3 UWG als Generalklausel allerdings sehr weit formuliert ist, besteht die Gefahr, daß er zu einer Aufrechterhaltung der alten Rechtslage bezüglich Zugaben, oder doch als „Liberalisierungsbremse“ genutzt werden könnte, z.B. indem die Ansprüche an die Verständlichkeit von Werbeaussagen bei Zugaben übertrieben hoch angesetzt werden. Es muß daher besonders darauf geachtet werden, bei der Auslegung des § 3 UWG die Regelerlaubnis für Zugaben im Blickfeld zu behalten.

II. Rechtslage nach Inkrafttreten der Verordnung zur Verkaufsförderung im Binnenmarkt

Bei der Anwendbarkeit von § 3 UWG neben der geplanten Verordnung zur Verkaufsförderung im Binnenmarkt sind mehrere Aspekte zu beachten. Die Verordnung hat gemäß § 249 II EGV allgemeine Geltung, sie ist allgemeinverbindlich und gilt unmittelbar. Damit ist § 3 UWG außer Acht zu lassen, soweit er der geplanten Verordnung entgegensteht.[806] Artikel 3 des Verordnungsvorschlags enthält ein Verbot von generellen Zugabeverboten. Eine Ahndung von Wettbewerbsverstößen im Einzelfall ist allerdings zulässig,[807] nur soweit § 3 UWG ein generelles Verbot von Zugaben beinhalten würde, würde seine Anwendung wegen eines Verstoßes gegen Artikel 3 des Verordnungsvorschlags

---

[806] Vgl. BVerfGE 31, 145 (170); Streinz Europarecht Rn. 380; Koenig/Haratsch Europarecht Rn. 255; Callies/Ruffert – Ruffert: Art. 249 EGV Rn. 43; Fischer Europarecht § 5 Rn. 30.
[807] S.o.

ausscheiden.[808] Für eine Überprüfung von Zugaben auf ihre Lauterkeit anhand von § 3 UWG bedeutet dies, daß eine Werbung mit Zugaben, die die Informationspflichten des Artikel 4 S 1 iVm Anhang der geplanten Verordnung einhält, nicht als solche irreführend sein kann. Wenn eine Angabe aber irreführend, d.h. falsch oder unvollständig ist, kann sie gleichzeitig gegen Artikel 4 des Verordnungsvorschlags und § 3 UWG verstoßen.

Da § 3 UWG im Grunde bei Zugaben das selbe Schutzziel wie Artikel 4 des Verordnungsvorschlags hat, nämlich durch die Gewährleistung von wahren Informationen eine Irreführung des Verbrauchers zu verhindern, und so den Leistungswettbewerb zu gewährleisten, gibt es ohnehin einen großen Übereinstimmungsbereich. Zumindest gilt dies bei einem Abstellen auf das Verbraucherleitbild des verständigen und aufgeklärten Durchschnittsverbrauchers im Rahmen von § 3 UWG, auf das nach dem Willen des Gesetzgebers im Bereich der Zugaben ohnehin zurückzugreifen ist.[809]

Über den Schutzbereich des Verordnungsvorschlags hinausgehend könnte § 3 UWG dort Schutz gewähren, wo der Anbieter durch irreführende Angaben in der Wertreklame, die nicht zu den vom Verordnungszuschlag vorgeschriebenen Angaben gehören, den Eindruck besonderer Vorteile, insbesondere eines Preisvorteils, hervorruft.[810] Dabei handelt es sich aber um die bei jeder Werbeform möglichen Täuschungsformen, die keine speziell zugaberechtlichen Probleme darstellen.

III. Zwischenergebnis

Bei § 3 UWG ist für das Vorliegen einer wettbewerbswidrigen irreführenden Werbung die Eignung zur Irreführung ausreichend. Diese ist normativ zu bestimmen, da nur ein solches Vorgehen ausreichende Rechtssicherheit für Werbende garantieren und gleichzeitig die Interessen der Verbraucher berücksichtigen kann. § 3 UWG ist aufgrund seiner Ausgestaltung als Generalklausel in der Lage, alle Täuschungsfälle, die durch die Werbung mit Zugaben auftreten können, wirksam zu erfassen, ohne bei maßvoller Auslegung die Zugabegewährung zu stark einzuschränken. Maßstab muß dabei der aufgeklärte und verständige Durchschnittsverbraucher sein.

Bei entsprechender Auslegung des § 3 UWG kommt es auch nach einem eventuellen Inkrafttreten der Verordnung zur Verkaufsförderung im Binnenmarkt zu keinem Konflikt mit derselben, da beide im Grunde dieselben Schutzziele haben, die sie auf dieselbe Weise, nämlich durch Sicherstellung von wahrer Information, zu erreichen suchen.

---

[808] Siehe Kapitel 3 III.

[809] Dazu s.o. Kapitel 4 I 3.

[810] Baumbach/Hefermehl § 1 UWG Rn. 129.

IV. Notwendigkeit einer gesetzlichen Regelung zur Gewährleistung effektiven Verbraucherschutzes

1. Die Abhängigkeit des Bestehens von Schutzlücken vom Verbraucherleitbild

Wie sich im Verlauf der Untersuchung ergeben hat, ist je nach zugrundezulegendem Verbraucherleitbild eine unterschiedliche Schutzhöhe zum Schutz von Verbrauchern bei Werbung mit Zugaben erforderlich.[811] In Frage kommen dabei nur noch das Verbraucherleitbild des EuGH, der von aufgeklärten und informierten Durchschnittsverbraucher ausgeht, und das neue Verbraucherleitbild des BGH, der in Anlehnung an den EuGH jedenfalls bei höherwertigen Verbrauchsgütern ebenfalls vom kritischen Verbraucher ausgeht.[812] Der Gesetzgeber scheint sich in seiner Gesetzesbegründung zum Gesetz zur Aufhebung der Zugabeverordnung für das Verbraucherleitbild des EuGH entschieden zu haben, jedoch hat er keine explizite Aussage getroffen.[813] Je mehr Selbständigkeit dem Verbraucher nach dem Verbraucherleitbild zugetraut wird, desto niedriger ist das Schutzniveau, das anzusetzen ist, und desto weniger können Schutzlücken für den normkonformen Verbraucher entstehen.

2. Verbraucherschutz durch das UWG

a) Ausreichender Schutz durch Wertangabe

Wie bereits festgestellt[814] kann ein effektiver Verbraucherschutz bei Werbung mit Zugaben durch die Sicherstellung einer rationalen Kaufentscheidung gewährleistet werden. Für diese wiederum ist eine Wertangabepflicht bei der Zugabewerbung nötig.[815] Fraglich ist, ob das UWG eine solche Wertangabepflicht bei Zugaben zuverlässig gewährleisten kann, oder ob eine weitergehende gesetzliche Regelung dafür notwendig ist.

---

811 Siehe Kapitel 4 III 1 e) bb).
812 Dazu im einzelnen siehe Kapitel 4 I.
813 Siehe Kapitel 4 I 3.
814 Siehe Kapitel 4 und 5.
815 Kapitel 4 III 1 e) bb) und Kapitel 4 III 2

Das UWG ist theoretisch in der Lage, den geforderten Schutz, nämlich die Angabe des Wertes der Zugabe neben dem Wert der Hauptleistung, und damit einen effizienten Schutz vor Preisverschleierung zu gewähren, soweit eine Preisangabe nötig ist, um eine Täuschung des Durchschnittsverbrauchers zu vermeiden.[816] Wie gezeigt, kann die Generalklausel des § 1 UWG in solchen Fällen verwendet werden, um im Rahmen der Fallgruppe der Preisverschleierung eine Wertangabe zu verlangen.

Auch die Rechtsprechung des BGH geht mittlerweile davon aus. Danach kann immer dann eine Wertangabepflicht aus §§ 1 und 3 UWG abgeleitet werden, „wenn die Gefahr besteht, daß die Verbraucher über den Wert des tatsächlichen Angebots, namentlich über den Wert der angebotenen Zusatzleistung getäuscht oder sonst unzureichend informiert werden. In diesen Fällen fordert das Transparenzgebot eine entsprechende Aufklärung."[817] Besteht diese Täuschungsgefahr nicht, was von dem anzuwenden Verbraucherbegriff abhängig ist, so ist eine Wertangabe im Grunde entbehrlich, und läßt sich daher nicht aus den §§ 1 und 3 UWG verlangen.[818] Die Einführung einer konstanten Preisangabepflicht ist Aufgabe des Gesetzgebers.[819]

Unter Berücksichtigung des differenzierenden Verbraucherleitbilds des BGH führt diese Rechtsprechung selten zu einer Preisangabepflicht, da zumindest bei höherwertigen Gegenständen laut BGH eine Angabe der wertqualifizierenden Merkmale zur Vermeidung einer Verbrauchertäuschung ausreichend ist.[820] Dies führt zu dem auf den ersten Blick paradoxen Ergebnis, daß das eigentlich verbraucherfreundlichere Verbraucherleitbild des BGH zu einem schlechteren Verbraucherschutz führt. Denn legt man das nicht differenzierende Verbraucherleitbild von EuGH und wohl auch Gesetzgeber[821] zu Grunde, so wäre eine Wertangabe stets erforderlich.[822]

Im Rahmen der heutigen Interpretation des UWG durch den BGH bleiben allerdings Schutzlücken. Da bei aufgeklärten und informierten Durchschnittsverbrauchern, auf die abzustellen ist, eine Wertangabe meist nicht zwingend erforderlich sein wird, würden zahlreiche Verbrauchergruppen aus dem Schutzraster des UWG herausfallen.

---

[816] Dazu siehe Kapitel 4 III 1 e) bb).
[817] BGH WRP 02, 1256 (1258 f) – Kopplungsangebot I; BGH WRP 02, 1259 (1262) – Kopplungsangebot II.
[818] S.o. Kapitel 4 III 1 e) bb).
[819] BGH WRP 02, 1256 (1258f) – Kopplungsangebot I; BGH WRP 02, 1259 (1262)- Kopplungsangebot II.
[820] Kapitel 4 III 1 e) bb) = S. 66 ff.
[821] Kapitel 4 I 3, Kapitel 5 I IV 3.
[822] Kapitel 4 III 1 e) bb).

Zu beachten ist, daß durch einen Verzicht auf eine Preisangabe jedenfalls die weniger beweglichen Verbraucher benachteiligt werden, die nicht bereit sind, Erkundigungen bezüglich des Wertes der Zugabe einzuziehen. Denn durch die Hürde, zunächst selbst den Wert der Zugabe zu ermitteln, wird der Vergleich mit Konkurrenzangeboten erschwert.[823] Auch werden besonders schüchterne Verbraucher, die sich nicht trauen, andere Anbieter zu Zwecken der Wertermittlung der Zugabe anzurufen oder persönlich anzusprechen, unter Umständen abgeschreckt. Zusätzlich werden einigen Verbrauchern schlicht die Kenntnisse fehlen, um etwa über das Internet schnell und effizient Preisauskünfte einzuholen, auch wenn sie sonst vergleichsbereit wären.[824] Im Bereich all dieser Verbraucher entstünde also bei einem Verzicht auf eine Preisangabe eine Schutzlücke, soweit diese Verbraucher im konkreten Fall eine Wertangabe für ihre Entscheidung benötigen.

Darüber hinaus werden die Kosten einer Wertermittlung der Zugabe den Verbrauchern aufgebürdet. Mögen diese auch gering sein, dürften sie doch summiert weit über den Kosten liegen, die der Anbieter der Zugabe durch eine Wertangabe hätte.[825]

Eine allgemeine Wertangabepflicht ist daher vorzuziehen. Da sich aus § 1 und 3 UWG eine solche Pflicht nur bei Zugrundelegung des nicht differenzierenden Verbraucherleitbilds des EuGH erreichen läßt, von dem der BGH jedoch nicht ausgeht, würde dies eine Gesetzesänderung erfordern, wie sie die Verordnung zur Verkaufsförderung im Binnenmarkt anstrebt.[826] Aus Verbraucherschutzgründen erscheint eine solche Gesetzesänderung nötig, um auch bei einer Absenkung des Schutzniveaus zumindest eine Art Mindestschutz vor Preisverschleierungen für die schwächsten Verbraucher sicherzustellen.

B) Verbleibende Preisverschleierungsfälle bei Wertangabe

Jedoch beseitigt die Wertangabe die Preisverschleierung nicht in allen Fällen. Sie kann sogar zu neuen Möglichkeiten der Preisverschleierung führen. Der durchschnittlich aufgeklärte und informierte Verbraucher, von dem hier auszugehen ist, ist mit dem Marktgeschehen vertraut. Er weiß, daß ein Kaufmann nichts zu verschenken hat und daß die Kosten für wertvolle

[823] Köhler GRUR 01, 1067 (1072).
[824] Kapitel 4 III 1 e) cc).
[825] Köhler GRUR 01, 1067 (1072).
[826] KOM (2002) 585 endgültig.

Nebenleistungen durch den Kaufpreis der Hauptsache mit abgedeckt sind.[827] Bevor er eine Kaufentscheidung trifft, wird er daher Preisvergleiche mit Konkurrenzangeboten anstellen.[828] Hierbei wird der Verbraucher, wenn kein Wert der Zugabe angegeben ist, erst den Wert der Zugabe ermitteln oder zumindest abschätzen und dann unter Einbeziehung dieses Wertes das Angebot mit dem der Konkurrenz vergleichen.

Bei Zugaben ohne ermittelbaren Marktwert wird der Verbraucher selbst entscheiden, wieviel ihm die Ware wert ist. Wird aber eine Preisangabe in allen Fällen verlangt, so wird sich der Verbraucher auf sie verlassen und auf Basis der Preisangabe für die Zugabe Vergleiche mit Konkurrenzangeboten anstellen.

Wenn der Anbieter hier einen Spielraum hat, und z.B. den Wert der Zugabe schätzen kann, hat er einen zusätzlichen Weg, den Verbraucher zu beeinflussen. Denn er kann den Wert der Zugabe als kostbarer darstellen, als sie eigentlich ist. Jeder Anbieter wird schon der höheren Anlockwirkung zuliebe bemüht sein, die von ihm gewährte Zugabe als möglichst kostbar darzustellen. Besonders große Gefahren gehen dabei von vom Anbieter selbst produzierten Zugaben aus, da der Anbieter hier die unverbindliche Preisempfehlung und auch den Ladenpreis beliebig hoch ansetzen kann, vor allem, wenn er die Ware nur als Zugabe anbieten will und einen separaten Verkauf nicht beabsichtigt. Es besteht die Gefahr, daß der Verbraucher sich auf die angegebenen Preise verläßt und sie ungeprüft in seinen Preisvergleich übernimmt, während er, hätte er die Zugabe einzeln gekauft, ihren Wert kritisch reflektiert hätte.

Grundsätzlich muß ein solches Vorgehen in einem gewissen Rahmen zulässig sein. Jeder Kaufmann wird versuchen, seine Ware als möglichst wertvoll darzustellen, wobei es grundsätzlich jedem Kaufmann unbenommen ist, seine Ware zu dem Preis anzubieten, den er für angemessen hält. Hier liegt jedoch die Besonderheit vor, daß es sich um eine als unentgeltlich angepriesene Ware handelt, bei der jeder Kunde darauf bedacht sein wird, eine möglichst wertvolle Zugabe zu erhalten. Daher wird eine Pflicht zur Preisangabe ohne ergänzende Hinweise eine Preisverschleierung nicht verhindern können.

Besonders gefährlich sind die Fälle, in denen der Verkäufer die Kunden durch die Zugabe von Vorjahresmodellen werben will. Die Angabe der unverbindlichen Preisempfehlung des Herstellers wird zwar dem Vorjahresmarktwert entsprechen, in einigen schnellebigen Marktsegmenten wie Mode oder EDV wird dieser Preis aber kaum mehr einen reellen

---

[827] BT-Drs. 14/5594 S. 7; Steinbeck ZIP 01, 1741; Köhler BB 01, 265 (268); BGH NJW 99, 214 (215) – Handy für 0,00 DM.

[828] BT-Drs. 14/5594 S. 7; BGH WRP 00, 517 (520) – Orient-Teppichmuster; BGH WRP 88, 857 (859) – 1000.- - Umweltbonus.

Marktgegenwert darstellen. Wird eine solche Preisgestaltung gezielt eingesetzt, um die Kunden irrezuführen, etwa unter Unterlassen eines Hinweises, daß es sich um das Vorjahresmodell handelt, so liegt nicht nur eine Preisverschleierung nach § 1 UWG vor, sondern auch eine Irreführung nach § 3 UWG.
Um dies zu verhindern, wird man immer dann, wenn aufgrund der Besonderheiten der Ware eine uneingeschränkte Vergleichbarkeit der Zugabe mit anderen auf dem Markt angegebenen Waren nicht gegeben ist, einen entsprechenden Hinweis verlangen müssen. Dies dürfte allerdings ausreichend sein, um eine Preisverschleierung oder Verbrauchertäuschung wirksam zu verhindern, da dann der Verbraucher die entsprechenden Besonderheiten (z.B. Vorjahresmodell) in seine Preisberechnungen miteinbeziehen kann. Insbesondere bei Zugrundelegung des „neuen" Verbraucherleitbilds ist davon auszugehen, daß der Verbraucher bei schnellebigen Branchen wie Mode oder EDV einen entsprechenden Wertabschlag von z.B. 30% - 50 % berücksichtigen wird. Bei nur als Zugabe gewährten Waren ist ebenfalls ein entsprechender Hinweis zu verlangen. Doch auch hier gilt wieder, daß sich ein entsprechender Hinweis nur dann aus §§ 1, 3 UWG verlangen läßt, wenn auch der aufgeklärte Durchschnittsverbraucher getäuscht werden würde, was allerdings wesentlich eher anzunehmen sein wird als bei der Wertangabe, denn um nach Modelljahren zu unterscheiden, wird regelmäßig ein höherer Rechercheaufwand erforderlich sein, als um lediglich eine Preisvorstellung zu erhalten.

Ergänzend sei angemerkt, daß in der geplanten Verordnung zur Verkaufsförderung im Binnenmarkt versucht wird, dieses Problem dadurch zu umgehen, daß einheitlich gem. Art. 4 iVm 3.1 Anhang des Verordnungsvorschlags die Angabe des tatsächlichen Wertes verlangt wird. Diese Angabe ist jedoch nicht ohne Probleme zu verwirklichen,[829] da unklar bleibt, was der wahre Wert einer Ware ist. Soll dies der durchschnittliche Handelspreis sein, und wie wird dieser bestimmt, oder ist statt dessen auf den Einkaufspreis abzustellen? Auch der EU-Gesetzgeber scheint sich dazu keine genaueren Gedanken gemacht zu haben. So findet sich weder im Verordnungsvorschlag noch in der Begründung eine Definition des wahren Wertes, und auch kein Hinweis darauf, wie dieser zu berechnen ist.[830] Man wird jedoch zumindest davon ausgehen können, daß bei Vorjahresmodellen ein Werben mit der alten unverbindlichen Preisempfehlung nicht der Angabe des wahren Wertes entsprechen wird.

---

[829] Auch siehe Kapitel 4 III 1 g).
[830] KOM (2001) 546 endgültig/2 .

3. Zwischenergebnis

Durch eine Wertangabepflicht bei Zugaben, die sich in den meisten Fällen auf eine Angabe der unverbindlichen Preisempfehlung beschränken kann, können Verbraucherirreführung und Preisverschleierung in einem Großteil der Fälle wirksam verhindert werden.[831] Eine Ergänzung der Wertangabe durch weitere Angaben ist zur Verhinderung einer Preisverschleierung nur nötig, wenn die unverbindliche Preisempfehlung ihre Funktion als Orientierungshilfe bezüglich des Wertes des Zugabe einbüßt. Vor allem bei Vorjahres- und Auslaufmodellen wird dies häufig der Fall sein. In diesen Fällen wird aber meist ein Hinweis auf die Eigenschaft als Vorjahres- oder Auslaufmodell ausreichend sein, da dann der Verbraucher automatisch davon ausgehen wird, daß die Zugabe deswegen weniger wert ist. Spätestens dadurch kann eine Preisverschleierung wirksam verhindert werden. Wird ein entsprechender Hinweis unterlassen, so liegt eine Täuschung des Verbrauchers vor, die sowohl den Tatbestand der Preisverschleierung erfüllt, als auch eine Irreführung des Verbrauchers gem. § 3 UWG darstellt.

Da all diese Angaben aus §§ 1, 3 UWG nur verlangt werden können, wenn auch ein durchschnittlich aufgeklärter Verbraucher der Gefahr der Preisverschleierung erliegt, damit jedoch teilweise zahlreiche Verbraucher aus dem Schutzbereich des UWG fallen, erscheint eine gesetzliche Verpflichtung, bei Zugaben soweit möglich die unverbindliche Preisempfehlung anzugeben, vorzugswürdig. Sollte dies nicht möglich sein, sind zumindest die wertqualifizierenden Faktoren der Zugabe anzugeben.[832]

V. Fazit

Die Werbung mit Zugaben birgt ein großes Irreführungspotential für den Verbraucher. Allerdings erscheint hierbei keine Form der Irreführung denkbar, die nicht durch die kleine Generalklausel des § 3 UWG erfaßt werden kann, da im Rahmen des § 3 UWG die objektive Eignung zur Beeinflussung des Kaufentschlusses ausreichend ist.[833] Aufgrund der weiten Fassung der Generalklausel kommt es daher vor allem darauf an, welcher Verbraucherbegriff anzuwenden ist. Unter dem alten Verbraucherbegriff müßte man, ließe man die Wertung außer Acht, die der Gesetzgeber mit der Aufhebung der Zugabeverordnung getroffen hat, davon ausgehen, daß Zugaben schon deshalb irreführend sind, weil sie als kostenlos beworben werden, und anzunehmen ist, daß ein signifikanter Anteil der Verbraucher dies

[831] Siehe Kapitel 4 III 1 e) cc).
[832] Siehe Kapitel 4 III 1 e) cc).
[833] Köhler/Piper 3.A. § 3 UWG Rn. 202.

auch glaubt.[834] Unter Anwendung des neuen Verbraucherleitbildes ist darauf abzustellen, wann ein verständiger und aufmerksamer Durchschnittsverbraucher getäuscht wird. Wie in Kapitel 5 gezeigt wurde, besteht keine Möglichkeit der Irreführung, die nicht von § 3 UWG erfaßt werden kann. Statt dessen bedarf es einer vorsichtigen und einschränkenden Auslegung,[835] um der neuen Rechtslage, die von einer Regelerlaubnis von Zugaben ausgeht, zu entsprechen. Abstellend auf das neue Verbraucherleitbild des aufgeklärten und informierten Durchschnittsverbrauchers ist dabei vor allem die Werbung mit der Unentgeltlichkeit der Zugabe, die nach der alten Rechtslage verboten war, als zulässig anzusehen. Eine Schutzlücke ist nicht ersichtlich. Aber auch sonst wird man sagen müssen, daß eine Werbung mit Zugaben solange nicht irreführend ist, wie der Verbraucher alle Informationen klar und übersichtlich präsentiert bekommt, die er für eine rationale Kaufentscheidung braucht. Eine Schutzlücke durch den Wegfall der Zugabeverordnung besteht für den Durchschnittsverbraucher nicht. Dennoch erscheint die gesetzliche Verankerung einer allgemeinen Wertangabepflicht bei Zugaben zur Gewährleistung eines Mindestschutzes auch für schwächere Verbraucher vorzugswürdig.

[834] Dazu Kapitel 5 I 3.

[835] Kapitel 5 I 5.

6. Kapitel: Weitere Tatbestände des UWG

I. Verbot von Sonderveranstaltungen, § 7 UWG

1. Rechtslage nach Abschaffung der Zugabeverordnung

Nach § 7 UWG sind Sonderveranstaltungen verboten. Um eine solche handelt es sich nach § 7 Abs. 1 UWG bei Verkaufsveranstaltungen im Einzelhandel, die außerhalb des regelmäßigen Geschäftsverkehrs stattfinden, der Beschleunigung des Warenabsatzes dienen und den Eindruck der Gewährung besonderer Kaufvorteile hervorrufen, dabei aber keine Sonderangebote im Sinne von § 7 Abs. 2 UWG sind. Ausnahmen gelten nach § 7 Abs. 3 UWG für Abschnittsschlußverkäufe (Abs. 3 Nr. 1) und Jubiläumsverkäufe (Abs. 3 Nr. 2). Dieses Verbot von Sonderveranstaltungen bleibt von der Abschaffung der Zugabeverordnung unberührt.[836] Man wird daher die nun grundsätzlich erlaubten Zugaben daran zu messen haben, ob mit ihnen Sonderveranstaltungen angekündigt oder durchgeführt werden.[837]
Nach der geltenden Rechtslage liegt nur dann eine Sonderverkaufsveranstaltung vor, wenn dabei das gesamte Warenangebot oder doch zumindest ein großer Teil des selben, im Preis vorübergehend herabgesetzt wird. Werden nur einzelne Waren reduziert, so liegt ein zulässiges Sonderangebot im Sinne des § 7 Abs. 2 UWG vor.[838] Gleiches gilt auch für das Gewähren von sonstigen Verkaufsvorteilen, wie etwa Zugaben, die die gleiche Wirkung haben. Diese wurden bisher nur deshalb nicht von der Rechtssprechung anhand von § 7 UWG überprüft, da sie bereits nach der Zugabeverordnung verboten waren.[839]
Bei der Beurteilung, wann das Gewähren von Zugaben eine unzulässige Sonderveranstaltung darstellt, kommt es darauf an, ob sich die Zugabegewährung in den regelmäßigen Geschäftsverkehr einfügt. Ob es sich dabei um eine Aktion außerhalb des regelmäßigen Geschäftsverkehrs handelt oder nicht, beurteilt sich nach der Branchenübung unter Berücksichtigung ihrer wirtschaftlich vernünftigen Fortentwicklung. Maßgeblich ist das gesamte Erscheinungsbild der Maßnahme, wobei der die Maßnahme ankündigenden Werbeaktion besondere Beachtung zukommt.[840] Entscheidend ist dabei, über Wortlaut, Text und Bildanordnung und drucktechnische Aufmachung hinaus, der Gesamteindruck, den die Werbung nach Sinn und Inhalt auf die umworbenen Käuferkreise macht.[841]

---

[836] Berneke WRP 01, 615 (619).
[837] Heermann WRP 01, 855 (858); Berneke WRP 01, 615 (619).
[838] Cordes WRP 01, 867 (876).
[839] So stillschweigend wohl auch Berneke WRP 01, 615 (619).
[840] BGH GRUR 80, 112 – Sensationelle Preissenkungen; Cordes WRP 01, 867 (876).
[841] Baumbach/Hefermehl § 7 UWG Rn. 19; BGH GRUR 81, 284 (286) – Pelz-Festival.

Besonders die zeitliche Gestaltung von Werbeaktionen ist nach der Rechtsprechung entscheidend, da zeitlich begrenzte Preisangaben meist auch den Eindruck einer besonders günstigen, so bald nicht wiederkehrenden Einkaufsgelegenheit erwecken, deren Vorteile sonst für immer entgangen sind.[842] Auch eine unübliche Differenzierung des Angebots nach Jahreszeiten kann den Eindruck einer Sonderverkaufsveranstaltung hervorrufen, etwa die Ankündigung von Vorsaisonpreisen für Farbfilme[843] oder von Vorzugspreisen für Lebensmittel und anderes jeweils an Dienstagen.[844] Entscheidend ist wiederum die bisherige Übung der Branche, so daß etwa Sommerpreise für Pelze zulässig sind.[845]

Entsprechende Zugabeaktionen werden ähnlich zu beurteilen sein. Wird durch die Gewährung einer Vielzahl von Zugaben oder von Zugaben auf eine Vielzahl von Warengruppen der Eindruck einer Sonderveranstaltung erweckt, so ist dies nach derzeitiger Rechtslage gemäß § 7 Abs. 1 UWG zu untersagen. Auch und gerade die Ankündigung einer zeitlich befristeten Zugabegewährung auf das gesamte Produktsortiment in der Presse (etwa: nur diese Woche: beim Kauf eines beliebigen Artikels ein zweiter gratis dazu) kann problematisch sein, da sich dadurch das Bild einer Veranstaltung außerhalb des regelmäßigen Geschäftsverkehrs ergeben kann.[846]

Dieses Verbot verstößt auch nicht gegen das neue Regel-Ausnahme-Verhältnis, nach dem Zugaben grundsätzlich als erlaubt anzusehen sind und nur bei einem Verstoß gegen das Wettbewerbsrechts als unlauter anzusehen sind. Zugaben bleiben generell zulässig, nur wenn sie zusammen mit anderen Faktoren den Anschein einer unzulässigen Sonderveranstaltung erwecken, verstoßen sie gegen § 7 UWG.

Da auch bisher schon ein wirksamer Schutz vor verbotenen Sonderveranstaltungen durch § 7 UWG sichergestellt wird, und sich die Sonderveranstaltung durch Zugabegewährung hierunter subsumieren läßt, besteht hier auch keine Schutzlücke für Wettbewerber.[847]

---

842 Baumbach/Hefermehl § 7 UWG Rn. 19.
843 BGH GRUR 75, 144 – Vorsaison-Preis.
844 BGH GRUR 75, 491 – Schräger Dienstag.
845 BGH GRUR 81, 284; Berneke WRP 01, 615 (620).
846 Berneke WRP 01, 615 (620).
847 Fraglich ist allerdings, inwieweit ein Schutz vor Sonderverkaufsveranstaltungen an sich überhaupt nötig ist, eine solche Untersuchung würde jedoch den Rahmen der vorliegenden Untersuchung sprengen. Hierzu das Gutachten von Fezer WRP 01, 989 ff (1001 ff.).

2. Rechtslage nach der geplanten Verordnung zur Verkaufsförderung im Binnenmarkt

Wie bereits dargestellt verbietet der Verordnungsvorschlag in Artikel 3 1. 1. Spiegelstrich ein generelles Verbot von Zugaben, wobei „generelles Verbot" gem. Artikel 2 (l) als Verbot zu verstehen ist, das nicht speziell auf eine bestimmte Art von geförderten Waren oder Dienstleistungen gerichtet ist.[848] Es spricht einiges dafür, daß das Verbot von Sonderveranstaltungen gegen diesen Grundsatz verstoßen könnte. Denn sobald eine gewisse Zahl von Zugaben gewährt wird und diese Zugabengewährung in der Werbung entsprechend herausgestellt wird, besteht die Gefahr, daß dies als unzulässige Sonderveranstaltung gewertet wird. Dies führt zu einem nicht auf bestimmte Waren oder Dienstleistungen beschränkten Verbot, da Zugaben lediglich aufgrund ihrer Menge und Art der Bewerbung pauschal beschränkt werden, nicht aber aufgrund ihrer Zugehörigkeit zu einer bestimmten Waren- oder Dienstleistungsgruppe. Ein derart ausgestaltetes Zugabeverbot ist gemäß Artikel 3 1. 1. Spiegelstrich unzulässig.

Weiterhin verlangt Artikel 4 des Verordnungsvorschlags in Verbindung mit Punkt 1.1 des Anhangs für alle Verkaufsförderaktionen, und damit auch für Zugaben, die Angabe der Dauer der Verkaufsförderaktion. Bei Angabe einer Laufzeit für die Werbeaktion wird aber fast zwangsläufig der Eindruck erweckt, es handle sich bei der Zugabegewährung um eine Sonderveranstaltung außerhalb des regelmäßigen Geschäftsverkehrs. Eine nach dem Verordnungsvorschlag zwingend verlangte Pflichtangabe kann also zu einem Verbot der Zugabe nach § 7 UWG führen. Dieser Widerspruch muß aufgrund des Vorrangs des EU-Rechts zu Lasten von § 7 UWG dahingehend aufgelöst werden: zumindest soweit es um die Zugabegewährung geht, darf er nach Inkrafttreten des Verordnungsvorschlags keine Anwendung finden. Daran kann auch Erwägungsgrund 8 des Verordnungsvorschlags[849] nichts ändern. Zwar bleiben danach innerstaatliche Regelungen, durch die Bedingungen für Sonderverkaufsveranstaltungen festgesetzt werden unberührt, jedoch nur wenn durch diese Regelungen die Gewährung von Zugaben nicht beschränkt wird. Genau dies geschieht allerdings durch § 7 UWG, da eine gewisse Menge parallel gewährter Rabatte oder Zugaben nicht gewährt werden kann, ohne daß möglicherweise der Eindruck einer Sonderverkaufsveranstaltung entsteht, und dadurch die gesamte Wertreklameaktion unzulässig wird.

---

[848] Siehe auch Kapitel 3 III.

[849] KOM (2002) 585 endgültig S. 6 betrifft die Beschränkung von Rabatten, meint synonym allerdings auch Zugaben.

3. Zusammenfassung

Bis zum Inkrafttreten der Verordnung zur Verkaufsförderung im Binnenmarkt muß sich Zugabewerbung daran messen lassen, ob eine unzulässige Sonderveranstaltung vorliegt. Allerdings verstößt die Vorschrift des § 7 UWG gegen Artikel 3 I 1. Spiegelstrich der geplanten Verordnung zur Verkaufsförderung im Binnenmarkt, ebenso wie gegen Artikel 4 iVm 1.1 4. Spiegelstrich des Anhangs der geplanten Verordnung zur Verkaufsförderung im Binnenmarkt. Daher ist § 7 UWG bei Zugabetatbeständen nach Inkrafttreten der Verordnung zur Verkaufsförderung im Binnenmarkt nicht mehr anzuwenden.

II. Zugabebasierende Kundenbindungssysteme

1. Der zugaberechtliche Aspekt von Kundenbindungssystemen

Auch und gerade nach dem Wegfall von Zugabeverordnung und Rabattgesetz besteht ein starkes Interesse der Wirtschaft, die nun erlaubten Zugaben im Rahmen von Kundenbindungssystemen zu nutzen. Zweck eines Kundenbindungsprogramms ist es, den Verbraucher als Kunden umsatz- und zeitbezogen beim entgeltlichen Erwerb der angebotenen Ware oder Dienstleistung an den Anbieter zu binden. Gegenstand eines Kundenbindungsprogramms ist dabei die Gewährung von Vorteilen an den Kunden, deren Höhe und Anzahl direkt abhängig von seinem getätigten Umsatz sind. Dabei kann die Vorteilsgewährung eher preisbezogen (Rabattsystem) oder produktbezogen sein und damit auch zugaberechtliche Elemente aufweisen.[850] Meist ab gewissen Mindestumsätzen können sich Kunden dann z.B. Zubehörteile oder andere materielle Vorteile „umsonst" oder gegen Hingabe gesammelter Bonuspunkte aussuchen.

Schon bisher waren Kundenbindungssysteme im Zusammenhang mit der Ausgabe von Kredit- oder Kundenkarten unter zugaberechtlichen Aspekten Gegenstand der Rechtsprechung.[851] Der BGH sah in der Gewährung von Guthaben für geflogene Meilen und der Werbung dafür durch ein Kreditkartenunternehmen einen Verstoß gegen die Zugabeverordnung, weil in einem solchen Fall die angebotenen „Bonus-Meilen" als „besondere Leistung zum Kreditkartenvertrag anzusehen" waren. Diese zusätzliche Gewährung von „Bonus-Meilen" habe mit dem Geschäftsinhalt an sich nichts zu tun, es

[850] Fezer WRP 01, 989 (1012), mit einer genaueren Einteilung von Kundenbindungssystemen, die hier aber zu weit führen würde, da an dieser Stelle nur der Zugaberechtliche Aspekt untersucht wird.
[851] BGH WRP 99, 424 – Bonusmeilen; Dierck WRP 99, 616; Baumbach/Hefermehl § 1 ZugabeVO Rn. 3a; Lange/Spätgens Rn. 460.

handle sich um eine besondere Nebenleistung, die alle Elemente einer Zugabe enthalte.[852] Soweit daher in einem Kundenbindungssystem bisher Zugaben gewährt wurden, mußten sich diese an § 1 ZugabeVO messen lassen.

2. Kontrolle der Kundenbindungssysteme durch das UWG

a) § 1 und § 3 UWG

aa) Systemtransparenz

Mit dem Wegfall der Zugabeverordnung und des Rabattgesetzes scheint nunmehr der Weg für zugabebasierende Kundenbindungssysteme frei zu sein. Preisbezogene und produktbezogene Kundenbindungsprogramme sind wettbewerbsrechtlich grundsätzlich zulässig.[853] Eine Kontrolle findet nur noch im Rahmen des allgemeinen Lauterkeitsrechts statt. Ausgehend von der bisher dargestellten Lockerung der Grundsätze der Fallgruppe des übertriebenen Anlockens in § 1 UWG[854] ist hier vor allem auf diese Fallgruppe und auf die der Preisverschleierung[855] abzustellen, um einen weitgehenden Verbraucherschutz sicherzustellen. Zur Sicherstellung des Verbraucherschutzes ist dabei eine weitgehende Systemtransparenz nötig, das Kundenbindungssystem muß in seiner Gestaltung und in seinem Ablauf für die Kunden transparent gestaltet werden.[856]

Da Kundenbindungssysteme meist auf einer fiktiven Währung basieren,[857] wird man zur Sicherstellung der Preiswahrheit und -klarheit den Wert dieser Fiktivwährung genau darstellen müssen, ebenso, wie viel man einkaufen muß, um eine Währungseinheit zu bekommen. Zur Vermeidung eines übertriebenen Anlockens ist der Ablauf im Einzelnen offenzulegen. Ein solches Anlocken ist eigentlich nur hin zum Kundenbindungssystem als ganzes vorstellbar, kaum aber bezüglich einzelner Artikel, da die Vorteilsgewährung nicht für einzelne Artikel, sondern nur anteilig erfolgt. Die Anforderungen ergeben sich aus einer Konkretisierung des lauteren und unverfälschten Leistungswettbewerbs nach § 1[858] und § 3 UWG. Hierbei kann auf die bestehende Rechtsprechung zu den verschiedenen Formen irreführender Praktiken im Wettbewerb, wie etwa Werbung mit falschen Hinweisen,

---

[852] BGH WRP 99, 424 (427 f).
[853] Fezer WRP 01, 989 (1012 f); Berlit WRP 01, 349 (352 f); .
[854] S.o. Kapitel 4 III 2.
[855] S.o. Kapitel 4 III 1.
[856] Fezer WRP 01, 989 (1014).
[857] Etwa „Webmiles" (www.webmiles.de) im Internet oder „Swops" bei Esso (www.esso.de/auftanken/swop/).
[858] Fezer WRP 01, 989 (1014); dazu auch siehe Kapitel 1 III.

Hervorrufen von Mißdeutungen, Vortäuschen von Einkaufsvorteilen etc. zurückgegriffen werden.[859]

Dem Verbraucher sind alle tatsächlichen und rechtlichen Voraussetzungen für die Gewährung der Zugabe im Rahmen des Kundenbindungssystems klar und deutlich darzulegen. Werden hier alle Informationspflichten eingehalten, so besteht nicht die Gefahr eines übertriebenen Anlockens durch im Kundenbindungssystem gewährte Zugaben oder einer Täuschung, da dann davon auszugehen ist, daß der Verbraucher alle Informationen hat, die er für eine rationale Entscheidung für oder gegen ein Kundenbindungssystem benötigt.[860] Zu beachten ist hierbei, daß der Verbraucher bei einem zugabebasierenden Kundenbindungssystem die Zugabe nicht für eine einzelne Ware, die er erwirbt, erhält, sondern basierend auf mehreren Erwerbsvorgängen. Ansonsten ist die Ausgangslage allerdings vergleichbar mit einer „normalen" Zugabegewährung. Daher ist bei einem durchschnittlich informierten, verständigen und aufmerksamen Durchschnittsverbraucher davon auszugehen, daß er bei ausreichender Informationslage eine aus seiner Sicht rationale Entscheidung treffen wird.

bb) Diskriminierungsfreiheit

Zusätzlich verlangt *Fezer* die Diskriminierungsfreiheit von Kundenbindungsprogrammen, jedem Kunden müsse der gleiche Zugang zu dem Kundenbindungsprogramm gewährt werden. Zwar besteht im allgemeinem Wettbewerbsrecht von UWG und GWB kein allgemeines Diskriminierungsverbot, jedoch will *Fezer* ein Verbot der Verbraucherdiskriminierung im Zusammenhang mit dem Produktmarketing eines Kundenbindungssystems aus der wettbewerbsrechtlichen Generalklausel des § 1 UWG ableiten. Ein solches Diskriminierungsverbot stelle gleichsam eine flankierende Konkretisierung des Leistungswettbewerbs im Sinne von § 1 UWG dar, das eine Liberalisierung der strengen Grundsätze zur Wertreklame und zum übertriebenen Anlocken ausgleiche.[861]

Dagegen ist zunächst zu sagen, daß ein soweit gehender Verbraucherschutz im Licht der Grundrechte nicht zu rechtfertigen ist.[862] Auch bei einem Verkauf an einen Letztverbraucher ist der Händler Grundrechtsträger und nicht Grundrechtsverpflichteter, er unterliegt nicht den staatlichen Willkürverboten. Die Vertragsfreiheit aus Artikel aus Art. 2 Abs. 1 GG und die

[859] Dazu die Auflistung bei Baumbach Hefermehl § 1 UWG Rn. 10 ff und § 3 UWG Rn. 21 ff.
[860] Siehe dazu bei Einzelkäufen Kapitel 4 III 1 e) und 4 III 2 c) bb).
[861] Fezer WRP 01, 989 (1014).
[862] Zum Schutz der Mitbewerber vor Kundenbindungssystemen siehe Kapitel 7 IV 5.

Berufsfreiheit aus Art. 12 Abs. 1 GG haben für ihn grundsätzlich Vorrang.[863] Ein Händler müßte sich nur dann an den Gleichheitssatz des Grundgesetzes halten, wenn er als Anbieter beim Angebot von wichtigen Gütern oder Dienstleistungen ein Monopol hätte.[864] Dies würde sich dann auch aus kartellrechtlicher Sicht als Mißbrauch einer marktbeherrschenden Stellung (§ 19 GWB) darstellen.[865] Von solchen Ausnahmesituationen abgesehen, ist es dem Gewerbetreibenden grundsätzlich nicht verwehrt, einzelne Kunden oder Kundengruppen unterschiedlich zu behandeln und einigen, aber nicht allen Zugaben zu gewähren.[866]
Diese gesetzliche Wertung kann nicht unter Berufung auf die Generalklausel des § 1 UWG beiseite geschoben werden.[867] Für ein Eingreifen des § 1 UWG ist zwingend ein Verstoß gegen die guten Sitten im Wettbewerb erforderlich. Ein Gebrauchmachen von grundgesetzlich geschützten Handlungsfreiheiten kann aber nicht sittenwidrig im Sinne von Art. 1 UWG sein. Nach dem UWG ist eine Preisdifferenzierung zwischen verschiedenen Kunden daher ausdrücklich zulässig.[868]

B) Kaufscheine in Bezug auf Zugaben, § 6b UWG

Zusätzlich wird man diese Kundenbindungssysteme allerdings noch anhand von § 6b UWG überprüfen müssen. Ursprünglich hatte die Vorschrift des § 6b UWG nicht den Sinn, Kundenbindungssysteme zu limitieren. Statt dessen sollte damit verhindert werden, daß Kunden mit nur scheinbar bestehenden Großhandelskonditionen geködert wurden. Erfaßt werden sollten die Fälle, in denen ein Einzelhändler Verbrauchern Berechtigungsscheine aushändigt, die sie zum unmittelbaren Einkauf bei einem Großhändler oder Hersteller berechtigen. Eine solche Vorgehensweise kann beim Verbraucher oft zu der Täuschung führen, ihm würde dort eine günstige Einkaufsmöglichkeit eröffnet, er glaubt sich in einer Vorzugsstellung.[869] Diese mit dem Kaufscheinhandel typischerweise verbundene Irreführung des Verbrauchers über eine vermeintliche Vorzugsstellung und besonders vorteilhafte Preisgestaltung sollte verhindert werden.[870]

---

[863] BAGE 13, 96 (105 ff); Heil/Dübbers ZRP 01, 207 (208).
[864] Jarass/Pieroth Art. 3 GG Rn. 13; Starck in: v. Mangoldt/Klein/Starck Art 3 GG Rn. 268 f.
[865] Köhler GRUR 01, 1067 (1076); Cordes WRP 01, 867 (874). Dagegen ist es nicht ausreichend, daß Verbraucher von einem Gewerbetreibenden „in der Weise abhängig sind, daß ausreichende oder zumutbare Möglichkeiten auf andere Unternehmen auszuweichen nicht bestehen“, wie dies § 20 II GWB für den Schutz kleiner und mittlerer Unternehmen genügen läßt. Vgl. Köhler BB 01, 265 (271).
[866] Köhler GRUR 01, 1067 (1076); Berneke WRP 01, 615 (619).
[867] Köhler GRUR 01, 1067 (1076).
[868] Baumbach/Hefermehl § 3 UWG Rn. 325. Im übrigen im folgenden Kapitel 7 V.
[869] BGH GRUR 68, 600 (602) – Ratio-Markt; Baumbach/Hefermehl § 6b UWG Rn. 2; Cordes WRP 01, 867 (875); Köhler/Piper 3.A. § 6b UWG Rn. 2.
[870] Bericht Rechtsausschuß BT-Drs. V/4035; Baumbach/Hefermehl § 6b UWG Rn. 2.

Von diesem Verbot sind Kundenbindungssysteme insoweit betroffen, als das Verbot des Kaufscheinhandels nach § 6b UWG auch in den Fällen eingreifen kann, in denen Kaufscheinausgeber und Verkäufer der Ware identisch sind. Dies ist der Fall, wenn für den Verbraucher der Eindruck entsteht, daß er aufgrund des Kaufausweises bevorrechtigt ist und in den Genuß einer günstigen Einkaufsquelle kommt.[871] Hierbei gilt das Verbot des § 6b UWG auch dann, wenn dem Verbraucher tatsächlich besondere Vorteile geboten werden. Trifft dies nicht zu, wird ohnehin auch ein Verstoß gegen § 3 UWG vorliegen.[872] Unerheblich ist auch, ob ein Kaufschein eine Warenbezugsmöglichkeit überhaupt erst eröffnet, oder ob er bei einer gegebenen Einkaufsmöglichkeit besondere Vorteile verschafft.[873]
Vom Wortlaut her erscheint eine Anwendung auf Kundenbindungssysteme möglich. Dabei ist nach der Rechtsprechung des BGH die Anwendbarkeit des § 6b UWG dahingehend eingeschränkt, daß das Verbot nur eingreift, wenn mit der Verwendung von Ausweisen oder Ähnlichem die typischerweise mit dem Kaufscheinhandel verbundene Irreführungsgefahr vorliegt.[874]
Eine solche Anwendung des § 6b UWG auf Kundenbindungssysteme erscheint jedoch sinnwidrig. Nach dem Wegfall der Zugabe- und Rabattverbote gibt es keinen Grund mehr, den Handel daran zu hindern, verbriefte Ansprüche auf Vergünstigungen zu gewähren. Sollten jedoch gar keine Vergünstigungen durch das Kundenbindungssystem gewährt werden, würde ohnehin das Irreführungsverbot des § 3 UWG eingreifen.[875] Denn dieses wird durch die Anwendbarkeit von § 6b UWG nicht ausgeschlossen, soweit der Kaufscheinhandel und die Werbung damit geeignet sind, den Verbraucher irrezuführen.[876] Infolgedessen wurde schon nach der alten Rechtslage eine Anwendung des § 6b UWG als überflüssig angesehen.[877] Umsomehr muß dies gelten, wenn man das Verbraucherleitbild des durchschnittlich informierten, aufmerksamen und verständigen Durchschnittsverbrauchers zugrunde legt. Denn dieser ist in der Lage, sich über die Preise zu informieren und zu vergleichen, daher bedarf er dieses Schutzes eigentlich nicht. Letztlich muß die Entscheidung über den § 6b UWG aber dem Gesetzgeber überlassen beleiben. Bis dahin sind nach der derzeitigen Rechtsprechung Kundenbindungssysteme darauf zu überprüfen, ob mit ihnen die

---

[871] BGH GRUR 79, 411 (412) – Metro II; BGH GRUR 85, 292 (293) – Code-Karte; OLG Hamburg WRP 79, 217 (218) – Goldene Karte; Cordes WRP 01, 867 (875).
[872] Baumbach/Hefermehl § 6b UWG Rn. 5a.
[873] Berneke WRP 01, 615 (620); BGH GRUR 75, 382 – Kaufausweis III.
[874] Abgelehnt wurde dies für eine Codierte Karte zur Entnahme von Benzin aus einem Automaten zum Tagespreis bei monatlicher Abrechnung, vgl. BGH GRUR 85, 292- Code-Karte; Berneke WRP 01, 615 (620).
[875] So auch Cordes WRP 01, 867 (875).
[876] Baumbach/Hefermehl § 6b UWG Rn. 4.
[877] Schricker GRUR Int. 94, 586 (591f); Baumbach/Hefermehl § 6b UWG Rn. 4.

typische Irreführungsgefahr von Kaufscheinen verbunden ist.[878] Dies wird nur dann der Fall sein, wenn die Karte des Kundenbindungssystems ausnahmsweise eine Einkaufsmöglichkeit eröffnet.[879] Eine Ausweitung des Verbotes des Kaufscheinhandels durch die Rechtsprechung über seinen ursprünglichen Zweck hinaus auf Kundenbindungssysteme, bei denen dem Verbraucher ein echter Vorteil gewährt wird, ist aber abzulehnen.

c) Mitbewerberschutz

Kundenbindungssysteme auf Zugabebasis verdienen besondere Beachtung unter dem Aspekt des Mitbewerberschutzes, da bei diesen zahlreiche Tatbestände des UWG in die Untersuchung mit einzubeziehen sind. Preisbezogene und produktbezogene Kundenbindungsprogramme sind wettbewerbsrechtlich grundsätzlich zulässig.[880] Zugabebasierende Kundenbindungssysteme müssen, um nicht gegen §§ 1, 3 UWG zu verstoßen, transparent ausgestaltet sein.[881] Dann scheidet eine Beeinträchtigung der Mitbewerberinteressen durch ein übertriebenes Anlocken oder eine Täuschung von Verbrauchern aus, da diese nicht unzulässig beeinflußt werden.[882]
Daneben käme auch eine Verdrängung durch den gezielten Einsatz von Kundenbindungssystemen marktmächtiger Mitbewerber in Betracht. Dieser Gefahr kann jedoch durch den gezielten und nach § 4 GWB zulässigen Zusammenschluß einzelner kleinerer Mitbewerber zu schlagkräftigen Kundenbindungssystemen begegnet werden.[883]

3. Rechtslage nach Inkrafttreten der Verordnung über Verkaufsförderung im Binnenmarkt

Die Verordnung zur Verkaufsförderung im Binnenmarkt hat gemäß § 249 Abs. 2 EGV allgemeine Geltung, sie ist allgemeinverbindlich und gilt unmittelbar. § 6b UWG ist damit außer Acht zu lassen, soweit er der geplanten Verordnung entgegensteht.[884] Soweit eine Überschneidung der Schutzziele von § 6b UWG mit § 3 UWG vorliegt, gilt das dort zum Verhältnis zwischen § 3 UWG und der Verordnung zur Verkaufsförderung im Binnenmarkt gesagte sinngemäß, d.h. nur eine Ahndung von Wettbewerbsverstößen im Einzelfall ist

[878] Berneke WRP 01, 615 (620).
[879] Köhler/Piper 3.A § 6b UWG Rn. 10a.
[880] Fezer WRP 01, 989 (1012 f); Berlit WRP 01, 349 (352 f).
[881] Kapitel 6 II 2 a) aa).
[882] Kapitel 6 II 2, 4.
[883] Dazu Kapitel 7 I 3 d).
[884] Vgl. BVerfGE 31, 145 (170), Streinz Europarecht Rn. 380; Koenig/Haratsch Europarecht Rn. 255, Callies/Ruffert – Ruffert: Art 249 EGV Rn. 43; Fischer Europarecht § 5 Rn. 30.

möglich, ansonsten läge ein Verstoß gegen Artikel 3 des Verordnungsvorschlags und die darin formulierte Unzulässigkeit von generellen Verboten vor.[885]

Vor diesem Hintergrund kann aber ein Kundenbindungssystem, bei dem die Informationspflichten des Art. 4 S. 1 iVm Anhang der geplanten Verordnung eingehalten werden, nicht als solches irreführend sein. Wenn eine Angabe aber irreführend, da falsch oder unvollständig ist, kann sie gleichzeitig gegen Art. 4 des Verordnungsvorschlags und § 6b UWG verstoßen. Ein generelles Verbot von Kundenbindungssystemen aufgrund der abstrakten Gefahr, daß mit ihnen eine Verbraucherirreführung einhergehen könnte, oder weil mit ihrer Anwendung im Einzelfall die typischerweise mit Kaufscheinen verbundene Irreführungsgefahr verbunden sein könnte, verstößt gegen Artikel 3 1. 1. Spiegelstrich der Verordnung, da eine abstrakte Irreführungsgefahr bei Einhaltung der Informationspflichten des Anhangs als ausgeschlossen angesehen werden muß.

4. Keine Notwendigkeit einer gesetzlichen Regelung von Kundenbindungssystemen

Kundenbindungssysteme stellen, soweit sie transparent gestaltet werden, keine Gefahr für Verbraucher unter dem Gesichtspunkt der Zugabegewährung dar, da es insoweit um die anteilige Gewährung von Zugaben geht. Dabei ist nicht zu verlangen, daß die Kundenbindungssysteme diskriminierungsfrei ausgestaltet werden, da es dem einzelnen Händler unbenommen bleibt, seine einzelnen Kunden unterschiedlich zu behandeln.[886] Sollte dieser Grundsatz nicht eingehalten werden, wäre das Kundenbindungssystem wegen Preisverschleierung sittenwidrig, falls für den Verbraucher nicht ersichtlich ist, welchen Gegenwert als Zugabe er für den einzelnen Kauf erhält.[887] Sollten dagegen die Teilnahme- und Auszahlungsbedingungen des Kundenbindungssystems nicht genau beschrieben sein und würden überdies Vergünstigungen gewährt, die die Schwelle der Geringwertigkeit überschreiten[888], so würde ein übertriebenes Anlocken vorliegen. Denn dann hätte auch der durchschnittlich informierte und aufmerksame Durchschnittsverbraucher nicht genügend Informationen, um den gewährten Vorteil zu bewerten und so eine aus seiner Basis rationale Kaufentscheidung durch Vergleich des Angebots mit Konkurrenzangeboten zu treffen. Daneben könnte zusätzlich eine Irreführung des Verbrauchers gem. § 3 UWG vorliegen.[889]

[885] Siehe Kapitel 3 III.
[886] Kapitel 6 II.
[887] Kapitel 6 II 2 a) aa).
[888] Kapitel 3 II 1.
[889] Kapitel 6 II 2 a) aa).

Eine Schutzlücke im Verbraucherschutz durch den Wegfall der Zugabeverordnung ist hier nicht ersichtlich, es ist davon auszugehen, daß alleine durch die Anwendung des UWG ein ausreichender Verbraucherschutz sichergestellt werden kann.

5. ZUSAMMENFASSUNG

Kundenbindungssysteme können auf Zugaben basieren, ein solches Vorgehen ist nach dem Wegfall der Zugabeverordnung grundsätzlich zulässig. Zur Vermeidung einer Preisverschleierung bezogen auf die Einzelware, die innerhalb eines Kundenbindungssystems erworben wird und zur Vermeidung eines übertriebenen Anlockens ist allerdings Systemtransparenz erforderlich, d.h. es ist genau anzugeben, unter welchen tatsächlichen und rechtlichen Voraussetzungen die Zugaben gewährt werden. Dagegen ist es nicht erforderlich, daß Kundenbindungssysteme diskriminierungsfrei allen offen stehen und alle Kunden gleich behandeln, da die Anbieter der Kundenbindungssysteme in der Regel nicht Grundrechtsverpflichtete sind.

Daneben ist jedes Kundenbindungssystem gemäß § 6 b UWG darauf zu überprüfen, ob mit ihm die typischen Gefahren des Kaufscheinhandels verbunden sind, auch wenn dies bei Zugrundelegung des Leitbildes eines verständigen und aufmerksamen Durchschnittsverbrauchers überflüssig erscheint. Nach einem eventuellen Inkrafttreten der Verordnung zur Verkaufsförderung im Binnenmarkt ist bei Einhaltung der Informationsvorschriften des Art. 4 S. 1 Verordnungsvorschlag iVm Anhang von einer grundsätzlichen Zulässigkeit von Kundenbindungssystemen auszugehen.

Mangels Schutzlücken im Bereich zugabebasierender Kundenbindungssysteme ist eine weitergehende gesetzliche Regelung entbehrlich, die bestehenden Regelungen des UWG sind ausreichend.

III. Schutz vor Diskriminierung

1. Bestehen einer Schutzlücke

Der Schutz der Verbraucher vor Diskriminierung war zwar kein Ziel der Zugabeverordnung, jedoch bewirkte sie durch ihr fast absolutes Zugabeverbot faktisch einen Diskriminierungsschutz auf niedrigem Niveau.[890] Dem Händler sollte es danach nicht erlaubt sein, bestimmte Kunden gegenüber anderen zu bevorzugen.[891]

Mit der Abschaffung der Zugabeverordnung entfiel dieser Schutz. Dadurch könnte eine Schutzlücke entstanden sein. Eine unbeschränkte Freigabe von Zugaben benachteilige diejenigen Verbraucher, die entweder nicht über ausreichende Marktkenntnis verfügen oder nicht die psychologischen Voraussetzungen oder die Zeit für erfolgreiche Verhandlungen mit sich bringen. Denn sie müßten unter Umständen die Zugaben der Verbraucher, die nachgefragt haben, mitfinanzieren.[892]

Jedoch hat zum einen auch ein faktischer Diskriminierungsschutz vor Wegfall der Zugabeverordnung zumindest in der Praxis nicht bestanden. Schon bisher wurde in Deutschland gefeilscht,[893] wer sich traute, konnte trotz des gesetzlichen Verbotes hohe Rabatte erzielen oder Zugaben bekommen.[894] Nach einer Umfrage im Mai 2000[895] berichteten knapp 44 % der westdeutschen und ca. 30 % der ostdeutschen Befragten, in den letzten drei Jahren mit mehr als drei Prozent Rabatt eingekauft zu haben. Es ist davon auszugehen, daß sich die Situation im Bereich der Zugaben ähnlich darstellt. Dieses Umfrageergebnis wurde durch Untersuchungen bestätigt, die auf Testkäufen beruhen. 1998 testete die Verbraucherzentrale Nordrhein-Westfahlen 58 Kölner Einzelhändler, und neben den erzielten Rabatten erhielten die Kunden auch zum Beispiel die kostenlose Entsorgung von Altgeräten,

---

890 Köhler BB 2001, 265 (266) zu Zugaben; Köhler GRUR01, 1067 (1076); Heermann WRP 01, 883 (885); Heil/Dübbers ZRP 01, 207 (208); anders Römermann/van der Molen S. 41 Rn. 4, die von einem gewollten und nicht bloß faktischen Diskriminierungsschutz ausgehen.

891 Heil/Dübbers ZRP 01, 207 (208).

892 So zu Rabatten: Köhler GRUR 01, 265 (266); Steinbeck ZIP 01, 1741 (1747).

893 S.o.

894 Meyer GRUR 01, 98 (105).

895 Institut für angewandte Verbraucherforschung, Kaufen mit Rabatt, Köln 2000. Website des Instituts: www.ifav.de. Die Studie ist nunmehr in einer Neuauflage erhältlich, die unter www.vzbv.de/go angefordert werden kann, sich allerdings auf die neue Rechtslage bezieht.

Batterien oder auch Mikrofone als Zugaben.[896] Ein Ansteigen von Diskriminierungsfällen nach dem Wegfall der Zugabeverordnung ist daher nicht zu befürchten.[897]

Zum anderen impliziert der Begriff „Diskriminierung“ eine von außen gesetzte Ungleichbehandlung ohne rechtlich relevanten Grund. In der angesprochenen Situation geht es jedoch darum, daß diejenigen, die besser oder überhaupt verhandeln, mehr oder bessere Zugaben bekommen.[898] Darunter eine Diskriminierung zu verstehen, hieße, sich von der Vertragsautonomie abzuwenden. Schon immer war die Hauptleistung frei verhandelbarer Vertragsgegenstand. Unter Zugrundelegung des neuen Verständnisses der Zugabe, wonach die Zugabe lediglich ein weiterer Leistungsbestandteil ist, würde ein Verbot, einzelnen Kunden Zugaben einzuräumen, eine nicht hinnehmbare Einschränkung der vom deutschem Gesetzgeber ausdrücklich gewollten Vertragsautonomie bedeuten.
Auch ginge ein solches Verständnis von Diskriminierung weit über die grundsätzlich billigenswerte und letztlich über Art. 3 GG aktivierte Grundidee der „gleichen Chancen für alle“ hinaus. Die damit verbundene Schaffung gleicher Startbedingungen für alle (jeder darf verhandeln) darf nicht mit der einer freien und kompetitiven Gesellschaft fremden Idee der Gleichheit am Ziel (jeder muß unbedingt den selben Preis bekommen) verwechselt werden.[899] Dies entspricht auch der Wertung des Gesetzgebers, der ja die Zugabeverordnung gerade aufgehoben hat, und schon bei Erlaß der Zugabeverordnung einen Diskriminierungsschutz des Letztverbrauchers gerade nicht als Ziel der Zugabeverordnung angeführt hat. [900]

Außerdem läßt sich ein so weitgehender Verbraucherschutz, wie bereits ausgeführt,[901] schon aufgrund der Grundrechte des Anbieters nicht rechtfertigen.

Schließlich erscheint eine Gleichbehandlung aller Kunden unter dem Blickwinkel des Verbraucherschutzes weder notwendig noch erstrebenswert. Ein Kunde kann aus vielfältigen Gründen auf mögliche Preisverhandlungen verzichten. Man könnte unter Umständen von einer Schutzwürdigkeit des Kunden ausgehen, der mangels psychologischer oder intellektueller Voraussetzungen nicht in der Lage ist, einen Preisnachlaß oder die Gewährung einer Zugabe zu erreichen. Aber wie ist es um die Schutzwürdigkeit eines Kunden bestellt,

---

896 Der Handel 6/98, S. 24. Nähere Darstellung auch bei Meyer GRUR 01, 98 (106).
897 So zu Rabatten: Steinbeck ZIP 01, 1741 (1747); Meyer GRUR 01, 98 (111); Schricker GRUR Int. 94, 586 (590).
898 Heermann WRP 01, 883 (885).
899 Heermann, WRP 01, 883 (886 f).
900 Siehe Kapitel 2 I 2 mwN.
901 Kapitel 6 II 2 a) bb).

der mangels Interesses oder mangels Zeit von Verhandlungen absieht? Für eine Ungleichbehandlung der Verbraucher besteht in diesen Fällen ein sachlicher Grund, so daß von einer Diskriminierung nicht ausgegangen werden kann.[902]

Ein Diskriminierungsschutz hat auch nach dem UWG nie bestanden.[903] Die Aufgabe, jetzt für einen Diskriminierungsschutz zu sorgen, kann das UWG auch nicht übernehmen, da das allgemeine Lauterkeitsrecht keine Pflicht für Gewerbetreibende begründet, allen seinen Kunden denselben Preis für die gleiche Ware abzuverlangen. Es ist daher, wie bereits oben erwähnt, in der Regel nicht wettbewerbswidrig, wenn der Unternehmer zu verschiedenen Preisen an unterschiedliche Kunden verkauft, bzw. Rabatte und Zugaben nicht allen Kunden gleichmäßig gewährt.[904]

2. Entbehrlichkeit einer gesetzlichen Regelung

Man wird daher in Zukunft Angebote als zulässig ansehen müssen, die nach der Zugehörigkeit zu einer bestimmten Personengruppe, etwa Studenten, differenzieren. Derartig „diskriminierende" Angebote sind, wie gerade gezeigt, nicht regelungsbedürftig. Kommt es aber zu Diskriminierungen, die nach ihrer Art anstößig sind, da sie sich an unsachgemäßen Kriterien wie etwa der Rasse orientieren, oder bestimmte Personengruppen in sittenwidriger Weise diskriminieren (Behinderte), so kann diese Situation durch das allgemeine Lauterkeitsrecht ausreichend geregelt werden.[905] Eine solche Diskriminierung würde gegen die guten Sitten im Wettbewerb verstoßen, die auch das „Anstandsgefühl aller billig und gerecht Denkenden" umfassen.[906] Daher wäre sie gemäß § 1 UWG zu untersagen.
Auch in weniger gravierenden Fällen erscheint es möglich, in die lauterkeitsrechtliche Beurteilung von zugaberechtlichen Sachverhalten Nachteile einzubeziehen, die sich aus ihnen für bestimmte Abnehmer oder Abnehmergruppen ergeben.[907] Eine spezialgesetzliche Regelung von Diskriminierungen gegenüber Verbrauchern ist daher unnötig.

---

902 Steinbeck ZIP 01, 1741 (1747).
903 Berneke WRP 01, 615 (619); Baumbach/Hefermehl § 3 UWG Rn. 325.
904 BGH GRUR 58, 487 - Antibiotica; Baumbach/Hefermehl § 1 UWG Rn 303; Steinbaeck ZIP 01, 1741 (1747).
905 Heermann WRP 01, 883 (886); Berneke WRP 01, 615 (619).
906 Zum Begriff der guten Sitten im Wettbewerb Baumbach/Hefermehl EinlUWG Rn. 66ff.
907 Berneke WRP 01, 615 (619).

3. Anwendbarkeit des kartellrechtlichen Diskriminierungsverbots, § 20 Abs. 1 GWB auf Verbraucher

Schon aus diesem Grund erscheint die vereinzelte Forderung[908], die Anwendung des dem Wortlaut nach nur Unternehmen schützenden kartellrechtlichen Diskriminierungsverbotes aus § 20 Abs. 1 GWB auf Verbraucher auszudehnen, unnötig. § 1 UWG erscheint ausreichend, um Auswüchse bei der Diskriminierung von Verbrauchern zu bekämpfen. Überdies ist dies Verbraucherschutz kein Schutzzweck des Kartellrechts. Der Verbraucher wird nur deshalb mittelbar geschützt, weil er letztlich in einer Wettbewerbswirtschaft besser, d.h. effizienter, sicherer und preisgünstiger versorgt wird, als in einer Planwirtschaft.[909] Durch die Wettbewerbswirtschaft wird er in die Lage versetzt wird, das gewünschte Angebot frei und ungehindert aus einer Vielzahl von Angeboten auszuwählen.[910]

4. Zwischenergebnis

Ein ausdrücklicher Diskriminierungsschutz durch die Zugabeverordnung hat nie bestanden und auch ein eventuell existierender faktischer Diskriminierungsschutz hatte keinen großen Effekt, so daß sich die Situation durch die Abschaffung der Zugabeverordnung nicht geändert hat. Auch durch das UWG wird kein allgemeiner Diskriminierungsschutz gewährleistet. Eine entsprechende Regelung ist jedoch unnötig und im Gegenteil wenig erstrebenswert, da sie in Freiheitsrechte sowohl der Anbieter als auch der Kunden eingreifen würde. Eine bestehenbleibende Diskriminierung ist daher hinzunehmen, auch mit dem Hinweis darauf, daß die Einräumung von Freiheiten diejenigen mehr begünstigt, die verstehen, davon Gebrauch zu machen.[911] Soweit die Unterscheidung allerdings nach Kriterien erfolgt, die sittlich zu mißbilligen sind, würde eine entsprechende Diskriminierung auch gegen § 1 UWG verstoßen, so daß auch in diesem Falle eine gesetzliche Regelung überflüssig erscheint. Ebenfalls überflüssig ist damit eine Anwendung des Diskriminierungsverbotes aus § 20 Abs. 1 GWB auf Verbraucher.

---

[908] Köhler BB 01, 265 (266), jedoch von diesem wieder aufgegeben in Köhler GRUR 01, 1067 (1076).
[909] Bechtold Einführung GWB Rn. 45; Haberstumpf S. 1: Schutzobjekt ist der Wettbewerb als Institution.
[910] Huber/Baums in FK Band III, § 1 GWB a.F. Rn. 18.
[911] Steinbeck ZIP 01, 1741 (1747); Meyer GRUR 01, 98 (111).

IV. Ergebnis

1. Verbraucherschutz

Durch die Regelungen des UWG kann ein effektiver Verbraucherschutz nach dem Wegfall der Zugabeverordnung sichergestellt werden. Dazu sind die bestehenden Vorschriften des UWG unter Zugrundelegung des Verbraucherleitbildes eines aufgeklärten und informierten Durchschnittsverbrauchers völlig ausreichend.
Um zu verhindern, daß durch die Verwendung von Zugaben Preise verschleiert werden, und um die Gefahr unsachlicher Beeinflussung einzuschränken, erscheint es für die überwiegende Zahl der Fälle ausreichend, eine Pflicht zur Angabe der wertqualifizierenden Merkmale und, soweit möglich und zumutbar, des Wertes von Zugaben zu verlangen. Eine derartige Transparenzregelung ließe sich im Rahmen von § 1 UWG in Anlehnung an die bisherige Rechtsprechung des BGH zu Kopplungsangeboten auch durchsetzen, soweit der aufgeklärte und informierte Durchschnittsverbraucher getäuscht wird. Um einen wirksamen Schutz aller Verbraucher zu gewährleisten, wäre eine allgemeine Angabepflicht des Wertes und der wertqualifizierenden Merkmale der Zugaben wünschenswert.
Um den Schutz von Minderjährigen zu garantieren erscheint es allerdings notwendig, diese aus der Gruppe der Durchschnittsverbraucher auszunehmen und auf sie für den Fall, daß sich Werbung direkt an sie wendet, das Verbraucherleitbild des flüchtigen und unkritischen Verbrauchers anzuwenden.

2. Mitbewerberschutz

Bei Zugrundelegung des Leitbildes eines aufgeklärten und informierten Durchschnittsverbrauchers geht von Zugaben keine Gefahr für Mitbewerber aus, die nicht von den Regelungen des UWG, vor allem von den Generalklauseln der §§ 1 und 3 UWG, erfaßt werden kann.
Durch die Ähnlichkeit einer Zugabegewährung mit einem einheitlichen Gesamtangebot ist eine annähernde Gleichbehandlung möglich.[912] Hierbei ergeben sich im Bereich des Mitbewerberschutzes nach dem UWG im Grunde keine Besonderheiten gegenüber der vorherigen Rechtslage. Die Zugabegewährung kann dabei voll in die bestehenden

[912] Siehe Kapitel 1 I 2 b) und 4 II 2.

Fallgruppen eingeordnet und von ihnen erfaßt werden, so daß eine eigene gesetzliche Regelung entbehrlich erscheint.

Als spezifische Gefahr der Zugabegewährung bleibt lediglich die Nachahmung der Zugabewerbung durch Mitbewerber; da die Zugabe nach Abschaffung der Zugabeverordnung aber als Teil des Preiswettbewerbs zu sehen ist, wird dadurch nicht der Leistungswettbewerb gefährdet. Auch wenn sich der Wettbewerb von einem reinen Preiswettbewerb hin zu einem mehr zugabebasierenden Wettbewerb verlagern würde, wäre auch dieser im Grunde nur ein anderer Aspekt des Preiswettbewerbs. Der durchschnittlich informierte, aufmerksame und verständige Durchschnittsverbraucher wird auch weiterhin nach der preislichen Attraktivität des ihm vorgelegten Angebots entscheiden. Weiterhin steht nicht zu erwarten, daß sich alle Wettbewerber auf Zugaben konzentrieren werden, schon deswegen, weil es immer Verbraucher geben wird, die nur am Erwerb eines bestimmten Artikels interessiert sind und deswegen nicht bereit sind, auch nur geringfügig mehr für eine Zugabe auszugeben. Ein solcher Mehrpreis wird allerdings aufgrund des harten Preiswettbewerbs in Deutschland[913] wahrscheinlich erforderlich sein, um die Mehrzahl der Zugaben auf Dauer zu finanzieren. Ansonsten ist eher zu erwarten, daß Verbraucher den kurzfristigen Preisvorteil der Zugabe wahrnehmen, langfristig aber wieder zu dem billigeren Anbieter ohne Zugaben zurückkehren. Folglich scheint ein Schutz vor Nachahmung hier nicht erforderlich. Damit entspricht die Gefahr für die Mitbewerber, die zumindest von zeitlich begrenzten Zugabeaktionen ausgeht, am ehesten der von Sonderangeboten, da bei beiden eine Ware über einen kurzen Zeitraum verbilligt angeboten wird.

---

913 Financial Times Deutschland v. 2.1.2002, http://www.ftd.de/ub/di/7242487.html; SZ vom 13.7.01, http://www.sueddeutsche.de/index.php?url=/wirtschaft/aktuell/16568 .

7. Kapitel: Exkurs: Mitbewerberschutz durch das GWB

I. Mitbewerberschutz durch das GWB

1. Zielsetzung des GWB

Das GWB soll die Freiheit des Wettbewerbs sicherstellen und wirtschaftliche Macht da beseitigen, wo sie die Wirksamkeit des Wettbewerbs beeinträchtigt.[914] Hierbei ist es das Hauptziel des GWB, den Wettbewerb als Institution in seinem Bestand zu schützen.[915] Jedoch geht die heute herrschende Auffassung davon aus, daß Institutionenschutz und Individualschutz keine Gegensätze sind, sondern lediglich als verschiedene Erscheinungsformen des selben Problems verstanden werden können.[916] Durch das GWB, vor allem durch § 1 GWB, soll sichergestellt werden, daß koordiniertes Verhalten von Marktteilnehmern verhindert wird, um den Wettbewerb vor Verhinderung, Einschränkung oder Verfälschung zu schützen. Mit dem Eingriff in das wettbewerbserhebliche Marktverhalten will das Gesetz nicht allein die Handlungsfreiheiten der Vertragsbeteiligten schützen. Der Gebrauch dieser Handlungsfreiheiten führt zu Wettbewerb, der seinerseits die Wahlmöglichkeiten von Wirtschaftssubjekten auf der vor- oder nachgelagerten Wirtschaftsstufe sichern soll. Somit geraten die Interessen Dritter ebenfalls mit in den Schutzbereich, und es wird deutlich, daß Wettbewerb aus unbeschränktem Marktverhalten entsteht und dadurch die Handlungsmöglichkeiten Dritter bewahrt. Handelsfreiheiten und Wettbewerb sind aufeinander bezogen und grundsätzlich nicht zu trennen.[917]

Zusätzlich wird dies durch die heutige Definition des Leistungswettbewerbs belegt: Leistungswettbewerb besteht immer dann, wenn eine Vergleichbarkeit der Angebote der Mitbewerber auf dem Markt nach objektiven Kriterien gegeben ist, aus denen der Kunde die gewünschte Leistung frei wählen kann.[918] Wettbewerb kann nur bestehen, wenn die einzelnen Marktteilnehmer ihre Handlungsfreiheiten ausüben können, so daß ein pluralistisches Angebot auf dem Markt entsteht.

---

914 Regierungsbegründung zu dem Entwurf eines Gesetzes gegen Wettbewerbsbeschränkungen, abgedr. in BT-Drs. 1945/55 Nr. 1158 S. 21, im folgenden Amtl. Begründung GWB.

915 Amtl. Begründung GWB BT-Drs. 1945/55 Nr. 1158 S. 21 (22); Langen/Bunte-Bunte Einf. GWB Rn. 9, 53; Immenga/Mestmäcker-Zimmer § 1 GWB Rn. 8.

916 Huber/Baums in FK § 1 a.F. Rn. 20; K. Schmidt: Kartellverfahrensrecht, S. 63; Merz in FS Böhm 1965 S. 227 (256); Fritzsche S. 19; Möschel Rn. 111.

917 Immenga/Mestmäcker-Zimmer § 1 GWB Rn. 8.

918 Heermann WRP 99, 130 (135); Baumbach/Hefermehl Einl. UWG Rn 96 f; Köhler/Piper 3.A. Einf. UWG Rn. 170 f.

2. § 1 GWB

Nachdem durch die 6. GWB-Novelle von 1998 die bisherige Ausnahmevorschrift für Rabattkartelle gem. § 3 GWB a.F. abgeschafft wurde, kennt das GWB keine Ausnahme für Wettbewerbsbeschränkungen bezüglich Zugaben oder Rabatten mehr.[919]

Gemäß dem nun geltenden § 1 GWB[920] sind alle Absprachen zwischen aktuellen oder potentiellen Wettbewerbern über gemeinsame Rabatt- oder Zugabesysteme, die eine Verhinderung, Einschränkung oder Verfälschung des Wettbewerbs bewirken oder bezwecken, grundsätzlich verboten. Hierbei werden von § 1 GWB aber nur Vereinbarungen, Beschlüsse und Verhaltensweisen erfaßt, die nicht nur zwischen den Parteien wirken, sondern Außenwirkung haben.[921] Diese muß auch spürbar sein.[922] Spürbar heißt in diesem Fall, daß die Außenwirkung nicht nur theoretisch besteht, sie muß „mehr als nur unbedeutend" sein.[923]

Es kann daher unter dem Gesichtspunkt des § 1 GWB problematisch sein, wenn sich an einem Kundenbindungssystem mehrere aktuelle oder potentielle Wettbewerber beteiligen, sofern die Organisationsstruktur des Kundenbindungssystems eine horizontale Abstimmung der Wettbewerber herbeiführt oder ermöglicht.[924] Nach Ansicht des Gesetzgebers ist dies aber dann nicht der Fall, wenn die Wettbewerber eigenständig festlegen, wie viele Bonuspunkte die Kunden bei einem Kauf bekommen. Dann fehlt es schon an einer Wettbewerbsbeschränkung im Sinne von § 1 GWB.[925] Ein Beispiel wäre etwa die Payback-Karte, bei der ein Punkt einen Euro-Cent wert ist, aber jeder Teilnehmer einzeln bestimmt, wie viele Bonuspunkte er seinen Kunden gewähren will.[926]

3. § 4 GWB

A) FÖRDERUNG KLEINER UND MITTLERER UNTERNEHMEN

Gegenüber der Möglichkeit größerer Unternehmen, wertvollere Zugaben zu gewähren oder etwa im Rahmen von Kundenbindungssystemen mehr Bonuspunkte auf die selbe Ware zu gewähren, als dies kleinere Mitbewerber tun können, sind kleinere Wettbewerber naturgemäß im Nachteil. Um solche Nachteile auszugleichen, sieht das GWB in § 4 Abs. 1 für solche

---

[919] Meyer GRUR 01, 98 (02); Nordemann NJW 01, 2505 (2512).
[920] Zu den Ausnahmen siehe im folgenden.
[921] Bechtold § 1 GWB Rn. 37; Immenga/Mestmäcker-Zimmer § 1 GWB Rn. 257.
[922] Dieses Erfordernis der Spürbarkeit ist zwar nach der 6. GWB-Novelle nicht mehr gesetzlich fixiert, der Sache nach aber unbestritten. Bechtold § 1 GWB Rn. 38; Immenga/Mestmäcker-Zimmer § 1 GWB Rn. 257.
[923] BGH GRUR 98, 739 (743) – Car-Partner; Bechtold § 1 GWB Rn. 38.
[924] Nordemann WRP NJW 01, 1505 (2512) für Rabattsysteme; Köhler BB 01, 265 (268).
[925] BT-Drs. 14/5441 S. 9, im Internet unter: http://dip.bundestag.de/btd/14/054/1405441.pdf. Die folgenden Seitenzitationen beziehen sich auf diese Version. Die Gesetzesbegründung findet sich in BT-Drs. 14/5441, nicht, wie verschiedentlich zitiert unter BT 14/5541.
[926] www.payback.de

Kooperationen von mittelständischen Unternehmen eine Freistellungsmöglichkeit vor, soweit sich hierdurch, z. B. durch eine gemeinsame Rabatterfassung und -abrechnung, Rationalisierungseffekte zugunsten der beteiligten Unternehmen ergeben und die Wettbewerbsbeschränkung hierfür erforderlich ist. Dies ermöglicht kleineren Unternehmen, die Bonuspunktegewährung für die zueinander im Wettbewerb stehendende Teilnehmer einheitlich festzulegen oder den Wettbewerb in sonstiger Weise zu beschränken,[927] soweit dabei die Voraussetzungen des § 4 Abs. 1 GWB erfüllt sind. Auch sind Kundenkarten kleiner und mittlerer Unternehmen für Kunden meist weniger attraktiv, da sie nur bei dem kartenausgebenden Unternehmen Punkte sammeln und eintauschen können. Um dies auszugleichen, können kleine und mittlere Unternehmen ihre Kundenbindungssysteme verbinden, und so für den Kunden deutlich an Attraktivität gewinnen.[928]

B) KEINE WESENTLICHE WETTBEWERBSBEEINTRÄCHTIGUNG

Zu untersuchen ist, ob diese Ziele im Rahmen von § 4 Abs. 1 GWB freistellungsfähig sind, da § 4 Abs. 1 GWB nur Rationalisierungsvereinbarungen erfaßt, die gemäß § 4 Abs. 1 Nr. 1 GWB den Wettbewerb nicht wesentlich beeinträchtigen dürfen. Die Zusammenarbeit kleiner und mittlerer Unternehmen soll nur dem Nachteilsausgleich dienen, nicht für einen Wettbewerbsvorsprung gegenüber anderen Mitbewerbern sorgen. Absprachen etwa über Zugabesysteme können daher eine Reaktion auf das Verhalten größerer Marktteilnehmer darstellen, sie dürfen allerdings nicht in eine Marktstellung münden, die keinem wirksamen Wettbewerb mehr ausgesetzt ist.[929] Zur Feststellung der nicht wesentlichen Beeinträchtigung des Wettbewerbs kommt es auf eine Gesamtbetrachtung an, in die qualitative und quantitative Umstände einbezogen werden müssen. Quantitativ ist auf den Marktanteil der beteiligten Unternehmen abzustellen,[930] qualitativ sind die Art und Intensität der Wettbewerbsabsprachen zur Beurteilung heranzuziehen. Dabei wiegen Absprachen über wesentliche Parameter wie Preise, Rabatte und Zahlungsbedingungen wesentlich schwerer als solche über Forschung, Werbung und Entwicklung.[931] Bei Absprachen über wesentliche Parameter hat der Wirtschaftsausschuß[932] die kritische Grenze für eine wesentliche Wettbewerbsbeeinträchtigung bei einem kartellierten Marktanteil von 10% - 15% angesiedelt.

---

[927] BT-Drs. 14/5441 S. 9.
[928] Lange WuW 02, 220 (226).
[929] So für Zugaben Lange WuW 02, 220 (226); Bechtold § 4 GWB Rn. 3; Immenga/Mestmäcker-Immenga § 4 GWB Rn. 12 f., 50.
[930] Immenga/Mestmäcker-Immenga § 4 GWB Rn. 59.
[931] Bechtold § 4 GWB Rn. 3; Immenga/Mestmäcker-Immenga § 4 GWB Rn. 60.
[932] Unterrichtung des Ausschusses für Wirtschaft zu dem Entwurf eines zweiten Gesetzes zur Änderung des GWB, BT-Drs. 7/765 S. 3 f.

Aufgrund des damaligen Verbots von Zugaben wurden diese zwar nicht in die Überlegungen des Ausschusses miteinbezogen, sie stellen dennoch aufgrund ihrer Wirksamkeit und der mit ihnen potentiell verbundenen Möglichkeiten zur Wettbewerbsbeeinflussung wesentliche Parameter dar, so daß auch bei Absprachen über Zugaben von einer wesentlichen Wettbewerbsbeeinflussung schon bei 10% - 15% kartelliertem Marktanteil ausgegangen werden muß.

c) Verbesserung der Wettbewerbsfähigkeit

Weiterhin müssen die Absprachen die Rationalisierung wirtschaftlicher Vorgänge bei den beteiligten Unternehmen zum Gegenstand haben (§ 4 Abs. 1 HS. 1 GWB) und deshalb gemäß § 4 Abs. 1 Nr. 2 GWB dazu dienen, die Wettbewerbsfähigkeit kleiner und mittlerer Unternehmen verbessern. Das Kartell ist daher nur erlaubt, wenn es tatsächlich zu einer Rationalisierung führt, d.h., wenn durch die Kooperation zwischen den Beteiligten das Verhältnis zwischen betrieblichen Ertrag und Aufwand, bezogen auf die Produktionseinheit, verbessert wird.[933]

Absprachen, die zu einer bloßen Verbesserung der Unternehmenserträge führen, sind nicht ausreichend, so daß durch § 4 Abs. 1 GWB reine Preiskartelle nicht gedeckt sind.[934] Nichts anderes gilt für sonstige Kartelle, die lediglich durch Ausschluß des Wettbewerbs und nicht durch Kostensenkung zu einer Ertragssteigerung führen.[935] Bei reinen Zugabeabsprachen, z.B. über eine Beschränkung der Zugabehöhe, geht es lediglich um eine partielle Ausschaltung des Preiswettbewerbs. Dies dient nicht der leistungssteigernden Zusammenarbeit und stellt daher keine Rationalisierung dar.[936] Da es bei den Zugabeabsprachen alleine nur um die Ausschaltung des Preiswettbewerbs in Form des Zugabewettbewerbs geht, müssen sie innerhalb einer Kooperation getroffen werden, die der Rationalisierung dient, um überhaupt freistellungsfähig zu sein.[937] Eine reine Zugabeabsprache jedenfalls ist als Preisabsprache unzulässig.[938]

Auch ein Vergleich mit § 5 Abs. 2 GWB bestätigt dieses Ergebnis. Höherstufige Rationalisierungskartelle in Form einer Vereinbarung über Rationalisierung mit

---

933 OLG Frankfurt WuW/E OLG 4495 (4498); Emmerich Kartellrecht § 8, 4; Immenga/Mestmäcker § 4 GWB Rn. 27; Köhler BB 01, 1157 (1159).

934 OLG Frankfurt WuW/E 4495 (4498); Lange WuW 02, 220 (226); Emmerich Kartellrecht § 8,4; BKartA WuW BKartA 1616 (1623); Köhler BB 01, 1157 (1158).

935 Lange WuW 02, 220 (226 f); OLG Frankfurt WuW/E 4495 (4498); Emmerich Kartellrecht § 8; Immenga/Mestmäcker-Immenga § 4 GWB Rn. 30.

936 So für Zugaben Lange WuW 02, 220 (227); Immenga-Mestmäcker-Immenga § 4 GWB Rn. 30.

937 Lange WuW 02, 220 (227).

938 BKartA WuW/E BKartA 1616 (1623).

Preisabsprachen sind dort nur gestattet, wenn der Rationalisierungszweck auf andere Weise nicht erreicht werden kann.[939]

D) KUNDENBINDUNGSSYSTEME

Genehmigungsfähig dürfte allerdings die Kooperation mehrerer kleiner und mittlerer Unternehmen zum Zweck der Begründung eines gemeinsamen Kundenbindungssystems sein, das es dem Verbraucher ermöglicht, bei jedem Teilnehmer Bonuspunkte zu sammeln, die zentral eingelöst werden können. Soweit die teilnehmenden Unternehmen dabei die Höhe der Bonuspunkte selbst festlegen können, fehlt es schon an einer Wettbewerbsbeschränkung zwischen ihnen.[940]

Der dabei zu beobachtende branchenübergreifende Ansatz soll die Kunden nachhaltig an die beteiligten Unternehmen binden, da sie die Punkte bei Partnerunternehmen verschiedener Branchen sammeln und untereinander eintauschen können.[941] Die Beteiligung mehrerer Unternehmen der selben Branche kommt zwar vor, für das einzelne Mitglied eines Kundenbindungssystems ist es aber attraktiver, der einzige Vertreter einer bestimmten Branche zu sein.

Ein Rationalisierungseffekt wird schon darin liegen, daß die Unternehmen durch die Synergieeffekte eines gemeinsames Kundenbindungssystems Kosten sparen können. Zu denken ist hier etwa an eine zentrale Verwaltung, gemeinsame Werbung etc.

Allerdings kann eine wirksame, und vor allem langfristige Kundenbindung mittels Zugabe- oder Rabattversprechen Konkurrenten vom Markt verdrängen oder schon am Marktzutritt hindern.[942] Dennoch wird der Einsatz von Zugaben im Rahmen von Kundenbindungssystemen in Zukunft nicht schlechthin als unzulässig anzusehen sein. Der Gesetzgeber führt in seiner Gesetzesbegründung zur Aufhebung des Rabattgesetzes die Sicherung von Kundenbeziehungen[943] gerade als Ziel der Aufhebung an. In diesem Zusammenhang kann es keinen Unterschied machen, ob ein Rabatt gewährt wird, oder statt dessen ein zusätzlicher Artikel zu einer effektiven Verbilligung der Hauptleistung führt.

Die Kundenbindung steigt dabei, wenn gewisse Vergünstigungen erst bei Erreichung bestimmter Umsatzschwellen gewährt werden, die Vergünstigungen sonst aber verfallen, oder wenn viele Käufe getätigt werden müssen, bevor eine Ware kostenfrei gewährt wird.[944] Je größer die Vorteile eines Kundenbindungssystems für den Kunden sind, desto größer sind die

[939] Lange WuW 02, 220 (227); Immenga-Mestmäcker-Immenga § 5 GWB Rn. 77 ff.
[940] BT-Drs. 14/5441 S. 9.
[941] Lange WuW 02, 220 (226).
[942] Berneke WRP 01, 615 (619).
[943] BT-Drs. 14/5541 S. 7.
[944] Stolpmann S. 72; ausführlich bei Berneke WRP 01, 615 (619).

Sogwirkungen, die von ihm ausgehen.[945] Dies kann zu Wettbewerbsbehinderungen und im Einzelfall sogar zu einer Marktstörung führen, vor allem dann, wenn es zu einer wirksamen und nachhaltigen Kundenbindung kommt, die eine Marktabschottung zur Folge hat[946] - was die gewollte Folge eines Kundenbindungssystems ist.[947] In diesem Zusammenhang ist auf Größe und Attraktivität des einzelnen Kundenbindungssystems abzustellen, wobei bei kleineren und mittleren Unternehmen die Gefahr einer Marktabschottung naturgemäß nicht so groß sein dürfte wie bei marktstarken Unternehmen.[948] Im Gegenteil dürfte ein solches Kundenbindungssystem den kleinen und mittleren Unternehmen eine wirksame Waffe in die Hand geben, um neben Großunternehmen zu bestehen.

E) Zwischenergebnis

Mittelstandskartelle sind, wenn sie nur eine einschränkende Abrede über den Zugabewettbewerb beinhalten, nicht genehmigungsfähig, da es sich dann um eine rein der Ausschaltung des Preiswettbewerbs dienende Abrede handelt. Dient die Zugabeabrede allerdings mittelbar als Teil einer Kooperation der Rationalisierung, so ist sie genehmigungsfähig. Kundenbindungssysteme sind genehmigungsfähig, da sie der Rationalisierung und der Steigerung der Wettbewerbsfähigkeit kleiner und mittlerer Unternehmen dienen.

4. Preisbindung, §§ 14, 15 GWB

A) Unzulässige Preisbindung, § 14 GWB

Nach § 14 GWB sind Preisbindungsvereinbarungen grundsätzlich verboten. Dieses Verbot kann einschränkend für die Werbung des Warenherstellers mit Zugaben wirken. Ankündigungen, die der Einzelhändler in seiner Werbung mit Zugaben ohne Probleme machen kann („Vier zum Preis von drei"), können, wenn sie bereits vom Hersteller auf die Verpackung aufgedruckt werden, oder von ihm in der Werbung beworben werden, den Effekt einer nach § 14 GWB unzulässigen Preisbindung für den Einzelhandel haben.[949] Vor allem bei massiver Werbung des Herstellers wird der Einzelhändler häufig keine andere Wahl haben, als die Zugabeaktion mitzutragen. Hierdurch kann der Einzelhändler derart in seiner Preisgestaltungsfreiheit eingeschränkt werden, daß faktisch eine unzulässige Preisbindung

---

[945] Köhler BB 01, 265 (267); Berneke WRP 01, 615 (619); Lange WuW 02, 220 (226).
[946] Lange WuW 02, 220 (226); Köhler BB 01, 265 (268).
[947] Stolpmann S. 73.
[948] Lange WuW 02, 220 (226).
[949] BGH NJW 1978, 2095 – „4 zum Preis von 3"; so auch Cordes WRP 01, 867 (877), allerdings auf Rabatte bezogen. Die Zugabe eines weiteren Stücks derselben Art stellt natürlich auch einen Naturalrabatt dar.

vorliegt. Denn, so der BGH, dies läuft auf eine Bindung der Preise für die Werbepackungen an die Normalpreise der Händler hinaus.[950]
Zulässig ist es nach der neusten BGH-Rechtsprechung allerdings, eine Werbung mit z.B. der Aussage „ein Schokoriegel extra zum gleichen Preis“ für eine sehr kurze Zeit zu schalten und dem Händler dabei die benötigten Aktionspackungen zum Preis der bisherigen Packungen anzubieten. Denn die Auswirkung auf den Händler sei auf die kurze Zeitspanne der Werbeaktion beschränkt und praktisch nicht spürbar, damit fehle es an einer wirtschaftlichen Bindung im Sinne eines faktischen Zwangs, zur Vermeidung wirtschaftlich nachteiliger Folgen auf den Gebrauch der Preisgestaltungsfreiheit zu verzichten.[951] Der Händler ist lediglich daran gehindert, die Gratisbeilage zu einer Preissteigerung auszunutzen. Dies würde für ihn aber wirtschaftlich ohnehin keinen Sinn machen, da der erhöhte Kaufanreiz gegenüber den Verbrauchern, von dem er auch profitiert, durch die effektive Preissenkung und ihre Darstellung in der Werbung erfolgt. Dieser erhöhte Kaufanreiz gleicht auch einen eventuellen nicht realisierbaren Zusatzgewinn durch einen nun schwer möglichen Preisaufschlag auf die Aktionsware aus. Es kommt daher zu keinem spürbaren Eingriff in die Beeinträchtigung der unternehmerischen Gestaltungsfreiheit des Händlers, deren Schutz das Preisbindungsverbot in erster Linie bezweckt.[952] Damit stellt der Regelfall der Zugabewerbung durch Hersteller keine unzulässige Preisbindung dar. Etwas anderes wird aber dann gelten, wenn der Händler die Packung mit Gratisbeilage zu einem höheren Preis vom Hersteller abnehmen muß, so daß die Gewinnspanne des Händler verringert wird.

Zulässig ist es auch wenn der Hersteller lediglich auf einen geänderten Packungsinhalt hinweist („Jetzt 20 % mehr Inhalt“), denn dadurch wird keine Aussage über den Preis getroffen.[953] Dies schon deshalb, weil dem Verbraucher im Verkehr ständig Hinweise auf veränderte Verpackungsgrößen begegnen, die nicht notwendigerweise auf einen gleichgebliebenen Preis hinweisen sollen, sondern im Gegenteil einen höheren Preis rechtfertigen sollen. Eine solche Aussage über die Packungsgröße wird den Verbraucher also nur dazu bringen, sich über das Preis- Leistungsverhältnis Gedanken zu machen.[954] Den Preis

[950] BGH NJW 1978, 2095 – „4 zum Preis von 3“; Immenga/Mestmäcker-Emmerich § 14 GWB Rn. 17.
[951] BGH WRP 03, 899 (902) – „1 Riegel extra“. Dabei ging es um eine auf sechs Wochen beschränkte Werbeaktion.
[952] BGHZ 80, 43 (45 – (Garant); BGHZ 140, 342 (350) – Preisbindung durch Franchisegeber; BGHZ 147, 81 (86) – Kabel-Hausverteilanlagen. BGH WRP 03, 899 (902) – „1 Riegel extra“.
[953] OLG Hamburg 12.6.97 WuW/E OLG 5902; Immenga/Mestmäcker-Emmerich § 14 GWB Rn 17; Cordes WRP 01, 867 (877).
[954] OLG Hamburg 12.6.97 WuW/E OLG 5902.

kann der Händler daher trotz dieser Werbeaussage frei festlegen.[955] Ebenso zulässig muß unter dem Aspekt der Preisbindung das Beilegen von Zugaben zur Verpackung und die Werbung damit sein. Bedenklich dürfte es jedoch sein, die Zugaben von Herstellerseite aus explizit als kostenlos zu bewerben und gleichzeitig die Kosten für die Zugabe auf den Händler umzulegen. Denn auch dadurch wird der Eindruck erweckt, diese Werbepackungen würden zu einem gleichbleibenden Preis abgegeben, was auf eine Preisbindung der Händler an die Preise für die Normalpackungen hinausläuft, obwohl er höhere Kosten hat.

Insoweit kann die bestehende Rechtslage ohne Änderung auf Zugaben angewendet werden, verboten ist nach § 14 GWB eine Werbung des Herstellers, die auf einen gleichbleibenden Preis trotz eines geänderten Mengenverhältnisses oder einer anderen Zugabe hinweist.

b) Verstoß gegen zulässige Preisbindung

Wie bereits bei § 1 UWG ausgeführt, verstößt die Gewährung von Zugaben zu erlaubterweise preisgebundenen Artikeln gegen § 15 GWB. § 15 Abs. 1 GWB stellt nur insoweit eine Ausnahme von § 14 GWB dar, als es um die Preisbindung für Zeitungen und Zeitschriften geht. Dies bedeutet, daß es Verlagen ebenso wie anderen Unternehmen untersagt ist, die Konditionen oder Preise für andere Produkte oder Leistungen zu binden.[956]

Neben der Einhaltung der Schriftform des § 15 Abs. 2 GWB ist hierzu vor allem eine Lückenlosigkeit der Preisbindung nötig. Dies bedeutet zunächst, daß auch der Preisbinder selbst an die Preisbindung gebunden ist, er darf selbst nicht unterhalb des gebunden Preises vertreiben, es sei denn, daß im Preisbindungsvertrag Ausnahmen von der Preisbindung vorgesehen sind.[957]

Zum anderen muß der Preisbinder dafür sorgen, daß alle Vertreiber gleichmäßig gebunden sind, da es dem Abnehmer nur zumutbar ist, die Preisbindung einzuhalten, wenn alle seine Konkurrenten gleichmäßig gebunden sind.[958] Daraus ergibt sich die rechtliche Obliegenheit des Preisbinders, alle Abnehmer gleichmäßig zu binden, und alle ihm zumutbaren und möglichen Maßnahmen zu ergreifen, um die Einhaltung der Preisbindung zu überwachen. Nach Kenntniserlangung von Verstößen muß er unverzüglich gleichmäßig gegen alle Verletzer einschreiten.[959]

---

[955] Hierbei wird der Händler aber regelmäßig darauf achten müssen, nicht gegen § 3 UWG zu verstoßen, ggf. durch ergänzende Hinweise wie z.B. einer Preis „pro 100 g" Angabe.

[956] BGHZ 46, 74 (77 ff) – Schallplatten; BGHZ 135, 74 (78 ff) – CD-ROM; Immenga/Mestmächer-Emmerich § 15 GWB Rn. 8, 17; Bechtold § 15 GWB Rn. 4-6.

[957] Bechtold § 15 GWB Rn. 15.

[958] Bechtold § 15 GWB Rn. 17; Immenga/Mestmäcker-Emmerich § 15 GWB Rn. 24.

[959] Bechtold § 15 GWB Rn. 17; Immenga/Mestmäcker-Emmerich § 15 GWB Rn. 24.

Problematisch ist, inwieweit die Vorschrift des § 15 GWB unmittelbar dem Mitbewerberschutz dienen kann, d.h. inwieweit ein Mitbewerber Ansprüche aus einem Verstoß gegen die Preisbindungsvereinbarung unmittelbar aus § 15 GWB gelten machen kann. Dabei ist zwischen Ansprüchen gegen den Verletzer und Ansprüchen gegen den Preisbinder zu unterscheiden.

Einer Ansicht nach besteht kein Anspruch der Mitbewerber gegen den Preisbinder, es handelt sich, rechtlich gesehen, um reine Obliegenheiten. Dies folge schon unmittelbar aus § 14 GWB, weil andernfalls die Annahme unausweichlich wäre, daß die gebundenen Abnehmer schon aus dem Preisbindungsvertrag vom Preisbinder die Aufrechterhaltung und Verteidigung der Preisbindung verlangen könnten.[960] Allerdings wäre diese Auslegung mit dem sich aus § 14 GWB ergebenden Grundsatz unvereinbar, daß der Preisbinder in Eingehung, Aufrechterhaltung und Verteidigung der Preisbindung frei bleiben muß.[961] Die Nichteinhaltung dieser Obliegenheit macht danach allerdings dem Preisgebundenen die Einhaltung der Bindung unzumutbar und läßt ein Bestehen auf Einhaltung der Preisbindung als unzulässige Rechtsausübung gem. § 242 BGB erscheinen.

Die Gegenansicht will zumindest dann eine solche Pflicht des Preisbinders annehmen, wenn der gebundene Händler Endverkaufspreise einhalten und gegebenenfalls Wiederverkäufer zur Einhaltung dieser Preise verpflichten muß. In diesem Fall soll das preisbindende Unternehmen nichts tun dürfen, was die Bindung der Endverbrauchspreise untergräbt und so möglicherweise auch dem vertragstreuen Händler Schwierigkeiten bereitet.[962] Bei Nichteinhaltung dieser Pflicht und daraus resultierendem Nichtbestehen einer Lückenlosigkeit der Preisbindung soll der Gebundene gegenüber dem Preisbinder den Einwand der unzulässigen Rechtsausübung gem. § 242 BGB geltend machen können.[963]

Jedoch ist festzustellen, daß sich nach beiden Ansichten kein Anspruch der Preisgebundenen gegen den Verletzer direkt aus dem GWB ergibt. Daher ist kein unmittelbarer Schutz der Mitbewerber aus dem GWB vor dem Bruch einer zulässigen Preisbindung gegen den Verletzer gegeben. Bricht dagegen der Preisbinder selbst die Vereinbarung, so kann ihm der Gebundene den Einwand der unzulässigen Rechtsausübung entgegenhalten, soweit der Preisbinder auf einer Einhaltung der Vereinbarung besteht.

---

[960] Immenga/Mestmäcker-Emmerich § 15 GWB Rn. 25.

[961] Immenga/Mestmäcker-Emmerich § 15 GWB Rn. 25; Langen/Bunte-Klosterfelde-Metzlaf § 15 GWB Rn. 62 f.

[962] OLG Hamburg WuW/E 1226 (1227) – Minolta; BGHZ 38, 90 (93 f) – Grote-Revers; BGHZ 53, 76 (86) – Schallplatten II; Bechtold § 15 GWB Rn. 17.

[963] BGHZ 36, 370 (376) – Rollfilme; BGHZ 40, 135 (139) Trockenrasierer II; BGHZ 53, 76 (86) – Schallplatten II; Bechtold § 15 GWB Rn. 18; Bunte GRUR 87, 90 (98 ff). Teilweise wird statt dessen auch Wegfall der Geschäftsgrundlage angenommen, vgl. v. Gamm Kartellrecht § 15 GWB Rn. 35.

5. §§ 19, 20 GWB

a) Verkauf unter Einstandspreis, § 20 IV GWB

aa) Anwendbarkeit von § 20 Abs. 4 GWB auf Zugaben

Bisher nicht eindeutig entschieden ist die Frage, ob nicht nur hohe Rabattgewährung[964] sondern auch Zugabegewährung im Einzelfall dazu führen kann, daß Waren unter ihrem Einstandspreis abgegeben werden.[965] Soweit der Anbieter als Zugabe lediglich weitere gleiche Stücke gewährt („Buy two, get one free"), ist dies schon als Naturalrabatt zu berücksichtigen.[966] Ebenso ist der Fall zu betrachten, in dem der Hersteller selbst dem Händler zur entgeltlich abgegebenen Hauptleistung eine Zugabe gewährt und sich mit ihm darüber einig ist, daß diese an den Endverbraucher weitergegeben werden soll. Der Wert der Zugabe ist in diesem Fall ebenso zu berücksichtigen wie ein Rabatt.[967]

Nicht so offensichtlich ist das Vorliegen eines Unter-Einstandspreis-Verkaufs bei dem typischen Fall des Händlers, der zur Hauptleistung eine Zugabe zugibt, die er entgeltlich bezogen hat. Möglich wäre es, bereits die Gewährung an sich als Untereinstandspreisverkauf zu sehen, da die kostenlose Abgabe der Zugabe der Extremfall eines solchen Verkaufs ist. Hierbei würde jedoch verkannt, daß der Kaufmann ein einheitliches Angebot aus Hauptleistung und Zugabe schnürt.[968] Dies gilt um so mehr, wenn man bedenkt, daß nach der Abschaffung der Zugabeverordnung die Zugabe als Zweitleistung gesehen werden kann, so daß von einem einheitlichen Gesamtangebot aus Erst- und Zweitleistung ausgegangen werden kann.[969] Daher ist das Gesamtangebot als Ganzes zu betrachten, ein Verkauf unter Einstandspreis kann erst vorliegen, wenn dies für das Angebot als Ganzes gilt. Hierfür müßte der Verkaufspreis des Gesamtpaketes aus Hauptleistung und Zugabe niedriger als die addierten Bezugskosten von Hauptleistung und Zugabe sein.[970]

Weil deswegen auch bei der Zugabegewährung ein Verkauf unter Einstandspreis vorliegen kann, ist ein Verstoß gegen § 20 Abs. 4 GWB möglich. Ein Verkauf von Waren unterhalb des Einstandspreises ist allerdings nicht grundsätzlich zu beanstanden, nur systematische Verkäufe von Waren unter Einstandspreis können gegen das Verbot des § 20 Abs. 4 S. 2

[964] Cordes WRP 01, 867 (876).
[965] Dazu Köhler GRUR 01, 1067 (1077); Lange/Spätgens Rn. 487; Köhler BB 01, 1157 (1161).
[966] Köhler BB 01, 1157 (1161).
[967] Köhler GRUR 01, 1067 (1077); Köhler BB 01, 1157 (1161).
[968] Köhler GRUR 01, 1067 (1077).
[969] So auch Steinbeck ZIP 01, 1741 (1743); siehe auch 1. Kapitel II 2 b).
[970] Köhler GRUR 01, 1067 (1077).

GWB verstoßen, denn dort ist nur das Verbot des nicht nur gelegentlichen, sachlich nicht gerechtfertigten Verkaufs unter Einstandspreis geregelt.

bb) Anwendbarkeit auf Kundenbindungssysteme

Köhler lehnt die Anwendbarkeit des § 20 Abs. 4 GWB dann ab, wenn die Zugaben nicht einer bestimmten Hauptleistung zugeordnet werden können, wie dies typischerweise bei Kundenbindungssystemen der Fall sein soll, die die Vergünstigungen von einem bestimmten Gesamtbezug des Kunden abhängig machen.[971]

In diesem Zusammenhang ist jedoch zu beachten, daß zugabebasierende Kundenbindungssysteme, die Vergünstigungen von einem bestimmten Gesamtbezug des Kunden abhängig machen, meist auf einer fiktiven Währung basieren werden. Ab einer bestimmten Anzahl angesparter Bonuspunkte kann der Kunde diese einlösen.[972] Um dem Grundsatz der Preiswahrheit und Preisklarheit, der auch auf solche Bonuspunktgewährungen anzuwenden ist, zu entsprechen, muß der Wert der Fiktivwährung[973], für den später Zugaben erworben werden können, angegeben werden, das System muß transparent sein.[974] Wenn der Kunde zum Beispiel ein Radio zum Einstandspreis von 50 Euro kauft und zusätzlich 500 Bonuspunkte bekommt, die jeder den Gegenwert von 1 Cent haben, kann der Wert der Zugabe oder des Rabattes sehr wohl zugeordnet werden, der Kunde erhält (bei rein zugabebasierenden Systemen) anteilig eine Zugabe von 5 Euro, die er sich später aus einem Katalog aussuchen kann. Auf diese Weise würde der Einstandspreis des Händlers um 5 Euro unterschritten, es liegt ein Verkauf unter Einstandspreis vor. Dies muß auch dann gelten, wenn der Mindesteinlösewert, ab dem der Kunde seine Bonuspunkte zu Geld umwandeln kann, höher liegt als die Gutschrift, die er durch den Einzelkauf unter Einstandspreis erhält, oder der später gewählte Gegenstand mehr Wert ist und entsprechend mehr Punkte kostet, denn zumindest anteilig wurde eine Zugabe gewährt.

Etwas anderes kann auch dann nicht gelten, wenn der Kunde sich lediglich am Ende des Jahres für zum Beispiel 5 % des getätigten Umsatzes Zugaben aussuchen kann, und der Kunde eine Ware genau zum Einstandspreis kauft. Zwar könnten die gewährten Zugaben auch aus den anderen gekauften Waren bezahlt worden sein, so daß man einen Verkauf unter Einstandspreis verneinen könnte, solange nicht der Wert aller in der Abrechnungsperiode gekauften Waren abzüglich des Wertes der gewährten Zugaben unterhalb des Einstandspreises bliebe. Aus Kundensicht stellt sich die Situation jedoch anders dar. Der

---

[971] Köhler GRUR 01, 1067 (1077); Köhler BB 01, 1157 (1161).
[972] Kapitel 6 II 1.
[973] Webmiles, Payback-Punkte, Swops o.ä.
[974] Kapitel 6 II 2 a) aa).

Kunde wird in seinen Preisvergleich bei jedem Artikel, den er kauft, einberechnen, daß er zusätzlich noch Zugaben für 5 % des gekauften Warenwertes später dazubekommt. Eine Zugabegewährung abhängig vom Gesamtumsatz daher nicht unter § 20 Abs. 4 S. 2 GWB zu fassen, würde das Verbot des Verkaufs von Waren unter Einstandspreis wirkungslos machen.

cc) Regelung des § 20 Abs. 4 GWB

(1) Schutz von kleineren und mittleren Unternehmen

Die Regelung des § 20 Abs. 4 S. 2 GWB gilt nur für marktmächtige Unternehmen, wobei die überlegene Marktmacht gegenüber kleineren und mittleren Wettbewerbern festzustellen ist, eine alle Mitbewerber überragende Marktstellung ist nicht erforderlich.[975] Zur Unterscheidung nach Unternehmensgröße kommt es dabei nicht nur auf absolute Größenmerkmale sondern auf die Struktur des betreffenden Marktes und die dort üblichen Unternehmensgrößen an. In jedem Fall müssen die betroffenen Unternehmen „kleiner“ sein als das verletzende Unternehmen.[976]

(2) Nicht nur gelegentlich

Jedoch sind nur dauernde Unter-Einstandspreis-Verkäufe verboten, wobei Angebote, die beispielsweise über mehr als drei Wochen auf einem bestimmten Markt praktiziert werden, als nicht nur gelegentlich anzusehen sind.[977] Nicht erfaßt sind dagegen Einzelaktionen, wie Einführungspreise bei Geschäftseröffnung oder sporadische Sonder- oder Lockvogelangebote, von denen keine anhaltenden wettbewerblichen Auswirkungen ausgehen.[978] Ebensowenig dürften Sonderverkaufsveranstaltungen mit Hilfe von Zugaben erfaßt sein, solange diese die Grenze des „nicht nur gelegentlich“ nicht überschreiten, da es sich auch bei ihnen um Einzelaktionen handelt.[979]

(3) Sachliche Rechtfertigung

Weiterhin müssen diese Angebote systematisch und nicht sachlich gerechtfertigt sein, um dem Verbot der Verkäufe unter Einstandspreis zu unterfallen. Ob dabei ein Verkauf unter Einstandspreis sachlich gerechtfertigt ist, bestimmt sich aufgrund einer Interessenabwägung

---

[975] Bechtold § 20 GWB Rn. 60; Immenga/Mestmäcker-Markert § 20 GWB Rn. 286 f; Emmerich Kartellrecht § 20, 15; Wiedemann/Lübbert Hdb. KartellR § 27 Rn. 20.
[976] Cordes WRP 01, 867 (876); Bechtold § 20 GWB Rn. 60; Immenga/Mestmäcker-Markert § 20 GWB Rn. 286; Bekanntmachung Nr. 147/2000 des Bundeskartellamts v. 12.10.2000, Bundsanzeiger Nr. 200/2000, S. 20 897.
[977] Bechtold § 20 GWB Rn. 60; Cordes WRP 01, 867 (876); Emmerich Kartellrecht § 18 12 b) bb).
[978] Bekanntmachung Nr. 147/2000 des Bundeskartellamts v. 12.10.2000, Bundsanzeiger Nr. 200/2000, S. 20 897.
[979] Dazu siehe Kapitel 6 I.

zwischen den Interessen des Anbieters und der auf die Freiheit des Wettbewerbs gerichteten Zielsetzung des GWB. Angriffsstrategien sind dabei tendenziell negativ, Verteidigungsstrategien positiv zu bewerten.[980] Insbesondere kommen Verkäufe in Notlagen in Betracht, wozu auch Notverkäufe von physisch, technisch oder modisch „verderblichen" Waren zählen. Auch der Neuzutritt von Unternehmen in einen Markt kann eine sachliche Rechtfertigung darstellen, ebenso die Anpassung an bestehende Wettbewerbspreise, was aber nur eine Preisanpassung, kein erneutes Unterbieten rechtfertigen kann.[981] Bei Bonuspunktprogrammen ist eine solche sachliche Rechtfertigung kaum denkbar.

dd) Schutz der Mitbewerber vor Behinderung durch Zugaben

Es bleibt zu prüfen, inwieweit die Regelung des § 20 Abs. 4 GWB einen ausreichenden Schutz vor Preisunterbietungen durch Zugaben und einer daraus folgenden Verdrängung bietet.

Zu bedenken ist, daß § 20 Abs. 4 GWB nur auf, zumindest relativ zu ihren Konkurrenten, marktmächtige Unternehmen Anwendung findet, und einen nicht nur gelegentlichen, sachlich nicht gerechtfertigten Untereinstandspreisverkauf voraussetzt.[982] Geschützt werden nur kleine und mittlere Unternehmen vor Behinderungen durch Unternehmen mit überlegener Marktmacht.[983]

Gleichwohl ist die Regelung des § 20 Abs. 4 GWB im Grunde ausreichend. Ein Schutz vor Untereinstandspreisverkäufen durch Zugabegewährung ist unnötig, soweit sie von gleichstarken oder schwächeren Unternehmen praktiziert wird. Weil die Zugabe ein Teil des Preiswettbewerbs ist, und eine Verdrängung im fairen Preiswettbewerb den Grundsätzen des Leistungswettbewerbs entspricht,[984] ergeben sich für den Einsatz der Zugabe als Mittel im Preiskampf, um Einstandspreise zu unterbieten, keine Besonderheiten zum übrigen Preiswettbewerb. Der Kunde soll ungehindert aus der Anzahl der angebotenen Leistungen auswählen können, dabei ist nach allen Ansichten der Preis eines der entscheidenden Auswahlkriterien.[985] Das Unterbieten der Preise von Mitbewerben, um den eigenen Absatz zu steigern, ist als wettbewerbskonformes Verhalten weder per se noch prima facie eine unbillige Behinderung der dadurch in ihren Absatzmöglichkeiten beeinträchtigten Mitbewerber.[986] Eine

---

[980] Bechtold § 20 GWB Rn. 65.
[981] Bekanntmachung des Bundeskartellamts Nr. 147/2000 v. 12.10.2000, Bundsanzeiger Nr. 200/2000, S. 20 897; Cordes WRP 01, 867 (876); Köhler BB 01, 697 (701); Emmerich Kartellrecht § 18 12 b) bb).
[982] Immenga/Mestmäcker-Markert § 20 GWB Rn. 295; Bechtold § 20 GWB Rn. 64.
[983] Langen/Bunte-Schultz § 20 GWB Rn. 234; Bechtold § 20 GWB Rn. 61.
[984] Siehe Kapitel 7 I.
[985] Heermann WRP 99, 130 (135); Baumbach/Hefermehl Einl. UWG Rn. 96 f; Köhler/Piper 2.A. Einf. UWG Rn. 170 f.
[986] Emmerich Immenga/Mestmäcker-Merkert § 20 GWB Rn. 193.

Gefahr, daß durch einen Verkauf unter Einstandspreis der Leistungswettbewerb an sich beseitigt wird, besteht bei gleichstarken Anbietern nicht. Die Verdrängung einzelner Mitbewerber durch Leistungsstärkere ist als Folge der Verbraucherentscheidung, andere Anbieter zu bevorzugen, hinzunehmen, insoweit sind die Konkurrenten nicht schutzwürdig.

Anders kann sich die Situation darstellen, wenn ein marktmächtiges Unternehmen unter Einstandspreis verkauft. Solche Unternehmen können ihre Marktmacht ausnutzen, um dadurch die Mitbewerber in einer Weise zu behindern, die kleineren Unternehmen nicht möglich ist. Dies kann dazu führen, daß marktmächtige Unternehmen durch gezielte Preisunterbietung auf einem spezifischen Markt den Wettbewerb als solches gänzlich beseitigen. Hier sind die Mitbewerber schutzbedürftig, da sie der überlegenen Marktmacht des Konkurrenten in der Regel wenig entgegensetzen können, und keine wirksame Möglichkeit haben, sich mit Mitteln des Leistungswettbewerbs zu verteidigen. Gerade diese besondere wettbewerbliche Gefährlichkeit des betreffenden Verhaltens, die gerade aus der Marktstellung des Unternehmens erwächst, soll durch § 20 Abs. 4 GWB erfaßt werden.[987] Auch hier ergeben sich bei der Verwendung von Zugaben zur Unterschreitung des Einstandspreises keine Besonderheiten zum „normalen" Verkauf unter Einstandspreis.
Für die Beurteilung, ob eine Preiskampfmaßnahme unbillig im Sinne von § 20 Abs. 4 GWB ist, kommt es auf eine Interessenabwägung unter Berücksichtigung der auf die Freiheit des Wettbewerbs gerichteten Zielsetzung des GWB an.[988]
Die Intention des Gesetzgebers war es dabei nicht, die freie Preisbildung in Frage zu stellen,[989] die Grenze soll durch § 20 Abs. 4 GWB erst da gezogen werden, wo vorsätzliche Verdrängungspraktiken oder systematische Untereinstandspreisverkäufe zu einer Gefährdung des Wettbewerbs auf den betroffenen Märkten führen.[990] § 20 Abs. 4 GWB greift dabei schon vom Wortlaut her nicht erst dann ein, wenn eine Wettbewerbsmaßnahme sich gegen den Bestand des Leistungswettbewerbs an sich richtet. Statt dessen wird eine Vermutung der Rechtswidrigkeit des Verkaufs unter Einstandspreis für den Fall aufgestellt, daß ein marktstarkes Unternehmen dies länger praktiziert. Daher ist nicht nur eine einzelfallbezogene Beurteilung der Anwendungsvoraussetzungen des § 20 Abs. 4 S. 2 GWB erforderlich, sondern die unbestimmten Rechtsbegriffe des Satz 2 sind so auszulegen, daß dies mit dem

[987] Immenga/Mestmäcker § 20 GWB Rn. 290; Beschlußempfehlung und Bericht des Ausschusses für Wirtschaft zu dem Entwurf eines Fünften Gesetzes zur Änderung des GWB, BT-Drs. 11/5949, zu Art 1. Nr. 9 b).
[988] Immenga/Mestmäcker-Merkert § 20 GWB Rn. 293; Köhler BB 99, 697 (769); Bechtold § 20 GWB Rn. 65.
[989] S.o.
[990] Regierungsbegründung zu dem Entwurf eines Sechsten Gesetzes zur Änderung des GWB, BT-Drs. 13/9720, I. 3. c) gg); Immenga/Mestmäcker-Merkert § 20 GWB Rn. 296; Emmerich Kartellrecht § 18 12. b) bb); Wiedemann/Lübbert § 27 Rn. 21.

Grundsatz der freien Preisbildung vereinbar ist.[991] Ein Schutz der Wettbewerber ist nur dort gewollt, wo der Wettbewerb an sich durch gezielte Verdrängung ausgeschaltet werden soll. Da der Preiswettbewerb, wie gerade dargestellt, in der Regel auch dann ein legitimes Mittel des Leistungswettbewerbs ist, wenn er durch Verkäufe unter Einstandspreis erfolgt, ist ein weitergehender Schutz nicht erforderlich.

ee) Zwischenergebnis

§ 20 Abs. 4 GWB ist auch auf Einstandspreisunterschreitungen mittels Zugaben anwendbar. Jedoch werden nur kleine und mittlere Mitbewerber vor Preisunterbietungen durch Unternehmen mit überlegener Marktmacht geschützt, und dies auch nur, soweit dadurch der Wettbewerb im Endergebnis ausgeschaltet werden soll. Ein weitergehender Schutz ist allerdings nicht erforderlich, da auch der Wettbewerb mit Zugaben ein Teil des Preiswettbewerbs ist und Mitbewerber am Preiswettbewerb teilnehmen sollen, nicht aber vor ihm geschützt werden sollen. Wenn der einzelne Mitbewerber kurzzeitig aus Werbegründen Waren unter Einstandspreis anbieten will, muß ihm dies erlaubt bleiben. Daher ist eine weitergehende gesetzliche Regelung oder Ausdehnung der Rechtsprechung nicht erforderlich.

B) Mißbrauch einer marktbeherrschenden Stellung, § 19 Abs. 4 GWB

aa) Allgemein

Nach der Generalklausel des § 19 Abs. 1 GWB ist es marktbeherrschenden Unternehmen verboten, ihre Stellung zu mißbrauchen. Jedoch sind in § 19 Abs. 4 GWB nach dem Enumerationsprinzip einzelne Tatbestände aufgeführt, die so erschöpfend sind, daß für die Generalklausel des § 19 Abs. 1 GWB kaum ein eigener Anwendungsbereich bleibt.[992]

bb) Behinderungsmißbrauch, § 19 Abs. 4 Nr. 1 GWB

Nach § 19 Abs. 4 Nr. 1 GWB handelt ein marktbeherrschender Anbieter oder Nachfrager mißbräuchlich, wenn er die „Wettbewerbsmöglichkeiten anderer Unternehmen in einer für

[991] Regierungsbegründung zu dem Entwurf eines Sechsten Gesetzes zur Änderung des GWB, BT-Drs. 13/9720, I. 3. c) gg); Immenga/Mestmäcker-Merkert § 20 GWB Rn. 296.

[992] Bechtold § 19 GWB Rn. 60. Eine Ausnahme ist der Mißbrauch von Kopplungsangeboten, dabei geht es allerdings um die Verknüpfung einer besonders attraktiven Leistung mit einer weniger attraktiven, die der Kunde aber abnehmen muß, um an die gewollte Leistung zu gelangen. Diese Art von Koppelung spielt für die vorliegende Untersuchung keine Rolle.

den Wettbewerb auf dem Markt erheblichen Weise ohne sachlichen Grund beeinträchtigt. Im Rahmen der Prüfung des § 19 Abs. 4 Nr. 1 GWB sind in der Vergangenheit dabei vor allem ausschließliche Bezugsbindungen beanstandet worden, da sie u.U. zu Marktschließungen oder zu einer Verhinderung des Marktzugangs führen können; entsprechendes gilt im Anwendungsbereich von § 20 GWB.[993] Eine vergleichbare Wirkung läßt sich auch mit Zugaben erzielen, nämlich dann, wenn ein gestaffeltes Zugabesystem eingeführt wird, bei dem höherwertige Zugaben von höheren Umsätzen abhängig gemacht werden. Dies könnte z.B. durch die Gewährung von weitergehenden Service- und Garantieleistungen geschehen, oder indem weitere, auch andere Handelswaren zugegeben werden. Doch auch die gezielte Kampfpreisunterbietung wird von § 19 Abs. 4 Nr. 1 GWB erfaßt.[994]

Um mißbräuchlich zu sein, müßte dieses Vorgehen ohne sachlichen Grund erfolgen. Die Steigerung der Marktmacht an sich ist alleine noch nicht ausreichend. So wie bei § 20 Abs. 1 GWB ist das Merkmal des sachlichen Grundes durch eine Interessenabwägung unter Berücksichtigung der Ziele des Gesetzes, nämlich der Aufrechterhaltung eines freien Wettbewerbes auszulegen.[995] In Anlehnung an die bisherige Rechtsprechung des BGH zur Preisgestaltung im Rahmen von § 19 Abs. 4 GWB[996] würde dies bedeuten, daß eine Zugabegewährung solange nicht mißbräuchlich ist, wie sich die Zugabegewährung im Bereich dessen hält, was auch bei einem funktionierenden Wettbewerb gewährt werden würde. Nicht mehr gerechtfertigt wären Zugaben, die nicht einer vernünftigen kaufmännischen Kalkulation entsprechen würden. Dies erscheint für einen funktionierenden Mitbewerberschutz unter Einbeziehung der Wertung des Gesetzgebers, daß Zugaben zulässig sein sollen, ausreichend, da es den Preiswettbewerb in Form des Zugabewettbewerbs auf ein Maß beschränkt, wie es auch bei funktionierendem Wettbewerb bestehen würde, und nur insoweit sind die Mitbewerber schutzwürdig.[997]

---

[993] Lange WuW 02, 220 (223); Bechtold § 19 GWB Rn. 63.
[994] Immenga/Mestmäcker-Möschel § 19 GWB Rn. 122.
[995] Bechtold § 19 GWB Rn. 65.
[996] BGH WuW/E 3009 (3013 f) – Stadtgaspreis Potsdamm; BGH WuW/E 2195 (2201) – Abwehrblatt.
[997] Siehe Kapitel 7 I.

c) Diskriminierungsverbot, § 20 Abs. 1 GWB

aa) Allgemein

§ 20 Abs. 1 GWB verbietet marktbeherrschenden Unternehmen, Kartellen und Preisbindern die unbillige Behinderung oder grundlose Diskriminierung von anderen Unternehmen in einem Geschäftsverkehr, der gleichartigen Unternehmen üblicherweise zugänglich ist. Beide Verbote sind in ihrer praktischen Anwendung außerordentlich stark verflochten, weil sich ihre Begehungstatbestände weitgehend überschneiden und für die normative Bewertung ein und derselbe Maßstab gilt, so daß es sich faktisch um ein einheitliches Diskriminierungsverbot in einem weiteren, auch die Behinderung einschließenden Sinne handelt.[998] Durch § 20 Abs. 2 GWB wird dieses Diskriminierungsverbot auf Unternehmen ausgedehnt, von denen kleinere oder mittlere Anbieter oder Nachfrager abhängig sind.

bb) Unbillige Behinderung

(1) Begriff

§ 20 Abs. 1 GWB beinhaltet ein Verbot der unmittelbaren oder mittelbaren Behinderung. Dieses ist im weitesten Sinne zu verstehen und umfaßt jede Form der Beeinträchtigung der Betätigungs- und Wettbewerbsmöglichkeiten anderer Unternehmen. Unter Behinderung ist dabei in einem rein objektiven Sinn jede Beeinträchtigung der Betätigungsmöglichkeiten eines Mitbewerbers im Wettbewerb zu verstehen. [999] Eine Wertung ist damit noch nicht verbunden, dies erfolgt erst bei der Prüfung der Unbilligkeit der Behinderung im Rahmen einer umfassenden Interessenabwägung unter Berücksichtigung der auf die Freiheit des Wettbewerbs gerichteten Zielsetzung des GWB.[1000]

(2) Preisunterbietung

Auch nach § 20 Abs. 1 GWB kann der Verkauf von Waren unter Einstandspreis eine wettbewerbswidrige Behinderung der Mitbewerber darstellen. Ursprünglich war dabei die Rechtsprechung eher zurückhaltend, wenn es darum ging, Verkäufe unter Einstandspreis im Rahmen von § 20 Abs. 1 GWB zu erfassen, nur wenn ein Verdrängungswettbewerb unter Mißachtung kaufmännischer Grundsätze stattfand, oder wenn aus einer Maßnahme eine

---

[998] Emmerich Kartellrecht § 20, 1.; Immenga/Mestmäcker-Markert § 20 GWB Rn. 114; Bechtold

[999] BGHZ 116, 47 (56 f) – Stadtkurier; BGH WuW/E BGH 1829 (1832) – Orginal-VW-Ersatzteile II; Emmerich Kartellrecht § 20, 1.; Langen/Bunte-Schultz § 20 GWB Rn. 109; Immenga/Mestmäcker-Market § 20 GWB Rn. 116.

[1000] BGH GRUR 92, 191 (194) – Amtsanzeiger; BGHZ 38, 90 (102) – Treuhandbüro; BGH WUW/E 2479 (2482) – Reparaturbetrieb; Bechtold § 20 GWB Rn. 36; Emmerich Kartellrecht § 20, 6 b).

konkrete, ernste Gefahr für den Wettbewerb folgte, sollte eine wettbewerbswidrige Behinderung vorliegen.[1001]

Ein Festhalten an dieser restriktiven Rechtssprechung war nach der Einführung des § 20 Abs. 4 GWB durch die 6. GWB-Novelle nur noch eingeschränkt möglich. Die vom Behinderungsverbot des § 20 Abs. 1 und Abs. 2 S. 1 GWB erfaßten Unternehmen sind teilweise mit den Normadressaten des § 20 Abs. 4 S. 1 GWB identisch. Von marktbeherrschenden Unternehmen wird die Normadressateneigenschaft des § 20 Abs. 4 S. 1 GWB stets erfüllt, soweit diese auf Märkten tätig sind, auf denen sich auch mittelständische Wettbewerber betätigen. Ist ein Handelsunternehmen nicht marktbeherrschend, sind von ihm jedoch Unternehmen im Sinne des § 20 Abs. 4 S. 1 GWB abhängig, so dürfte es regelmäßig im Hinblick auf seine mittelständischen Wettbewerber über die in § 20 Abs. 4 S. 1 GWB beschriebene Marktposition verfügen. Das für Unternehmen mit überlegener Marktmacht eingeführte Behinderungsverbot hat in diesen Fällen keine eigenständige Bedeutung.[1002] Folglich sind Verkäufe unter Einstandspreis einheitlich nach § 20 Abs. 4 S. 1 GWB zu beurteilen, unabhängig davon, ob auf § 20 Abs. 4 GWB oder auf § 20 Abs. 1, 2 S. 1 GWB als Ausgangsnorm zurückgegriffen wird.[1003]

(3) Kundenbindungssysteme als unbillige Behinderung

Nicht nur Kundenbindungssysteme von marktmächtigen Unternehmen sondern auch nach § 4 Abs. 1 GWB genehmigungsfähige Kundenbindungssysteme kleiner und mittlerer Unternehmen werden von § 20 Abs. 1 GWB erfaßt.[1004] Wie bereits angesprochen, geht von Kundenbindungssystemen eine Sog- und Abschottungswirkung für den betroffenen Markt aus.[1005] Diese ist um so höher, je größer der betroffene Marktanteil auf dem relevanten Markt ist. Wird das Kundenbindungsprogramm von marktbeherrschenden (§§ 19, 20 Abs. 1 GWB) oder marktstarken (§ 20 Abs. 4 S. 1 GWB) Unternehmen praktiziert, kann dies im Einzelfall zu einer unbilligen Behinderung von kleinen oder mittleren Mitbewerbern führen.[1006] Denn schon bisher wurden in der Rechtsprechung[1007] und Praxis[1008] der Kartellbehörden

---

[1001] WuW/E BGH 2195 (2199) – Abwehrblatt II; WuW/E BGH 2547 (2550) – Preiskampf; Langen/Bunte-Schultz § 20 GWB Rn. 142; Bechtold § 20 GWB Rn. 62.

[1002] Langen/Bunte-Schultz § 20 GWB Rn. 145; ähnlich Immenga/Mestmäcker-Markert § 20 GWB Rn. 193 (auch Rn 131), wonach § 20 Abs 1 GWB schonend anzuwenden ist, und bei Preisunterbietungen auf die Fälle zu beschränken ist, die schon nach § 20 IV GWB und § 1 UWG rechtswidrig sind.

[1003] Langen/Bunte-Schultz § 20 GWB Rn. 146.

[1004] Immenga/Mestmäcker-Markert § 20 GWB Rn. 30.

[1005] Kapitel 7 II 3 d).

[1006] Köhler BB 01, 265 (268).

[1007] KG WuW/E OLG 2403 (2407 ff.) – Fertigfutter; BGH WuW/E BGH 1269 (1273 ff.) – Fernost-Schiffahrtskonferenz.

[1008] BKartA WuW/E BKartA 1068 (1071) – Baukeramik; BKartA WuW/E BKartA 1817 (1826) – Fertigfutter.

Umsatzrabattsysteme bei entsprechender Sogwirkung kartellrechtlich beanstandet.[1009] Bei auf den Endverbraucher abzielenden Kundenbindungssystemen ergab sich dieses Problem nur deshalb nicht, weil entsprechenden Systemen die Verbote aus Rabattgesetz und Zugabeverordnung entgegenstanden, weiterhin waren nach der Zugabeverordnung Kundenbindungssysteme auch gegenüber Mitbewerbern verboten.
Ausgehend von der Wertung des Gesetzgebers wird man auch bei marktstarken und marktbeherrschenden Unternehmen von einer grundsätzlichen Zulässigkeit von Kundenbindungssystemen ausgehen müssen.[1010] Bei der Frage, ob ein spezielles Zugabesystem zulässig ist, ist dabei eine Abwägung unter Rückgriff auf den Zweck der gesetzlichen Regelung vorzunehmen. Daraus folgt, daß bei der Anwendung der § 20 Abs. 1 GWB die Frage im Vordergrund stehen muß, ob es sich bei der Maßnahme des marktstarken Unternehmens noch um einen legitimen Einsatz seiner Mittel im Wettbewerb handelt, oder ob die davon ausgehenden wettbewerbsbeschränkenden Auswirkungen so schwerwiegend sind, daß eine Intervention der Rechtsordnung im Interesse der allseitigen Öffnung der Märkte geboten scheint.[1011] Hier wird man spätestens dann eine Behinderung annehmen können, wenn die Grenzen dessen, was auch normale Marktteilnehmer, unter Umständen als Mitglieder eines Mittelstandskartells, leisten können, überschritten ist.

cc) Grundlose Diskriminierung

(1) Begriff

Den Normadressaten des § 20 Abs. 1, 2 S. 1 GWB ist es untersagt, wirtschaftlich gleichliegende Sachverhalte ungleich zu behandeln, d.h. andere Unternehmen in einem gleichartigen Unternehmen üblicherweise zugänglichen Geschäftsverkehr ohne sachlich gerechtfertigten Grund unmittelbar oder mittelbar gegenüber gleichartigen Unternehmen unterschiedlich zu behandeln.[1012] Weil es bei Diskriminierung um die Ungleichbehandlung gleichartiger Sachverhalte geht, ist dabei als Maßstab die Behandlung gleichartiger Unternehmen in dem für derartige Unternehmen üblicherweise zugänglichen Geschäftsverkehr anzusetzen. Davon zu unterscheiden ist die Behandlung unterschiedlicher Unternehmen. Auf diese Sachverhalte ist § 20 Abs. 1 GWB nicht anwendbar.[1013]

[1009] Immenga/Mestmäcker-Markert 2. Aufl. § 26 a.F. GWB Rn. 251 ff.
[1010] BT-Drs. 14/5541 S. 7.
[1011] Bechtold § 20 GWB Rn. 36; Immenga/Mestmäcker § 20 GWB Rn. 129; Emmerich Kartellrecht § 20, 6.
[1012] Emmerich Kartellrecht § 20, 7; Bechtold § 20 GWB Rn. 41; Immega/Mestmäcker-Markert § 20 GWB Rn. 120.
[1013] Emmerich Kartellrecht § 20, 7; Bechtold § 20 GWB Rn. 41.

(2) Diskriminierung beim Leistungsaustausch

Das Diskriminierungs- und Behinderungsverbot gilt für die Normadressaten auch beim Leistungsaustausch. Ungleichbehandlungen sind nur zulässig, wenn sie sich auf einen sachlich gerechtfertigten Grund stützen können.[1014] Wirtschaftlich gleichliegende Sachverhalte unterschiedlich zu behandeln ist unzulässig.[1015] Hierbei ist wiederum eine Interessenabwägung unter Berücksichtigung der auf die Freiheit des Wettbewerbs gerichteten Ziele des GWB,[1016] und der Respektierung eines unternehmerischen Freiraums[1017], erforderlich.[1018] Dies gilt auch für die Preisgestaltung, also die Festsetzung von Abgabepreisen oder die Einräumung von Rabatten.[1019] Nach dem Wegfall der Zugabeverordnung ist dabei auch eine unterschiedliche Zugabengewährung denkbar, die sich an den eben aufgestellten Grundsätzen messen lassen muß. So könnte ein Unternehmen einigen Händlern Zugabeartikel zur Weiterverteilung an die Kunden im Rahmen einer Werbeaktion gewähren, anderen jedoch nicht. Denkbar wäre auch eine Diskriminierung dahingehend, daß einigen Händlern Artikel wie etwa Präsentationsdisplays kostenlos gestellt werden, während diese anderen berechnet werden. Besteht kein sachlich gerechtfertigter Grund für ein solches Vorgehen, etwa anhand der Menge der nachgefragten Ware, ist ein solches Vorgehen diskriminierend nach § 20 Abs. 1, 2 S. 1 GWB.

Das gerade Gesagte gilt auch für Nachfrager. Allerdings wird hier nur selten ein Verstoß gegen § 20 Abs. 1 GWB vorliegen, da die unterschiedliche Durchsetzung von Sonderkonditionen in der Regel das Ergebnis des Anbieterwettbewerbs und nicht einer Diskriminierung ist.[1020] Allerdings greift bei marktbeherrschenden Nachfragern dann § 20 Abs. 3 GWB.

[1014] BGH WuW/E DE-R 134 (135) – Bahnhofsbuchhandel; BGH WuW/E DE-R 220 (221) – U-Bahn-Buchhandlungen.

[1015] Bechtold § 20 GWB Rn. 41.

[1016] BGH WuW/E 1017 (1031) Sportartikelmesse II; BGH WuW/E 1829 (1834) – Original-VW-Ersatzteile II.

[1017] Insbesondere bei der Gestaltung der Vertriebswege (BGH WuW/E 2755 (2758) – Aktionsbeträge) und der Nachfrage nach Waren und Leistungen (BGH WuW/E 2805 (2809f) – Stromeinspeisung; WuW/E 2919 (2922 – Orthopädisches Schuhwerk).

[1018] Bechtold § 20 GWB Rn. 42.

[1019] BGH WuW/E 2647 (2652) – Nora-Kunden-Rückvergütung; WuW/E DE-R 134 (136 ff) – Bahnhofsbuchhandel; Langen/Bunte-Schultz § 20 GWB Rn. 184.

[1020] BGH WuW/E 2990 (2995) – Importarzneimittel; Langen/Bunte-Schultz § 20 GWB Rn. 186; Bechtold § 20 GWB Rn. 47; Immenga/Mestmäcker-Markert § 20 GWB Rn. 205.

(3) Aufnahmeanspruch in ein bestehendes Kundenbindungssystem aus § 20 Abs. 1 GWB i.V.m. § 33 GWB

Soweit kleine und mittlere Unternehmen nicht selbst Kundenbindungssysteme aufgebaut haben, könnte sich für sie unter Umständen der Anspruch auf Aufnahme in ein bestehendes Kundenbindungssystem ergeben. Adressat des Diskriminierungsverbotes aus § 20 Abs. 1 GWB sind auch die nach §§ 2 – 8 GWB freigestellten Kartelle, so daß auch ein Kundenbindungssystem, das ein nach § 4 Abs. 1 GWB freigestelltes Kartell darstellt, dem Behinderungs- und Diskriminierungsverbot unterliegt. Daher kann die Verweigerung der Aufnahme eines kleinen oder mittleren Unternehmens in ein solches System eine unbillige Behinderung oder sachlich nicht gerechtfertige Ungleichbehandlung darstellen, wenn die Beteiligung für das Unternehmen erforderlich ist, um wettbewerbsfähig zu bleiben.[1021] Da die unbillige Behinderung einen Unterlassungs- oder Schadensersatzanspruch auslösen kann (§ 33 GWB), kann sich daraus ein Aufnahmeanspruch ergeben.[1022] Allerdings nur unter der Voraussetzung, daß die Aufnahme des Unternehmens mit einer weiteren Freistellung des Kundenbindungssystems nach § 4 Abs. 1 GWB vereinbar ist. Sie darf nicht dazu führen, daß es infolge der Aufnahme des Unternehmens zu einer wesentlichen Wettbewerbsbeeinträchtigung auf den betreffenden Märkten kommt.[1023] Vor allem aber ist zweifelhaft, ob die Aufnahme eines Unternehmens nicht wegen des Vorliegens eines sachlichen Grundes berechtigt verweigert werden kann, wenn bereits ein Mitbewerber des die Aufnahme ersuchenden Unternehmens Mitglied des Kundenbindungssystems ist oder wenn das um Aufnahme ersuchende Unternehmen bereits Mitglied eines konkurrierenden Kundenbindungssystems ist.[1024]

(4) Aufnahmeanspruch in ein bestehendes Kundenbindungssystem aus § 20 Abs. 2 GWB i.V.m. § 33 GWB

Auch aus § 20 Abs. 2 S. 1 GWB kann sich ein entsprechender Aufnahmeanspruch ergeben, da dieser auch „Vereinigungen von Unternehmen" erfaßt, soweit von ihnen kleine oder mittlere Unternehmen in einer Weise abhängig sind, daß ausreichende oder zumutbare Möglichkeiten, auf andere Unternehmen auszuweichen, nicht bestehen.[1025] Der Zusammenschluß mehrerer Unternehmen im Rahmen einen Kundenbindungssystems kann eine solche Vereinigung sein.

[1021] Immenga/Mestmäcker-Markert § 20 GWB Rn. 164 m.w.N.; Köhler BB 01, 1159 (1162).
[1022] BGHZ 33, 295 (262 ff) – Molkereigenossenschaft; Immenga/Mestmäcker-Markert § 20 GWB Rn. 227f; Köhler BB 01, 1159 (1162).
[1023] Vgl. Markert in: Immenga/Mestmäcker-Markert § 20 GWB Rn. 166, 342, 129; Köhler BB 01, 1159 (1162).
[1024] Fritzsche BB 99, 273 (278).
[1025] Vgl. dazu z.B. Fritzsche BB 99, 273 (278 f): Autovermieter und Hotels können von der Teilnahme an einem Bonusprogramm für Vielflieger abhängig sein. Köhler BB 01, 1159 (1162).

Denn ausreichend ist jede Art der organisatorischen Zusammenarbeit von Unternehmen unabhängig von ihrer Rechtsform.[1026] Im Gegensatz zu § 20 Abs. 1 GWB darf es sich bei der „Vereinigung von Unternehmen" nicht um ein freigestelltes Kartell handeln, da sonst bereits diese Vorschrift greift.
Die hinter dem Kundenbindungssystem stehende „Betreiberorganisation"[1027] unterliegt gegenüber außenstehenden Unternehmen dem Behinderungs- und Diskriminierungsverbot, soweit sie gewerbliche Leistungen gegenüber den beteiligten Unternehmen erbringt und die außenstehenden Unternehmen auf diese Leistungen angewiesen sind, weil sie keine ausreichende und zumutbare Ausweichmöglichkeit haben. Aus diesem Diskriminierungsverbot kann ein Aufnahmezwang folgen.[1028] Eine solche Aufnahmeverpflichtung besteht allerdings dann nicht, wenn dies unzumutbar wäre, etwa weil die Vereinigung dann zu einem nicht freistellungsfähigen Kartell, § 1 GWB werden würde,[1029]oder wenn ein anderer sachlicher Verweigerungsgrund vorliegt.[1030]

dd) Reichweite

Auch dieses Diskriminierungsverbot gilt nur für marktbeherrschende Unternehmen, oder Unternehmen, von denen kleine oder mittlere Unternehmen als Anbieter oder Nachfrager abhängig sind, während kleine und mittlere Unternehmen selbst von den Verboten des § 20 Abs. 1 GWB nicht erfaßt werden. Aus Sicht des GWB ist ein weitergehender Schutz vor Behinderung oder Diskriminierung auch nicht erforderlich, da das Ziel der GWB-Verhaltenskontrolle die Beseitigung willkürlicher Wettbewerbsbeschränkungen und die Wiederherstellung der Steuerungsfunktion des Wettbewerbs ist, wo der Wettbewerb an sich nicht in der Lage ist, diese Funktion zu erbringen. Dies wiederum ist nur bei marktmächtigen Unternehmen der Fall.[1031]

6. ZWISCHENERGEBNIS

Ein vollkommener Schutz der Mitbewerber vor den Auswirkungen der Zugabewerbung läßt sich durch das GWB nicht erzielen, vor allem da sich die meisten Vorschriften des GWB nur an marktstarke oder marktbeherrschende Unternehmen wenden. Allerdings ist ein solch weitgehender Schutz auch nicht notwendig, da der Zugabewettbewerb im Grunde lediglich eine Form des Preiswettbewerbs ist. Das GWB schützt nach seiner Intention keinen

[1026] Immenga/Mestmäcker-Markert § 20 GWB Rn. 46.
[1027] Etwa BGB-Gesellschaft, GmbH, bei Payback z.B. die Loyalty Partner GmbH .
[1028] Immenga/Mestmäcker-Markert § 20 GWB Rn. 49 f. m.w.N.; Köhler BB 01, 1159 (1162).
[1029] Köhler BB 01, 1159 (1162).
[1030] S.o. Kapitel 7 II 5 c) cc) (3).
[1031] Bechtold GWB Einf. Rn 46; Langen/Bunte-Bunte Einf. GWB Rn. 53.

Mitbewerber davor, im fairen Leistungswettbewerb verdrängt zu werden. Es schützt Marktteilnehmer lediglich vor einer Ausschaltung des Wettbewerbs an sich, und dies auch wirkungsvoll vor einer Ausschaltung des Wettbewerbs mittels Zugaben. Dabei wird durch § 4 GWB auch kleineren und mittleren Unternehmen die Möglichkeit gegeben, sich durch Zusammenschlüsse gegenüber größeren Unternehmen zu behaupten und so wettbewerbsfähig zu bleiben. Ebenso haben kleine und mittlere Unternehmen unter Umständen einen Anspruch auf Aufnahme in bestehende Kundenbindungssysteme aus § 20 Abs. 1, 2 GWB i.V.m. § 33 GWB, so daß sie hierdurch einen gewissen Schutz vor Verdrängung durch besonders wirksame Kundenbindungssysteme genießen. Eine Schutzlücke bleibt bestehen, soweit es um das Verhalten einzelner Marktteilnehmer geht, dieser Bereich ist nach der gesetzlichen Systematik durch das UWG auszufüllen. Zusammenfassend kann gesagt werden, daß das GWB seine Aufgabe einer Sicherstellung des Leistungswettbewerbs auch nach der Abschaffung der ZugabeVO erfüllen kann, und daß es insoweit zu keinen Schutzlücken kommt, die zu Lasten der Mitbewerber gehen.

II. Auswirkungen der geplanten Verordnung zur Verkaufsförderung im Binnenmarkt

Im Grunde gilt hier das bereits zum UWG Gesagte.[1032] Die geplante Verordnung untersagt in Artikel 3 Abs. 1 ein generelles Verbot von Zugaben. Nach dem GWB ist allerdings jede Werbemaßnahme einzeln, wie eben dargestellt, auf ihre Geeignetheit, den Wettbewerb abzuschaffen oder einzuschränken, zu untersuchen. Folglich ergibt sich aus den Regelungen des GWB kein generelles Zugabeverbot, so daß die Verordnung im Grunde keine Auswirkungen auf die Anwendbarkeit des GWB hat. Verboten werden sollen nach der Intention des Gesetzgebers in erster Linie konkrete, sich auf Zugaben beziehende Verbote, nicht aber Generalklauseln, die im Einzelfall, und auch dort nur nach eingängiger Prüfung zu einem Verbot von Zugaben im Einzelfall führen können.[1033] Überdies wird in Art. 3 Abs. 2 Verordnungsvorschlag[1034] ausdrücklich klargestellt, daß das einzelstaatliche Kartellrecht von dem Verbot unberührt bleiben soll.[1035]

[1032] Siehe Kapitel 3 III.
[1033] Siehe Kapitel 3 III.
[1034] Fassung KOM (2002) 585 endgültig.
[1035] Der Änderungsvorschlag Nr. 31 des EP, durch den diese Formulierung eingeführt wurde, spricht von Kartellrecht, aufgrund der Begründung ist allerdings davon auszugehen, daß es den Einzelstaaten durch die Formulierung erlaubt bleiben soll, Mißbräuche durch Zugaben zu bekämpfen. Sitzungsbericht EP A5-0253/2002 S. 23 f.

Eine Besonderheit besteht für den Verkauf von Waren unter Einstandspreis. Gem. Art. 3 Abs. 1 Verordnungsvorschlag wäre auch ein generelles Verbot von Verkäufen unter Einstandspreis unzulässig. Dieser Grundsatz entspricht dem deutschen Recht, unter bestimmten Umständen können jedoch wie dargestellt Verkäufe unter Selbstkosten kartellrechtswidrig sein.[1036]

Jedoch könnte man die Definition des generellen Verbotes auch so weit auslegen, daß § 20 Abs. 4 GWB darunterfallen würde. Denn § 20 Abs. 4 S. 2 GWB geht explizit auf Verkäufe unter Einstandspreis ein und verbietet diese ab einer gewissen Marktmacht generell, sobald von ihnen anhaltende wettbewerbliche Auswirkungen ausgehen,[1037] und ihnen eine gewisse wettbewerbliche Erheblichkeit zukommt.[1038] Dies läßt sich auch aus der Beweislastumkehr in § 20 Abs. 4 S. 2 GWB zu Lasten des Anbieters[1039] folgern. Mit derselben Begründung würde dann auch das Verbot des Verkaufs unter Einstandspreis nach § 20 Abs. 1 GWB ein generelles Verbot darstellen. Da, wie ausgeführt,[1040] der Verkauf unter Einstandspreis auch durch die Gewährung von Zugaben erfolgen kann, würde dies auch einen einschränkenden Effekt auf die Zahl der Fälle haben, in denen eine Zugabegewährung zulässig ist.

Allerdings macht Art. 3 Abs. 3 Verordnungsvorschlag eine ausdrückliche Ausnahme für Verkäufe unter Selbstkosten, diese dürfen weiterhin verboten werden.[1041]

III. Zusammenfassung

Der Schutz der Mitbewerber vor den negativen Auswirkungen der Werbung mit Zugaben gehört nach dem Wegfall der Zugabeverordnung zu den fortbestehenden Schutzzielen, die nun durch das allgemeine Lauterkeitsrecht sichergestellt werden müssen. Jedoch ist kein Schutz vor der Werbung mit Zugaben an sich nötig, zum einen würde dies der gesetzgeberischen Wertung, die von der Zulässigkeit von Zugaben ausgeht, widersprechen, zum anderen sind Zugaben als Teil des Leistungswettbewerbs anzusehen.[1042]

[1036] Hallstein/Loschelder Stellungnahme Verordnungsvorschlag GRUR 02, 412; Kapitel 7 II 4 a).
[1037] Begründung zum Regierungsentwurf der 6. GWB-Novelle, BR-Drs. 852/97 S. 39; Bechtold § 20 GWB Rn. 64.
[1038] Gegenäußerung der Bundesregierung zur Stellungnahme des Bundesrates, BT-Drs. 13/9720 S. 80.
[1039] Bechtold § 20 GWB Rn. 66.
[1040] Siehe Kapitel 7 II 5 a) aa).
[1041] In der Fassung KOM (2002) 585; in der Vorfassung KOM (2001) 546 endgültig/2 war eine solche Einschränkung noch verboten.
[1042] Kapitel 7 I.

Durch das auch dem Individualschutz dienende GWB[1043] wird ein Schutz vor allem der kleinen und mittleren Wettbewerbe vor Verdrängung durch marktmächtige Mitbewerber sichergestellt, zum einen durch die Mißbrauchs- und Diskriminierungsverbote der §§ 19, 20 GWB,[1044] zum anderen aber auch durch die Möglichkeit gem. § 4 GWB, gemeinschaftliche Kundenbindungssysteme aufzulegen und so den attraktiven Kundenbindungssystemen größerer Mitbewerber wirksam begegnen zu können.[1045] Auch besteht durch das Verbot des § 14 GWB ein wirksamer Schutz vor Preisbindungen, dieser schützt auch vor einer versteckten Preisbindung durch Zugaben.[1046] Jedoch ist das GWB bei zulässigen Preisbindungen nicht in der Lage, einen direkten Anspruch der gebundenen Mitbewerber gegen den Preisbrecher zu gewähren; nach dem GWB bleibt den Mitbewerbern nur, dem Preisbinder den Einspruch der unzulässigen Rechtsausübung entgegenzuhalten, sollte er auf der Preisbindung bestehen.[1047] Während das GWB damit vor allem kleinere Wettbewerber vor marktmächtigen Unternehmen schützt, schützt das UWG unterschiedslos alle Mitbewerber. Durch den oben dargestellten umfassenden Verbraucherschutz werden selbstverständlich auch die Mitbewerber davor geschützt, daß ihnen Kunden mit unlauteren Mitteln abspenstig gemacht werden, dies gilt vor allem für den Bereich Kundenfang.[1048] Aber auch ansonsten läßt sich die Zugabe ohne eine Gesetzesänderung unter die Tatbestände des UWG subsumieren, ohne daß eine Schutzlücke entsteht.

Zusammenfassend wird durch das Zusammenspiel von GWB und UWG ein umfassender Mitbewerberschutz im Bereich der Zugabewerbung auch nach dem Wegfall der Zugabeverordnung sichergestellt, so daß eine weitere gesetzliche Regelung unnötig ist.

[1043] Kapitel 7 II 1.
[1044] Kapitel 7 II 5.
[1045] Kapitel 7 II 3.
[1046] Kapitel 7 II 4 a).
[1047] Kapitel 7 II 4 b).
[1048] Kapitel 4 III.

Zusammenfassende Thesen

I. Allgemein

1. Eine Zugabe im wettbewerbsrechtlichen Sinne ist das Angebot einer Ware oder Dienstleistung (Zweitleistung), die ganz oder teilweise ohne besondere Berechnung neben (zusätzlich zu) einer anderen entgeltlich angebotenen Ware oder Dienstleistung (Erstleistung) angeboten wird, um den Absatz der Erstleistung zu fördern, wobei der Erwerb der Zugabe rechtlich oder tatsächlich vom Abschluß des Geschäfts über die Erstleistung abhängig ist.
2. Nach Aufhebung der Zugabeverordnung gibt es für den Verbraucher keinen tatsächlichen Unterschied zwischen einem Gesamtangebot und einem Angebot mit Zugabe, mit der Ausnahme, daß die Zugabe als kostenlos beworben wird. Weiterhin zum Zugabebegriff zu rechnen sind Garantien und Umtauschrechte.
3. Diese Zugabedefinition entspricht auch dem Zugabebegriff der geplanten Verordnung zur Verkaufsförderung im Binnenmarkt.
4. Die Zugabe stellt einen Teil der akzessorischen Wertreklame dar.
5. Die Ziele der Zugabeverordnung im Zeitpunkt ihrer Abschaffung waren der Schutz der Verbraucher vor unsachlicher Beeinflussung und Preisverschleierung, Mittelstandsschutz und der Schutz vor Übersteigerung.
6. Nach dem Wegfall der Zugabeverordnung bleibt das allgemeine Lauterkeitsrecht nicht nur im alten Umfang auf Zugaben anwendbar, sondern tritt auch dort an die Stelle der Zugabeverordnung, wo es bisher aufgrund der Regelungen der Zugabeverordnung keine Anwendung fand.
7. Allerdings scheidet bei dem hierbei anzuwendenden Wertungsmaßstab ein Rückgriff auf die alte Rechtslage vor Inkrafttreten der Zugabeverordnung aufgrund der umfassenden Fortentwicklung des Rechts aus, nötig ist eine Neuberwertung der Zugabewerbung auf der Basis des bestehenden Wettbewerbsrechts, wobei das bisher bestehende Regel-Ausnahmeverhältnis zugunsten der Zugabewerbung umzukehren ist.
8. Bei dieser Neubewertung sollen die Schutzziele Verbraucherschutz und Mitbewerberschutz als Schutzziele des UWG fortwirken, nicht jedoch das Schutzziel des Mittelstandsschutzes.
9. Die geplante Verordnung zur Verkaufsförderung im Binnenmarkt soll die Werbung mit Zugaben europaweit einheitlich regeln, das zu diesem Zweck enthaltene Verbot von

generellen Zugabeverboten soll in erster Linie konkrete gesetzliche Regelungen beseitigen, jedoch nicht die Anwendung von Generalklauseln des deutschen GWB und UWG auf Zugaben verhindern.

10. Bei der Anwendung des allgemeinen Lauterkeitsrechts auf Zugaben ist ebenso wie bei der geplanten Verordnung zur Verkaufsförderung im Binnenmarkt das Leitbild eines durchschnittlich informierten, aufmerksamen und verständigen Durchschnittsverbrauchers zugrunde zu legen.

II. Die Zugabe im UWG

1. Da nach dem Wegfall der Zugabeverordnung der einzige Unterschied zwischen einer Zugabe und einem Kopplungsangebot der ist, daß die Zugabe als kostenlos beworben wird, ist eine Anlehnung an die Rechtsprechung zu Kopplungsangeboten möglich, wobei sich aufgrund der Ähnlichkeit vor allem verdeckte Kopplungsangebote als Vergleichsobjekt anbieten. Die neuste Rechtsprechung des BGH faßt deshalb Zugaben und Gesamtangebote zu einer Fallgruppe zusammen. Ein fehlender Funktionszusammenhang zwischen Zugabe und Hauptleistung stellt kein taugliches Abgrenzungskriterium dar. Ebenso führt das Abstellen auf eine Schutzverletzung im Einzelfall zu einer unübersichtlichen Flut von Einzelfallentscheidungen.
2. Eine ausdrückliche Bezeichnung der Zugabe als kostenlos ist zulässig, zur Vermeidung einer Preisverschleierung sind die Angabe der wertqualifizierenden Merkmale der Zugabe und der Preis derselben zumindest als unverbindliche Preisempfehlung nötig, soweit diese nicht für den Verbraucher evident sind.
3. Auch der Verordnungsvorschlag erfordert stets die Angabe des Wertes der Zugabe, ohne darauf einzugehen, wie diese zu erfolgen hat. Am praxisgerechtesten erscheint auch hier die Angabe der unverbindlichen Preisempfehlung, soweit dies möglich ist.
4. Die Gewährung einer Zugabe an sich stellt kein übertriebenes Anlocken dar, die Anlockwirkung, die von einem solchen attraktiven Angebot ausgeht, ist grundsätzlich nicht wettbewerbswidrig sondern gewollte Folge des Leistungswettbewerbs. Für die Annahme eines übertrieben Anlockens sind weitere Umstände erforderlich.
5. Vorzugswürdig ist es, auf eine rationale Verbraucherentscheidung abzustellen, die der Verbraucher treffen kann, solange er alle für eine Kaufentscheidung notwendigen Informationen hat. Solange eine ausreichende Informationsbasis gegeben ist, kann danach sittenwidriges übertriebenes Anlocken nur vorliegen, wenn gezielt unerfahrene

Verbraucher ausgenutzt werden oder wenn der Verbraucher trotz Vorliegens aller notwendigen Informationen davon abgehalten wird, das Angebot mit Konkurrenzangeboten zu vergleichen.

6. Den selben Regelungsmechanismus mit noch weitergehenden Informationspflichten propagiert der Verordnungsvorschlag zur Verkaufsförderung im Binnenmarkt. Sollte danach eine rationale Kaufentscheidung nicht möglich sein, ist der Rückgriff auf das allgemeine Lauterkeitsrecht eröffnet.
7. Garantien stellen, soweit sie nicht Bestandteil der Hauptleistung sind, zulässige Zugaben dar, von denen im Regelfall keine übertriebene Anlockwirkung ausgeht, da sie lediglich der Werterhaltung dienen.
8. Infolge der Ähnlichkeit mit Zugaben müssen künftig auch gekoppelte Vorspannangebote schon dann zulässig sein, wenn sie mit Informationen beworben werden, die dem Verbraucher ausreichen, um auf ihrer Basis eine rationale Nachfrageentscheidung zu treffen.
9. Die Gewährung von Gewinnspielen als Zugabe ist unter Einhaltung der straf- und zivilrechtlichen Grenzen zulässig, soweit der Anbieter dabei den Verbraucher über Teilnahmebedingungen, Gewinnchancen und Preise informiert. Nach Inkrafttreten der Verordnung zur Verkaufsförderung im Binnenmarkt werden akzessorische Gewinnspiele allerdings gem. Art. 2 (i) verboten.
10. Die Fallgruppe der Laienwerbung in § 1 UWG wird durch die Abschaffung der Zugabeverordnung insoweit obsolet, als die Zugabe auf diesem Umweg dem Geworbenen zukommen soll.
11. Behinderung im Wettbewerb durch Zugaben ist vor allem durch Preisunterbietung möglich, dabei ergeben sich keine Besonderheiten zur normalen Preisunterbietung.
12. Bei der Ausbeutung fremder Leistungen durch Zugaben ergeben sich Besonderheiten nur bei der Ausbeutung fremden Rufs, da durch Zugaben besonders wirksam das Vorliegen von Originalware vorgetäuscht werden kann.
13. In dem Gewähren von nicht nur geringfügigen Zugaben zu zulässig preisgebundenen Artikeln liegt ein Unterlaufen dieser Preisbindung, und damit ein sittenwidriger Vorsprung durch Rechtsbruch.
14. Die Zugabe stellt ein wirkungsvolles Mittel im Preiskampf dar und muß wie ein regulärer Verkauf unter Einstandspreis behandelt werden, wenn der kombinierte Einstandpreis von Zugabe und Hauptleistung über dem Verkaufspreis der Hauptsache liegt.

15. Die Generalklausel des § 3 UWG ermöglicht einen umfassenden Schutz des Verbrauchers vor Irreführung auch bei der Verwendung von Zugaben. Dabei ist die Geeignetheit einer Zugabewerbung zur Irreführung normativ festzustellen.
16. Durch die Kombination aus § 1 UWG und § 3 UWG läßt sich ein umfangreicher Verbraucherschutz des aufgeklärten und informierten Durchschnittsverbrauchers realisieren. Wird keine Angabe über Wert und wertqualifizierende Merkmale der Zugabe gemacht, liegt ein Verstoß gegen § 1 UWG vor, ist die Angabe irreführend, liegt zumindest ein Verstoß gegen § 3 UWG vor.
17. Die Werbung mit lebenslangen Garantien als Zugaben ist dabei nicht als irreführend anzusehen.
18. Da § 3 UWG und Art. 4 des Verordnungsvorschlags zur Verkaufförderung im Binnenmarkt gleiche Schutzziele haben, kommt es zwischen beiden zu keinem Konflikt.
19. Zugaben sind nach § 7 UWG verboten, soweit durch die Gewährung einer Vielzahl von Zugaben der Charakter einer Sonderverkaufsveranstaltung erweckt wird. Da dies als pauschale Beschränkung nach Menge und Art der Bewerbung gegen Artikel 3 1. 1. Spiegelstrich und Artikel 4 Verordnungsvorschlag iVm 1.1 4. Spiegelstrich Anhang verstößt, ist § 7 UWG bei Zugabetatbeständen nach Inkrafttreten des Verordnungsvorschlags nicht mehr anzuwenden.
20. Kundenbindungssysteme auf Zugabebasis sind grundsätzlich zulässig, soweit sie transparent gestaltet werden, eine diskriminierungsfreie Gestaltung ist unnötig. Eine Anwendung von § 6b UWG auf Kundenbindungssysteme ist abzulehnen.
21. Die geplante Verordnung zur Verkaufsförderung im Binnenmarkt läßt Kundenbindungssysteme grundsätzlich zu.

III. Verbraucherschutz

1. Schutzlücken sind vom Verbraucherleitbild abhängig. Aufbauend auf dem Leitbild des durchschnittlich informierten, aufmerksamen und verständigen Durchschnittsverbrauchers können die meisten Gefahren für Verbraucher durch Zugaben, vor allem Preisverschleierung und übertriebenes Anlocken, bereits durch die Angabe von Wert und wertqualifizierenden Merkmalen vermieden werden.
2. Kinder benötigen als geschäftsunerfahrene Verbraucher ein höheres Schutzniveau, bei ihnen ist daher das Leitbild eines unkritischen und flüchtigen Verbrauchers zugrunde zu legen, um gezielt an sie gerichtete Zugabewerbung zu beurteilen.

3. Ein Schutz vor Diskriminierung im Geschäftsverkehr wurde durch die Zugabeverordnung auch nicht mittelbar gewährt und ist auch nach ihrer Abschaffung nicht notwendig oder erstrebenswert.
4. Die Notwendigkeit einer gesetzlichen Regelung der Zugabewerbung besteht aus Verbraucherschutzgesichtspunkten nicht, soweit auf den aufgeklärten und informierten Durchschnittsverbraucher des EuGH abgestellt wird, ebensowenig wie die Notwendigkeit einer systemwidrigen Anwendung des kartellrechtlichen Diskriminierungsverbotes zugunsten der Verbraucher.
5. Um einen Mindestschutz aller Verbraucher auch unter Anwendung des Verbraucherleitbilds des BGH zu garantieren, erscheint eine gesetzliche Verpflichtung, bei Zugaben soweit möglich die unverbindliche Preisempfehlung anzugeben, dennoch vorzugswürdig. Sollte eine solche Angabe nicht möglich sein, sind zumindest die wertqualifizierenden Faktoren der Zugabe anzugeben.

IV. Mitbewerberschutz

1. Zwar gehört der Schutz der Mitbewerber zu den fortwirkenden Schutzzielen der Zugabeverordnung, dies umfaßt aber keinen Schutz vor Zugabewerbung an sich, da Zugaben zum Leistungswettbewerb zu rechnen sind. Gewährt wird nur ein Schutz vor einem wettbewerbswidrigen Mißbrauch von Zugaben.
2. Das GWB schützt schwächere Mitbewerber vor einer Verdrängung durch Zugaben, soweit diese von marktstarken oder marktbeherrschenden Mitbewerbern ausgeht, ebenso wie vor Diskriminierung oder Behinderung durch Zugaben.
3. Schwächeren Marktteilnehmern ermöglicht das GWB, sich gegen Kundenbindungssysteme stärkerer Mitbewerber durch Zusammenschlüsse zu eigenen, schlagkräftigen Kundenbindungssystemen zur Wehr zu setzen.
4. Der Schutz des GWB kommt allerdings nur schwächeren Marktteilnehmern im Verhältnis zu marktstarken oder marktbeherrschenden Mitbewerbern zugute, die entstehenden Lücken werden dabei durch das UWG geschlossen.
5. Die Regelungen des UWG unterziehen die Werbung mit Zugaben einer lückenlosen Kontrolle unter dem Aspekt der Sittenwidrigkeit der Wettbewerbshandlung, so daß ein vollständiger Schutz der Mitbewerber vor einem wettbewerbswidrigen Mißbrauch von Zugaben sichergestellt ist.
6. Eine gesetzliche Regelung der Zugabegewährung ist daher auch unter diesem Aspekt unnötig.

Anhang: Neuere Entwicklung

I. Änderung der Rechtslage durch das neue UWG

Am 8.7.2004 ist das neue Gesetz gegen den unlauteren Wettbewerb (UWG) in Kraft getreten.[1049] Hierdurch hat sich die Rechtslage gegenüber dem Zeitpunkt, zu dem die vorliegende Dissertation eingereicht wurde, nicht unerheblich verändert. Die wichtigsten Änderungen sollen hier, soweit sie Einfluß Inhalt und Ergebnis dieser Untersuchung haben, kurz im Überblick dargestellt werden.

1. § 1 UWG: Schutzzweck

Durch § 1 UWG n.F. wird dem Gesetz eine Schutzzweckbestimmung vorangestellt, die im wesentlichen der Schutzzwecktrias entspricht, wie sie vom BGH[1050] entwickelt und vom BVerfG[1051] gebilligt worden ist. Allerdings wird klargestellt, daß das UWG die Interessen von Mitbewerbern, Verbrauchern und sonstigen Marktteilnehmern gleichermaßen und gleichrangig schützt.[1052] Überdies wird der Schutz des Allgemeininteresses auf das Interesse der Allgemeinheit an einem unverfälschten Wettbewerb beschränkt. Der Schutz sonstiger Allgemeininteressen ist nicht Aufgabe des Wettbewerbsrechts und das Wettbewerbsrecht darf nicht für solche außerwettbewerbsrechtlichen Zwecke instrumentalisiert werden.[1053]
Da im Rahmen der vorliegenden Untersuchung beim Sittenwidrigkeitstatbestand „Vorsprung durch Rechtsbruch" auf die neuste BGH-Rechtsprechung abgestellt wurde, die für eine Anwendung des § 1 UWG a.F. fordert, daß die jeweils verletzte Norm zumindest auch eine wettbewerbsschützende Funktion aufweist,[1054] ergeben sich insoweit keine Änderungen.

2. § 2 UWG: Allgemeine Definitionen

Durch § 2 UWG n.F. wird eine Reihe von Definitionen in das UWG eingeführt, unter anderem verweist § 2 Abs. 2 UWG n.F. auf den Verbraucherbegriff des § 13 BGB. Diese Definition ist allerdings auf den Abschluß von Verträgen zugeschnitten und kann daher nur

1049 BGBl I, 1414.
1050 Vgl. BGHZ 140, 134 (238) Hormonpräparate; BGH NJW 00, 864 (865) – Giftnotrufbox.
1051 BVerfGE 102, 347 (360, 364) – Schockwerbung; BVerfG NJW 01, 380 – Therapeutische Äquivalenz; BVerfG NJW 02, 1187 – Tier- und Artenschutz.
1052 Vgl. Begr. RegE UWG, BT-Rds. 15/1487, S.15; Köhler NJW 04, 2121.
1053 Vgl. Begr. RegE UWG, BT-Rds. 15/1487, S.16; Köhler in: Baumbach/Hefermehl 23.A. § 1 UWG Rn. 36; Köhler NJW 04, 2121.
1054 BGH NJW 00, 3351 – Abgasemission; BGH NJW 02, 1275 –Sportwetten; BGH NJW 02, 2645 – Elektroarbeiten; Hombrecher JURA 03, 153 (159); Köhler NJW 02, 2761.

mit gewissen Modifikationen Anwendung im Wettbewerbsrecht finden.[1055] Mit dem etwa bei Irreführungstatbeständen zugrundezulegenden Verbraucherleitbild hat dies nichts zu tun.

3. Die Generalklausel des § 3 UWG: Verbot unlauteren Wettbewerbs

Während das alte UWG eine Generalklausel (§ 1 UWG a.F.) und daneben eine Reihe von Spezialtatbeständen (§§3, 6-8 UWG a.F.) kannte, begnügt sich die Neufassung mit einer durch Beispieltatbestände konkretisierten Generalklausel. (§ 3 UWG).[1056] In ihr verwendet der Gesetzgeber an Stelle des bisherigen Begriffs der „guten Sitten" den Begriff der Unlauterkeit. In der Sache selbst ist damit aber kein Kurswechsel verbunden, es wird lediglich ein Gleichklang mit der europäischen Terminologie („unlauter" = „unfair" hergestellt). Von einer eigenen Definition der Unlauterkeit sieht das neue UWG aber ab.[1057]

4. Die Beispieltatbestände der §§ 4 - 7 UWG

Dennoch ist die Rechtsprechung von einer eigenen Konkretisierung des Unlauterkeitsbegriffs weitgehend entlastet, da sich in den §§ 4 mit 7 UWG n.F. ein umfangreicher Katalog mit Beispieltatbeständen findet. Sie sollen veranschaulichen, welche Wettbewerbshandlungen als unlauter anzusehen sind, wobei die Aufzählung nicht abschließend ist, wie sich schon aus dem Gesetzeswortlaut in § 4 UWG n.F. ergibt („insbesondere").

a) § 4 UWG

§ 4 Nr. 1 UWG enthält einen generalklauselartig ausformulierten Beispieltatbestand. Danach handelt unlauter, wer „Wettbewerbshandlungen vornimmt, die geeignet sind, die Entscheidungsfreiheit der Verbraucher oder sonstiger Marktteilnehmer durch Ausübung von Druck, in menschenverachtender Weise oder durch sonstigen unangemessenen unsachlichen Einfluss zu beeinträchtigen." Entscheidend ist, was unter einem unangemessenen unsachlichen Einfluß zu verstehen ist. In Fortsetzung zur bisherigen Rechtsprechung[1058] ist darauf abzustellen, ob die Wettbewerbshandlung geeignet ist, die Rationalität der Nachfrageentscheidung auszuschalten. Dabei ist vom Leitbild des durchschnittlich informierten, (situationsadäquat) aufmerksamen, verständigen Durchschnittsverbrauchers

---

[1055] Köhler in: Baumbach/Hefermehl 23.A. § 2 UWG Rn. 76ff; Köhler NJW 04, 2121 (2122).
[1056] Köhler NJW 04, 2121 (2122).
[1057] Zur Unlauterkeit findet sich in der Begründung des Regierungsentwurfs lediglich die Widergabe des Begriffs in Art. 10bis des Pariser Verbandsübereinkunft (PVÜ): „unlauter sind alle Handlungen, die den anständigen Gepflogenheiten im Handel, Gewerbe, Handwerk oder selbständiger beruflicher Tätigkeit zuwiderlaufen"; Köhler NJW 04, 2121 (2122).
[1058] Dazu Ullmann, GRUR 03, 817 (818) m.w.N.

auszugehen.[1059] Die früher verwendeten Kategorien des übertriebenen Anlockens und des psychischen Kaufzwangs werden damit im Grunde obsolet, begründen jedenfalls keine strengeren Anforderungen. Kopplungsangebote einschließlich Zugaben, Rabattaktionen, Werbegeschenke usw. sind danach – wie bisher – zulässig, sofern sie nicht im Einzelfall irreführend oder intransparent sind.[1060]

Durch das Verbot der Ausnutzung der Unerfahrenheit von Kindern und Jugendlichen in § 4 Nr. 2 UWG n.F. ergeben sich keine Besonderheiten zur bisherigen Rechtslage.

§ 4 Nr. 4 und 5 UWG n.F. enthalten umfangreiche Informationspflichten, die so bisher nicht im UWG kodifiziert waren, aber der bisherigen Rechtsprechung entsprechen. Teilweise werden hierdurch werden die Vorgaben aus § 7 TDG und damit der Richtlinie über den elektronischen Geschäftsverkehr übernommen. Was bisher ausdrücklich für den elektronischen Geschäftsverkehr galt, gilt damit auch im Offline-Bereich.[1061] Inhaltlich ändert sich dadurch aber nichts an der Behandlung von Zugaben, die hier statuierten Informationspflichten ließen sich auch schon nach dem UWG a.F. verlangen.[1062]
Unter den ausdrücklich zu erfüllenden Informationspflichten findet sich allerdings keine Pflicht, bei Zugaben die wertqualifizierenden Merkmale oder den Wert anzugeben. Eine solche Pflicht könnte man aus einem allgemeinen Tatbestand der Verletzung von ungeschriebenen Informationspflichten[1063] folgern, die zwar vor allem von Verbraucherschützern gefordert wurde, auf die der Gesetzgeber aber verzichtet hat. Das bedeutet allerdings keine Abkehr von dem in der BGH-Rechtsprechung entwickelten Transparenzgebot. Dieses fällt vielmehr unter § 5 Abs. 2 UWG n.F. – Irreführung durch Unterlassen.[1064] Auch die oben in den Kapiteln 4 und 5 verlangten weitergehenden Informationspflichten sind unter § 5 UWG einzuordnen.

§ 4 Nr. 6 UWG bestätigt das von der Rechtsprechung zu § 1 UWG a.F. entwickelte grundsätzliche Verbot der Kopplung des Warenabsatzes mit Preisausschreiben und Gewinnspielen. Eine Ausnahme besteht nur für „naturgemäß" mit der Ware oder

---

[1059] Dazu etwa Bornkamm, in Festschrift 50 Jahre BGH, 2000, S.343; Lettl, GRUR 04, 449 (451, 453ff).
[1060] Köhler NJW 04, 2121 (2123).
[1061] Köhler NJW 04, 2121 (2123).
[1062] Siehe Kapitel 4 III.
[1063] Vgl. Begr. RegE UWG, BT-Rds. 15/1487, S.19 (20).
[1064] Vgl. die Kopplungsangebot-Entscheidungen des BGH: BGH WRP 02, 1256 – Kopplungsangebot I; BGH WRP 02, 1259 – Kopplungsangebot II; Köhler NJW 04, 2121 (2123).
Köhler NJW 04, 2121 (2123).

Dienstleistung verbundene Preisausschreiben und Gewinnspiele. Gemeint sind damit Preisausschreiben und Gewinnspiele, die Bestandteil redaktioneller Beiträge der Presse oder Programmteil des Rundfunks sind.[1065] Wie bereits gezeigt, ist ein solches Verbot aus Verbraucherschutzgesichtspunkten eigentlich unnötig,[1066] dennoch sind fortan Gewinnspiele als Zugaben damit grundsätzlich verboten.

Der Rechtsbruchtatbestand des § 4 Nr. 11 UWG n.F. ist auf der Grundlage der jüngsten Rechtsprechung konzipiert worden. Unlauter handelt, wer „einer gesetzlichen Vorschrift zuwiderhandelt, die auch dazu bestimmt ist, im Interesse der Marktteilnehmer das Marktverhalten zu regeln".

Marktverhalten ist dabei jede Tätigkeit auf einem Markt, die unmittelbar oder mittelbar der Förderung des Absatzes oder Bezugs eines Unternehmens dienen. Dazu gehören nicht nur das Angebot und die Nachfrage von Waren und Dienstleistungen, sondern auch die Werbung, einschließlich der reinen Aufmerksamkeitswerbung.[1067] Verstöße gegen Regelungen ohne Marktbezug sowie reine Marktzutrittsregelungen sind wettbewerbsrechtlich irrelevant. Soweit eine Vorschrift aber „auch" das Marktverhalten regelt, reicht dies für eine Anwendung des § 4 Nr. 11 UWG n.F. aus.[1068] Insoweit besteht kein Unterschied zu den in der vorliegenden Untersuchung gefundenen Ergebnissen.

B) § 5 UWG N.F.

Irreführende Werbung ist nunmehr als Beispieltatbestand in § 5 UWG n.F. und nicht wie früher als Spezialtatbestand in § 3 UWG a.F. geregelt.[1069] Der Gesetzgeber hat dabei auch nicht den Inhalt des § 3 UWG a.F. übernommen, sondern hat sich an Art. 3 Abs. 1 der Irreführungsrichtlinie orientiert.[1070] Mit dieser Änderung wird nun auch formal Abschied vom früheren übertrieben strengen deutschen Irreführungsrecht genommen, das auf dem flüchtigen und unaufmerksamen Verbraucher aufbaute. Künftiger Maßstab ist das Verbraucherleitbild des durchschnittlich informierten, (situationsadäquat) aufmerksamen und verständigen Verbrauchers.[1071] Dieses Verbraucherleitbild ist mit der Rechtsprechung des EuGH vereinbar

[1065] Köhler NJW 04, 2121 (2123).
[1066] Kapitel 4 III 5.
[1067] Köhler in: Baumbach/Hefermehl 23.A. § 4 UWG Rn. 11.34.
[1068] Vgl. Begr. RegE UWG, BT-Rds. 15/1487, S.19.
[1069] Dazu Sack WRP 04, 521.
[1070] Bornkamm in Baumbach/Hefermehl 23. A. § 5 UWG Rn. 1.178; Köhler NJW 04, 2121 (2124).
[1071] Vgl. Begr. RegE UWG, BT-Rds. 15/1487, S.19; eingehend Bornkamm in: Baumbach/Hefermehl 23.A. § 5 UWG Rn. 1.59ff; Köhler NJW 04, 2121 (2124).

und entspricht der neueren Rechtsprechung des EuGH.[1072] Da auch die vorliegende Untersuchung von der Anwendbarkeit dieses „neuen“ Verbraucherleitbildes ausgeht, ändert sich insoweit nichts an den hier gefundenen Ergebnissen.

In § 5 Abs. 2 UWG n.F. wird in Anknüpfung an die bisherige Rechtsprechung der Fall der Irreführung durch Verschweigen einer Tatsache ausdrücklich geregelt. [1073] Vor allem sind dabei die „Bedeutung für die Entscheidung zum Vertragsschluß nach der Verkehrsanschauung sowie die Eignung des Verschweigens zur Beeinflussung der Entscheidung zu berücksichtigen“. Diese Vorschrift, die an die bisherige Rechtsprechung anknüpft,[1074] könnte als Grundlage für ungeschriebene wettbewerbsrechtliche Informationspflichten des Unternehmers gegenüber potentiellen Marktpartnern werden (Transparenzgebot).[1075] Es wäre möglich, hierunter auch die erweiterten Informationspflichten zu fassen, die nötig sind, um eine Preisverschleierung, Verbrauchertäuschung oder ein übertriebenes Anlocken sicher zu vermeiden.[1076]

5. Sonderveranstaltungen

Eine wesentliche Änderung durch das neue UWG ist der Wegfall des gesamten Sonderveranstaltungsrechts. Sommer- wie Winterschlußverkäufe sind ebenso wie alle sonstigen Sonderverkäufe nicht mehr gesetzlich geregelt, so daß jeder Einzelhändler solche Veranstaltungen nunmehr das ganze Jahr über durchführen kann. Da die vorliegende Arbeit zum Ergebnis kommt, daß diese Bestimmungen ohnehin gegen die geplante Verordnung zur Verkaufsförderung im Binnenmarkt verstoßen hätten,[1077] entspricht die Streichung des Sonderveranstaltungsrechts den gefundenen Ergebnissen.

6. Zusammenfassung

Durch das neue UWG behalten die oben gefundenen Ergebnisse weitgehend ihre Gültigkeit, da durch die UWG-Reform großteils die neuere BGH-Rechtsprechung umgesetzt wurde. Teilweise ergeben sich die Informationspflichten, die zur Vermeidung einer Verbrauchertäuschung zu verlangen sind, nun direkt aus dem Gesetz.

[1072] Kapitel 4 I.
[1073] Vgl. Begr. RegE UWG, BT-Drs. 15/1487, S.19.
[1074] Vgl. Begr. RegE UWG, BT-Drs. 15/1487, S.19.
[1075] Köhler NJW 04, 2121 (2124).
[1076] Vgl. Kapitel 4 und 5.
[1077] Siehe Kapitel 6 I.

II. Die unterschiedlichen Entwürfe einer Verordnung zur Verkaufsförderung im Binnenmarkt

1. Überblick

Auch die geplante Verordnung zur Verkaufsförderung im Binnenmarkt hat seit der Einreichung der vorliegenden Dissertation zahlreiche Änderungen durchgemacht. Der erste Entwurf KOM (2001) 546 endgültig vom 2.10.2001 und seine überarbeitete Fassung KOM (2001) 546 endgültig/2 vom 15.1.2002 sowie der 2. Entwurf KOM (2002) 585 vom 25.10.2002 wurden in der vorliegenden Arbeit berücksichtigt. Danach gab es noch 4 weitere Entwürfe, teilweise mit Korrekturen.[1078]

Da sich innerhalb der zahlreichen bisher erschienen Verordnungsentwürfe keine einheitliche Tendenz bezüglich der einzelnen Regelungen ausmachen läßt, erfolgte keine Anpassung an die aktuellste Fassung. Allerdings waren es immer die selben Themen, die von Entwurf zu Entwurf geändert wurden. Um die Möglichkeit zu eröffnen, diese Entwicklungen nachzuvollziehen, werden hier die Hauptdiskussionen in den einzelnen Entwürfen in Bezug auf Zugaben kurz im Überblick dargestellt.

2. Anwendbarkeit des nationalen Wettbewerbsrechts neben der geplanten Verordnung

Während in den bisher besprochenen Entwürfen für die geplante Verkaufsförderungsverordnung das Verhältnis zu UWG und GWB nur aus den Erwägungsgründen und durch Auslegung ermittelbar war,[1079] wird im 3. Entwurf ausdrücklich klargestellt, daß die geplante Verordnung keinen Einfluß auf das nationale Kartellrecht haben soll.[1080] Im folgenden Kompromißvorschlag wird diese Ausnahme für das Kartellrecht sprachlich präzisiert aber

[1078] 3. Entwurf: Kompromißvorschlag des Rats der Europäischen Union - Ratsdok. 6862/03 vom 27.2.2003; Korrektur: Überarbeiteter Kompromißvorschlag - Ratsdok, 9416/03 vom 13.3.2003; 4. Enwurf: Geänderter Vorschlag des Rats der Europäischen Union – Ratsdok. 6961/04 vom 3.3.2004; 5. Entwurf: Geänderter Vorschlag des Rats der Europäischen Union- Ratsdok. 9474/04 vom 13.5.2004; 6. Enwurf: Geänderter Vorschlag des Rats der Europäischen Union - Ratsdok 12261/04 vom 14.9.2004.

[1079] S.o. Kapitel 3 III.

[1080] Kompromißvorschlag des Rats der Europäischen Union - Ratsdok. 6862/03 vom 27.2.2003, S. 13 Art 3 Abs. 5 a.

beibehalten.[1081] Zusätzlich wird in den Erwägungsgründen klargestellt, daß die künftige Verordnung einer gemeinschaftsrechtlichen Regelung des Wettbewerbs nicht vorgreifen soll und daß sich die Wettbewerber mangels einer einheitlichen Regelung an die Grundsätze des lauteren Wettbewerbs halten müssen.[1082] Durch die Abwesenheit einer gemeinschaftsrechtlichen Regelung ist damit der Weg für die Anwendbarkeit nationalen Wettbewerbsrechts frei, solange dieses nicht gegen den Grundsatz der gegenseitigen Anerkennung bei Verkaufsfördermaßnahmen verstößt.[1083]

Ab dem 4. Entwurf wird darüber hinaus ausdrücklich die Anwendbarkeit des nationalen Wettbewerbsrechts auch in einer vom Grundsatz der gegenseitigen Anerkennung von verkaufsfördernden Maßnahmen abweichenden Weise auf bestimmte grenzüberschreitende Verkaufsfördermaßnahmen zugelassen, um unlauteren Wettbewerb im Sinne nationaler Vorschriften zu verhindern.[1084] Hierbei muß allerdings eine Reihe von Voraussetzungen gem. Art 3 a Abs. 2 des jeweiligen Verordnungsvorschlags erfüllt werden:[1085]

(2) Diese Maßnahmen
a) betreffen keine Fragen, die durch das Gemeinschaftsrecht angeglichen oder auf andere Art geregelt werden;
b) sind nichtdiskriminierend und stehen im Verhältnis zu dem verfolgten Ziel;
c) werden - bevor sie getroffen werden - dem Mitgliedstaat notifiziert, in dem der Auftraggeber seinen Sitz hat;
d) werden - bevor sie getroffen werden - der Kommission notifiziert, wenn der unter Buchstabe c genannte Mitgliedstaat es unterlassen hat, angemessene Maßnahmen zu treffen;
e) werden nur getroffen, wenn die Kommission innerhalb von 15 Werktagen keinen Widerspruch erhebt.

Im 6. Entwurf wird bei Eilbedürftigkeit eine Ausnahme von den Voraussetzungen d) und e) zugelassen, in einem solchen Fall erfolgt eine nachträgliche Kontrolle.[1086] Zusätzlich wird die Ausnahme in Bezug auf das nationale Wettbewerbsrecht aber auf den Schutz vor sklavischer Nachahmung und Verleumdung beschränkt. Weiterhin dürfen nun allerdings Gewinnspiele zum Schutz der öffentlichen Ordnung eingeschränkt werden und Maßnahmen zum

---

[1081] Überarbeiteter Kompromißvorschlag - Ratsdok, 9416/03 vom 13.3.2003, S. 13 Art. 3 Abs. 3.
[1082] Überarbeiteter Kompromißvorschlag - Ratsdok, 9416/03 vom 13.3.2003, S. 3, Erwägungsgrund 2a.
[1083] Zur Diskussion Kapitel 3 III.
[1084] 4. Enwurf: Geänderter Vorschlag des Rats der Europäischen Union – Ratsdok. 6961/04 vom 3.3.2004, S. 2 Erwägungsgrund 16 a, S. 3f Art 3a; 5. Entwurf: Geänderter Vorschlag des Rats der Europäischen Union-Ratsdok. 9474/04 vom 13.5.2004, S.11 Erwägungsggrund 16a), S. 16f Art. 3a.
[1085] 4. Enwurf: Geänderter Vorschlag des Rats der Europäischen Union – Ratsdok. 6961/04 vom 3.3.2004, S. 3f Art 3a Abs. 2; 5. Entwurf: Geänderter Vorschlag des Rats der Europäischen Union- Ratsdok. 9474/04 vom 13.5.2004, S. 16f Art. 3a Abs. 2; 6. Enwurf: Geänderter Vorschlag des Rats der Europäischen Union - Ratsdok 12261/04 vom 14.9.2004, S. 6 Art 3 a Abs. 1.
[1086] 6. Enwurf: Geänderter Vorschlag des Rats der Europäischen Union - Ratsdok 12261/04 vom 14.9.2004, S. 6 Art 3 a Abs. 1 a) und 2).

Verbraucherschutz getroffen werden.[1087] Diese drei Ausnahen sind alle auf das UWG anwendbar. Im Ergebnis soll also das nationale Wettbewerbsrecht weiter anwendbar bleiben, solange es nicht gegen den Grundsatz der gegenseitigen Anerkennung bei Verkaufsfördermaßnahmen verstößt, überdies dürfen die Mitgliedsstaaten unter engen Voraussetzungen auch nationales Wettbewerbsrecht abweichend vom Grundsatz der gegenseitigen Anerkennung bei Verkaufsfördermaßnahmen anwenden.

3. Notwendige Angaben bei der Gewährung von Zugaben

Als Voraussetzung für eine zulässige Zugabe verlangten die ersten beiden Entwürfe in 3.1 des Anhangs die Angabe des tatsächlichen Werts der Zugabe sowie alle damit verbundenen Kosten, sowie unter Punkt 3.2 des Anhangs auf Anforderung die Bekanntgabe aller Bedingungen und Einschränkungen, die für die Inanspruchnahme der Zugabe gelten. Damit wird, um einen hohen Schutzstandard zu verlangen, ein Mehr an Angaben gegenüber dem verlangt, was ein durchschnittlich informierter und aufgeklärter Verbraucher für eine Kaufentscheidung braucht.[1088] In den folgenden Entwürfen wird statt der Angabe der Kosten die Angabe des tatsächlichen Handelswertes der Zugabe verlangt, ohne daß dieser näher definiert wird, wobei der 3. Entwurf zusätzlich die tatsächliche Angabe der Kosten der Zugabe verlangt, soweit diese nicht vermarktet wird. Bis zum 6. Entwurf taucht diese Ergänzung nicht mehr auf.[1089] Im 6. Entwurf schließlich werden die bisher die ausführlichsten Pflichtangaben bezüglich des Wertes der Zugabe verlangt. Sollte eine Angabe des tatsächlichen Handelswerts nicht möglich sein, ist nunmehr die Zugabe ausreichend detailliert zu beschreiben. Darüber hinaus sind Einschränkungen der Zugabe jetzt immer anzugeben, und nicht wie bisher auf Anforderung.[1090]

Diese gerade beschriebenen Wertangabepflichten werden ab dem 3. Entwurf eingeschränkt. Wertangaben und weitere Pflichtangaben zu Zugaben müssen nicht mehr bei allen verwendeten Werbemitteln enthalten sein, solange sichergestellt wird, daß der Verbraucher

---

1087 6. Enwurf: Geänderter Vorschlag des Rats der Europäischen Union - Ratsdok 12261/04 vom 14.9.2004, S. 6 Art 3 a Abs. 1 a) 2. Spiegelstrich bzgl. des Wettbewerbsrechts, 1. Spiegelstrich bzgl. der Gewinnspiele, 3. Spiegelstrich bzgl. des Verbraucherschutzes.
1088 S.o. Kapitel 4 III 1 g m.w.N.
1089 3. Entwurf: Kompromißvorschlag des Rats der Europäischen Union - Ratsdok. 6862/03 vom 27.2.2003 S. 20; Korrektur: Überarbeiteter Kompromißvorschlag - Ratsdok, 9416/03 vom 13.3.2003 S. 19; 5. Entwurf: Geänderter Vorschlag des Rats der Europäischen Union- Ratsdok. 9474/04 vom 13.5.2004 S. 23.
1090 Geänderter Vorschlag des Rats der Europäischen Union - Ratsdok 12261/04 vom 14.9.2004, S. 13.

tatsächlich alle Informationen erhält, bevor er das Angebot annimmt.[1091] Generell kann man davon ausgehen, daß der europäische Gesetzgeber dem Verbraucher eher noch mehr Verantwortung aufbürdet, ausreichend ist es nun, wenn der Verbraucher im Zeitpunkt der Kaufentscheidung alle nötigen Informationen hat, nicht schon wenn er zum ersten Mal mit der Werbung konfrontiert wird. Daran, daß eine Werbung mit Zugaben zulässig ist, solange der Verbraucher alle nötigen Informationen hat, um sich frei zu entscheiden, wird festgehalten.

4. Gewinnspiele als Zugaben

Nachdem in KOM (2001) 546 endgültig Gewinnspiele als Zugaben zulässig waren und sie in KOM (2002) 585 wieder verboten wurden, wurden sie im 3. Entwurf gem. Art 2 (i) nicht nur als zulässig angesehen, sondern durften auch mit Teilnahmekosten verbunden werden.[1092] Hiervon wich der Rat im folgenden Kompromißvorschlag[1093] wieder ab, indem er Gewinnspiele als Zugaben ausdrücklich verbot. Nachdem das Thema Gewinnspiele im folgenden 4. Entwurf nicht behandelt wurde nahm der Rat im 5. Entwurf Gewinnspiele als Zugaben aus dem Anwendungsbereich der geplanten Verkaufsförderverordnung heraus.[1094] Statt dessen wurde in die Überprüfungsklausel des Art. 7 eine Bestimmung aufgenommen, wonach die Kommission innerhalb von 2 Jahren nach Inkrafttreten der Verordnung einen Bericht unter anderem über die Auswirkung von Gewinnspielen als Zugaben auf den Binnenmarkt vorzulegen hat.[1095]

Nachdem der Rat von dieser Verfahrensweise auch im letzten vorliegenden Entwurf nicht abgewichen ist,[1096] ist davon auszugehen, daß das Thema Gewinnspiele als Zugaben aus der geplanten Verordnung zunächst ausgeklammert wird, weil eine Einigung auf einen gemeinsamen Standpunkt derzeit nicht möglich ist. Als Konsequenz würde hier weiterhin nationales Recht gelten. Nach dem der Rechtsprechung zu § 1 UWG waren Gewinnspiele als Zugaben zwar auch nach Aufhebung der Zugabeverordnung als wettbewerbswidrig

---

[1091] 3. Entwurf: Kompromißvorschlag des Rats der Europäischen Union - Ratsdok. 6862/03 vom 27.2.2003 S. 7 Erwägungsgrund 14 a), S. 14 Art. 4 Abs. 2; Korrektur: Überarbeiteter Kompromißvorschlag - Ratsdok, 9416/03 vom 13.3.2003 S. 7 Erwägungsgrund 14 a), S. 14 Art. 4 Abs. 2; 5. Entwurf: Geänderter Vorschlag des Rats der Europäischen Union- Ratsdok. 9474/04 vom 13.5.2004 S. 9 Erwägungsgrund 14 a), S. 17 Art. 4 Abs. 2; 6. Entwurf: Geänderter Vorschlag des Rats der Europäischen Union - Ratsdok 12261/04 vom 14.9.2004 S. 7 Art. 4 Abs. 2.

[1092] Kompromißvorschlag des Rats der Europäischen Union - Ratsdok. 6862/03 vom 27.2.2003 S. 11 Art. 2 i).

[1093] Überarbeiteter Kompromißvorschlag - Ratsdok, 9416/03 vom 13.3.2003 S. 15 Art. 5 b).

[1094] Geänderter Vorschlag des Rats der Europäischen Union- Ratsdok. 9474/04 vom 13.5.2004 S. 13 Art 1 Abs. 2 3. Spiegelstrich.

[1095] Geänderter Vorschlag des Rats der Europäischen Union- Ratsdok. 9474/04 vom 13.5.2004 S. 20 Art 7 Abs. 2 4. Spiegelstrich.

[1096] Geänderter Vorschlag des Rats der Europäischen Union - Ratsdok 12261/04 vom 14.9.2004.

anzusehen, aus Verbraucherschutzgesichtspunkten war dies aber nicht zwingend erforderlich.[1097] Allerdings folgt der Gesetzgeber mit der Bestimmung des § 4 Nr. 6 UWG der bestehenden Rechtsprechung.

5. Ausblick

Nach Ansicht des Verfassers ist eine Aussage, ob und in welcher Form die Verordnung zur Verkaufsförderung im Binnenmarkt kommen wird zum jetzigen Zeitpunkt nicht möglich. Betrachtet man die Richtlinienentwürfe als Ganzes, so wird deutlich, daß hier noch viele Mitgliedsländer ihren eigenen Weg durchsetzen wollen. Um doch noch zu einer Verabschiedung der Verordnung zu gelangen, werden immer mehr Problemfelder, die ursprünglich durch die Richtlinie mit angedeckt werden sollten, aus dem Anwendungsbereich genommen.

So sollten zum Beispiel als einer der Kernpunkte der Verordnung Verkäufe unter Selbstkosten einheitlich geregelt werden, der Verbraucher sollte die nötigen Informationen bekommen um sich selbst für oder gegen einen solchen Kauf entscheiden zu können.[1098] Im jüngsten Entwurf sind Verkäufe unter Selbstkosten gänzlich aus dem Anwendungsbereich der Verordnung herausgenommen.

Unter Art. 1 Abs. 2 des 6. Verordnungsentwurfs findet sich ein ganzer Katalog solcher Ausnahmen, die zuvor von der Verordnung erfaßt werden sollten.[1099] Sollte sich diese Tendenz fortsetzen, wird am Ende nur eine Rumpfvorschrift übrigbleiben, die bestenfalls eingeschränkt zur Regelung verkaufsfördernder Maßnahmen geeignet ist.

[1097] S.o. Kapitel 4 III 5 a).

[1098] KOM 546 endgültig/2 S. 10.

[1099] Geänderter Vorschlag des Rats der Europäischen Union - Ratsdok 12261/04 vom 14.9.2004 S. 2 Art. 1 Abs. 2.